U0634078

清华大学社会学系　策划

清华社会学讲义

清华大学社会学系　策划

社会网分析讲义

（第二版）

罗家德　著

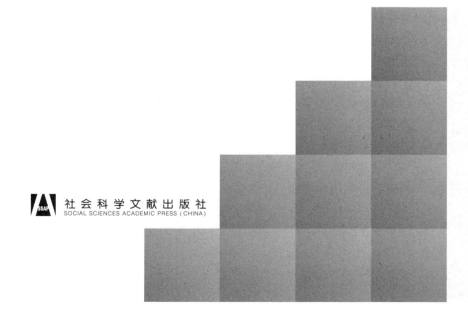

社会科学文献出版社
SOCIAL SCIENCES ACADEMIC PRESS（CHINA）

总　序

《清华社会学讲义》历经两年筹备，首批终于面世了。在我国社会学恢复、重建已二十余年，似乎臻至成熟，各种各样的社会学教材可谓品类繁多、汗牛充栋的今天，清华大学社会学系为什么还要组织这样一套讲义并付诸出版，理应在这里先行交待一番。

大体上说，清华大学社会学系诸同仁筹办这套讲义，基于三点考虑。

第一，社会学必须有能力面对各种新的经济、组织、政治和文化现象。自20世纪末期以降，由高新科技的发展、经济结构的演变、社会—政治体制的改革而引发的巨大、深刻的变迁，使整个人类社会面对着一系列前所未闻的新问题。本系同仁认为：社会学这门学科，如果要在新世纪中生存下去，就必须有能力面对和处理这些新的问题，而要培育此种能力，就必须努力发展新的知识系统。本套讲义就是创新社会学知识系统的一个尝试。从列举的篇目中就可以看到：本套讲义的重点，是力求选取那些对研究新问题至为关切的社会学分支学科加以介绍，而不复拘泥于传统的知识体系和结构。

第二，社会学应当对当代人文社会科学相关领域的知识加以融会贯通，努力实现跨学科知识交流与创新，或者说，努力变成"新社会学"。这里所谓"新社会学"有两层意思。一层意思是说：社会学本身的知识内容，必得吸取人文社会科学诸相关领域的知识，才能实现发展和创新；另一层意思是说：社会学这门学科，亦有能力跨入人文社会科学诸相关领域，成为其他学科基本建设的一个环节。例如，组织行为研究就是商学院的一门基础课程，而社会研究方法则是当代各门社会科学学科所普遍使用的调查研究方法之一。所以本套教材的又一个特点，就是在这个方面用力，力求展示出社会学知识与相关学科知识的交流与融合，力求变成"新社会学"。这也是当代社会学发展的一个国际性的潮流。

第三，社会学的教科书在学术上应当有一个高起点。在社会学的各类著作中，教科书承担着导引和教育下一代学科从业人员的任务，其质量的高低、选材的优劣，直接模塑下一代学人，因而关系到社会学学科的未来。就此意义而言，教科书对于学科和学术建设具有特别的重要性，撰写教科书必须慎之又慎，将就不得。基于此种考虑，本套教材主要邀请那些在海内外学有所成，常年从事教学工作，而对中国国情又不陌生的中国学者撰写；在内容上，尝试将社会学的前沿理论与中国社会的实际状况勾连起来，在两者之间架设一座桥梁；在形式上，则采取"讲义"形式，基本保留口语化特点，学理纵然艰深，但力求做到通俗易懂。

为确保出版质量，本套讲义选择在社会科学文献出版社出版。众所周知，社会科学文献出版社是近年来在出版、刊行社会学著作方面用力最多的一家出版社，本套讲义凭借此家出版社之力，无疑是获得成功的一大保障。

自2000年正式建系伊始，清华大学社会学系诸同仁即明确提出了本系学科和学术建设的宗旨："面对中国社会的真问题，与西方社会学前沿理论开展有建设性的对话。"这两句话是本系同仁总结了国内社会学界的发展状况后提出来的。所谓"面对中国社会的真问题"，是说社会学的研究问题，不应来自依据经典大师的语录而对社会生活的直接剪裁，也不应来自权力机构的"长官意志"的提示，而应来自社会学学者作为一个掌握了社会学知识的社会行动者，在这个社会里积年累月的探索和体验，那些问题必定是靠近这个社会的实作逻辑的；所谓"与西方社会学前沿理论开展有建设性的对话"，是说社会学对于这些本土问题的研究，其所形成的概念和理论，不应仅仅囿于本土范围，而必须超越本土，尝试着与西方社会学的前沿理论对话，以期丰富甚至推动整个社会学学科的发展。由此可见，这个宗旨提出的是一个"一体两面"的任务。单独实践一面已很困难，要同时做到两面则可谓难上加难。本系同仁深知实践这一宗旨殊属不易，而将之作为长远的努力方向。希望本套教材的出版，向着此目标前进了一步，哪怕只是一小步。

清华大学社会学系诸同仁
二〇〇三年十月

目 录

Contents

序

　　社会网和社会资本在过去 30 年中吸引了学术研究的兴趣，这是有许多原因的。首先，社会网和社会资本是少数自身能够建构理论并验证理论的社会科学方法之一。概念和经验变量之间在认知上的联系使得模型的构建成为可能且解释力强大。其次，在理论和方法上的一致性和同步性中，社会网和社会资本研究能够从微观层次研究延展到宏观层次研究。这种多层次分析间的耦合和沟通在社会科学领域是不常被探究的，也很少能实现。再次，它们使得精确测量那些正处于发展或检验阶段的概念成为可能。事实上，在这个领域中，概念和测量两者常被合起来一并考虑。第四，社会网和社会资本能够同时对结构和行动进行检验，它们克服了在这两者之间不必要且武断的理论划分。社会网和社会资本的理论及经验研究也能够同时用于解释人类社会的积极面和消极面，功能和冲突都能够很容易从中得到反映。最后，这些理论和方法的应用超越了学科界限及研究政策的鸿沟，它们已经被应用到了所有的社会科学领域和公共政策项目当中。

　　尽管社会网和社会资本的特性和优势众多而又重要，但现在却很难找到一本既有广度又有深度，涵盖社会网和社会资本重要主题及技术的著作。然而罗教授却完成了这个几乎不可能完成的工作。他对此领域卷帙浩繁的文献了如指掌，对理论及技术极为精通，另外他个人也负责过多项研究项目，这使得他成为完成这项工作最合适的人选。这本书的新版在理论和方法方面都有所扩展，并穿插着实际研究，其中许多研究都是作者本人亲自参与过的。因此，不管是对于第一次接触社会网和社会资本的读者，还是对于那些想进一步学习该领域理论和技术知识的专家学者，这本书都可以称得上是一部杰作。

林 南

Oscar L. Tang 社会学教授

杜克大学

2009 年 10 月 9 日

再版自序

　　改写第一版有两个理由，一是社会网研究又有了新的发展，所以值得加入新的内容；二是我晚近的研究方向是中国人的自组织（self-organization）问题，尤其是中国管理中的自组织现象，这使我想加强这方面的说明。而这两个理由其实又是二合一的，因为近年来社会网的主要发展正是动态网与复杂网，其核心内涵就是自组织，所以我在本书中加了第三章，谈社会网理论如何沟通集体与个体、结构与行动，因此形成一个新的研究典范。同时新书也加强了第十一章，谈网络动态学，尤其增加了中国人自组织现象的模拟模型。

　　经过十多年对中国组织现象的研究，我发觉中国管理之本质在于对自组织的治理，我们的组织总是上面是一个层级结构，下面却往往有很多独立或半独立的挂靠组织、承包单位、外包厂家，外面则是镶嵌在商帮、集团、产业的网络中。这样的组织结构说明了中国人善于自组织，到处结合成独立的群体，再合纵连横出组织网络。如果一个中国组织由上到下层级控制过严，不给底层自组织的机会，则中国人一定会在层级内搞抱团、建派系，甚至演变成"藩镇割据"或"军阀内战"的结局。这种现象也再一次说明了中国人自组织的能力与欲望，压也压不住。

　　自组织不但是理解中国组织现象的关键，也是解开中国社会现象之谜的一把钥匙。自古中国社会"皇权不下乡"正是了解中国人的本质而尊重这个本质的治理机制,费孝通写的"皇权与绅权(自下而上自组织出来的权力)",更是谈这个治理机制的良好理论。自组织也是复杂网与复杂理论的核心,后者又是现今社会科学在方法上、在理论上的一次典范移转。而关系研究与社会网分析正是了解自组织现象的主要理论依据——什么样的关系与互动,在什么样的社会网结构中,会逐渐演化出自我规范的秩序,与自我管理的组织?

基于这样的研究兴趣与晚近社会网的发展,我改写了旧版的《社会网分析讲义》,希望能强调自组织在社会网研究中的重要性。

从 2005 年 4 月《社会网分析讲义》初版以来,四年半间社会网研究在国内的蓬勃发展,令我感到无比的振奋。回想四年前,我们一群社会网研究的爱好者,包括社会学者张文宏、翟学伟、赵延东、刘军、李炜以及管理学者郭毅、李博柏、杨建梅和周小虎,开始筹备组织中国社会学会社会网与社会资本研究专业委员会,积极推动社会网研究在社会学与管理学中的应用与发展,从 2006 年 6 月第一次在上海华东理工大学举办"社会网暨关系管理研讨会",到 2009 年 10 月学会正式成立,我们已先后办了五次会议,每次都能收到来自管理学及社会学界一百篇上下的投稿论文,另外还办了四次中国社会学年会"社会网暨社会资本研究分论坛",每次也能收到不下三十篇的社会学论文,这让我们看到了国内社会网研究的蓬勃景象。尤其难得的是,参会者很多是年轻学者以及博士生、硕士生,社会网研究的生力军源源不绝,而且研究水平一次比一次高,说明了这是一个在国内拥有未来、充满希望的研究领域。

很幸运地,不少年轻社会网研究爱好者和我说,《社会网分析讲义》是他们的入门之书,这正是我当初写这本书的本意。更深奥的分析技术,读者可以直接参考 Wasserman 和 Faust 的 *Social Network Analysis: Methods and Applications*,同时国内也在源源不断地翻译更多的社会网理论经典研究。这本书的定位就是初级的分析技术,辅以 UCINET 的指令,同时提供一些研究范例作参考,使得入门者很快就能上手做社会网研究。第二版不曾改变这样的结构,但以一些更好的研究范例取代了原来的范例,同时增加了自组织与社会资本的一些讨论,希望它还是初学社会网研究的学者及学生最好的入门书。

罗家德　笔于清华园

第一章 社会网分析的理论架构

——以社会网理论在经济分析上的大型理论、
中层理论与因果模型*为例

一 从大型理论到因果模型

1967 年，布劳和邓肯（Blau and Duncan）写了一本书：《美国的职业结构》（*The American Occupational Structure*）。这本书具有划时代的意义，因为在书的开头他们就说这个研究摒弃了过去的理论，而直接建构可检证的因果模型，这在结构功能理论还十分盛行的 20 世纪 60 年代，无疑是一大革命。这本书出版以后，美国社会学界进入了实证的年代，邓肯及其所发展的路径模型（path model）开启了一个重大的传统，到 80 年代末，到处可见路径模型的实证研究。直到 1985 年，哈佛大学教授利伯森（Stanley Lieberson）写了一本书（*Making It Count*, 1985），质疑这些年的研究方法，认为舍弃理论而直接建立因果模型的做法很难得出因果推论。接着很多社会学家、社会统计学家开始思考有关的问题，并提出很多解决方案。

有人从统计的角度试图解决问题，比如韦斯顿（Western，1996）主张使用贝叶斯统计（Bayesian approach），把过去经验包括在事前信息（prior information）之中，然后加入现在收集的信息，形成事后信息

---

* 理论模型可以分成两大类，一是因果模型，一是系统模型，本章只涉及社会网理论的因果模型，所以系统模型就略而不谈。

（posterior information），再借事后信息求取参数推估值以及做统计推论，因此它可以总结过去经验或主观的事前判断于统计推论中。韦斯顿认为古典推论（classical inference）的缺陷正在于模型一旦设定，就被视为真实模型（true model）而加以推估参数，但是当理论不够清楚而指定出许多模型时，事前对此一模型不确定性（model uncertainty）的知识在古典推论中就无法被包括进来。贝叶斯统计正好济其穷，它可以总结事前特定模型的不确定性（prior model probability）与特定模型下的资料可能性（likelihood）而产生贝叶斯因子（Bayesian factor），再利用贝叶斯因子两两比较各可能模型的好坏，所以在理论不够清楚、模型指定不确定时可以选出较正确的模型。

克洛格（Clogg，1994）则质疑韦斯顿所做的只是模型指定寻找（specification search），并声称指定寻找是得不到因果推论的。他主张当理论不太模糊，其指定出来可能的 n 个模型之 n 数量不大时，通过古典推论后做敏感度分析（sensitivity analysis）也足以让我们知道我们的结论会不会跟着模型指定变，理论的检证是否仍有效。但很不幸，社会学的理论，尤其是大型理论，有时却太模糊了，当可能模型数量极大时，这个理论所指定的模型必然一些获得肯证，一些又获得否证，我们还是无法检证这类理论，敏感度分析也不足以补其穷。

其他的一些方法，比如 Lisrel 模型也是帮助我们找到适切（goodness of fit）的预测模型的方法，还有人主张检证者可以将资料随机分成两份，一份用来找适当的模型，一份才用来检证理论。但寻找出来的模型在理论上未必站得住脚，模型指定寻找可以帮助我们厘清理论，提出更清楚的模型与待检证的假设，但这些都要在理论上说得通，才可以进行下一步的假设检证，单单模型寻找而无理论上的支持是不够的。另外，社会学中找出来的模型常常 R^2 很低，表示遗落的解释变量很多，其中很可能有一些和模型内的自变量相关者，所以基本上模型中参数的推估值仍是有偏误的（biased），找出来的模型同样不会是真实模型，而真实模型是如同自然定律般可以完全解释某一现象的。理论设定的模型不能被视为真实模型而推估出无偏估计式，因之确证某一因素对因变量的影响力，同样的，找出来的模型也不能被视为真实模型而加以推估无偏估计式。从资料中是归纳不出因果定律的，因此资料导引（data driven）的模型指定寻找不必然有因果推论的价值，因果推论统计仍必须仰赖理论导引（theory driven）的研究，问题的关键仍在理论是否发展到足以做检证的阶段。

　　这场论战到 20 世纪 90 年代初达到高潮，我们很难说得到什么具体的结论，但大家都认识到争论的根源是一个模型指定（model specification）的问题（Herbert，1990；Freeman，1991）。社会学的理论往往是大型理论（grand theory），对因果模型的指定不够清楚，所以一个理论可以指定出非常多的模型，面对一笔资料的检证，总是有的模型获得肯证，有的模型获得否证，以至于这类大型理论不具"可否证性"（falsifiability），这就不符合科学方法的基本要求了（Popper，1965）。实证科学方法的重点在理论相互竞争，解释力高的理论取代解释力低的理论（Lakatos，1980）。我们很难期望社会科学的解释是完全解释，因此而导引出具有百分之百解释力的真实模型，而在统计推估中得到无偏估计式（unbiased estimator）。我们能做到的只是不同的理论都指定出足够清楚、可被否证的模型，在众多竞争模型中由资料比较得出更有解释力的模型。如果一个理论太过模糊，怎么说都说得通，怎么比都可以把别的理论比下去（一个学派往往"王婆卖瓜"，总说自己的理论解释力最好），则这种理论就不具有实证上的意义。韦斯顿（Western，1996）也指出理论模糊是实证困难的问题关键，而用模型指定寻找的方式来帮助厘清模型是一个进步，但却远远不够，克洛格（Clogg，1992）认为这该是社会统计学最主要的议题。

　　这场论战让我们想起默顿所提的中层理论（middle-range theory），社会学实证工作的困难根源于许多社会学理论往往不具有清楚指定模型的功能，解决之道仍在好好地发展理论，统计方法能提供的解决方法其实是有限的。我认为，解铃还须系铃人，理论的问题还是需要理论的发展来加以解决。如果社会学理论总停留在大型理论阶段，则实证工作很难衔接，必须由大型理论到中层理论，再发展到可检证的、指定清楚的因果模型（causal model），环环相扣。如果一个理论止于概念架构的陈述以及用这组概念诠释所观察到的现象，而不能指定因果模型的控制变量（control variables）、变量测量方法（measurement）、函数形态（functional form）（Freeman，1987，1991）以及因果结构（causal structure）（Luo，1994），则可检证的因果模型所需要的模型指定都将阙如，它也就不可能是可以否证的理论了。中层理论的提出，正是要在大型理论与因果模型之间建立一座桥，为一组概念找到具体可测量的被解释变量，同时也提供这组概念如何解释因变量的因果结构。少了中层理论发展的大型理论，在实证研究上不具意义；同样，少了理论导引的因果模型，在过去十多年的方法论战中也被认为见树不见林，找出来的模型不必然具有社会学上的解释力，成为"无大脑的实证主义"（mindless empiricism）。如何在这两个层次的理论工作间搭一座桥，是社会学理论发展中的重要工作。从默顿提出中层理论以来，社会学的理论工作其实早已在这条路上走了很远，成果也十分斐然，其中社会网理论正是建立了许多中层理论的一个典范。

20 世纪 90 年代以来，社会网理论在美国社会学与管理学界俱为显学，其之所以为许多学科所接受，自然是因为其实证能力在社会学理论中有独到之处。这一方面固然受惠于社会网分析，此一方法是 20 世纪 60 年代以来社会学大师怀特（Harison White）及其后继者布尔曼（Boorman）、布里格（Brieger）和弗里曼（Linton Freeman）等人一手由数学的图形理论导演出来的一套数学分析方法，可以有效地对网络结构进行测量；但另一方面，真正最有帮助的并不是其测量技术的发展，而是其中层理论的发展对很多具体可测量的因变量提出了有效的解释，萦萦大端如怀特（White，1970）的"机会链"理论（opportunity chains），解释了内部劳动力市场的升迁现象；社会学大师科尔曼（Coleman，1966）及传播理论大师罗杰斯（Rogers，1995）的二级传播理论，以非正式关系解释传染病流传及信息流通问题，并为传播理论家所津津乐道，因此引发了相当多的后续研究，分析非正式社会网在创发新知及传播新知上的价值。斯坦福大学社会学教授格兰诺维特（Mark Granovetter）的"弱连带优势理论"（The Strength of Weak Ties，1973），对劳动力市场的求职与转职做了许多讨论（Granovetter，1992）。格兰诺维特的"镶嵌理论"（Embeddedness，1985），则以信任与交易成本作为中介变量，探讨了组织结构形成的因素。另外，博特（R. Burt）则用了他的"结构洞"理论（Structural Holes，1992）对组织内权力的运作以及升迁的过程做出十分有价值的理论贡献。管理学者魁克哈特（David Krackhardt）提出"强连带优势理论"（The Strength of Strong Ties，1992），更分析了情感网络如何带来非正式影响力，进而影响了许多组织行为，如离职、工作满意、团队合作等行为（Krackhardt and Hanson，1993；Krackhardt and Brass，1994）。林南（2001）的"社会资本"理论（Social Capital），则把资源取得当作中介变量，以社会网络解释了求职成功现象（Lin et al.，1981）。

这些被解释的现象都是具体可测量的，社会网本身无论是关系连带还是网络结构都已有了许多问卷及分析方法加以测量，拜这些中层理论以及社会网分析方法之赐，社会网理论不再停留在大型理论的阶段，而能够有效地在许多现象的研究中指定出具体的因果模型。本章的目的即是以一个最常被社会网理论研究的议题——转职——作范例，说明社会网理论的大型理论、中层理论与因果模型如何环环相扣。

二 社会网理论的大型理论——以经济行为分析为例

社会网理论提供给我们一个什么样的概念架构去研究社会现象？我们可以简单地说，社会网分析强调了人际关系、关系内涵以及社会网结构对社会现象的解释，但作为一个理论架构，它与其他理论架构有何不同？格兰诺维特在 1985 年《美国社会学杂志》（AJS）上发表的《社会结构与经济行动》一文提供了很好的综述。他以经济学的新古典理论（或在社会学及政治学的理性选择学派）的理论架构为比较对象，清楚地反衬出社会网理论在研究经济行为时的轮廓。首先，格兰诺维特称理性选择（rational choice）的理论架构是"低度社会化"（under-socialized）的。为什么这样说呢？

我试以下面这个最基本的、常见于大学微观经济学教科书的消费者行为经济分析为例（见图 1）。假设有一个人追求最大化的满足，有两种产品分别是 X 及 Y，其价格 X 是 3 元，Y 是 2 元，而消费者只有 48 元，他的效用函数是：

$$U(X,Y) = 5\log X + 3\log Y$$

预算曲线 $3X + 2Y \leqslant 48$

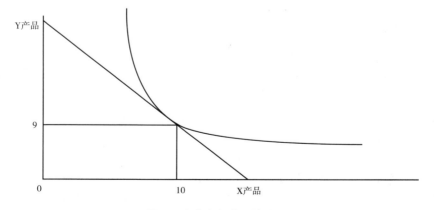

图 1　消费者行为经济分析

答案是此人消费了 10 单位的 X 与 9 单位的 Y。

此一经济分析背后的大型理论预设包括了下述几项。

（1）假设消费者有一个静态的、持续一段时间的效用偏好；

（2）此一消费者是理性的，可进行抉择，以有效分配有限的资源；

（3）消费者是经济人，要最大化他的消费效用，是基于个人的实用效用来做其考虑；

（4）做决策时信息是充分的；

（5）布劳格（Blaug，1980）称这种消费者行为研究为"方法论的个人主义"（methodological individualism），因为消费者被孤立在隔离的情境中，假设他的效用函数不受别人影响，然后做出消费决定。

这是最典型的经济分析，简单地说，新古典经济学的理论架构就是一个理性个人如何在资源有限时做出有效的资源配置。其实，这个架构中的种种假设在以后的经济学理论中都或多或少有人检讨，因此而开花结果出众多流派。比如第一项，赫希曼（Hirschman，1985）就强调消费者的偏好是动态可变的，在实用效用的"偏好"（preference）之上还有一种"超偏好"（metapreference），后者指导偏好的形成与改变。实用效用与社会性或道德性的需要，像是一个理念范畴中完全自利与完全道德的两端，"超偏好"会指导人们做出偏向哪一端的选择，而这种选择会有变化，所以人们的效用函数也会有理路可循地（依照"超偏好"的逻辑）时时在变化。第二项，西蒙（Simon，1976）提出了有限理性以修正完全理性的预设，随后有限理性成为管理学以及制度经济学、组织经济学的基本预设。第三项有关经济人的预设也为经济学大师贝克尔（Becker，1991）等人所修正，这些修正将效用函数在经济动机之外，加入了社会性的需求。第四项充分信息的预设也被信息经济学质疑，其他如交易成本的研究也建基在信息不对称的假设上。第五项，在人际关系研究上，博弈论更把人际互动带入理性模型之中。

这些修正固然丰富了经济分析的内涵，但新古典理论架构却万变不离其宗，经济学始终是一门研究个人如何在有限资源底下做抉择的学问。格兰诺维特也接续这项批判，称这类研究为低度社会化观点，因为它只考虑了个人动机而忽略了社会情境、社会约制。在消费者行为的经济分析上社会网理论有两点可加以补充。

（1）新古典经济学的第一个不足之处是非社会的，忽略了人做任何决定的时候都有其外在的社会结构存在，其决定也深深地受到个体在社会结构中所处位置的影响，受到整个社会价值的约制。人的互动行动不止于理性的博弈，而更在于社会结构的影响。

（2）新古典经济学的第二个不足之处是非动态的，其实人并不是在片刻之间权衡当时各种形势，考量自己的需要，以所知的情报而做出理性的决定。他往往会不断地与别人互动，不断地修正自己对形势的观察，也不断地因为别人的影响而改变自己的效用函数，更不断地搜集各种情报，所以任何决定都是在一个动态的过程中做出来的。两人互动不止，在求两人间的均衡，更在于非理性的交互影响与情感因素。

从这个批判上，我们可以看到社会网理论在做经济行为分析上的大型理论概念架构包括以下几项。

（1）经济行为是嵌入在社会网中的，所以人际关系会影响经济行动。

（2）经济行为有其理性的一面，所以人际关系有其实用的、可被计算利得成本的一面，这正是社会资本的概念。但人在经济决策中也有非理性的一面，人际关系所带来的信任与情感因素也会左右个人的经济行动。

（3）信息是不完整的，而且信息的传播正是受社会关系与社会网结构影响的。

（4）个人的效用不是孤立的，个人会随时受到有关系的他人影响而改变效用函数。

（5）个人的社会结构位置会影响到其资源、信息的取得，也会影响其所受到的社会约制，进而影响其经济行动。

在这个架构底下，我们注意到社会关系、关系内涵、关系强度、社会网结构、个人结构位置等因素会对信任、情感支持、资源取得、信息传播、人际影响等诸多中介变量产生影响，进而这些中介变量又会影响经济行动。值得一提的是，格兰诺维特在这篇论文中不只概要地对社会网理论架构加以阐述，更展开了与经济分析的对话，从而开创了新经济社会学这一学派。新经济社会学有一个前提就是要跟经济学对话，尤其是与新古典经济学对话。如何去挑战、辩诘、融合经济学的理论架构，以得到一个新的解释架构，就是新经济社会学的使命，而这个使命也承诺了两个愿景（shared vision）。

1. 在个人理性选择与社会约制之间建立一座桥

20 世纪 50 年代，哈佛经济学者杜森伯里（Ducsenbery）说："经济学研究的是人如何去选择，而社会学则研究的是人如何无法做选择。"理性选择的研究传统都是在讲人是理性的，人是可以自由选择的，社会学的研究则十分强调社会力、社会规范、社会化等社会约制的概念。比如，在组织研究领域中，各个组织理论流派可分成理性系统与自然系统两派，前者强调组织是理性设计出来的，如韦伯（Weber）的科层制（1947）、泰勒（Tylor）的科学管理以及威廉姆森（Williamson）的组织经济学（1981，1985），后者强调组织是社会力中自然生成（或妥协出来）的产物，如梅奥（Mayo）的人群关系学派（1945）以及塞尔兹尼克（Selznick）的新制度论（1948）。制度研究的领域也是如此，经济学家谈制度分析，比如新制度经济学就是谈制度是为节省交易成本而理性设计的，国内这些年的制度转型也是谈渐进式疗法还是休克疗法，好像制度都是设计出来的。但是社会学者李培林（1995）却强调其实很多制度都是自然生成的，而且都是从社会底层产生的。在完全没有任何制度的情况下，现有社会底层的社会网络中互动出一套非正式制度，而中央政策往往追认、承认这个非正式制度，将其立法为正式制度。

本来经济学和社会学在 20 世纪 20 年代时还几乎是密不可分的，比如韦伯虽然后来被社会学家纪念，但他是学经济学出身的；帕累托（Pareto）是知名经济学者、"帕累托最优"这个经济学概念的创始人，但晚年都在做社会学研究。在这之前的很多人物也是身兼经济学家和社会学家的，如马克思、穆勒（Mill）和凡勃伦（Veblen）等，不胜枚举。但到20 世纪 40 年代以后出现了两位大师，分别是社会学的帕森斯和经济学的萨缪尔森，前者带动美国结构功能论的分析传统，后者带动了一连串的经济分析的数学革命，把经济学带到一条最大化效用、最小化成本的分析模型中去，所以一个在搞大型理论，一个在全部模型化，两者自此分道扬镳。20 世纪 50 年代哈佛大学的学者还试图努力维持社会学和经济学之间的对话，结果产生一个论坛，社会学界由帕森斯负责，经济学界是杜森伯里主持，可惜对话了十年后发现一个问题，就是经济学界真的不能与社会学界对话了。

20 世纪 70 年代以后出现两个方面的发展，一个是经济学纳入了越来越多社会学理论的元素，比如上面所说的有限理性、信息不完整、人际互动以及社会需求等；而社会学的性格也发生了很大的变化，开始不只是谈大型理论，而往下发展的中层理论以及因果模型也越来越完备，两者之间在方法与理论上相互接近，开始重新对话。社会网理论在这次对话里扮演了十分重要的角色，因为社会网理论以网络中间的个人及其关系为分析基础，强调个人的能动性，但另一方面又避免低度社会化的预设，注意到社会网所形成的社会结构以及社会制度对个人的约制。同时，个人的能动性还有可能改变这个约制人的社会结构，所以个人的理性选择与集体的约制之间可以有一个相互作用而相互改变的过程，社会网理论以为社会网正是这个发生作用的接口。

2. 在微观行为与宏观现象之间建立一座桥

格兰诺维特在其《弱连带的优势》一文中开宗明义地说，社会网理论的提出是要在微观行为与宏观行为之间建立一座桥。过去的社会学分析，微观的如符号互动理论、团体动力学都是研究个体行为，很少研究宏观的社会现象。而宏观的分析则视社会结构为社会群体的集合，社会群体主要是以阶级、地位、种族、年龄、性别、地域与宗教来加以区分，一个来自上流社会的青年与一个来自底层社会的青年，他们一举手一投足间就表达了不同的气质，也反映在行为的抉择上。格兰诺维特称这种观点为过度社会化观点（Granovetter, 1985），因为这样的分析只看到了社会文化对个人的约制，而忽略了个人行动的自主意识。一旦个人的族群属性确定了，则该族群对他的社会化就使其不折不扣地表达出该族群的品味，人只是被社会结构决定的傀儡，仅仅有"社会牢笼"内的自由。微观的现象在这样的分析架构底下也只有被宏观的变量解释，个人行动是被社会结构决定的，欠缺主观能动性，个人的行动自然没有能力影响集体行为的结果。

社会网理论以不同的观点看待社会结构，视社会结构为一张人际社会网，其中"节点"（node）代表一个人或一群人组成的小团体，"线段"（line）代表人与人之间的关系，以社会网分析方法（Wasserman and Faust, 1994）分析其结构特性。镶嵌理论的研究重点就是在一个网络之中的个人如何透过关系，在动态的互动过程中相互影响，这不但影响了个体的行动，也会改变相互的关系，从而影响整体结构。这种观点一方面调和了低度与过度社会化的观点，一方面也避免了"社会性孤立"的假设。它一方面保留了个人的自由意志，一方面又把个人的行为置于人际关系互动网络中观察，强调行动者在做一项决定时，有其自由空间，固然有自己理性的算计与个人的偏好，但他却是在一个动态的互动过程中做出行为决定的，他会和周遭的人际社会网不断地交换信息，搜集情报，受到影响，改变偏好，所以行动者的行为既是"自主"的，也"嵌入"在互动网络中，受到社会结构的约制。另一方面，他的行动也会使某些线段断裂，又建立新的线段，从而使得网络的结构发生改变，而影响到集体行为的结果。在社会网的分析中，我们看到了个人行动如何改变社会结构，微观的分析因此可以解释宏观的现象。

三　社会网理论的中层理论——以劳动力市场研究为例

从上述的社会网理论中我们看到一个有用的概念架构，它提供了一个社会结构的图像，提供了一组分析社会现象的概念，如社会关系、社会网、关系强度、关系内涵、网络结构、信任、社会资本、信息流通、情感支持、人际影响等，也提供了这一理论的愿景以及这类研究能完成哪些成就的许诺。但是如果社会网理论停留在观察这个现象中有人际关系，观察那个现象中也有人际关系这类的论述中，那么它很难真正做一些实证工作，也很难真正与经济学展开对话与竞争。社会网理论如前所述，其精彩之处正在于有一群学者发展了相当多的中层理论，因此这个概念架构可以在对更具体的社会现象的解释中获得证伪。

从大型理论转到中层理论首先要有可以测量的一个或一组现象作为被解释的变量（或一组变量），同时对此一现象的解释也要有清楚的因果机制。大型理论提供了一组预设及一组概念，可以用来解释许多社会现象或经济现象，但被解释现象范围太大，不足以作为一个具体的、可被测量的变量，所以我们要找另一个议题来说明社会网理论的中层理论，在本章中我采用了劳动力市场及内部劳动力市场作为进一步说明的议题。我之所以采用此一议题，是因为自怀特的"机会链"理论以来，格兰诺维特的"弱连带优势理论"（Granovetter，1973）、博特的"结构洞"理论（Burt，1992）、林南的"社会资本"理论（Lin et al.，1981）以及魁克哈特（Krackhardt，1992）对情感网络的分析（或其所谓的强连带优势理论），都曾针对劳动力市场以及内部劳动力市场中的求职、升迁与离职或转职做出研究，而求职、升迁与离职或转职都是可以明确测量的行为，所以这些理论提供了社会网对劳动力市场分析十分丰富的中层理论。下面我阐述几个与转职有关的社会网中层理论，作为其劳动力市场研究的代表。

经济学家怎么看转职？经济学强调的是机会成本的概念，强调成本收益的比较，即个人可以在一组职位中间进行选择。我现在做的是什么职位，先评估这个职位给了我多少薪水、福利和升迁的机会，给了我多少社会报酬、社会支持等，我在思考另一个职位的条件时做出符合经济理性的选择。我一旦决定选择这个就要放弃其他的可能性，这就是机会成本。这是经济学理论看转职的方式，是理性的评估。但实际的情况可能并非如此，比如为什么老年人不喜欢转职，年轻人喜欢转职，这其中有多派的解释。比如工作搜寻理论（job shopping；Mincer and Jovoanovic，1981）认为，年轻人因为就职经验不多，所以它的机会成本的比较因为信息不完整的关系而不清楚，还搞不清楚很多情况。就业早期因为信息不完整，一个人容易转职；历经数职之后，职位的信息渐渐多了，他就会越来越清楚；就业一段时间后，了解各种职位的信息了，他就不转职了，于是到了中年，转职行为就会大为降低。

其实做转职行为研究最多的是组织行为学，比如人群关系学派（human relation model）。他们提出的概念是人追求的很多东西是很感性的，不一定是非常理性的，比如工作满足感、组织认同感等。所以这一派研究就发展出一连串的心理学问卷，去研究转职之前人的心理是什么以及怎么去造成这种心理，这形成离职意愿研究。离职意愿这个概念提出来之后，心理学传统中很多人研究个人的个性，比如内控人格还是外控人格；社会学者则关注不同社会经济背景的人会产生不同的离职倾向，而具体地研究个人的性别、年龄、年资、职务等。另外就是社会心理的模型，它相信有很多相关的心理变量会影响职工的离职意愿，其中最主要的就是工作满足（job satisfaction），满足的员工会想留下来，否则就想要转职。其他心理变量还有组织承诺（organizational commitment），因为个人对组织有认同感就不会转职，否则就想转职。再者就是工作内涵，有些工作是容易让人满足的，比如变化多、自主性强的工作，有些则否，如反馈少、无自主性、少变化的工作。

社会网在理论上怎么会跟转职行为产生关联呢？格兰诺维特（Granovetter，1992）提出了社会学与经济学对转职研究观点的比较，他认为一个值得注意的问题是为什么有人转职越转越好，有人转职却越转越差。这一点在经济学的理性选择观点中是很难找到解释的，理性的个人为什么会选择越来越差的职位呢？社会学观点会把转职分成两类，一类是"前拉式"（pull）转职，一类是"后推式"（push）转职。前面一类总是步步高升，后面一类则会日趋下沉。"前拉式"包括了离职意愿很高，也如愿离职成功了；另一类则特别有趣，值得研究，就是离职意愿不高，但外拉的力量却十分强大，大到机会太好以至于无法拒绝，所以不想转职也转成功了，这类转职正是步步高升的方式。"后推式"则包括离职意愿很强，组织也不想留人（组织常会用各种手段加强这类员工的离职意愿），所以一拍两散；另一类也比较有趣，就是那种离职意愿不强，但组织却不断后推其离职，这有时造成的是失业而不是转职。后面这两类人的转职往往越转越差。这个社会学的观点指出转职行为可以分成两个阶段，第一个阶段是离职意愿的形成阶段，第二个阶段是从意愿化为行动的阶段，在第二个阶段中，影响行动产生的关键因子是外部是否有工作机会。

在"前拉式"转职中，工作机会的产生正是社会网理论的着力之处。不同网络位置的个体对网络关系的依赖程度也会有所不同，正反映出不同网络地位所形塑的网络生活，而工作产生的经济活动有形无形地形塑了个人人际关系的建立。过去学者的相关研究指出，个人的人际关系是影响个人事业生涯发展的关键因素。林南（Lin，1981）的研究则说明了个人的社会关系越丰富，相对所带来的工作机会也越多，而且人际关系通向拥有丰富资源的他人，这个关系也能带来更有价值的工作机会，林南称这类人际社会网为个人的社会资本。

格兰诺维特的"弱连带优势理论"则指出，弱连带较之于强连带有更好的求职效果，原因有二：一是一个弱连带多的人，其社会网的范围会很大，因此收集到求才的信息会很多。20世纪60年代有一系列的"小小世界"研究，发现强连带多的人往往会陷在一个个小圈圈中，东传西传的都是很小范围的信息，而且常常是重复的信息，弱连带却会连出一张大网络，所以弱连带较多的人能够将信息传递得较远；而这样的信息利益是经由"通路"（access）、"先机"（timing）以及"举荐"（referrals）三种形式出现的（Burt，1992）。参与者彼此间的信息并不是完全对称的，"通路"使个体能够知道有价值的信息，并知道有谁可以使用它；"先机"则是由网络所吸收的一种重要的信息形态，除了确定你会被告知某项信息外，私人的接触可以使你成为及早知道的人之一；而"举荐"是获取未来机会的正面力量，在适当的时机有适当的人在求才单位中做出"背书"，会成为求职成功的关键力量。信息的利益就是为什么拥有弱连带的人较能建立情报网以求职找人、建立客户关系及寻找商业伙伴的优势所在。

二是如林南的社会资本理论（Lin，1990）所谈的，人际关系指向有价值的资源时则机会多，比如年轻人与年长者有关系，社会地位低的人与社会地位高的人有关系，这种跨越两个团体间的关系往往在求职过程中成为"贵人"。格兰诺维特则进一步指出，两个团体间的"桥"（bridge）必然是弱连带，同类人因为兴趣、性格相同而物以类聚，相同群体内的成员会因为内部社会网较密也较易互有连带，但不同群体间却很难建立关系，其间的沟通就有赖于两团体中各有一名成员相互认识，而形成唯一的通路，这条唯一通路就称为"桥"。桥在信息扩散上极有价值，因为它是两个团体间信息通畅的关键，但它必然是弱连带，否则当这对好朋友呼朋引伴让两团体成员也发展出其他的连带时，这条信息通路就不再是唯一的，也就没有"桥"的价值了。只有善建弱连带的人才有机会成为"桥"，因此在不同的群体中伏下人脉，这种跨越群体的关系往往是通向有价值资源的关键。

　　但只有弱连带的人际关系显然是不足的，边燕杰（Bian，1996，1997）在对中国资料进行研究后明确指出，有关强连带的研究亦应扮演不可忽略的重要角色，因为中国社会的求职，"人情"比信息更重要。弱连带提供了人们取得自身所属社会圈之外信息的渠道，但是强连带对人们的行动提供了信任的基础（Granovetter，1985），借由信任关系，人们才愿意提供"人情"的帮助。社会交换理论（Blau，1964）指出，社会交换不同于经济交换，不可能一手交钱，一手交货，欠下的人情往往要很长的时间后找到适当的时机才能偿还，这段时间内极可能有过河拆桥、忘恩负义的行为。少了信任，人们是不可能从事"人情"交换的。处于不安全位置的人也能够借由发展强连带而取得保护，降低其所面临的不确定性，并有可能借由强连带的发展，获得组织中较高的熟悉感与升迁的机会。

　　这些强连带的研究让我们看到社会网理论在解释"后推式"转职现象上的可能性。罗森鲍姆（Rosenbaum，1984）认为，由于企业通常都是做有限理性的决策，所以在决定由谁来填补空缺时，那些较为高层所熟悉的个人即获得较高的升迁机会。也就是说，较多的曝光率、较广的社会网及较易取得组织资源，可使个人拥有更多、更快的事业发展机会。除了强连带所发展出的优势外，网络中重要他人的影响力也是不容忽视的，比如，与其他人有强连带的离职员工对在职员工有非正式的影响力，可能因为他的离职行为而带动其他人离职，或影响在职者的士气（Krackhardt and Porter，1985）。一个升迁机会较多或拥有影响力的人，组织"后推"其转职的可能性较低。

社会网理论对这一类组织行为的研究特别引人注目的是博特的"结构洞"理论，以及魁克哈特的"强连带优势"理论。根据博特（Burt，1992）的研究结果，在经济活动的运作过程中，会形成一个产品交易之外的社会市场（social market），成员在此网络结构中发展相互关系，并且交换或分享与组织有关的信息。因此，任何经济活动，绝对不能只是单纯地化约为商品交换活动，而必须同时将其所处的环境因素考虑进来。鲍威尔（Powell，1990）指出，对经济交换方式的解释必须嵌入在特殊社会结构脉络中来进行，因此必须以新视野来解释这些交换形态所展现出来的某些特征。在网络关系里，交易双方彼此依赖，一方依赖另一方之资源，而聚集双方的资源可创造互惠，这种交换形态不是以理性计算为基础（经济学所强调的自利行为，即追求利润最大化），反而是以双方过去所累积的交易经验为基础，进而产生规范性的标准，继续影响未来的合作行为与信任关系。为了未来及长期的利益，双方愿意失去部分的自决能力，而依赖和他人合作。社会嵌入的概念指出，个人中心社会网（ego-centered network）有一部分是自主的，另一部分是依赖的，这样的关系轮廓必须考虑特殊的文化、制度价值和其他社会环境互动下的模式。所以行动者的经济行为既是自主的，同时也嵌入在互动的网络中，会受到社会脉络的制约（Granovetter，1985）。

按照这样的社会网的观点，林南的"社会资本"理论（Lin，2001）指出，不论是强连带还是弱连带，社会关系所带来的资源才是求职行为的重点，与有资源的个人产生关联是职场步步升迁的关键。虽然林南这项劳动力市场的研究着眼于组织外的求职行为，但其理论也让我们看到，在组织中透过社会网获得发展的重要资源，是一个人在工作中是否顺利的关键，会影响到个人的离职意愿。博特（Burt，1992）认为，在工作的竞争场域中，参与者带着三种资本而来，分别是财务资本、人力资本与社会资本。"社会资本"是个人在社会的结构位置上所拥有的资源，纳哈皮特等（Nahapiet and Ghoshal，1998）将社会资本定义为：在个人或社会单位（组织）所拥有的社会网里所蕴含、提供或衍生的各种实际或潜在资源之总和，包括网络本身与透过网络所动员的资产（Bourdieu，1986；Burt，1992）。科尔曼（Coleman，1990）则将社会资本定义为社会结构中产生的一种特性，可以促成更多的合作行为并带来资源。因此从社会资本的观念来看，一个人成功的关键并不仅止于个人的属性，更重要的是个人在社会网络中的位置，这种社会关系可以提供信息及政治的利益。这个来自社会结构的资本会约制行动者的行动自由，任意转职就会破坏此一结构而使资本消失，所以一个资源集中者会有很低的离职意愿，以避免其在组织内的社会资本消失。

善于做资源交换的人也能从组织中获取资源，博特的"结构洞"理论指出，一个人占据了交换资源的良好位置，则其拥有的资源较多，他称之为"洞效果"（hole effects），这种人最主要是占据了"桥"的位置。博特还以结构洞理论研究了内部劳动力市场的升迁问题，证实了拥有较多社会结构上中介位置的人较易升迁。基于布劳（Blau，1964）的社会交换理论对组织行为产生影响的观点，一个因为交换而取得大量资源的人，组织中的其他人对其行为必有一定之期待，为了一直保持这项结构位置上的优势，个人也乐意满足这样的期待以保有其位置。同时个人的资源取得既然与组织的存在息息相关，则个人亦乐于付出更多，以保有更多资源，以符合他人对公平交换的吁求。因此在组织内善于交换资源的人的组织忠诚度会很高，离职倾向会很低，毕竟他的职业成功系于组织内的资源交换，离开了此一组织，其牺牲的资源是极多的。

博特（Burt，1992）以及林南（Lin，2001）所做的观察，均强调了个体在网络结构的位置可以影响个人在组织中资源的获得，从而影响到其离职意愿。

组织内有哪些社会关系与社会网是影响资源取得的因素呢？专业上、工作上的咨询是组织内一项重要的资源，从咨询网络的关系形态来看，员工若属于被多数人寻求协商或解决工作问题的角色，代表该员工本身在工作上的专业能力受到多数人的依赖（Krackhardt，1992）。从科尔曼（Coleman，1988，1990）的社会资本中"义务与回报"的观点以及布劳（Blau，1964）的社会交换观点来看，他人对该员工的依赖关系又会使得他人在向该员工取得资源（满足期望）之后，认知到自己有回馈该员工的义务，并等待机会尽己所能地回报，所以工作咨询关系中心性高的人（Wasserman and Faust，1994）会是资源的集中者。观察潜在资源为个体带来的行动便利性，可发现一个在工作能力上受到组织内多数人依赖的员工，其工作能力相较于其他人来得高；当他对组织内部资源有所需求时，他人所能给予的回馈，在能力上可能较无法满足该员工的期望；但由于多数人均受过该员工的恩惠而具有回馈的意愿，纵然专业能力上无法满足该员工的需求，这些人仍会尽力为该员工找出能满足需求的渠道，或者开放个人的社会资源来为该员工增加机会。因此，内向度高的员工在咨询社会网中所具备的潜在资源，就是较能够得到他人回馈的机会，拥有较高的个体社会资本。

除了咨询网络外，魁克哈特（Krackhardt，1992）对关系类型所做的另一项区分是"情感网络"（friendship network）。

情感网络与离职意愿的关系有两层，一与社会资本有关，一与非理性行为有关。魁克哈特与波特（Krackhardt and Porter，1985）认为，人与人之间的情感会在组织面临非常态危机时扮演决定性的角色，所以观察员工之间的情感结构关系，对于研究组织内发生的冲突危机具有特别的意义。另外，有别于咨询社会网的互动特性，员工之间的情感连结包含了员工对他人在友谊关系上的信赖，能帮助人们在面临危机、组织变革或高度不确定时，产生合作行为（Krackhardt and Stern，1988）。另外，依照科尔曼（Coleman，1990）以及布劳的观点，该员工在满足他人情感支持的需求后，也会得到越多来自他人的回馈，从而具有较多的行动便利性，尤其是在发挥对别人的影响力，或向别人寻求支持时，更具备了动员资源的能力。基于个人因组织而取得个体社会资本者会有较强的休戚与共之感，也较会回馈组织，在组织内越是属于此种角色的员工，离职意愿越低。

综合以上所述可知，弱连带主要可以传递信息与知识等资源，强连带则可以传递信任感与影响力等资源，并带来情感支持。过去的研究指出，社会网与对升迁信息的掌握及升迁竞争有很大的关系，在学者建立的转职模式中，可以发现个人的转职行为会受到外在工作机会以及内部提供的资源影响，换言之，个人会借由网络中所得之信息与资源，评估目前的工作机会与可能的工作机会，然后才会做出转职的决定（Mobley，1977）。而个人可能的工作机会包括内部性与外部性两种。组织内工作机会除了与升迁渠道畅通性、职位空缺度等相关外，亦与人际关系是否良好具有极大的相关性；外部机会则除了受劳动市场、经济景气影响外，亦与个人社会网的大小有关，拥有越大范围的社会网的人就能接受到越多的信息。另外，情感性的因素在转职行为中也扮演了相当重要的角色，很多人不愿离职是受到良好的情感支持，对一个有"人情味"的工作环境恋恋不舍。

四　社会网理论的因果模型——以离职意愿研究为例

中层理论固然将大型理论的概念架构转成了一个可清楚定义、可测量的现象的因果机制，但只是如此，还不足以形成一个可供检证的模型。除了因果机制，一个模型所需要的变量测量方法、变量的函数形态以及控制变量尚且付之阙如，所以在模型化的阶段理论还需要完成这些工作。模型化可以是正式模型（formal model），即以高度抽象的概念导引数理建构模型的方式，如大多数经济学模型所做的那样，现在也有一些社会学理论开始采用此一模型建构的方式，比如理性选择学派以及社会网学派中做网络动态学（Dynamics on Social Network）的研究。然而，大多数的社会学因果模型不会采取正式模型的方式，下面我们就以转职为例看看理论工作的最后一阶段——理论模型是如何建立的。

当然，一个理论之所以要发展出中层理论与理论模型是为了能够检证理论，因此首先要提出待检证的假设。

下面，我就以一篇《社会网络对离职意愿之影响》（罗家德、郑孟育，2007）的论文为例，说明如何把社会网对劳动力市场研究的中层理论应用在离职意愿的议题上，可以得到什么样的理论模型，以及如何检证之。

（一）研究动机

过去社会网络理论已对劳动力市场中求职、转职及内部劳动力市场的升迁有相当多的研究，比如个人的网络结构位置如何决定其离职所带来的后果，以及个人的外部关系如何影响其找工作的机会并进而影响其离职。这类研究较多地集中在员工外部关系带来的离职机会，较少讨论内部"压力"如何影响员工的离职意愿。我们所做研究的主要贡献在于分析个人的网络结构位置——包括中心位置以及"桥"的位置——透过组织信任而影响个人的离职意愿。组织信任影响离职也早已被证实，这里则以结构的观点将组织信任分为一般信任以及嵌入在社会网络结构中的特殊信任，并发现个人结构位置是透过特殊信任而非一般信任影响离职意愿。

跨国公司的员工面临许多母国文化与地主国文化的差异，若不能调适、认同组织与同僚，则可能产生人际冲突与不适应，引发离职的想法，进而导致实际的离职行为。既往研究多以个体与组织的构面来探讨员工离职的情况，如薪资待遇、工作特性、工作满意度、愿景分享等，各变量虽然都能部分解释离职意愿，但仍有很大的解释空间有待发掘。格兰诺维特（Granovetter，1985，1992）的研究利用社会关系网络来解释劳动力市场行为，个人如何镶嵌在社会的网络结构中，以此诠释员工离职行为，加深了解释力。中国社会又是一个人情社会，人际关系总是社会行为重要的考虑因素，因此本研究希望利用社会网络的分析方法探讨在中国大陆台商企业中内地员工不同的社会网络位置对其离职意愿的影响。

（二）文献探讨

1. 离职的因素

所谓离职（turnover），是员工在组织中某一职务上工作后经过个人考虑，自愿放弃该职务（Mobley，1977），或由雇主主动提出解雇，以致个人失去职务及其职务所赋予的利益，而与该组织完全脱离关系。

以不同的学术领域来看自愿性离职问题，则有不同的解释方式。经济学强调的是机会成本概念，强调成本收益的比较决定了是否离职，亦即个人可以在一组职位中间进行选择，在充分信息之下评估新旧职位将会有多少薪水、福利、升迁的机会、社会报酬、社会支持等，比较放弃旧职位的机会成本与接受新职位的利益，以做出符合经济理性的选择。经济学理论看离职的方式，是完全理性的评估。

比如，一些经济学者认为，员工的离职行为可由经济学中的边际生产力理论与二元劳动力市场理论来解释，认为薪资差异与劳动力的分配有密切的关系。薪资的差别与劳动力市场的区分使员工对其所面临的薪资结构与环境做出反应，去追求主要市场中较有吸引力的工作，因此离职行为可增加个人收入，促进国民生产。

尽管经济学者以不同的角度来讨论离职的问题，但结论却颇为一致，均肯定自愿性离职对于个人有着正向的利益，可增进个人成长，获取更佳的工作环境。但从管理者的角度而言，离职的现象亦造成组织人事成本增加与员工士气受挫的困扰，而优秀人才或管理阶层的离职行为则是组织的一项警示信号，是企业主事者所应注重的。所以组织行为学积极研究离职，亦成果丰硕。

从心理学角度出发，离职研究探讨了个人对有利或不利的环境刺激做反应，并采取适当的因应行动，以保持平衡，因此离职是对压力的一种反应。处在压力的环境之下，不离职的员工可能会采取暂时性的退缩行为。所以心理学者是从调适工作环境压力的角度来看待员工的离职行为。科顿和塔特尔（Cotton and Tuttle，1986）对组织行为的离职研究做了十分详尽的审视与总结，他们检视了一百多篇文献，并将影响离职的变量归纳为三大类，其中包含："个人变量"、"工作与态度相关变量"与"外在变量"。从过去的理论模式及科顿和塔特尔的研究结果，我们可以将影响离职倾向之因素归类为个人特性及工作因素与态度因素三种。

（1）个人特性

在个人特性部分，有相当多的研究均指出年龄（Angle and Perry，1981；Hrebiniak and Alutto，1972）及年资（Steers and Spencer，1977；Arnold and Feldman，1982）与离职意愿呈负相关。一般研究多认为年龄越大，越不易转换工作，所以离职意愿会较低。另外，年龄越大的员工，可能因担任重要的职位，或已熟悉公司环境与既有人脉，因此较不容易离职。在性别部分，科顿和塔特尔（Cotton and Tuttle，1986）发现有些研究认为女性较男性容易离职，有些研究则发现不存在相关性，斯顿夫和道利（Stumpf and Dawley，1981）更得到相反的结果，即男性较女性更容易离职。而就教育程度而言，大部分研究均显示其与离职意愿有显著相关（Siefert，Jayaratne，and Chess，1991；Raphael，1994），而布兰克尔兹和鲁滨逊（Blankertz and Robinson，1997）亦发现硕士学历的人相较于其他学历者有较高的离职意愿，其源自硕士学历者有较高的工作能力转任他职。

（2）工作因素

德科提斯和萨默斯（Decotiis and Summers，1987）指出，若干人口统计变量，如年龄、性别、国籍等，并非预测的良好指标，个人特征必须与组织相关，如工作特性、激励措施与对公平的认知等，才能有效预测离职意愿。

科顿和塔特尔（Cotton and Tuttle，1986）发现，大部分与工作有关的变量都与离职有密切的关系，对整体工作的满足、对工作本身的满足、对薪资的满足、对监督方式的满足和组织承诺均与离职呈现显著的负相关。工作绩效、对同事的满足、对升迁的满足、角色的明确性也与离职有负相关，只是程度较低。

（3）态度因素

在态度因素对离职意愿的影响上，大量的研究多认为工作满足与组织承诺是所有影响离职意愿因素的中介变量。西肖尔和泰伯（Seashore and Taber，1975）认为，工作满足受个人属性与工作特性等因素影响，如个人统计变量、工作特性、领导关系、组织公平等。迈克尔斯和斯佩克特（Michaels and Spector，1982）的离职分析模型中则提到对工作特性的认知、上司的领导关系与年龄是影响工作满足与组织承诺的变量；斯蒂尔斯（Steers，1997）更提出了一个完整的结构模型，发现个人特性（年龄、年资、教育）、工作特性（工作自主性、工作多样性、工作回馈性、工作完整性）和工作经验影响工作满足与组织承诺，而这些态度则与留职意愿有强烈的正相关。

虽然在过去，工作满足与组织承诺皆为离职意愿重要的中介因素，但是依照科顿和塔特尔（Cotton and Tuttle，1986）的统计，工作满足被纳入离职模型的次数远远高于组织承诺①。由于工作满足与组织承诺的高度相关，为了避免共线性（multicollinearity）影响效果，因此这里仅选取工作满足作为研究中的控制变量。基于以上的文献分析，在本研究中将传统与离职高度相关的前置变量列为控制变量，包括个人社会经济背景之教育程度、年资，工作特性，态度变量之工作满足等主、客观因素。

2. 社会网络理论对离职的解释

（1）个人社会网络结构位置与离职意愿

组织内哪些社会关系与社会网络结构位置是影响资源取得的因素呢？博特（Burt，1992）指出，除了关系之外，个人的结构位置也十分重要。他认为，在工作的竞争场域中，参与者是带着三种资本而来，分别是财务资本、人力资本与社会资本。"社会资本"是个人在网络中接触对象所形成的结构与所拥有的资源。这类社会资本正是我们所欲探讨的重点。两个理论对离职意愿具有解释力，一是魁克哈特（Krackhardt，1992）的"强连带优势"理论，一是博特（Burt，1992）的"结构洞"理论。

中心—边缘位置与非正式权力 社会连带可以分成强、弱连带（Granovetter，1973），魁克哈特（Krackhardt，1992）认为，在组织中强连带指涉的是"情感网络"（friendship network）。情感网络产生于员工与他人之间的友谊或谈论私事的过程当中，因此网络资源的内涵即在于情感交流的相关信息。在许多有关社会支持的研究里，情感支持的概念往往是最常被探讨的部分。员工之间由于会彼此向情感网络中有连结关系的同事谈及个人私事、生活态度，以及在工作上为舒解压力而产生的抱怨，因而与倾听者之间具有情感上的依赖关系（罗家德、朱庆忠，2004）。魁克哈特（Krackhardt，1992）曾用希腊文"philos"来表示情感关系连带，当时他对"philos"这个词的使用方式与规则类似于"朋友"（friend），而他在研究中发现，一个人若能够在情感网络中拥有好的结构位置，代表这个人与团体中较多人建立情感支持的关系，这类关系可以带来的资源是影响力（Krackhardt and Hanson，1993；Krackhardt and Brass，1994）。

什么样的社会网络结构位置是影响力的集中者呢？就情感网络而言，

———————————

① 截至 1986 年统计，与工作满足相关的变量为离职研究者引用 78 次，而组织承诺只有 13 次。

相对于边缘者，一个被很多同僚都认可的中心人物，往往拥有非正式权力，所以可以被视为"地下总司令"（Krackhardt，1992）。因此从个体社会资本的角度来看，一个员工被愈多人视为情感依赖的对象，他对他人的影响力也越大，动员能力就越强，这就是魁克哈特（Krackhardt，1992）"强连带优势"理论的内涵。

除了上述社会资本的观点外，获得情感支持是中心位置者的另一优势。一个在组织中交了很多朋友、被他人喜爱的人，也就是情感网络内向中心性高的人，其情感生活会较丰富，在伤心失意的时候会得到更多的情感支持（emotional support），这种支持对人的工作满足以及心理健康都十分重要，在一个人即将离职之时，这种友情的力量更会使人依依难舍，因此降低了离职意愿。因此我们可以得到第一个假设。

假设 1.1：相对于边缘人，一个在组织内社会网络中居于情感网络中心位置的人其离职意愿会较低。

桥的位置与机会　工作上的咨询是一项重要的资源，善于资源交换的人能从组织中获取资源。博特（Burt，1992）的"结构洞"理论指出，一个人占据了交换资源的良好位置则其拥有的资源较多，他称之为"洞效果"，这种人主要是占据了"桥"的位置的人。博特还以结构洞理论研究了内部劳动力市场的升迁问题，证实了拥有较多社会结构上中介位置的人确实较易得到升迁。基于布劳（Blau，1964）的社会交换对组织行为产生影响的观点，一个因为交换而取得大量资源的人，组织中的其他人对其行为必有一定之期待，为了一直保持这项结构位置上的优势，个人也乐意满足这样的期待以保有其位置。

依据博特的理论，一个占据"桥"位置的人，拥有更多交换的机会，也因此可以得到信息以及中介的利益，掌握较多的组织资源，因此相较于其他人，其离职意愿会很低。毕竟他的职业成功系于组织内的资源交换，离开了此一组织，其牺牲的资源是极多的。因此我们可以得到第二个假设。

假设 1.2：一个在组织内社会网络中居于咨询网络"桥"的位置的人其离职意愿会较低。

（2）信任关系与离职意愿

有别于上述资源关系的研究，另一类网络研究以镶嵌理论为代表（Granovetter，1985），将重点从实质的资源交换移转到信任关系的建立上。过去的研究显示，信任关系可以降低交易成本（Cummings and Bromiley，1996），增加合作机会，降低组织治理的不确定性（Miles and Creed，

1995；Powell，1996），利于信息传播（Sparrowe et al.，2001），增加知识分享（Moran and Ghoshal，1996；Nahapiet and Ghoshal，1998）。换言之，人们在一个值得信任的环境中工作，欺诈少且易于交易与合作，工作会较顺利。更重要的是，这样的环境中，一个人得到的情感支持较多，较易取得资源，合作较为顺遂，所以其离职意愿会较低。

信任关系如何产生？学界已有十分多的研究成果。心理学者强调个性的取向，研究个人的个性如何在信任上引起不同的态度，有人个性上倾向于相信他人，有人则相反。制度的取向则认为制度的建立可以产生可信赖的行为，因此引发另一方的信任（Zucker，1986；Gambetta，1988）。社会网络理论则讨论社会连带和网络结构在产生信任的过程中所扮演的重要角色（Granovetter，1985；Uzzi，1996）。

综合整理上述各家的言论，信任可以来自制度规范，来自理性计算，来自群体的社会认同，也可以来自个人因素，其中个人因素包括人际关系连带以及个人特质。面对如此之多的信任来源，我们要先区分信任对象的不同，一种信任是没有特定对象的，一种信任则只存在于特定的对象间，前者可称为一般信任（generalized trust），后者则可以称为特殊信任①（particularistic trust）。前者的来源是制度、一群人间的认同、己方或对方的人格特质，因为信任的对象是制度规范下的一群人，或相互认同的一群人，或展现可信赖特质的一群人，是一群人而非单一特定的对象，所以称为一般信任。相反的，特殊信任则必然存在于两两关系（dyads）中，是两人互动过程的结果。

一般信任被定义为对他人会依道德规范而行为的期待（Barber，1983）。在组织行为研究中，组织信任（organizational trust）指涉的正是一般信任，包括对同僚的信任、对长官的信任以及对整个公司的信任，并发展出十分完整的衡量方法，如"信任存量量表"（Cummings and Bromiley，1996）。

与林南、博特等人讨论的社会资本不同，另有一群学者视社会资本为一个团体内部人与人合作的黏合剂，而非个人取得资源的工具（Coleman，1990；Fuguyama，1995；Putnam，1993）。布朗（Brown，1997）称前者为个人社会资本（micro-level social capital），而后者为总体社会资本（macro-level social capital）。总体社会资本来自社会结构的实体（entity），

---

① 我们使用此一 particularistic trust 的名词是因为中国本土心理学者 Ho and Chiu（1994）称中国社会为特殊主义（particularism）的社会。

它使人与人的合作行为成为可能（Coleman，1990），并因为合作而致使一加一大于二地产出额外的成果，整个群体因而受益。西方多数学者认为促成一个团体之内合作行为的总体社会资本（Brown，1997）可以简化归结为人与人的信任（Fukuyama，1995；Paxton，1999），在组织行为研究中，纳哈皮特和戈沙尔（Nahapiet and Ghoshal，1998）也认为信任是社会资本的重要构面。一个社会的信任存量越高，其合作与分享行为也越多，尤其在知识分享上，社会资本更被视为关键因素（Tsai and Ghoshal，1998；Sparrowe et al.，2001）。一名员工的合作行为多，则其工作会较顺利，周遭的人分享行为多，则取得资源较容易。再加上情绪因素，人在值得信任的环境中安全感较强，所以我们可以得到以下假设。

假设 2：一个在组织内一般信任程度高的人其离职意愿会较低。

然而大多数的华人心理学研究却指出，华人不是一般取向而是特殊取向（费孝通，1948；Ho and Chiu，1994），华人更重视两两关系，所以信任较少是来自认同或制度，更多来自人与人的血缘关系及人情交换（Hwang，1987），所以信任的建立也是特殊取向的。库克（Cook，2004）提出信任网络（trust network）的概念，她认为一些经济体中，比如东欧与俄罗斯，合作行为并不来自一般信任，而是来自封闭的一个网络，网络内的人相互信任，却不会及于网络外的人。华人社会也十分类似于此，每个人都会以自己为核心建立有差序格局的个人信任网络（费孝通，1948），内外有别，所以信任是有特殊对象的，是一种特殊信任。特殊信任概念的提出对华人管理十分重要（王绍光、刘欣，2003；Luo，2005），此一特殊信任网络标示着每个人以自我为中心的人脉网络，是华人取得资源与寻找支持最主要的依据，亲疏远近不同，信任程度不同，可寻求的资源或支持也不同。特殊信任在华人社会中是最重要的信任（王绍光、刘欣，2003），也是华人建立一般信任的基础（Luo，2005）。

如镶嵌理论所述，一个人的信任网络广则会深深镶嵌在此一网络之中，从社会资本角度观之，此人合作机会较多，工作较易顺手；从情感支持角度观之，此人有更多情感支持，所以舍不得走，这些都会降低离职意愿。我们有了第三个假设。

假设 3：一个在组织内特殊信任关系多的人其离职意愿会较低。

（3）个人社会网络位置与特殊信任

什么样的社会网络位置会为位置拥有者带来更多的信任关系，使其特殊信任网络扩大？我们发觉上述带来资源的网络位置也一样会创造信任关系。

中心—边缘位置 弱连带提供了人们取得自身所属的社会圈之外的信息与信息的渠道，但是强连带为人们的行动提供了信任的基础（Granovetter，1985），借由信任关系，人们才愿意提供"人情"的帮助，并创造了长时期、多频率的交换（Uzzi，1996，1997）。镶嵌理论（Granovetter，1985）与强连带优势理论（Krackhardt，1992）都指出，情感是创造信任的主要基础，魁克哈特和汉森（Krackhardt and Hanson，1993）甚至在其对社会网络的分类中就将信任网络直接取代情感网络[①]。此一理论也十分适用于华人社会，一个情感网络中心者表示很多人指认其为朋友，在"报"的概念下，这些朋友的行为是可信赖的，乐于相互帮忙，欠了人情也会还；如果受人情而不返还，在华人社会中这个人会被视为过河拆桥，背信忘义，因而受到谴责。所以在"报"的伦理下，朋友有义，其行为是值得信赖的（Luo，2005）。

除此之外，情感关系往往提供情感支持（Wellman，1992；Wellman and Frank，2001）。朋友之间互吐私事，帮忙舒解心理压力，可以拉近心理距离，相信对方一定会基于互惠原则而保持善意。信任有时并不来自双方可信赖行为的展现，而来自心理的"偏见"，情感支持正是创造这种"偏见"的主要来源。基于强连带优势理论，我们得到如下假设。

假设4.1：一个在组织内情感网络中心位置的人其特殊信任关系较多。

"桥"位置者 除了情感关系带来信任外，在华人社会中，交换关系更是信任最主要的温床。社会交换理论（Blau，1964）指出，社会交换不同于经济交换，不可能一手交钱，一手交货，欠下的人情往往要很长的时间后找到适当的时机才能够还，这一段时间内极可能有过河拆桥忘恩负义的行为，少了信任，人们是不可能从事"人情"交换的。处于不安全位置的人也能够藉由发展信任关系而取得保护，降低其所面临的不确定性。所以社会交换能够培养信任的感觉。一次又一次的交换，经过一次又一次遭背叛的不确定性，如果交换渡过这些不确定性而取得成功，则对方可信赖的认知就因此根深蒂固。十分类似于布劳的理论，哈丁（Hardin，2001）提出的"相互为利信任"（encapsulated-interest account of trust）理

---

① 但作者对此种分类方法却不以为然，仍然认为魁克哈特（Krackhardt，1992）原先分社会网络为情感、情报、咨询三类更好，因为这三类都是传递资源的网络，也都可以用行为去衡量，信任网络却是心理变量，必须用态度问卷加以衡量。而且，信任也不单单来自情感，交换一样会创造信任，所以直接以信任取代情感，有失偏颇。

论也解释了从理性的交换到产生"不理性"的信任的过程，交换者可能为了保有长期的利益而尽量展现可信赖（trustworthy）的行为，久而久之，对方对交换行为的确定性产生了固定的认知，因而建立信任关系。

工作上的咨询是组织中最重要的社会交换，其为最重要的资源，却又无法计量与计价，所以无法以经济交换的方式进行交易。一个居于"桥"位置的人，会经手很多咨询的交换：托甲帮乙的忙，又请丙还甲的人情，再让乙补偿丙的帮忙。这个过程，"桥"要与很多人发生社会交换，而一次又一次成功的交换会让中介者观察到可信赖的人，因而建立许多信任关系。

假设 4.2：一个在组织内咨询网络中居于"桥"的位置的人其特殊信任关系较多。

综合上述的社会网络理论、信任与离职意愿的文献回顾，本研究提出图 2 所表达的理论架构。

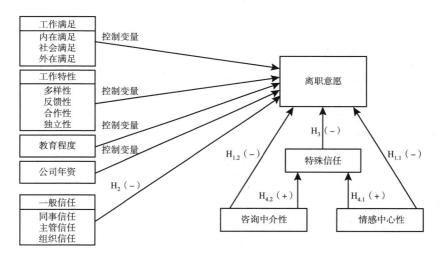

图 2　理论模型

本研究要检测的主要有四个部分，第一，个人网络位置中的情感中心性与咨询中介性对离职意愿是否有负向的直接影响；第二，一般信任对离职是否有负向的直接影响；第三，特殊信任对离职意愿是否有负向的直接影响；第四，情感中心性与咨询中介性对特殊信任是否有正向的影响，更重要的是从此研究模型亦可看出情感中心性与咨询中介性对离职是否具有直接效果，还是必须透过特殊信任对离职产生间接效果。而工作满足、工作特性、教育程度与公司年资则是控制变量。

（三） 研究设计

为检证以上假设，我们需要更多的模型指定，首先在测量方法上，什么样的社会关系结构位置是中心位置或中介位置？如何测量特殊信任关系多寡？如何测量这些关系与社会结构位置？这有赖社会网络分析方法中的整体网络问卷（whole-network questionnaire），以及内向中心性（in-degree centrality）、中介中心性（betweenness centrality，也称中介性）与外向中心性（out-degree centrality）等问卷及网络结构计算的方法，这正是社会网络分析与社会网络理论结合的地方，涉及了大量的方法上的问题，所以在此论述。

1. 研究样本与数据收集

本研究之目的乃是要探讨组织内社会网络对离职意愿之影响，由于本研究需要封闭的网络来测量员工在公司内的社会网络位置，所有网络成员皆必须填写整体网络问卷，因此在研究对象的选择上，我们选择了一家在中国大陆投资设厂的台湾高科技厂商的制造总部办公室员工为样本。该公司为计算机接口设备大厂，品牌具国际知名度，当时有工厂生产线作业员6000 人，白领办公室员工 610 人，其中 550 人为本地员工，亦即所谓的"陆干"，60 人为台籍员工，也就是"台干"，但一些职位人员离职尚未补齐。本公司另有数百营销部门员工，但因为如果选择与顾客较常接触而不常在公司内部办公的营销部员工，就无法有效地收集到组织整体网络数据（whole-network data），故选择互动频率较高、不常外出洽公、常在同一个办公场域的制造部白领员工为调查对象。2002 年 6 月，我们抽取办公室职员两个部门 60 人进行前测，并做探索性因素分析（exploratory factor analysis），将原本收集到的问卷重新分析其构面，并将题目进行精简，每一变量中之构面保持三至四题，因此可将原始问卷四五十题者精简到九到十二题。

本研究资料收集步骤乃先取得其员工名单，并对该公司陆干进行普查（除了上述做前测的两个部门），2002 年 8 月发出问卷 460 份，总计 22 科室，整体网络问卷是以每个部门分开，针对部门内陆干发出问卷。我们采取 80 法则，即有人 80% 题目不填或填满，即视为无效问卷。一个部门有八成人是有效填答者，此一部门才能使用。其中两个部门因为超过 20% 的成员填答无效，所以整个部门不使用。扣除一些部门员工离职后人数没有补全，再扣除部分无效问卷及做过前测的人，整体网络有效回答者为20 个部门的 355 份。针对此 20 部门，2002 年 9 月我们进行第二度态度问卷的发放，回收 252 份，扣除无效问卷及有遗漏值者，最终有效问卷 216

份，回收率60.8％。最后为了避免部门人数的多寡影响社会网络分析结果的有效性，故本研究再将部门人数少于9人的样本删除，最后保留177份样本进行 SEM 分析。

2. 问卷变量定义与衡量

（1）离职意愿

离职意愿量表依据迈克尔斯和斯佩克特（Michaels and Spector，1982）为原始问卷，并参考国外论文（Mobley，1977；Mobley et al.，1979）及国内相关本土化量表修改而成（朱昌梁，1991；刘玉惠，1988；郭彦良，1990；许勉文，1995；谢宜峰，1990；冷重晋，1999）。离职应包括主观认知的离职可能性、态度上的离职倾向，以及客观的离职困难程度，因为离职意愿以主观变量为主，所以我们测量了前两类的问题；又因为离职倾向的题目信度较低（0.697），因此本研究也将其一并舍去，仅留下离职可能性的三个问项来作为本研究的因变量。本研究采用李克特七点尺度量表来衡量，问项内容请见附表一。

（2）如何衡量中心—边缘位置

社会网络量表源于弗里曼（Freeman，1979）、沃瑟曼和福斯特（Wasserman and Faust，1994）之概念，本研究依据魁克哈特（Krackhardt，1992）的分类原则，将组织内的社会网络分成咨询网络、情感网络及情报网络三种，使用整体社会网络问卷收集数据，再使用 UCINET 分析软件对组织人际互动的数据进行分析，计算出不同网络形态每条关系背后那个行动者在现实世界的关系中心性与中介性，关系越多者，中心性越高。情感网络问项参考罗家德（Luo，2005）的文章修正而成，内容请见附表一。内向中心性（in-degree centrality）计算的公式叙述如下：

$$\sum_i x_{ij} / (g - 1)$$

x_{ij} 可能是 0 或 1，1 代表的是员工 i 认为与 j 有关系存在，0 代表不存在，而 g 代表的是个人所存在网络的大小。数值越高代表越处在网络中心的位置。

（3）如何衡量"桥"的位置

咨询网络问项参考魁克哈特（Krackhardt，1992）问卷修正而成，亦是以整体网络问卷方式收集数据，问项内容请见附表一。中介中心性（betweenness centrality）的计算公式如下：

$$2 \sum_{j < k} g_{jk}(n_i) / g_{jk}(g - 1)(g - 2)$$

g_{jk} 是测量员工 j 有多少快捷方式（geodesics）可以达到员工 k，而 g_{jk} (n_i) 指的是员工 j 透过员工 i 的快捷方式数能接触到 k。而 g 代表的是网络大小，有高中介中心性代表当有他人在某方面有需求时，需要经常地透过中介中心性高的人去完成事务。

（4）一般信任

这里采用了"信任存量量表"（Cummings and Bromiley，1996）测量一般信任，并在前测后将原先问卷精简为九题，但仍然包括三个构面——对同僚的信任、对长官的信任以及对整个公司的信任，本研究采用李克特七点尺度量表来衡量，问项内容及其构面请见附表一。

（5）特殊信任

特殊信任所采用的问卷是米什拉（Mishra，1996）的信任分类量表，外向中心性（out-degree centrality）的计算公式是：

$$\sum_j x_{ij} / (g - 1)$$

x_{ij} 可能是 0 或 1，代表的是员工 i 是否认为与 j 有信任关系存在，而 g 代表的是个人所存在网络的大小。越高的数值代表某一员工在其部门中信任的人愈多。问项内容请见附表一。

（6）工作满足

工作满足问卷内容依据卡曼、菲希曼、詹金斯和克莱施（Cammann，Fichman，Jenkins，and Klesh，1979）以及"The Michigan Organizational Assessment Questionnaire"所发展出之问卷，共包含三个构面，分别是内在满足、社会满足与外在满足，本研究采用李克特七点尺度量表来衡量，问项内容请见附表一。

（7）工作特性

工作特性量表采用最常被使用的哈克曼和奥尔特姆（Hackman and Oldham，1980）的"工作特性模式"（Job Characteristics Model）问卷发展而成，共包含四个构面，分别是工作多样性、工作回馈性、工作独立性与工作合作性，本研究采用李克特七点尺度量表来衡量，问项内容请见附表一。

3. 量表信度、效度之验证

（1）量表信度分析

根据纽纳利（Nunnally，1978）的建议，信度应在 0.7 以上才具有内部的一致性。本研究所有构面的信度皆高于 0.7，此结果表示本研究各构面皆具有很高的内部信度。信度分析结果请参考附表一。

（2）量表效度的验证

本研究量表的建构效度与聚合效度采用验证性因素分析来进行，由表1可以看出本研究量表的聚合效度与建构效度良好。研究构面量表的详细分析结果与题项内容请见附表一。

表 1　验证性因素结果表

研究构面	整体拟合度	分析结果
离职意愿	$\chi^2 = 0(P < 0.001)$；$DF = 0$；$GFI = 1.00$；$CFI = 1.00$	整体模型拟合度极佳
情感中心	$\chi^2 = 0(P < 0.001)$；$DF = 0$；$GFI = 1.00$；$CFI = 1.00$	整体模型拟合度极佳
咨询中介	$\chi^2 = 0(P < 0.001)$；$DF = 0$；$GFI = 1.00$；$CFI = 1.00$	整体模型拟合度极佳
一般信任	$\chi^2 = 86.15(P < 0.001)$；$DF = 24$；$GFI = 0.90$；$AGFI = 0.81$；$CFI = 0.93$	整体模型拟合度极佳
特殊信任	$\chi^2 = 4.06(P = 0.54)$；$DF = 5$；$GFI = 0.99$；$AGFI = 0.97$；$CFI = 1.00$	整体模型拟合度极佳
工作满足	$\chi^2 = 45.46(P = 0.01)$；$DF = 24$；$GFI = 0.95$；$AGFI = 0.90$；$CFI = 0.96$	整体模型拟合度极佳
工作特性	$\chi^2 = 96.90(P < 0.001)$；$DF = 38$；$GFI = 0.91$；$AGFI = 0.85$；$CFI = 0.93$	整体模型拟合度极佳

4. 数据分析程序与方法

为了更精确地验证本研究的假设，故采取 SEM 的分析方法，主要目的便是能确定潜在变量与潜在变量之间的因果关系，分析的过程是依循安德森和格宾（Anderson and Gerbing，1988）所提出的二阶段法进行。第一阶段先就各构面进行 Cronbach's α 系数分析与验证性因素分析，以检定各构面量表的信度、聚合效度与建构效度，第二阶段则应用结构方程模型中的嵌套模型分析法（nested-model analyses）检验各项假设。另外在数据样本数上，丁、维利瑟和哈洛（Ding，Velicer，and Harlow，1995）建议样本数最少应在 100～150 之间才适合使用最大似然法（MLE），本研究的样本共有 177 个故使用 MLE 来进行整体模型回归系数的估计是符合要求的。最后，在整体模型拟合度的检定上，则以 χ^2/df，GFI、AGFI、CFI、RMSEA 等指标作为模型拟合度之判断标准。

依据本研究所推论之理论模型，本研究共有六个研究假设，因此本研究设置了六个嵌套模型用以验证本研究模型构面之间的因径关系，各模式设定如下。

理论模型（图1）：模型中所有潜在变量间的因径系数均不限定，这将是比较的基准也是最适恰的模型，本模型之自由度为 291、卡方值为 568.48，此将是六个嵌套模型的比较基础。

模型1：验证假设1.1，个人网络位置之情感中心性对离职意愿的直接影响，设定此因径系数为0，自由度为292。

模型2：验证假设1.2，个人网络位置之咨询中介性对离职意愿的直接影响，设定此因径系数为0，自由度为292。

模型3：验证假设2，一般信任对离职意愿的直接影响，设定此因径系数为0，自由度为292。

模型4：验证假设3，特殊信任对离职意愿的直接影响，设定此因径系数为0，自由度为292。

模型5：验证假设4.1，个人网络位置之情感中心性对特殊信任的直接影响，设定此因径系数为0，自由度为292。

模型6：验证假设4.2，个人网络位置之咨询中介性对特殊信任的直接影响，设定此因径系数为0，自由度为292。

（四）分析结果

1. 相关分析

由表2可以得知，离职意愿、工作满足、一般信任与特殊信任呈现显著相关，其中又以工作满足为最高，一般信任与工作满足、工作特性也显著相关，其中仍以工作满足为最高，特殊信任与一般信任、工作特性、情感中心与咨询中介也显著相关，这些结果显示研究构面之间有发生线性重合（Mulitcollinearity）的可能。因此尼霍夫和穆尔曼（Niehoff and Moorman, 1993）建议，研究者遇到此问题时，可以使用嵌套模型分析法来解决，最后，研究构面之间的显著相关，亦透露出与研究者假设相吻合的信息。

表2　研究构面平均数、标准差与相关系数表

研究构面	μ	σ	工作满足	工作特性	一般信任	咨询中介	情感中心	特殊信任	教育程度	公司年资
工作满足	4.37	0.76								
工作特性	4.89	0.82	0.11							
一般信任	5.10	0.90	0.60 ***	0.24 **						
咨询中介	0.06	0.06	0.02	0.09	0.06					
情感中心	0.17	0.10	0.08	0.00	0.14	0.29 ***				
特殊信任	0.28	0.21	0.16 *	0.20 **	0.32 ***	0.24 **	0.21 **			
教育程度	3.65	0.70	0.05	0.12	− 0.00	0.05	0.16 *	0.14		
公司年资	2.05	1.58	0.00	− 0.04	− 0.07	0.27 ***	0.00	− 0.04	− 0.16 **	
离职意愿	2.61	0.72	− 0.49 ***	− 0.14	− 0.31 ***	− 0.08	− 0.10	− 0.23 **	0.06	0.01

注： * $P < 0.05$, ** $P < 0.01$, *** $P < 0.001$ 。

2. 理论模式探讨

图 3 是本研究结果的整体呈现，本研究将因径系数达显著的以实线表示，未达显著的则以虚线表示，我们可以清楚地看到个别指示变量与潜在变量间的因径系数，全都达到显著。这表示这些因径系数皆有达到收敛效度，可以说是符合分析模型的基本要求。我们再由理论模型的拟合指标卡方值/自由度 = 1.95，GFI = 0.85，AGFI = 0.82，RMSEA = 0.07，CFI = 0.90，得知本研究模型拟合度得到验证，亦即本研究模型是符合理论且具有效度的。

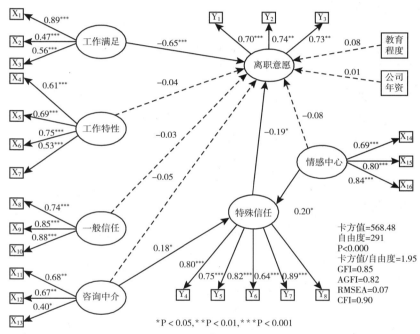

$*P < 0.05, **P < 0.01, ***P < 0.001$

图 3　理论模型实证结果

注，X_1：内在满足，X_2：外在满足，X_3：社会满足，X_4：工作独立性，X_5：工作多样性，X_6：工作反馈性，X_7：工作合作性，X_8：同僚信任，X_9：主管信任，X_{10}：公司信任，X_{11}：在工作上遭遇困难时，您会请教哪些同事，X_{12}：在工作上遭遇到困难时，哪些同事会主动指导您，X_{13}：在处理日常事务上，您常和哪些人讨论相关问题，X_{14}：哪些人和您聊天时会谈到个人私事，X_{15}：请勾选您觉得最熟的同事三位以上，X_{16}：若在工作上遭遇挫折或受上司责难，您会向谁吐苦水，Y_1：假若您目前所工作的公司和所从事的工作都保持不变，您认为自己在三年内（从今天算起）还会继续留在这个公司的可能性多大，Y_2：您是否常想到离开您的工作，Y_3：您在以后的几个月离职的可能性有多大，Y_4：我觉得他具备胜任其工作所应有的知识及技能，Y_5：我觉得他的行为是稳定可靠的，Y_6：我觉得他对我是诚实坦白的，Y_7：我觉得他不会占我的便宜，也会为我的利益与面子着想，Y_8：整体而言，我觉得我信任他

3. 研究假设探讨

本研究共有六个研究假设，亦利用此六个研究假设设置了六个嵌套模型。我们使用卡方差异性检定，因为每一个嵌套模型皆相差一个自由度，因此如果嵌套模型的卡方值与理论模型的卡方值相减达到显著（$\Delta \chi^2 > 3.84$），表示该设定为0的因径系数是显著的。本研究结果显示，模型4、5、6都达显著。嵌套模型分析结果请见表3，假设验证的结果请见表4。其中假设2不成立，极有可能是因为受到工作满足与特殊信任此两个构面的控制造成的。

表3 嵌套模型分析表

模　　型	χ^2	自由度	$\Delta \chi^2$	GFI	CFI	RMSEA
理论模型(基准模型)	568.48	291	—	0.85	0.90	0.07
模型1:验证假设1.1,情感中心性对离职意愿的直接影响	569.25	292	0.77	0.85	0.90	0.07
模型2:验证假设1.2,咨询中介性对离职意愿的直接影响	568.69	292	0.21	0.85	0.90	0.07
模型3:验证假设2,一般信任对离职意愿的直接影响	568.56	292	0.08	0.85	0.90	0.07
模型4:验证假设3,特殊信任对离职意愿的直接影响	573.43	292	4.95*	0.85	0.90	0.07
模型5:验证假设4.1,情感中心性对特殊信任的直接影响	573.30	292	4.82*	0.85	0.90	0.07
模型6:验证假设4.2,咨询中介性对特殊信任的直接影响	572.35	292	3.87*	0.85	0.90	0.07

注：$^*P < 0.05$，$^{**}P < 0.01$，$^{***}P < 0.001$。

表4 研究假设与实证结果

构念关系	相关性	实证结果(标准化因径系数)	P值	结　果
情感中心性→离职意愿	－	-0.08	0.35	不成立
咨询中介性→离职意愿	－	-0.05	0.61	不成立
一般信任→离职意愿	－	-0.03	0.69	不成立
特殊信任→离职意愿	－	-0.19	0.02	成　立
情感中心性→特殊信任	＋	0.20	0.02	成　立
咨询中介性→特殊信任	＋	0.18	0.04	成　立

4. 间接效果与直接效果的讨论

SEM 的分析方法可以将构面与构面的因果关系验证出来，也就是说可以了解各构面间的影响是直接效果还是间接效果。就本研究的实证结果得知，特殊信任对离职是直接效果（-0.19），情感中心性对特殊信任是直接效果（0.20），咨询中介性对特殊信任是直接效果（0.18），所以假设3、4.1 以及 4.2 成立。

然而情感中心性与咨询中介性对离职并无直接效果存在，假设 1.1 与 1.2 并不成立。情感中心性必须通过特殊信任才能影响到离职意愿，是间接效果（-0.08）；同样的，咨询中介性对离职亦是间接效果（-0.05），必须透过特殊信任才能影响到离职意愿。

一般信任在相关分析（见表 1）中与离职意愿高度相关，但是在模型中其效果却被控制住，这是由于一般信任与工作满足高度相关，与特殊信任也相关，所以对离职意愿的直接效果被控制，因此假设 2 不成立。

过去有些理论认为，工作满足与特殊信任是一般信任的原因而非结果（Whiteley，1999；Luo，2005），但这并非为本研究所欲探讨的地方，因此我们也难谓一般信任是前置变量，谁是谁的中介还有待更多探讨。

5. 其他控制变量探讨

本研究控制了对离职会产生影响的变量——工作满足、工作特性、教育程度与公司年资，其中仅有工作满足度构面是显著的且其解释力非常高（-0.65）。工作满足是过去离职意愿研究被引用最多的自变量或控制变量，本文再一次证明了其重要性。其余三个变量（工作特性、教育程度与公司年资）虽然有部分文献显示其与离职意愿相关，但以本研究来说都未达显著。以往研究都显示年资是一个重要解释因素，但在本研究中却不显著，主要是因为该公司员工年资普遍偏低，高于三年的仅有 13.4%，高达 86.4% 的人年资都低于三年。在如此同质的状况之下，此变量无法与离职产生显著相关便不令人感到意外了。至于工作特性，本文是将工作多样性、工作回馈性、工作独立性与工作合作性四个构面合起来视作一个变量，并以为多样变化的、回馈快速的、独立的以及合作机会多的工作为"好"工作，可以留住人。然而，实际上工作"好"与"坏"的评价往往因人个性不同而有所不同，所以内部评价的不同会抵消其影响离职意愿的效果，因而不显著。

（五） 结论与建议

1. 结论

利用社会网络之个人结构位置与信任关系来探讨离职意愿是本研究的主要目的，在学术讨论上，本研究的发现有两个主要贡献。

（1） 过去的社会网络对离职的研究主要集中在关系以及个人中心网络的探讨，尤其是个体社会资本如何影响调动的难易程度（Granovetter，1973；Lin，1990；Bian，1997），间接地影响了一个人的离职意愿。与网络结构相关的研究则主要指向离职的后果（Krackhardt and Porter，1985；Krackhardt and Hanson，1993），较少研究离职的成因。这里我们直接以网络结构的概念分析离职意愿的成因，并以中国大陆的资料加以实证。

（2） 信任已被视为知识分享、公民行为、合作行为以及降低离职意愿的重要因素，但过去组织行为对信任的测量采用的都是李克特心理量表，测量的是一般信任。这里我们采用华人心理学的理论，将信任分为一般信任及特殊信任，并以可信赖行为量表做整体网络资料的收集，以得到特殊信任的指标。

实证结果发现，两两关系层次的特殊信任与离职意愿呈现负向关系，表示个人越多两两之间的信任关系则越不容易离职。而特殊信任的来源则是个人有利于资源获得的结构位置——咨询网络中介位置，以及发挥个人影响力并取得情感支持的位置——情感网络中心位置。但这些有利位置并不如原先强连带优势理论及结构洞理论所预期的，会直接降低位置拥有者的离职意愿。所以个人结构位置对离职意愿并无直接效果，而只有通过特殊信任的间接效果。这些发现是我们研究的主要贡献，其中以结构的观点区分了组织信任为一般信任及特殊信任，并指出嵌入在社会网络结构中的特殊信任才是个人结构位置间接影响离职的因素。

至于全公司层次的一般信任，其与离职意愿以及工作满足都呈现高度相关，但在 SEM 模型中效果却被控制住了，主要原因是工作满足的因素。然而一般信任与工作满足之间谁是因、谁是果却没有足够的理论加以厘清，所以谁是谁的中介变量，这里未能探讨。

至于控制变量的结果，工作满足一如过去大多数的研究显示，与离职意愿呈现显著负相关。但原来在其他研究中呈现相关的工作特性、公司年资与教育程度在本研究中影响则并不显著。

2. 研究限制

本研究虽试图厘清个人、组织与社会网络与离职意愿之间的影响关系，但由于整体网络数据的收集需要封闭网络，所以必须全公司或公司中某个部门全体员工接受调查，基于资料取得不易又必须一个团体一个团体地收集，所以不会是随机抽样。样本非随机抽样而是立意抽样，将限制结论的推论能力。

本研究的抽样方式可以视为一个个案，所选样本是位在苏州的高科技台商的白领办公室本地人员，可以视为中国大陆大型制造业台商的代表性样本，所以推论范围也受限于此类型的公司。未来需要更多的研究持续进行加以验证，建议后续研究能针对服务业、中小型企业或制造业销售营销的工作人员进行探索。更多的个案研究才能形成普遍及于所有中国大陆台商公司的推论。

其二，本研究的社会网络问卷多半来自西方的强、弱连带概念，主要调查的是情感网络与咨询网络（情报网络因为在过去的华人研究中多不显著，所以此次研究排除）。华人社会是个人情社会，在社会关系理论上已有许多研究发现其与西方社会的不同，关系分类的方法也不相同（费孝通，1948；Hwang，1987；郑伯埙，2003），西方的问卷势必无法完全反映华人的关系，我们急需将网络理论与问卷本土化以挖掘出更多的华人关系与行为的因果关系。

3. 未来研究建议

社会网络结构还是组织行为研究中较少被探讨的部分，虽然非正式结构对组织中个人行为以及集体行为的影响已被不断讨论，但相应的实证研究仍然不多，国内的研究更少，而华人重视关系，人际关系的因素值得组织行为学者投入更多心力。如上所述，本土心理学者指出华人在强连带（情感连带）与弱连带（交换关系或工具性关系）之间还有一种混合性关系（工具加上情感关系），这是在西方现有的网络理论中不存在的。如何将之变成理论并加以衡量，以纳入本土的组织行为研究，是一个值得思考的方向。

其二，在离职意愿化为行动的过程中，工作机会的产生正是社会网络理论的着力之处。过去相关研究多以产业别、职业别、失业率、经济景气等指标来代表工作机会，但社会网络理论却直指人脉与结构在其中的重要性，如林南、恩瑟尔和沃恩（Lin，Ensel and Vaughn，1981）的研究说明了个人的社会关系越丰富，相对所带来的工作机会也越多；而且人际关系通向拥有丰富资源的他人，这个关系也能带来更有价值的工作机会（Lin, 1990），林南称这类人际关系网络为个人的社会资本（Lin, 2001）。

社会网络理论分析离职机会的研究已十分丰富，也有相当成功的对华人社会的研究（Bian, 1997），这里只做了第一阶段离职意愿的研究，如欲以社会网络理论完成完整的离职研究还应该加入这一部分，这是我们更待努力的方向，以及未来应该整合进来的议题。

其三，本研究以社会交换理论、相互为利信任理论以及强连带优势理论支持社会关系会带来信任关系，从而导出假设4——两个个人有利的关系结构位置会扩大个人特殊信任网络。因为欠缺理论的支持，所以倒过来的因果关系就不在本文的考虑之列。然而观乎华人行为，以先付出信任换取关系者所在多有。汉光武帝只身收服铜马贼，李世民夜宿敌营，郭子仪单骑入回纥，都成历史佳话，展现出华人先信任以建关系的行为方式。如何建立理论以描述此类华人行为，从而使得模型中关系与信任从单向因果变成互为因果，值得学者研究。

同样的问题也出现在个人结构位置与个人离职意愿的互为因果上。诚然，一个有离职意愿的人会疏于继续经营其公司内关系，所以在时间序列上，两者应该互为因果。然而，离职意愿很强而久久不能离职以至于会影响到其社会关系的情况很难说是经常出现的状况，所以以离职意愿为因、个人结构位置为果的理论较难视为普遍性的假设，故这里暂不采纳。互为因果的问题有待时间序列数据加以验证，这会是厘清结构与态度因素因果问题的重要研究，希望更多后续研究在历时性资料收集之后，能在这方面有所成就。

其四，华人社会是一个特殊主义的社会（Ho and Chiu, 1994），特殊信任的概念十分贴切地描述了华人行为的特质——每个人都在建自己的人脉网络，其实就是在建立一个具有特殊信任的关系网，后者是华人动员资源最重要的依据。如何管理一个人人都在建立自己的信任网络而易于形成派系的华人组织，也是本土管理学值得研究的议题。信任网络（Cook, 2004）是一个较新的概念，尤其适合于华人的管理问题，也最容易在华人社会中找到深入研究的线索，需要未来更多的投入使之深化，而成为更有解释力的理论。

其五，本研究探讨了一般信任的后果，虽然一般信任的前因在西方的组织行为研究中已不乏探索，但在本土研究中仍有发展空间。尤其是本研究中一些原本该显著的控制变量结果并不显著，效果似乎被控制住了，其中工作特性与一般信任高度相关，其间的因果关系值得探究。

其六，已有不少西方理论与华人心理学探讨了关系的来源，但一个人关系网络结构位置的成因则较少被触及，这两者之间固然大致相似——好关系的人一定会带来较有利的结构位置，但一个公司内的社会网络结构本身应该也会影响其中成员有利位置的取得。

最后，本研究采取了"正面"的角度来看待人际关系，这正是西方社会资本理论的特色，但最近一连串国际上的华人管理研究都开始正视其"负面"的效果，其中"封闭"、"派系"就是带来负面影响的最主要因素。此一因素是一个集体层次的变量，会影响的往往是"集体的利益"，如降低公民行为，减少知识分享，削弱脑力激荡的效果，阻碍合作等。不同结构中，个人结构位置会影响个人行为，进而影响到集体行为的结果，如在没有派系的结构中，中心者会是非正式领袖，但在有两个以上派系的结构中，则中心者会变成派系斗争的风暴中心。这些负面的集体结构因素如何影响个人行为，是一个建立跨层次分析模型的好题目，也正是社会网络研究试图跨越个体行为与集体行为之间作其桥梁的宗旨所在。这类研究在国内外文献中都较少提及，值得我们努力加以探索。

（六）政策与管理意涵

我们的研究发现在台商留才政策上有如下几点启示。

（1）工作满意度是离职意愿研究中最常被引用的因素，本研究的实证结果显示，其重要性在中国大陆本土员工中依然存在，所以提高员工工作满意度仍是留才的第一要务。

（2）如同华人心理学家所指称的，华人除了重视一般信任外，也重视特殊信任——也就是两两之间的信任。特殊信任亦是影响离职意愿的显著因素。这说明为员工创造合作机会，并鼓励员工在合作中展现可信赖行为，对员工的两两互信十分重要，且可以降低员工离职意愿。

（3）特殊信任最主要的因素来自社会网络变量，一个人如果是大家的情感依赖对象，或是资源交换的中介者，则其特殊信任关系较多，离职意愿也较低。所以依据过去对社会关系来源的研究显示，在聘用员工时，录取外控性格、情商高及外向性格者较能促进公司内员工关系。另外，以任务团队、非正式午餐会、轮调以及跨部门培训等方法增加员工的互动，也是增强员工两两关系的方法。

（4）一般信任与工作满足和离职意愿都高度相关，但在 SEM 模型中控制了工作满足及特殊信任之后，一般信任对离职意愿的效果变得不显著。虽然特殊信任与工作满足之间的因果关系仍有待厘清，但其对离职意愿的间接效果值得经理人注意。如何创造一个互信的公司环境是留才的重大课题。一般来说，重视程序公平，能够与员工分享愿景，以及员工间两两信任关系多的公司，其整体的一般信任较高，所以重视这些因素可以通过信任环境的营造，间接降低员工的离职意愿。

在这个研究中，理论建构上，我们用了劳动力市场的社会网理论建构了一个解释离职意愿的模型；在实证上，则用了整体社会网分析方法收集整体网资料；在变量测量上，读者则可以看到外向中心性、内向中心性以及中介中心性等利用社会网分析得到的变量。这些方法正是本书要介绍的内容，读者在此理解这个研究可能有困难，但读完本书后再回来看这个研究，就能了解其中所使用的方法。

五　小结

社会网理论的发展有其传统，最早由齐美尔（Simmel）提出概念，到20世纪六七十年代形成一连串中层理论，同时社会网分析方法的提出，终于使社会网理论不止于概念的陈述，而能产生可检证、指定清楚的模型。发展至今，社会网理论作为一个大型理论，它提出的概念架构依然在很多研究领域中攻城略地，比如麦奎尔与格兰诺维特（McGuire and Granovetter，1993）试着用这套分析架构了解行会的形成以及工业标准的设立，格兰诺维特（Granovetter，2000）也将触角伸入企业集团的研究。在国内类似的有待开发的领域更多，比如边燕杰对企业社会资本的研究，柯志明（1993）、陈介玄（1994）等人分析中小企业对外取得资源的模式，周雪光等人（Zhou et al.，2003）及罗家德（Luo and Yeh，2001，2002）则在探讨社会网如何成为治理（governance）的一部分。这些研究都使用了社会网理论的架构，把个人置入社会结构（社会网结构）之中，既研究结构的约制，也强调个人的能动性，从而分析社会结构在与个人互动中如何相互改变，以社会关系、关系内涵、关系强度、社会网结构、个人结构位置等因素以及信任、情感支持、资源取得、信息传播、人际影响等诸多中介变量分析社会行动的成因与过程。作为大型理论，社会网理论固然提供了一个看待社会结构的崭新观点，也承诺要在个体行为与宏观现象之间建一座桥；但到目前为止，社会网理论对宏观现象的解释较少，也未对整体社会做出一个完整的解释系统，这有待社会网理论学者更多的努力。过去社会网理论因为无法对整个社会的演进动力提出一套解释，而在大型理论的发展上让人觉得有些缺憾，然而晚近一群物理学家的加入，以随机图形理论解释小世界现象的产生，从而发展出一些解释网络动态的模型（Watts，1999）。渐渐地，整个社会被视为一张网，网的结构如何变化，哪些力量可以促成变化，有了新的理论加以解释。这是一个值得注意的发展，它可能为历史发展动力提出新的解释（Watts，2003；Chang and Luo，2002）。

　　与其他很多社会学的大型理论不同的是，社会网理论对新议题的攻城略地往往标识了一个理论的开始，而不是一个理论的全部。后续的理论研究要向中层理论发展，进一步指定出可作检证的模型，而且网络动态学（Dynamics on Networks）的建构模型更采取了正式模型的方式，而不像本章所示的这样简单的线性模型。本章以劳动力市场或内部劳动力市场为例，看到相当多的社会网理论对转职、离职、求职与升迁等议题提出不同于以往的解释，格兰诺维特的"弱连带优势"、边燕杰反向强调中国社会中强连带的重要、博特的"结构洞"、林南的微观社会资本理论以及魁克哈特对组织内情感网络的研究，让社会网的分析不再是概念的阐述与解释，而是提供了社会网概念与这些概念的因果机制。

　　过去对这类现象的研究往往有其盲点与难以克服的限制。比如，过去对于转职的研究一直都倾向于以传统经济学中社会性孤立的观点，假设人类是理性而自利的，所有经济行为完全不受社会关系与社会结构的影响，因此员工只要比较转职的成本效益分析，即可以做出转职决定。但是新工作机会从何而来？新工作的内容、收益回报以及工作环境等信息如何取得？做决定时他人如何影响？外在的工作机会被化约成了与转职者个人不太相关的景气不景气、行业就业情况等变量，外在环境如何与个人互动？这些似乎都无法被理性选择理论解释。相对而言，组织行为学，尤其是人群关系学派强调了非理性的因素。我们可以看到一个员工的态度，尤其是情感性的工作满意与组织承诺对个体离职意愿产生重要影响的种种论述，但这似乎是个人意愿的问题，都是由个人的工作特性、社会经济背景与人格特质来解释这些个人情绪的产生，仍不见在组织内与个体紧紧相扣的社会环境之论述。

　　社会网理论正好为宏观社会环境与个人选择、个人意愿之间建立了一座桥，社会关系网是员工本身所发展出的互动关系。在这一张社会网中，个人位居自己社会网的中央，社会网中的每个人都预期将来彼此会继续来往，一方面，个人与社会网中的其他人之间存在着程度不同的情感性关系；另一方面，当个人需要其社会网中某一人所能支配的某种特殊资源时，他可能请求对方将其所控制的资源做有利于自己的分配。情感的支持与资源的交换解释了个人与组织内和组织外社会环境的互动。社会结构的形态以及一个人在结构中所占的位置因此可以影响个人的意愿与决定。

最后，本章以转职行为为例，以社会网理论指定了一个可以检证的模型。长久以来，社会网问卷与社会网分析方法的发展帮助我们测量了关系、结构位置与社会结构等概念。比如，组织研究的社会网分析就聚焦于测量员工在公司内社会网络中可运用的有价值资源，包含"情感网络"与"咨询网络"两个方面的讨论，并且魁克哈特（Krackhardt，1992）发展了很多问卷。又比如，社会网分析提供了一些结构指标，如个人的程度中心性、中介中心性等，终于使得上述的一些社会结构概念可以测量，从而成为模型中的自变量。

这里的转职模型的指定固然是新的解释模型，但本章的目的并不在于建立一个转职的社会网模型，而在于说明社会网理论从大型理论的概念架构，到解释劳动力市场现象的中层理论，到发展出指定清楚的因果模型，环环相扣。有时社会学界会以大型理论作为社会学理论[①]，而实际上任何社会学理论的发展都是大型理论、中层理论与理论模型等一系列的发展，缺一不可，否则一个理论就不具有实证上的意义；而理论发展的过程中定性分析与定量分析也是交互使用的，在实证的过程中则定量分析更不可少。在一项好的研究中，理论发展各个阶段俱全，定性、定量研究也需兼容并用，不同专长的学者更需携手合作，任何在工具使用上谁优谁劣的争执都是虚假命题，不具意义。而任何阶段的理论工作都有其贡献，只有大型理论的解释是不完整且无法实证的，只有因果模型而没有理论指导则是"无大脑的实证主义"，不应该执其一端而有所偏废。在社会学中，长期以来中层理论的发展还略显不足，以至于理论与实证常有两头不接的困扰，今后的理论发展，在这一方面应有更多的投入。

[①] 比如台湾的社会学界就曾长期陷在理论与实证的对立中，而其所谓理论多半止于大型理论；类似的情况还发生在定性研究与定量研究的对立上。

附表一　各构念之验证性因素分析、信度与问卷题项内容表

构念	构面	题项内容	负荷量	信度 α
离职意愿		假若您目前所工作的公司和所从事的工作都保持不变,您认为自己在三年内(从今天算起)还会继续留在这家公司的可能性多大?	0.64 ***	0.76
		您是否常想到离开您的工作?	0.76 ***	
		您在以后的几个月离职的可能性有多大?	0.81 ***	
情感中心性		若在工作上遭遇挫折或受上司责难,您会向谁吐苦水	0.69 ***	0.82
		哪些人和您聊天时会谈到个人私事?	0.83 ***	
		请勾选您觉得最熟的同事三位以上	0.80 ***	
咨询中介性		在工作上遭遇困难时,您会请教哪些同事?	0.73 ***	0.80
		在处理日常业务上,您常和哪些人讨论相关问题?	0.42 **	
		在工作上遭遇困难时,哪些同事会主动指导您?	0.64 ***	
一般信任	同事信任	我们部门的同事有话直说。	0.83 ***	0.90
		我们部门的同事可以自由地交换信息与意见。	0.84 ***	
		我相信部门同事之间是坦诚相待的。	0.76 ***	
	主管信任	我们部门的主管是坦白直言的。	0.83 ***	
		部门主管对于决策的说明,令我感到满意。	0.81 ***	
		部门主管会认真地考虑我们的建议。	0.82 ***	
	组织信任	我们部门鼓励大家开放坦白。	0.72 ***	
		当工作内容有所变动时,我会在事前得到通知。	0.54 ***	
		关于自己日常工作上的决策,我们的意见会被采纳参考。	0.65 ***	
特殊信任		我觉得他对我是诚实坦白的。	0.64 ***	0.88
		我觉得他具备胜任其工作所应有的知识及技能。	0.82 ***	
		我觉得他的行为是稳定可靠的。	0.89 ***	
		我觉得他不会占我的便宜,也会为我的利益与面子着想。	0.75 ***	
		整体而言,我觉得我信任他。	0.80 ***	
工作满意	内在满足	您对目前的工作中学习新事物的机会是否感到满意?	0.72 ***	0.82
		您对目前的工作中完成一些有意义的事务的机会是否感到满意?	0.86 ***	
		您对目前的工作中做一些可肯定自己的事务的机会是否感到满意?	0.74 ***	
	外在满足	您对目前的薪资是否感到满意?	0.72 ***	
		您对目前所获得的各项福利是否感到满意?	0.79 ***	
		您对目前所获得的工作保障是否感到满意?	0.66 ***	
	社会满足	您对目前的工作环境中其他人对您的态度是否感到满意?	0.74 ***	
		您对目前的工作环境中其他人对您的尊重程度是否感到满意?	0.84 ***	
		您对目前的工作环境中其他人和您之间的友谊是否感到满意?	0.67 ***	

续附表一

构念	构面	题 项 内 容	负荷量	信度 α
工作特性	工作独立性	我认为我所参与的工作都能从头到尾自己处理。	0.72 ***	0.86
		我经常有机会把一件工作从头到尾完成。	0.90 ***	
	工作多样性	我经常有机会在工作中做不同的事情。	0.87 ***	
		我经常有机会在工作中认识不同的人。	0.76 ***	
		我的工作变化性很高。	0.76 ***	
	工作反馈性	我经常有机会得知我工作成果的好坏。	0.76 ***	
		我可以意识或感觉到我工作的是好还是坏。	0.63 ***	
		我在很高程度上能够从非我主管的同僚中得到反馈。	0.65 ***	
	工作合作性	您工作成果的好坏是否在很高程度上依赖您与他人合作的能力？	0.67 ***	
		您是否经常有机会在工作中与其他员工交换信息？	0.75 ***	
		您的工作内容本质上是否在很高程度上需要与别人交往？	0.78 ***	

注：* $P < 0.05$，** $P < 0.01$，*** $P < 0.001$。

参考文献

王绍光、刘欣，2003，《中国社会中的信任》，北京：中国城市出版社。

朱昌梁，2001，《中国大陆台商企业员工离职意愿之研究——以电子业为实证对象》，中原大学企业管理研究所硕士论文。

冷重晋，1999，《企业伦理气候与离职倾向关系之研究》，文化大学企业管理研究所硕士论文。

许勉文，1995，《高科技产业从业人员离职倾向之研究——以新竹科学工业园区为例》，中山大学信息管理研究所硕士论文。

郭彦良，1990，《高科技研究人员离职意愿之研究》，中原大学企业管理研究所硕士论文。

费孝通，1948，《乡土中国》，台北：绿洲出版社。

郑伯埙，2003，《台湾的组织行为研究：过去、现在与未来》，《应用心理研究》第 19 期，第 35 ~ 87 页。

刘玉惠，1988，《从社会网络观点探讨劳工工作满足与离职意愿》，中山大学中山学术研究所硕士论文。

谢宜峰，2000，《百货公司楼面管理人员离职意愿及其相关因素之研究》，师大工业教育研究所硕士论文。

罗家德、朱庆忠，2004，《人际网络结构因素对工作满足之影响》，《中山管理评论》12 卷四期，第 795 ~ 823 页。

罗家德、郑孟育，2007，《社会网络对离职意愿之影响》，《中山管理评论》第 4 期。

Anderson, J. C. , and D. W. Gerbing. 1988. " Structural Equation Modeling in Practice: A Review and Recommended Two-Step Approach. " *Psychological Bulletin* 103 （3）: 411 – 423.

Angle, H. L. , and J. L. Perry. 1981. " An Empirical Assessment of Organizational Effectiveness. " *Administrative Science Quarterly* 26 （1）: 1 – 14.

Arnold, H. J. , and D. C. Feldman. 1982. " A Multivariate Analysis of the Determinant of Job Turnover. " *Journal of Applied Psychology* 67: 350 – 360.

Barber, B. 1983. *The Logic and Limits of Trust.* New Brunswick: Rutgers University Press.

Bian, Y. J. 1997. " Bringing Strong Ties Back In: Indirect Ties, Network Bridges, and Job Searches in China. " *American Sociological Review* 62 （3）: 366 – 385.

Blankertz, L. E. , and S. E. Robinson. 1997. " Turnover Intentions of Community Mental Health Workers in Psychosocial Rehabilitation Services. " *Community Mental Health Journal* 33 （6）: 517 – 529.

Blau, P. 1964. *Exchange and Power in Social Life.* New York: Wiley.

Brown, T. F. 1997. " Theoretical Perspectives on Social Capital. " Working paper located in http: //hal. lamar. edu/ ~ browntf/ soccap. html.

Burt, R. S. 1992. *Structural Holes: The Social Structure of Competition.* Cambridge: Harvard Uninversity Press.

Cammann, C. , M. Fichman, D. Jenkins, and J. Klesh. 1979. *The Michigan Organizational Assessment Questionnaire.* Unpublished Manuscript, University of Michigan, Ann Arbor, Michigan.

Coleman, J. 1990. *Foundations of Social Theory.* Cambridge: Harvard University Press.

Cook, K. S. 2004. " Network, Norms and Trust: The Social Psychology of Social Capital. " Keynote Speech in Cooley Mead Award.

Cotton, J. L. , and J. M. Tuttle. 1986. " Employee Turnover: A Meta-Analysis and Review with Implications for Research. " *Academy of Management Review* 11 （1）: 57 – 70.

Creed, D. W. E. , and R. E. Miles. 1996. " Trust in Organizations: A Conceptual Framework Linking Organizational Forms, Managerial Philosophies, and the Opportunity Costs of Controls. " In Roderick Moreland Kramer, and Tom R. Tyler （Eds. ）, *Trust in Organizations, Frontiers of Theory and Research.* Thousand Oaks, Calif. : Sage.

Cummings, L. L. , and P. Bromiley. 1996. " The Organizational Trust Inventory: Development and Validation. " In R. M. Kramer, and T. Tyler, （Eds. ）, *Trust in Organizations.* Thousand Oaks, Calif. : Sage, 302 – 330.

Decotiis, T. A. , and T. P. Summers. 1987. " A Path Analysis of A Model of the Antecedents and Consequences of Organizational Commitment. " *Human Relations* 40 （7）: 445 – 470.

Ding, L. , W. Velicer, and L. Harlow. 1995. " Effects of Estimation Methods, Number of Indicators per Factor and Improper Solutions on Structural Equation Modeling Fit Indices. " *Structural Equation Modeling* 2: 119 – 143.

Freeman, L. C. 1979. " Centrality in Social Networks: Conceptual Clarification. " *Social*

Networks 1: 215 – 239.

Fukuyama, F. 1995. *Trust: The Social Virtues and the Creation of Prosperity*. New York: Free Press.

Gambetta, D. 1988. "Can we trust?" In D. Gambetta (Eds.), *Trust: Making and Breaking Cooperative Relations*. Oxford: Basil Blackwell.

Granovetter, M. S. 1973. "The Strength of Weak Ties." *American Journal of Sociology* 78 (6): 1360 – 1380.

Granovetter, M. S. 1985. "Economic Action and Social Structure: The Problem of Embeddedness." *American Journal of Sociology* 91 (3): 481 – 510.

Granovetter, M. S. 1992. "Sociological and Economic Approach to Studying Labor Market." In N. Nitin and G. E. Robert (Eds.), *Networks and Organizations*. Boston: Harvard Business School Press.

Hackman, J. R., and G. R. Oldham. 1980. *Work Redesign*. Reading. Mass.: Addison-Wesley.

Hardin, R. 2001. "Conceptions and Explanations of Trust." In K. S. Cook (Eds.), *Trust in Society*. New York: Russel Sage Foundation.

Ho, D. Y. F., and C. Y. Chiu. 1994. "Components of Individualism, Collectivism, and Social Organization: An Application in the Study of Chinese Culture." In U. Kim, H. C. Triandis, C. Kagitibasi, S. C. Choi, and G. Yoon (Eds.), *Individualism and Collectivism: Theory, Method, and Applications*. Thousand Oaks, Calif.: Sage.

Hrebiniak, L. G., and J. A. Alluto. 1972. "Personal and Role Related Factors in the Development of Organizational Commitment." *Administrative Science Quarterly* 17: 555 – 523.

Hwang, K. K. 1987. "Face and Favor: The Chinese Power Game." *American Journal of Sociology* 92 (4): 944 – 974.

Krackhardt, D., and L. W. Porter. 1985. "When Friends Leave: A Structural Analysis of the Relationship between Turnover and Stayers' Attitudes." *Administrative Science Quarterly* 30 (2): 242 – 261.

Krackhardt, D., and R. N. Stern, 1988. "Informal Networks and Organizational Crisis: An Experimental Simulation." *Social Psychology Quarterly* 51 (2): 123 – 140.

Krackhart, D. 1992. "The Strength of Strong Ties: The Importance of Philos in Networks and Organizations." In N. Nitin and G. E. Robert (Eds.), *Networks and Organizations*. Cambridge: Harvard Business School Press.

Krackhardt, D., and J. R. Hanson. 1993. "Informal Networks: The Company Behind the Charts." *Harvard Business Review* 71 (4): 104 – 111.

Krackhardt, D., and D. J. Brass. 1994. "Intraorganizational Networks: The Micro Side." In S. Wasserman and J. Galaskiewicz (Eds.), *Advances in Social Network Analysis*. Thousand Oaks, Calif.: Sage.

Lewicki, R. J., and B. B. Bunker. 1996. "Developing and Maintaining Trust in Work Relationships." In R. M. Kramer and T. Tyler (Eds.), *Trust in Organization*. Thousand

Oaks, Calif. : Sage.

Lin, N. 1990. "Social Resources and Social Mobility. " In R. Breiger (Eds.) , *Social Mobility and Social Structure*. New York: Cambridge University Press.

Lin, N. 2001. *Social Capital: A Theory of Social Structure and Action*. New York: Cambridge University Press.

Lin, N. , W. M. Ensel, and J. C. Vaughn. 1981. "Social Resources and Strength of Ties: Structural Factors in Occupational Status Attainment. " *American Sociological Review* 46 (4): 393 – 405.

Luo, J. D. 2005. "Particularistic Trust and General Trust—A Network Analysis in Chinese Organizations. " *Management and Organizational Review* 3: 437 – 458.

Michaels, C. and P. Spector. 1982. "Causes of Employee Turnover: A Test of the Mobley, Griffeth, Hand, and Meglino Model. " *Journal of Applied Psychology* 67: 53 – 59.

Miles, R. , and D. Creed. 1995. "Organizational Forms and Managerial Philosophies. " *Research in Organizational Behavior* 17: 333 – 372.

Mincer, J. , and B. Jovanovic. 1981. "Labor Mobility and Wages. " In R. Sherwin (Eds.) , *Studies in Labor Markets*. Chicago: University of Chicago Press.

Mishra, A. K. 1996. "Organizational Responses to Crisis: The Centrality of Trust. " In R. M. Kramer and T. Tyler (Eds.) , *Trust in Organizations*. Thousand Oaks, Calif. : Sage.

Mobley, W. H. 1977. "Intermediate Linkages in the Relationship Between Job Satisfaction and Employee Turnover. " *Journal of Applied Psychology* 62: 237 – 240.

Mobley, W. H. , R. W. Griffeth, H. H. Hand, and B. M. Meglino. 1979. "Review and Conceptual Analysis of the Employee Turnover Process. " *Psychological Bulletin* 86 (3): 493 – 522.

Moran, P. , and S. Ghoshal. 1996. "Value Creation by Firms. " In J. B. Keys, and L. N. Dosier (Eds.) , *Academy of Management Best Paper Proceedings* : 41 – 45.

Nahapiet, J. , and S. Ghoshal. 1998. "Social Capital, Intellectual Capital, and the Organizational Advantage. " *Academy of Management Review* 23 (2): 242 – 266.

Niehoff, B. P. , and R. H. Moorman. 1993. "Justice as a Mediator of the Relationship between Methods of Monitoring and Organizational Citizenship Behavior. " *Academy of Management Journal* 36 (3): 527 – 556.

Nunnally, J. C. 1978. *Psychometric Theory*. New York: MacGraw-Hill.

Paxton, P. 1999. "Is Social Capital Declining in the United States? A Multiple Indicator Assessment. " *American Journal of Sociology* 105 (1): 88 – 127.

Powell, W. W. 1996. "Trust-based Forms of Governance. " In R. M. Kramer, and T. Tyler (Eds.) , *Trust in Organizations*. Thousand Oaks, Calif. : Sage.

Putnam, R. D. 1993. *Making Democracy Work: Civic Traditions in Modern Italy*. Princeton: Princeton University Press.

Raphael, B. D. 1994. "Employee Turnover in Community Mental Health Organizations: A Developmental Stage Study. " *Community Mental Health Journal* 30 (3): 243 – 257.

Rosenbaum, P. R. 1984. "The Consequences of Adjustment for a Concomitant Variable that has been Affected by the Treatment. " *Journal of the Royal Statistical Society*, Series A (General) , 147 (5): 656 – 666.

Seashore, S. E. , and T. D. Taber. 1975. "Job Satisfaction and Their Correlates. " *American Behavior Scientists* 18 (2): 333 – 368.

Shapiro, D. , B. H. Sheppard, and M. Tuchinsky. 1996. " Micro-OB and the Network Organization. " In R. M. Kramer, and T. R. Tyler (Eds.), *Trust in Organizations*. Thousand Oaks, Calif. : Sage.

Siefert, K. , S. Jayaratne, and W. A. Chess. 1991. "Job Satisfaction, Burnout, and Turnover in Health Care Social Workers. " *Health and Social Work* 16 (3): 193 – 201.

Sparrowe, R. T. , R. C. Liden, S. J. Watne, and M. L. Kraimer. 2001. " Social Networks and the Performance of Individuals and Groups. " *Academy of Management Journal* 44 (2): 316 – 325.

Steers, R. M. , and D. G. Spencer. 1977. " The Role of Achievement Motivation in Job Design. " *Journal of Applied Psychology* 62 (4): 472 – 479.

Steers, R. M. 1997. *Strategic Leadership and Decision Making Preparing Senior Executives for the 21st Century*. Washington. D. C. : National Defense University Press.

Stumpf, S. A. , and P. K. Dawley. 1981. "Predicting Voluntary and Involuntary Turnover Using Absenteeism and Performance Indices. " *Academy of Management Journal* 24 (1): 148 – 163.

Tsai, W. P. , and S. Ghoshal. 1998. "Social Capital and Value Creation: The Role of Intra-firm Networks. " *Academy of Management Journal* 41 (4): 464 – 478.

Uzzi, B. 1996. " The Sources and Consequences of Embeddedness for the Economic Performance of Organizations. " *American Sociological Review* 61 (4): 674 – 698.

Uzzi, B. 1997. "Social Structure and Competition in Interfirm Networks: The Paradox of Embeddedness. " *Administrative Science Quarterly* 42 (1): 35 – 67.

Wasserman, S. , and F. Faust. 1994. *Social Network Analysis: Methods and Applications*. Cambridge: Cambridge University Press.

Wellman, B. 1992. " Which Types of Ties and Networks Give What Kinds of Social Support?" *Advances in Group Process* 9: 207 – 235.

Wellman, B. , and K. A. Frank. 2001. " Network Capital in a Multilevel World: Getting Support from Personal Communities. " In N. Lin, K. Cook, and R. Burt (Eds.), *Social Capital: Theory and Research*. New York: Aldine De Gruyter.

Whiteley, P. F. 1999. "The Origins of Social Capital. " In J. W. V. Deth, M. Maraffi, K. Newton, and P. Whiteley (Eds.), *Social Capital and European Democracy*. New York: Routledge.

Williamson, O. 1996. *The Mechanisms of Governance*. New York: Oxford University Press.

Zucker, L. G. 1986. " Production of Trust: Institutional Sources of Economic Structure, 1840 – 1920. " *Research in Organizational Behavior* 8: 53 – 111.

第二章　社会网分析在社会学研究中的角色

一　社会网分析在理论上的角色

过去在社会学分析中，我们往往会有一个社会结构的图像，主要是把社会视为图 4 所示的社会群体的集合。社会群体主要是以阶级、地位、种族、年龄、性别、地域与宗教来加以区分，社会就好像一个 n 维空间中许多小方格堆砌起来的结构，个人则属于某一社会群体，接受该群体的社会

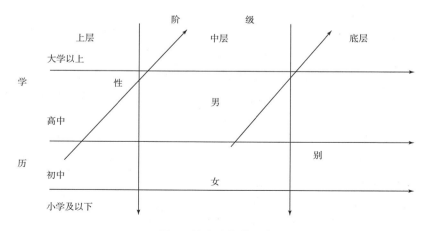

图 4　社会结构的图像

化，并表现出符合群体要求的行为。在这样的社会图像之下，社会学最主要的研究是阶层、女性、老年、少年、宗教、民族等议题。

这个图像之下，我们又如何看待社会行动呢？以上一章讨论网络理论的大型理论时使用的消费者行为为例，生活风格成为这样的社会学分析强调的重点，而针对不同生活风格的人进行分众营销，则成为营销学借用社会学理论发展出来的研究成果。

其实早在 20 世纪中期，凡勃伦（Veblen，1961）就已提出消费不只有实用价值，也有代表阶级与权力的象征性符号价值。他以中国女人裹小脚为例说明，一个家族宁可丧失一个女人的劳动力，也要借此表达出家族的社会地位。不过那个时代里，对符号价值的消费还是有闲阶级的特权，只被用来彰显、象征少数人的特殊地位。布迪厄（Bourdieu）在《区隔》（Distinction，1984）一书中研究文化产业的消费时则指出，品味（taste）其实来自一个复杂的社会过程，它包含了对某些社会资源的专擅，对某些知识的垄断。一个人的气质、教育、生活形态在他的文化品味中表现出来，一群人也借着品味的不同标示出与另外一群人的不同。品味的形成往往有其历史性与社会性的长期建构，一个人的品味则来自他的社会化过程。借着家庭教育、学校教育、日常生活的潜移默化、周遭亲友施予的正反制约，品味被深深内化为一个人对自我及对某一社会群体的认同，借着这种认同而产生自我肯定，所以隐含的社会结构会在人们潜意识地表达品味之时表现出来。简单地说，品味是一个人对社会结构的感觉，也是消费社会中社会结构的外显表现方式。一个社会群体会透过社会化过程将其文化符号——品味——传达给其成员，因此在不同群体争取社会资源甚至支配地位时，品味变成被高举的大旗，是成员相互认同的标志。靠着消费行为所传达出来的信息，人们可以很快地找到谁是"同志"，谁是"敌人"。一个来自上流社会的青年，西装笔挺，书香味重，出入高级俱乐部，与一个来自底层社会的青年，衣着破落，土里土气，他们举手投足间就表达了不同的气质，这也反映在每一次消费行为的抉择上。于是消费变成一个人表达自己的符号，是一群人与一群人相互认同的外显标记。我们不需要了解一个人的思想、兴趣、喜好与生活经历，只凭着他的消费方式，就往往能认出我们是不是一类人，我会不会喜欢他。不同阶级、地位、种族、年龄、性别、地域与宗教的人，不经意间会借着消费表达出他们不同的气质与品味。如果走错一个地方，或认错一群人，比如老学究跑进了摇滚舞厅，人们马上会感到格格不入。不用与人交谈，仅凭消费所传达的信息，我就知道这里不属于我，并产生对"我群"的认同感，与对"他群"的排斥感。在分众消费的"消费社会"里，消费变成了一种无声的语言，不用说话，每一个人却都在消费中表达自己。

这样的社会分析有其价值，也带动了分众营销的风潮，但格兰诺维特却称这种观点为过度社会化观点（Granovetter，1985）。相对地，他提出了镶嵌观点（Granovetter，1985；1992），一方面调和了低度社会化（见第一章消费者行为的经济分析）与过度社会化的观点，同时也避免了"社会性孤立"的假设；一方面保留了个人的自由意志，另一方面又把个人的行为置于人际关系互动网络中，以观察其限制。此一观点强调行动者在从事一项经济行为时，固然有自己理性的算计与个人的偏好，但他却是在一个动态的互动过程中做出行为决定的。他会和周遭的人际社会网不断地交换信息，搜集情报，受到影响，改变偏好，所以行动者的行为既是"自主"的，也"镶嵌"在互动网络中，受到社会脉络的约制。诚如格兰诺维特（Granovetter，1985：57）所说的：

> 然而在过度社会化观点中，社会影响个人行为毋宁是太机械化了一些：一个人的社会阶级或职业市场区隔一旦是已知的，完美的社会化使他的行为方式已经被决定了。社会影响就像自然神论者（deist）的上帝，一旦以一股力量让静物动了，就放任不管，不再加力——这是一股足以改变人的行为，并注入人的身心之内的力量。我们一旦知道这股决定性力量，当时正在作用的社会关系与社会结构好像都变得无足轻重似的。社会影响已经注入人的大脑，所以在实际下决定时，个人就像"理性的经济人"一般，只是依照不同的规则下决定。比较精密的理论（也是比较不过度社会化的论点）则指出，文化的影响不是一次决定的，而是一个不断进行的过程，在人际互动之间塑造或重塑个人。不只如此，文化本身也因为个人的需要而受到重塑。

镶嵌观点把社会视为如图5的一个人际社会网，其中"节点"代表一个人或一群人组成的小团体，"线段"代表人与人之间的关系。这样的社会图像中，社会是由一群行动者、这群行动者间的关系以及这些关系所构成的网络结构所组成，以此图像做消费者行为分析，我们会着眼人际传播、示范效果以及消费者的信任与关系等议题，并在营销学上产生"一对

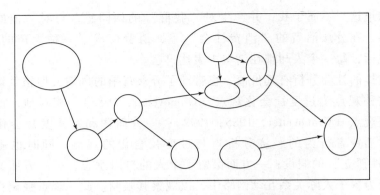

图5　人际关系图——一个新的社会结构观点

一营销"以及"口碑营销"的研究。

其实最早提出一个人周遭的人际关系也会起示范效果的是美国社会学家，也是传播学界与营销学界的重要学者拉扎斯菲尔德（Lazarsfeld，1957），他反对传统的大众传播理论，后者认为大众传播是影响一个人的消费行为最主要的因素，而且，广告打出去之后，最早接受新观念、新产品的是先知先觉者，社会地位高的人最具有这种先知先觉的能力，也对别人最有影响力。但拉扎斯菲尔德在《个人影响》（*Personal Influence*，1955）一书的研究中发现：第一，大多数的人是受别人影响，而非受大众传播影响。大多数的人可以指出其意见领袖，所以通过大众传播的观念是透过意见领袖才成为个人意见的。第二，意见领袖不见得是社会阶层高的人，尤其在消费行为中，意见领袖是多元的，不同阶层的人其意见领袖都不同，而且常常是个人意见去寻找意见领袖，而非意见领袖去影响个人意见。第三，不同的消费事项会有不同的意见领袖。比如说，一般生活品之消费的意见领袖，通常是大家庭的母亲，其中人际关系广的妇女影响力会很大。时髦品消费的意见领袖，则通常以年轻女孩子为主。任何个人的决策事实上都受到他人高度的影响，他人效用函数会对个人的消费行为产生示范效果。格兰诺维特在《集体行为的门槛模型》（Threshold Models of Collective Behavior）中即强调，消费可以算是一种集体行为，刚开始参与者很少，但后来会有愈来愈多的人受到示范而参与，最后在大家都参与的影响下，个人会受到社会压力而不得不参与，消费者会滚雪球般地增加，格兰诺维特称此为"门槛效果"（Granovetter，1978，1986）。蒙哥马利实证了这个理论（Montgomery，1991），他发现新产品的采用会产生一种指数曲线，证实了示范效果、社会压力效果以及滚雪球现象的存在。我们的营销策略不就反映着人际社会网的影响力吗？如我们会以"你走在流行的尖端"打动那些先知先觉者，以"正在热卖中，最后机会欲购趁早"的示范效果刺激后知后觉者，以"大家都有了，只有你太逊"的社会压力压迫不知不觉者。美国传播学者罗杰斯（Rogers，1995）就指出，人际关系与意见领袖是最主要的非正式信息渠道，消费行为的传染多是在这种非正式渠道中进行的，一个信息灵通的传播网络是新产品是否上市成功的关键所在。

在这两个社会结构不同的图像中，我们看到其对消费者行为提出了很不相同的分析架构。前者强调的是阶级、地位团体、种族、年龄、性别、地域与宗教的研究以及这些社会群体对人的社会化的作用、形塑出来的社会力以及这些社会力的冲突与融合等，在消费者行为的研究上，则带动了生活风格的调查以及分众营销的实务。后者则分析了行动者，包括个人与组织，也着重行动者间的关系和社会互动，更强调结构如何使个体的行为与个体间的互动结合为总体现象以及不同结构如何影响总体现象的结果。在消费者行为的研究上，此一架构则带动了人际传播的研究，并发展出关系营销与口碑营销的实务。

社会网分析在社会学理论中的价值是其提供了社会嵌入分析架构中行动者间关系内涵的研究，更重要的是，它是目前为止对结构研究最有力的工具。本书主要介绍静态的社会网分析，可以分析在什么样的社会网中，什么样的结构特性如何影响行动者的行为，而近来有长足发展的社会网动态学则旨在分析社会网结构的形成与发展以及行动者的行为如何影响社会网的结构，本书将在最后一章略加介绍此一发展。这两个社会分析的架构都有极高的学术价值，各掌握了一定的分析视角而提出对社会经济现象有效的解释，更发展出在商学上极有实用性的知识。两者之间并没有谁对谁错的竞争关系，且有极大的对话空间。社会网分析作为镶嵌架构中主要的分析工具，解决了从关系内涵到网络结构的诸多问题，不但是此一架构中必学的工具，而且也是有志于两个架构间交互对话的学者应该注意的趋势。

二　社会网分析在方法论上的角色

在了解了社会网分析对社会学理论的意义，尤其是对镶嵌观点下的社会分析的意义后，我们不禁要问为什么怀特这些人要引入数学的图形理论（Graph Theory），发展出一套定量的社会网分析呢？回答这个问题，我们要从方法论下手去探讨。

上一章中，我介绍了三个理论层次之间的关系，在图6中，我把这些理论发展过程中的方法标示在右列。当一个理论从大型理论发展到中层理论的时候，要靠定性研究。大型理论提供了一个观察问题的视角，也提供了很多解释概念，更提供了分析的架构。但如上一章所述的，这样并不足以做出实证性的研究，所以我们要从访谈、参与观察、焦点团体以及历史资料这些定性资料中进行归纳，看看这个理论可以解释哪些现象，对这些现象如何下操作性定义以及这些现象的因果机制是不是在现实资料中可以找出一个脉络。当然，我们发展理论也可能是演绎法，从人家的理论开始演绎。但演绎出来的结果还是要找定性的资料加以验证，看看解释得是否合理，在现实世界中是否存在，纯粹理论推演可能推到最后与现实完全脱节。

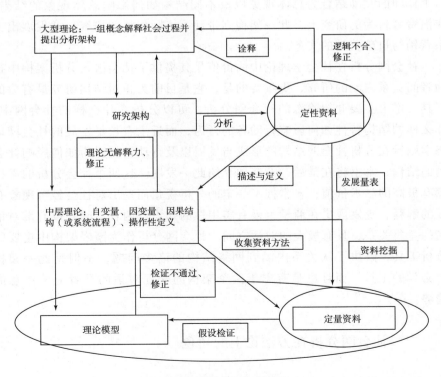

图6　假设检证工作图

如上一章所述，中层理论也不足以用作理论检证，我们还要有理论模型。理论模型可以是正式模型，这就需要数学推演的过程或计算机仿真的能力，比如大多数经济分析的因果模型或社会网动态学中的系统模型都属于这类；也可能只是简单的线性因果模型，从中层理论指定（specify）出自变量就可以建立回归模型。中层理论和理论模型有一个差别，就是理论模型需要许多模型指定（model specification），指定自变量与因变量如何衡量，指定模型结构，指定因果函数，指定控制变量，指定待检证的假设。这些指定的过程，定性与定量资料是并用的。有的变量来自二手资料，如国家统计资料，但有些则需要在发展变量之前做访谈、参与观察与焦点团体的研究，如心理量表或社会关系量表，这类资料的指定就需要定性研究作为问卷设计的前导性工作。大多数上述的指定都是中层理论要在理论层次上提出的，但有时我们也会把一部分定量资料做资料挖掘（data mining），或在假设检证失败后用现有资料做资料挖掘，以求得更适合的模型，并据以修正模型指定，以待用下一次收集到的资料加以检证。

在图 6 中用圆圈框出来的假设检证工作是定量研究的重点，定性资料在假设检证上能做的十分有限，理由是资料的客观性。定性资料当然很期待有客观性，但主观观察得到的资料很难保持客观，哪些应该记录，哪些不该记录，不太可能完全没有理论指导。一个学者自小所受到的价值观的影响、所属学派、受过的理论训练都在发生作用，他做的记录往往反映出一定的理论观点。

当然，完全的客观并无可能，所以我们在方法上能做到的，是一群人的主观但经交互验证而得到的客观。实际上定量资料就有较好的交互验证能力，它先有操作性定义，再有资料的收集。比如我们观察一下什么叫交通流量，说好了只算汽车，不算机车与自行车，站在那里十分钟，估计一下汽车经过多少辆，很可能派十个人下去调查，有人说 130 次，有人 120 次，有人 140 次，但差距会有限，衡量也较精确。如果没有任何操作性定义与衡量方法，十个人派下去看一下交通到底挤不挤，有人特别注意自行车，有人注意行人，所以有人觉得比较挤，有人觉得还好，互相验证的客观性就不存在了。

定量资料的第二个价值，就是先有理论模型再有分析。如前面所述，好的模型是理论已经指定好自变量与因变量如何衡量、模型结构、因果函数、控制变量以及待检证的假设，愈好的理论模型工作就要指定得愈清楚明白，套入定量资料分析时，对就是对，不对就是不对，所以假设可以被证实或证伪。不同的资料分析者取得同一份资料，如果模型指定够清楚，则会得到相同的分析结果，所以研究具有较高的可重复性。定性资料的分析则往往容易受到研究者个人价值、所学理论或所属学派的影响，少了一个清楚的模型指定，所以做资料分析时，不同研究者登录的资料不同，取证的重点不同，甚至对资料的诠释也不同，比较难有相互验证的客观性。

最后是两个统计上的问题，到底定性研究有没有做假设检证的可能？一般来讲，任何模型都需要一定数量的资料，保有一定的自由度（degree of freedom）才能检证，否则估计值（estimates）会处在变动状态（transient），也就是每一次抽样得到的估计值都不尽相同，检证的结果不稳定。在统计上说，定性资料都是复杂模型小样本的资料，也就是自变量很多，但个案数量却很小。学过统计的同学都知道，当我们有一个复杂模型，比如有 n 个自变量，自变量愈多，需要的资料量也愈多，如今却只有少数的样本，个案少于 n，模型根本不能被估计，有时多于 n，但定性资料却很少能多到自由度充足而使估计值稳定，所以在检证上往往并不有效。

第二个统计问题是抽样，定量资料常常在抽样上要求是随机的。在一个范围内的随机抽样，在一定的抽样数量下容许一定的统计误差，其结论是可以推论到整个范围的。但定性资料很少是能随机抽样的，再加上抽样数量也小，所以其推论能力会受到限制。

定量研究的优点其实也就是它的弱点，它要求有操作性定义与测量方法，所以不免遗失很多资料的细节，另外它要求模型指定，不免要使理论抽象化，而丧失与现实的贴近，所以在理论发展的阶段与量表设计的阶段上，我们仍需要定性研究。但定量研究的交互验证的客观性却是定性资料所不能及的，所以在假设检证阶段具有不可替代的优势。为了使我们在网络理论中得到的假设可以得到有效检证，发展这套定量的网络分析有其必要。

我们了解了定量资料在整个理论发展过程中的角色之后，作为为社会网理论收集与分析定量资料的社会网分析，其在理论模型的发展及模型检证上的价值就显而易见了。以上章所述的离职模型来说，社会网理论提出的假设中有一些变量，如"较多与他人交换资源的机会"、"得到最多资源"以及"得到最多情感支持"，如何测量这些关系与社会结构的变量，如何收集这些变量的资料，有赖于社会网分析方法中的自我中心网络问卷、整体网络问卷等收集资料的方法以及内向中心性、中介中心性等网络结构计算的方法。这些方法正是本书要介绍的社会网分析的内容。

　　其实定性与定量的研究往往是交叉进行、交互为用的，好的研究不但理论的三个阶段不可或缺，而且定性与定量的方法也缺一不可。下面我们来看，在整个研究过程中，怎样往往返返、交互使用定性与定量研究。我使用一位科学哲学学者拉卡托斯（Lakatos）所提出的"研究纲领"（research program）概念说明这个研究过程。拉卡托斯强调一个研究方案一定有一个内核（core），内核之外就会有很多保护层（protection belt）。科学社群往往同时有几个竞争性的研究方案，相互检证，通不过检证的往往会弃车保帅，放弃某些保护层以修正研究方案，但此一方案中的研究者永远不会放弃内核。直到此一方案可解释的新现象太少，解释力又弱时，新研究者不再加入，随着老大师的凋零，理论也走出学术舞台。此一理论内核蕴藏在大型理论之中，成为某一学派誓死保卫的观点。研究纲领的概念很类似库恩（Thomas Kuhn）的范式（paradigm），所不同的是范式之间无法对话，范式的移转也像革命一般突然变化，而研究方案之间是可以对话的，且对话的过程会带来此消彼长，慢慢演化。

　　当一个理论模型无法通过检证时，第一个被放弃的保护层是变量的衡量（measurement），因为衡量方法不同会给结果带来很大的变化，而衡量的方法又不涉及理论的内核，所以研究者可以改变衡量方法来挽救理论的被否证。

　　第二个保护层是控制变量，一个理论的内核往往结合一些辅助理论（auxiliary theory）才能建立可检证的理论，在发展模型中我们也需要指定待检证的理论与其他已证实的理论之间的关系。如果模型中加上这个控制变量与不加这个控制变量结果会不一样，于是就要证明人家的理论不好，不适合解释此一被解释现象。或要说明控制变量与自变量之间，是前置变量的关系，或中介变量的关系，甚至控制变量本身只是一个干扰变量而已。这类理论间的对话并不容易，而且也要受其他理论的公评，但却不会触及理论的内核。

　　第三个可以修正的是模型的结构以及自变量的函数形态，自变量的函数形态往往对统计结果影响较小，但对模型的因果结构却影响巨大。谁影响谁，y 影响 x，还是 x 影响 y，两者之间是直接因果还是间接影响，或是两个同时被其他变量影响，或是两个相互影响所以形成同步方程式模型（simultaneous equation model）。这一类改变会显著影响统计结果，但这一类改变也进入到中层理论的领域，因为我们要重新思考这些变量交互影响的因果机制。另外，我们可能用定量资料做资料挖掘而找出更合适的模型结构，但新模型在理论上是否说得通？因果机制与原来中层理论指定的不一样了，要怎么改？这些改变会动到中层理论，所以定性研究必须重新回来检视理论的修正。

最后的保护层就是中层理论，一个大型理论可以解释很多现象，于是就有很多中层理论出现。以社会网理论为例，有些人做医疗研究，分析传染病传播；有些人做精神病问题，分析情感支持网络怎样影响一个人的精神疾病；有人做组织研究，分析社会网怎样影响组织行为、组织结构、旷职、工作士气等。当我们的模型一直通不过检证，模型的修正也无法解决问题时，就不能不回头看看中层理论是否需要修正。比如社会网学派跟威廉姆森的交易成本理论（Transaction Cost Theory）有很精彩的对话。威廉姆森不承认组织内与市场上的交易有个人信任（personal trust，1996），但承认社会关系在交易中的作用，权力、抵押品、声誉的威胁等可以创造基于理性计算而产生的算计性信任（calculative trust）。大家可以就这些不断做假设检证，可以继续讨论。如果我们的模型无法通过考验，社会网理论在谈组织成立，在谈交易、治理结构、组织边界时，可以做一些修正，至少它还是被威廉姆森的竞争性模型承认是有威力的，不是全部推翻了，只是承认一部分。修正了这些有争议的部分，整个模型还是有解释力的。

但中层理论有可能在解释一种现象的时候就一直无法通过资料的考验，比如社会网理论的内核强调理性之外有非理性行为，不但非理性行为常受情感性关系影响，而且理性行为也是镶嵌在网络中的，理性的自由选择会受到社会网限制。但有一些现象是纯理性的行为，完全没有社会网的空间。比如说有一种可能性，一个研究者研究超级市场的购买行为，用社会网去研究就有可能碰壁。这种情况下，社会网的内核扩张到这种现象的研究，理论言之凿凿，但社会网因素就是没有影响，所有假设检证的结果都不过关。这时可下结论：社会网理论本身没有错，是研究的领域错了。我们会放弃试图解释类似现象的中层理论，但不管怎样却不会放弃理论的内核。大型理论是永远正确的，它总能提供一个解释架构，找到很多现象加以解释，可以解释得很有意义。

这个过程使我们可以看到当检证不通过时，我们就必须一路从模型指定的修改，最后改到中层理论，也会用定量资料做模型指定寻找（specification search），然后用定性资料去重新修正中层理论。研究就是这样的，走过定性研究，走到定量研究，发展了中层理论，还要发展可检证的模型，最后用定量资料检证之；然后又倒回去，定量研究走完，走定性研究，如此往往复复，才能做出好的研究，方法上的偏废或在理论阶段上的不全都会阻碍学术研究的发展。

参考文献

Bourdieu, Pierre. 1984. *Distinction: A Social Critique of the Judgment of Taste.* Cambridge, Harvard University Press.

Kuhn, Thomas S. 1964/1996. *The Structure of Scientific Revolutions.* Chicago, University of Chicago Press.

Granovetter, Mark. 1985. "Economic Action and Social Structure: the Problem of Embeddedness." *American Journal of Sociology* 91 (3): 481 – 510.

——. 1978. "Threshold Models of Collective Behavior." *American Journal of Sociology* 83: 1420 – 1443.

——. 1992. "Problems of Explanation in Economic Sociology." In Nitin Nohria and Robert G. Eccles, *Networks and Organizations.* Boston, Harvard Business School Press.

Granovetter, Mark and Soong Roland. 1986. "Threshold Models of Interpersonal Effects in Consumer Demand." *Journal of Economic Behavior and Organization* 7: 83 – 99.

Lazarsfeld, Paul. 1957. "Sociological Reflections on Business: Consumers and Managers." From *Social Science Research on Business: Product and Potential*, edited by Robert A. Dahl, Mason Haire, and Paul F. Lazarsfeld. NewYork, Columbia University Press, pp. 99 – 156.

Lazarsfeld, Paul and Elihu Katz. 1955. *Personal Influence.* Illinois, The Free Press.

Lakatos, Imre. 1980. *The Methodology of Scientific Research Programmes, Volume* 1: *Philosophical Papers.* Cambridge, Cambridge University Press.

Montgomery, Mark and John Casterline. 1991. "The Diffusion of Fertility Control in Taiwan: Evidence from Pooled Cross-Section, Time-Series Models." Working Paper.

Veblen, Thorstein. 1961/1934. *The Theory of the Leisure Class.* New York, The Modern Library.

Wasserman, Stanley and Katherine Faust. 1994. *Social Network Analysis: Methods and Applications.* Cambridge, Cambridge University Press.

Williamson, Oliver. 1996. *The Mechanisms of Governance.* New York, Oxford University Press.

第三章 社会网研究的类别

——以组织理论与管理研究为例

如之前两章所述，社会网理论视角提出了不同于以往社会学所定义的社会结构，而视社会结构为一张人际关系网络，其愿景是沟通个体行为与集体行动的鸿沟，穿越结构与行动间的屏障，架起微观现象与宏观现象之间的桥，最后能将个体与集体间的互动过程放在一个模型中加以解释。四十多年来，我们有了十分丰硕的研究成果，只是各式各类的社会网研究，跨越了各个社会科学的重大议题，我们要如何了解这些研究都在解决什么样的问题呢？

下面我们就以社会网理论中集体与个体的视角对所有社会网研究做了一个分类，认为存在七大类别。第一领域：受场力或集体社会网结构干扰的因素如何影响关系；第二领域：关系如何影响个体行动；第三领域：受场力或集体的社会网结构干扰的因素如何影响个体结构位置；第四领域：个体结构位置如何影响个体行动；第五领域：个体行动如何影响集体的社会网结构；第六领域：集体的社会网结构如何影响集体行动；第七领域：集体行动如何影响场力。根据各研究领域，本章以组织与管理研究为例说明每一领域要研究的内容，并阐述了社会网结构与社会关系如何在集体行动与个体行动之间搭起一座桥，其间的自组织现象更使得集体行动绝非个体行动的线性加总，而有着复杂现象的特性——不同的自组织会产生不同的行动结果，相同的个体行动可能在不同的结构中产生完全相反的集体行动。解开此非线性行为之谜，正是未来社会网研究要继续努力的重要方向。

一　一个分类社会网研究的视角

社会网研究作为社会学的一个理论流派，形成了独特的理论视角，认为社会现象不是个体行动者的简单加总，即个体加总不等于总体；社会是一个非线性的世界，社会现象之间不是（至少不完全是）简单的线性因果关系。社会网视角既不把个体看做是彼此无关联的自由原子人，也否认人在社会中是处于无自主选择的牢笼状态。格兰诺维特（Granovetter，1985）强调行动观点有时犯了"低度社会化"的谬误，结构观点又有时犯了"过度社会化"的问题，因为它们都忽略了一个中间的环节，就是社会关系以及社会网结构。社会网结构与行动是互为因果的：个体行动会自组织出社会网结构，社会网又会产生集体行动与场力，同时，场力又会影响社会网结构，场力与结构又对个体行动具有约束力量。社会网可以在结构与行动之间搭起"桥"，也可以在个体与集体之间搭起"桥"，通过分析关系与社会网结构，使微观个体行为到宏观的社会现象之间的过程机制得到显现和说明。

现在这种研究观点使网络动态学成一时显学，并与"复杂理论"的概念不谋而合。复杂理论发现物理世界中的自由分子会有自组织现象，最后发展出一些固定的"秩序"。比如，水蒸气分子本来是以布朗运动自由位移的，但在一定条件下，自由分子会凝结成水，分子之内的转动能不见了，分子之间则依相同的方向频动；在一定的条件下则出现耗散现象，比如在密闭空间中，下面加热，上面冷却，则会出现六角形的结构。这样的自组织与结构化现象的研究在很多领域得到长足的发展，如人工智能、脑神经网、演化、基因遗传与激光等，从这些研究中产生了一门新兴的、跨科际的学问——复杂理论。

同样的自组织与结构化现象也出现在社会、经济之中。格兰诺维特所说的"低度社会化"观点就好像水蒸气状态，每一个都是自由分子在空间中随机运动，踫上任何人都可以产生互动。"过度社会化"观点又好像固态的冰，所有动能都不见了，没有能动性的个人只有非常有限的自由，在场力形成的铁栏铁栅内处处受制。而我们实际的社会却是在这些不同状态中不断转变，更大多数的情况是大家既受场力的束缚，但也有能动性，更可以集合起来，也就是自组织出一些固定的结构，进而改变这些场力。

这些可用图 7 表示：在一个相对封闭的领域内，一个社会、一个经济体、一个产业或一个组织，我们可以称之为"场"（field；Boudieu，1966），场内有许多作用力，称之为场力。依照迪马齐奥和鲍威尔（Dimaggio and Powell，1983）针对组织定义的"场"："组织场是一群组织组成的社群，它们从事类似的活动，并屈从于类似的声誉及规则压力。"换言之，使组织"屈从"的场力包括信息类的，如声誉、口碑、顺应流行等，以及规范类的，如风俗、道德、法律与制度等。

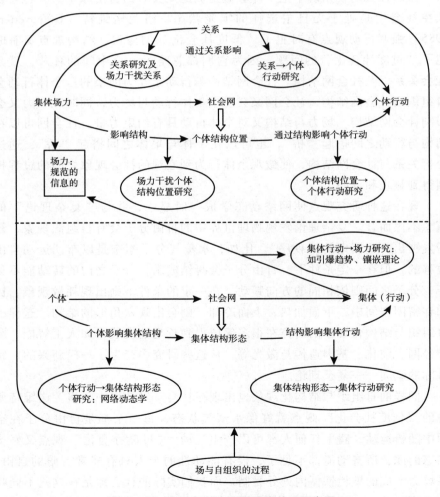

图 7　场、行动与社会网间因果关系示意图

从社会网的观点来看，场力并不是直接作用在行动者身上就决定了行动决策，而是透过一个行动者身旁的关系及社会网来作用。一个人周围的人大多接受了某一信息，会使此人也相信此一信息；一个人周围的人大多服从着某一规范，就使得此一规范具有强制力，使此人也必须遵守。场力如何作用于个体关系的形成，以及个体如何在社会网结构中取得结构位置，是社会网研究的第一个议题。进一步的，个体关系与个体结构位置（配合着场力的作用）会影响行动者的行动决策。一群人持之以恒又相互合作的行动则会改变集体的社会网结构，从而不同的结构中，相同的个体行动却会"加总"出不同的集体行动，而这些集体行动一旦持续甚久又被制度化了，则形成了场力。图7中的箭头方向正在说明此一过程的因果关系，而社会网研究正是要辅助解析这个从集体到个体，又从个体到集体的过程，其中，社会关系与社会网结构是这个过程中间的桥。

基于图7中因果循环的理论架构，我们将社会网研究分成七个领域，图中椭圆形的文字框就说明了每一领域在此一因果关系链中的位置，下面分述之。

领域1：关系研究，以及个体因素（受场力或集体社会网结构干扰）→关系。如强、弱连带，信任关系等领域，大量的社会心理学研究增强了我们对关系如何形成、如何运作的了解，社会学研究则帮助我们理解场力如何形塑这些关系。

领域2：关系→个体行动，这是个体社会资本研究的主要领域，一个个体或一个企业的关系及自我中心社会网的广度、高度及多元性将会影响行动者的商业机会、资源取得，进而影响其生存与发展。为林南以及其借由个体中心社会网方法发展出来的职位生成法是代表性研究。

社会网研究主要就是两项，一是关系，一是社会网结构。一个行动者的社会网结构位置如何取得，以及场力并个体因素如何共同决定这些个体结构位置，是另一个主要议题，因此而有下述研究领域。

领域3：个体因素（受场力或集体的社会网结构干扰）→个体结构位置。一些组织行为学者或社会心理学者研究了个体结构因何而取得，亦有研究采用了HLM模型，以场力或集体社会网结构为干扰变量，分析个体因素如何影响个体结构位置。

领域4：个体结构位置→个体行动。博特的结构洞理论可谓这一类研究的开山之作与代表作，此后这类研究是集体网研究数量最多的一类。

除了上述研究集体的力量如何透过关系暨社会网结构影响个体行动

外，社会网理论也分析个体行动如何"加总"成为集体行动，以及集体行动如何形成场力的问题。

领域5：个体行动→集体社会网结构。这就是行动者自组织过程的研究，也是动态社会网理论主要在处理的议题，其中最初引起社会科学界注目的就是小世界研究（small world；Watts，1998），以个体的"搭桥"行为以及"趋同"行为解释了为什么社会网会有小世界的结构。个体的某些行为方式会彼此联结，进而决定了大社会或局部团体的集体结构形态。

领域6：集体社会网结构→集体行动。一个集体的社会网结构又会进一步影响集体行动，这是集体社会资本研究中的一个重要部分。在组织研究中，一个集体的学习、创造力、知识传播、工作效能以至于一个战略结盟的成与败都受其内部社会网结构的影响。

领域7：集体行动→场力。一些群体的集体行动以及群体与群体间的互动会形成一个场域中更强大、具胁迫性的场力，如信息的累积会引爆流行，群体的相似行为会引爆趋势，或协议形成制度，以及共同认可形成规范。

以下分别就每一领域介绍相应的研究进展。本章并不是为了做社会网研究在组织领域的文献回顾，所以下面我只以一些较具代表性的文章说明各个领域研究的一些议题与理论，目的不在于穷举相关论文，否则较成熟的几个领域每一个都有汗牛充栋的积累，无法尽列，更不可能在一篇论文中详述。也因此，很多重要文章会被遗漏，毕竟，本章旨在以范例说明这个分类架构，而不在回顾文献。

二 七大领域的论文范例

（一）关系研究，以及个体因素（受场力或集体社会网结构干扰）→关系

引爆关系研究的是格兰诺维特的"弱连带优势"理论（Granovetter，1973），弱连带较之于强连带有更好的信息传播效果。举例说明，A有两个强连带B和C，基于好朋友互动频繁，所以B和C有很高的机会因为A的中介而认识。A传了一个信息给B及C，B又转传于C，而C早就知道了，所以B与C间的信息通路就是重复的（redundant；Burt，1992：18）。一个强连带很多的关系网中，重复的通路也往往很多，而弱连带则不太会

有此浪费。格兰诺维特又进一步指出两个团体间的"桥"必然是弱连带。一个团体之内成员间往往互有连带，所以信息传播容易，但从一个团体传信息于另一个团体，有时仅仅赖于两团体中各有一名成员相互认识，而形成唯一的一条通路，这条信息唯一的通路就被称为"桥"。桥在信息扩散上极有价值，因为它是两个团体间信息通畅的关键，但它必然是弱连带，否则，两个人间的强连带会呼朋唤友在一起，使两团体间很多成员互相认识，这条信息通路就不再是唯一的，不再具有"桥"那么高的价值。

自此以后，社会连带（social tie）被分为了强连带与弱连带，一系列的研究将之变成可以衡量的概念，三个连带强度的构面——交情的久暂、互动的频率以及亲密的程度——都发展出了量表（Marsden and Campbell，1984），并被收录在美国一般社会调查之中作为全国性社会调查的项目（Burt，1982）。经过多年发展，社会网资料中关系的衡量与收集方法已得十分完善的成果（Marsden，1990）。

继镶嵌理论提出后（Granovetter，1985，1992），信任关系又成为关系研究中的显学，一系列的信任关系研究被提出，如朱克（Zucker，1986）描绘信任产生是建立在过程基础（process-based）、特征基础（characteristic-based）和制度基础（institutional-based）这三种来源上。过程基础信任生根于社会连带的相互性，特征基础信任建基于社会的相似性（social similarity），制度基础信任来自个人在制度环境下的自信（Creed and Miles，1996）。夏皮罗、谢波德和切拉斯金（Shapiro，Sheppard and Cheraskin，1992）提出了一个相似的信任模型，它们是威吓基础（deterrence-based）、认识基础（knowledge-based）和认同基础（identification-based）信任。个人利润—成本的理性计算产生相信对方会自我控制的信任，亲近和行为的可预测性来自认识基础信任，从社会结合与社会相似导致我群（we-group）意识产生了认同基础的信任。列维奇和邦克（Lewicki and Bunker，1996）保持相同的三个分类，只小幅改变威吓基础为计算基础（calculus-based）的信任，但他们却进一步建议这三种信任的类型是发展信任的三个阶段，而信任关系随着每一阶段的提升而变得更强。威廉姆森（Williamson，1996）则把信任分为可计算（calculative）的、制度的（institutional）以及个人（personal）的三种。

场力如何影响关系？不同文化中信任关系的研究提供了一些线索，因为不同文化之中规范与声誉效果展现着不同的风貌。比如，山岸、库克和渡部干（Yamagishi，Cook and Watabe，1998）通过在美国和日本进行的两个心理学实验为山岸的信任理论提供了经验支持。山岸的信任理论认为，社会不确定性促使特定合作者之间结成承诺关系（committed relations）。面对社会不确定性时，与低信任者相比，高信任者更少结成相互承诺的关系，也就是说，一般信任能够将人们从安全而封闭的关系中解放出来。

这两个实验是 1993 ~ 1994 年间在日本和美国进行的。在第一个实验中，受试者被分别带到独立而无法见到其他受试者的隔间并在计算机网络上进行模拟买卖的实验。在这一过程中，受试者充当买者，而所有的卖者都由计算机模拟充当，不同的卖者提供不同性价比的商品，但也有不同的欺诈可能性。研究者通过改变卖者的欺诈可能性来模拟不同的社会不确定水平。实验发现，当社会不确定性高时（即卖者欺诈可能性高时），受试者倾向于和自己熟悉的卖者结成稳定的交易关系，也就是说，即便有其他卖者提供性价比更高商品，受试者仍倾向于与原来的贸易伙伴交易。同时，当社会不确定性相同时，这种倾向在日本和美国的受试者之间并无明显差异。

第二个实验前期步骤和第一个实验类似，但被试者在计算机上从事的是分配游戏。当被试选择与搭档合作时能够降低分配的风险，但也减少了可能得到的最大收益。在对结果的分析中，实验者做了一个 $2 \times 2 \times 2$ 的因素交叉设计，即按照社会不确定性的高低、一般信任的高低以及国籍的差别对受试者做了分组的分析。实验结果进一步验证了实验一中的结论，即当社会不确定性高时受试者与特定伙伴间结成承诺关系的机会也高。同时研究者发现，一般信任较低者将比一般信任高的人更容易形成强的承诺关系，而当社会不确定性水平较高时，上述效应更强烈。文章还发现，在排除了社会不确定性以及一般信任程度的影响后，美国人和日本人表现出来的结成承诺关系的倾向并无差异，反而是日本被试者在遇到掠夺搭档金钱的机会时，选择掠夺的比例明显偏高。

据此作者推测，这说明了日本社会的"集体主义"和团体中结成紧密关系的现象，很大程度上来自其社会的高不确定性和低一般信任。日本人并非天性有更高的合作和结成关系的倾向，这只是在环境及周围人的监督之下不得已的选择。而脱离监督后他们实际上仍然表现出相当高的谋取私利的行为。山岸和山岸（Yamagishi and Yamagishi, 1994）认为，日本的封闭团体内强大的规范力量，使得日本人缺少信任关系，拥有的是保证关系（assurance）。

哈根和乔（Hagen and Choe，1998）通过对文献的梳理、理论说明以及结合经验事实的支持，探讨了人们普遍认为的日本公司间高"信任"现象的本质。

作者首先对信任的概念做了澄清，指出日本公司间的信任最接近夏皮罗、谢波德和切拉斯金（Shapiro，Sheppard and Cheraskin，1992）三种信任分类中所说的"基于威吓的信任"（deterrent-based trust），这种"信任"其实是以一方有理由相信对方有合作的激励为前提的，因此更准确地说这实际上是一种相互保证而非无条件的一般信任。作者指出，日本公司间的这种特殊信任及合作关系，实际上是在特定的制度和社会背景下形成的。文章以日本汽车业中的外包关系为例分析了高信任背后具体的制度性制裁和激励安排。

日本的外包体系制度有以下特点：集团控制结构，系统化地评鉴外包商，分散化的质量控制，双边价格制定和产品设计，短期合同，黑盒设计（指按需求接受定制，再探索解决方案），双重卖主政策和问题解决范式（大制造商愿意为外包商解决各种操作问题）。这些特点使得在各公司之间得以形成强烈的监督、制约和激励机制，并促进信任和合作。除了制度设计之外，日本的社会条件成为约束机会主义的另一重保证。日本国土相对狭小，大制造者数量较少，移动性小。上述特征再加上日本包括扩展家庭、教育体系、错综复杂的水平和垂直的公司网络、政府倡导的贸易协会在内的现代制度性结构使得外包网络中参与者之间的共同监督和关于信誉的信息得以迅速传播，从而起到了有效约束作用。

作者还考察了日本的企业模式移植到国外的效果，并指出：尽管这种移植部分获得了成功，但由于缺乏日本的社会条件（如信息无法流畅地传输，有限的移动性被打破），无法建立完善的制裁体系，因此日本模式在国外的移植没有达到日本本土企业的效率。这也进一步说明，日本的特殊信任实际上是建立在制裁的制度和社会环境基础之上。

关系研究也有着良好的本土化发展，最知名的莫过于费孝通（Fei，1948）所言，中国人是一个差序格局的社会，因为关系亲疏远近之不同而形成由内而外的一层一层关系网络，不同层的关系适用不同的互动规范。继之，中国心理学的发展使此一本土化的传统发扬光大。黄光国延伸了费孝通之意，指出中国人的差序格局由内而外有三层关系，而且每一层都适用了不同的交换规范，分别是情感性关系、工具性关系以及混合了情感与工具交换的混合性关系（Hwang，1987；黄光国，1988），分别也可以称之为家人、熟人以及生人，其互动规范分别适用需求法则、人情法则以及公平法则。需求法则基于三纲五常这样的人伦道德，把中国家庭看成是"各尽所能，各取所需"地依需求而分配。人情法则强调的是"报"的原则，互相欠着人情账，不能过河拆桥。

罗家德（2006）以这些研究为基础，分别指出家人基于保证关系与情感关系，熟人基于情感关系与社会交换，部分的生人基于哈丁（Hardin，2001）所说的互相为利的信任（encapsulated-interest account of trust）都能产生强弱不同的信任关系。而中国人的人脉就是自我中心信任网络（ego-centered trust network），透过差序格局的一圈又一圈的信任关系，可以获取生存与发展所需的各样资源。不过这些讨论仍受到更多、更丰富的本土心理学的挑战，比如，需求法则与真实的家人间交换行为仍有一些距离，实际上，家族内的工具性交换与政治斗争随处可见，工具交换与"报"的法则依然适用。翟学伟（2005）用均分的概念更加传神，符应了中国社会小圈圈内"见者有份"的行为模式，所以均分与报都是家人间交换的法则。

（二）关系→个体行为

分析"关系对个体行为影响"的论文相对较多，大致可以根据其分析层次划分为两类。一类是从一个团队（或企业）的关系对团队（或企业）的生存和发展、知识创新、社会资本、招聘行为、结盟政策等的影响方向进行了探讨；另一类主要集中分析关系对个人的求职、创新能力、适应新环境能力和职业成就等因素的影响。下面以 AMJ 中的几篇文章为例来说明分析关系影响个体行为的研究。

弗洛林、卢亚巴特金、舒尔策（Florin，Luabatkin and Schulze，2003）探讨了人力资本和社会资本如何影响企业在上市前融资的能力以及其在上市后的表现。在其研究中，"社会资本"由以下三个方面来度量：第一，行业网络，即企业拥有的远距离关系（弱连带）的数量，以及企业在上市时与属于财富 1000 强的顾客和供应者结盟的数量；第二，人际网络，指的是在企业的高层管理团队的成员和经理中，同时为拥有类似技术或市场的其他公司的董事者的数量；第三，认购者，指在公司上市前夕预先订购即将上市的股票的认购者的数量。可见，在这里，"社会资本"实质上集中体现了企业拥有的关系的数量。文章中的资料则来自美国 275 家上市公司的创立计划书、股东委托书和年终财务报表。

　　作者通过回归分析发现，社会资本对公司上市前的融资能力和上市后的利润都有正向的影响。同时，社会资本还会作为一个干扰变量影响人力资源对企业的作用：当不考虑社会资本的影响时，人力资源对上市前的融资能力有正向影响，与企业上市后的利润呈负相关；而社会资本和人力资源的交互作用则与上市前的融资能力负相关，并对上市后的利润有正面的影响。文章还指出，社会资源和上市前金融资本的交互作用也会对上市后企业销售额的增长产生显著的正向影响。

　　从以上分析可以看出，企业的社会资本，也就是企业的关系，不仅能够直接促进上市公司的融资能力和利润，而且还能够通过干扰人力资源的作用，而间接地影响到公司的发展。同时这篇文章也指出了高层管理人员个人的关系也会影响企业的发展，这一点在中国更是明显。

　　Mike W. Peng 和 Yadong Luo（2000）通过对中国六个省 400 家公司的调查，探讨了管理者的个体连带对提高组织表现的重要作用。

　　其研究的理论贡献在于探讨了处于微观层次的关系如何影响到组织表现这样一个宏观变量，并探讨了社会条件作为一个干扰变量，对管理中关系在发挥作用时产生的重要影响。作者指出，在转型经济缺乏支持市场的机构的条件下，管理者不得不自己通过连带来完成包括获取市场信息、解释规则和执行合约等基本职能。因此，在一个正式制度约束（如法律和规则）比较弱的环境下，非正式的约束（如镶嵌在管理者人际关系间的关系）可能在促进经济交换上扮演着重要的角色，从而对公司的表现产生明显的影响。

　　作者将一家公司的主管是否与其他公司高层经理或者政府官员有连带作为自变量，将公司的资产利润和市场份额作为因变量，通过对资料进行回归分析，得出了以下结论：管理者与政府官员的连带对公司表现的影响，在非国有企业中比在国企中强烈，在小企业中要比在大企业中强烈，并且仅就利润而非市场份额而言，这种连带在服务业中要比在制造业中影响强烈。公司主管与其他公司高管的连带对公司市场份额的影响，在非国有企业中要比在国企中强烈，在小企业中要比大企业中强烈，而在对利润的影响上没有发现显著差别。由于在中国，非国有企业、小公司和服务业中的正式制度较弱，上述结论证明了，正是在正式制度约束弱、资源总量比较少、管理者难以通过正式渠道获得所需信息和其他资源的情况下，关系才发挥着明显的作用。关系实际上是通过充当正式制度的替代物而对公司表现产生影响。

另一类研究指向个人的社会网关系也会影响到个人的行为决策，比如，费尔南多·F. 苏亚雷斯（Fernando F. Suarez, 2005）以第二代无线技术在美洲的应用为例，探讨了强连带在技术选择中的关键性作用。他考察了1992~2001年间47个国家中共177家移动通讯行业运营者。在这一时期，运营者们有三种技术（CDMA、GSM、TDMA）可供选择。在排除了由于技术产生时间先后不同和国别配额频率带来的差异后，作者用运营者的强连带网络来解释其选择某一特定技术的可能性。

研究者对"强连带网络"是这样定义的：对于国家A而言，确定三个关系最密切的国际呼叫合作伙伴B、C、D。确立的标准是依据《2001年电讯年度通讯量报告》（*Tele-Geography Annual Traffic Report 2001*）中报告的经公共转换的对外通信流量的分钟数。

文章发现，一个用户选择给定技术的可能性与该技术在集体网络中特定部分（即该用户拥有强连带的网络）的相对网络规模正相关。并且，强连带网络效应在作为一个使用者选择给定技术的指针时，其效应要强于传统网络效应（即不考虑连带强度的影响）。

又比如，格西克、巴特雷克、达顿（Gersick, Bartunek and Dutton, 2000）通过对来自六个管理学校的37名教员进行深入访谈，探讨了关系对其职业生涯的影响以及性别差异在这一过程中的作用。

研究者先给被访人员发放十张空白卡片，要求被访者填写对其职业生涯有重要影响的人或者团体并指出关系类型。然后被访者被要求在十张卡片中挑出对其影响最大（包括正面和负面影响）的两张，回答为什么这两个关系重要，并就其中每一关系的重要性讲述一个故事予以说明。研究者对故事进行了分析处理，记录下被访者列举的关系类型和选择的理由，并对其进行了分类。

对访谈结果的进一步分析表明，被访者在选择时既有工具性的理由（对工作的支持）也包括情感性的理由（情感上的支持），并且在关系的影响中既有正面影响也有负面影响。这说明关系既可能带来正面的影响，同时也可能会有消极作用。同时，将资料按照被访者性别区别分析的结果显示，女性受到关系负面影响的程度更大。

关系研究也被用来分析代理问题，比如，Luis R. Gomez-Mejia, Maneul Nunez-Nickel 和 Isabel Gutierrez（2001）通过对西班牙27年间报社群体的资料进行分析，研究了委托人和代理人之间的家庭连带对公司表现产生的影响。其研究发现，当主管与企业所有者有家族连带时，主管任期与公司表现之间的联系较弱；当主管是拥有企业的扩展家庭中的一员时，较高的商业风险导致主管解职的可能性较小；对于在强关系性合约下操作的主管来说，公司表现、商业风险和主管任期之间的联系较小；在家族合约下，CEO 任期终止对组织生存的正面影响更大。

　　这一类研究也有了非常丰硕的本土化研究成果。林南（Lin，2001）以自我中心社会网为基础发展出职位生成法（position generator）的调查个体社会资本的方法。其要领是掌握一个人所需关键资源的职位列表，然后请问当事者认识多少拥有这些职位的人，其连带有多强，认识多久，互动频率多少，亲密程度多高，是直接认识还是间接认识，连带强度说明了这个关系有多少把握可以取得资源。另外还有一题，关系的来源是什么？这对中国人的调查特别重要，因为血缘在中国特别重要，关系是来自血缘的，即使连带不强，依然有效。

　　边燕杰与张文宏（2001）研究了关系强度与资源提供之间的关系，认为强关系更有可能在职业流动中提供"影响"，而弱关系则可能提供"信息"。在中国，关键人物的推荐或引见等影响会更重要，所以，对网络中流动资源情况的考察也是测量使用社会资本的一个重要方面。另外，边燕杰与丘海雄（2000）对企业社会资本的调查就以企业法人代表的个体社会资本为衡量指标，包括三项：①该代表是否在上级机关任过职；②该代表是否在跨行业的企业出任过领导职务；③该代表的社会交往是否广泛。其中，该代表是否在上级领导机关任过职就是一个具有本土特色的问项，说明中国在转型经济中，政府干预的能力仍强，所以这类的关系变成经营成败的关键。他们的研究也确实显示，企业法人代表的社会资本对员工人均产值有极显著的影响。

（三）个体因素（受场力或集体的社会网结构干扰）→个体结构位置

　　场力或集体的结构不但会影响个人的关系，也会影响个人的结构位置。在这一类型的研究中，个人结构位置的主要自变量仍是个人因素，但集体因素可作为由个体到个体的因果链上的干扰变量出现，因此研究常用的统计方法是 HLM 模型。比如，赫格尔、帕伯替阿和芒森（Hoegl，Parboteeah and Munson，2003）讨论了团队环境如何影响个人的知识网络建设。在该研究中，作者使用了 HLM 模型，但并没有将个体因素纳入模型中，所以第一层模型中并无自变量，只有第二层模型中有一些团队层次的变量。

作者最后验证如下假设：①团队对于组织知识共享气氛的认知正相关于其成员的网络建设；②团队的网络偏好正相关于其成员的网络建设；③团队对于网络对项目成功重要性的认知正相关于其成员的网络建设；④团队对其技术能力充足的认知负相关于成员的网络建设；⑤团队对其材料资源充足的认知负相关于成员的网络建设。

虽然这一类型的研究仍然很少，但随着 HLM 模型的广为使用，此一领域将成为社会网研究的重要热点。

（四）个体结构位置→个体行为

此一领域的研究由来已久，最具代表性的就是博特的"结构洞理论"（Burt，1992）。作为结构分析研究之中的杰出之作，它强调在人际网络中，结构位置对网络成员的资源及权力取得具有重要的影响作用，尤其是弱连带网络中"桥"的位置可以使位置拥有者掌握多方面的信息，因而有信息的利益以及操控的利益，进而掌握了商业机会。

罗布·克罗斯（Rob Cross，2004）通过生成的界限（boundary spanning）、物理屏障（physical barriers）、阶级连带（hierarchical tie）、信息网络位置（information network position）、意识网络位置（awareness network position）等变量对因变量——年度评价进行统计研究，并发现：①信息网络中的中介中心性程度与个体行为评价等级正向相关；②意识网络中的中介中心性程度与个体行为评价等级正向相关；③组织外个体连带数量与个体行为评价等级正向相关；④部门外个体连带数量与个体行为评价等级正向相关；⑤跨越物理屏障的网络连带与个体行为评价等级正向相关；⑥更高阶级中的连带数量与个体行为评价等级正向相关。

里根斯（Reagans，2003）通过知识的成文性、个人连带强度（dyadic tie strength）、个人间的共同知识、个人间的社会凝结（cohesion）、个人的网络宽度（network range）对知识传递的容易程度进行研究，证实①共同知识将有助于知识传递的容易程度；②连带强度有助于知识传递的容易程度；③连带强度与知识传播间的积极关系将随着非书面知识的传递而增加；④社会凝结与知识传递呈正相关关系。

吉尔·E. 佩里-史密斯（Jill E. Perry-Smith，2006）通过强连带与弱连带、中心性、外在连带（outside ties）、背景的多样性、非冗余性对创造力这一概念进行研究，得证如下结论：①弱连带的数量与个体创造力积极相关；②多样性能成为创造力与弱连带的中间变量；③弱连带的数量比强连带数量与创造力的关系更积极；④拥有很少外在连带的中介中心者比拥有较多外在连带者更容易获得创新能力；⑤拥有很多外在连带的边缘位置比拥有较少连带者拥有更多创造力；⑥拥有很多外在连带的中心位置比拥有较少连带者拥有更少创造力。

罗家德（Luo，Jar-Der，2006）将信任分为特殊信任与一般信任，特殊信任就是基于关系产生的两两信任。基于这种概念分类，文章得证如下观点：①朋友网络中的核心位置会产生较高（多）特殊信任，而居于外围位置者在网络中的特殊信任较低（少）；②处于中介位置的人在信息网络中易于拥有更多的特殊信任，相比而言，不在咨询网络中传递信息的人则拥有较少特殊信任；③在合作过程中以及组织内部拥有更多特殊信任的人，会拥有更多一般信任。

（五）个体行动影响集体结构形态

该领域最近两年来伴随动态网络研究的快速发展而重新兴起，华兹与史楚盖兹这两位物理学家的小世界研究发现青蛙叫声的互动网络与人际互动网络十分相像，都是米尔格拉姆所谓的"六度连结的小世界"，他们把成果发表在最有地位的科学期刊《自然》上（Watts and Strogatz，1998），以及《美国社会学杂志》上（Watts，1999），终于引爆了动态网络仿真研究的浪潮。这类研究大多从考察个体行动的简单特征或规则入手，展现宏观事件与现象的生成机制或演化过程。早在50年前，谢林就提出了一个经典研究，指出每个人只要有一种行为倾向，即周遭环境有超过一半是另一种族的人，他就会想要搬离，这是一个符合人性自然而然的行为，但仿真实验的结果得到令人惊讶的集体结构形态——种族隔离而居（segregation）。

依赖于前沿的计算、模拟和统计方法，这类型的研究最直接地反映了微观个体与宏观现象的相互作用与协同发展。由于这个领域的文章通常结构较复杂，并综合运用多种方法，下面重点以鲍威尔的一篇文章为例。该文章发表于2005年的《美国社会学杂志》，使用了多个层次的分析方法，是一系列已经发表的文章的总结与深入，并为该领域之后的研究提供了一个系统范例。

作者从考虑下面两个问题开始：大规模网络的拓扑构型是否存在累积效应？是不是一些简单的规则指引了组织机构寻找合作伙伴的过程？如果是，则是在什么时候找了谁？文章基于作者在开篇提出的组织网络的参与者四个行为假设：①累积效应（傍"富"效应）：网络中的个体参与者在选择伙伴时选择与已经被连接多次的点连接；②同好：参与者选择与以前的合作伙伴类似的成员作为新伙伴；③跟随潮流：参与者选择与主流行为方式一致；④多重连接：参与者倾向与伙伴有多条独立路径连接，以增强可达性与伙伴的多样性。

文章的资料来源于 BioScan1988～1999 十二年间 482 家专业生物技术公司（DBFs）与 2300 家非 DBFs 的商业活动资料。作者将场中的组织划分成六种形态：公共研究组织、大型跨国制药公司（包括各种化学与保健公司）、政府机构、金融机构、提供研究工具与实验设备的其他生物医药公司与专业生物技术公司。作者使用四种连带划分：转让（licensing）、研发（R&D）、金融（finance）与商业（commercialization，包括多种商业活动，例如制造、营销），为每种关系类型编码并记录其持续时间。作者考察了两种类型的网络：专业生物技术公司之间的网络［一模网络（one-mode network）］，DBFs 与非 DBFs 之间的网络［二模网络（two-mode network）］。

作者使用"场"概念指代从 20 世纪 70 年代至 90 年代波士顿近郊不断演化的生物技术的商业场域，定性分析了在该"场"中科技与商业相遇带来的一系列组织间联盟的发展趋势与组织间网络的演变过程。

在研究方法方面，作者使用了三种不同的框架进行分析，分别是度分布分析、离散时间网络结构图形与统计分析。统计分析是三层分析的主体，前两种分析主要为统计分析提供理论视角与证据支持。作者使用的统计方法是"条件 logit 模型"的一种（McFadden's estimator for multiprobability assessments），这种统计方法以事件（event）作为分析单元。在文章中的分析单元是连接（attachments），即两个组织间建立连带这样一个事件。文章最终基本推翻了"累积效应"与"同好趋势"假设，基本证实了"跟随流行趋势"假设，部分证实了"多重连接"假设。文章最后总结认为：场域中企业组织选择伙伴的过程是动态和回归的，仿佛一个螺旋上升的梯子：处于低聚合阶梯位置的企业倾向于连接处于连接优势位置的伙伴以增添差异性；而处于高聚合阶梯位置的企业则对聚合失去兴趣而转向连接新进入场域者。简单地说，整个场网络演化的集体趋势是具有差异性的组织聚集在一起。

Ecoman Lee（2006）指出，消费者由于局部熟人的影响，也就是局部偏好（local bias），可能采用一些边缘性的技术，从而使得"成功者得到一切"（winner-take-all）的假设不再成立。这种局部偏好的行为可使得不兼容的技术各占据市场一角，从而改变整体结构。因此，文章强调仅仅看重产品安装成本（installed base）而忽略网络结构会大大误导产业实践者。虽然先前有一系列文章通过静态的网络分析讨论强/弱连带对于消费者行为的影响，但该书却从动态网络的结构出发考察该问题。

Myong-Ho Chang（2005）等人考察了由追求局部利益的个体组成的社会网络的结构与性能演化。假设个体会选择创新或是模仿，不同行动的概率依赖于个体通过学习得来的经验。最有趣的发现是总人口的绩效（population's perfermance）既不单调增长于信息网络的可靠性，也不单调增长于创新的生产力（productivity of innovation）。

（六）集体结构形态→集体行动

一个集体，不论是大到一个社会、经济体或小到一个企业、团队，其内部的结构形态会影响到此一集体的经济绩效、社会运动、知识创新等方方面面的结果。格兰诺维特的"门槛理论"（Granovetter，1978）可为这类研究的开山之作，其在解答一个问题，为什么会有集体行动产生，比如20世纪60年代的美国黑人暴动，为什么这个城市发生暴动，那个城市却不发生？过去的理论都是以一个城市的人口社会经济组成状况来加以解释，比如黑人比例、平均所得、平均教育等，也就是以总体统计中的平均数（mean field）来预测某一集体事件是否发生，个体行动与个体动机变成了次要因素。另一类解释则认为是暴众的情绪感染，好像暴动只是一群人的非理性行为。门槛理论则预设了理性的个体行动，经过示范效果，可以变成集体行动，人际社会网内的传播就是这个微观行为变成宏观现象的"桥"。

"门槛理论"预设每一个体心中都有一定的动机参与集体行动，但也受外在环境的影响。别人的参与会激发自己的动机，一方面示范效果会影响人的行为模式，一方面参与的人数与参与的风险会成反比，所以每一个体心中都有一门槛，多少人参与了，我就跟着加入，这个"多少人"就是基于示范效果与风险考量后设定的心中门槛。只要一个地方这种门槛的几率分配适当，刚开始少数人（可能是无理性行为，也可能是想当"烈士"）上街头，就超过另一批人的门槛而后者继之加入，另一群人受了示范又跟着起事，最后就如滚雪球般成为一次暴动。如果此一门槛的几率分配不当，则一小撮人无法引发后继加入者，暴动就不会形成而只是街头的小骚乱。门槛强调动态的过程，而不是静态的人口社会经济比例，所以在乎一个变量的几率分配状况，而不是一个变量的总体平均数值。透过人际传播与示范效果，个体的理性抉择就变成了集体行动，而且在不同的集体结构形态中会产生不同的集体行动结果。

莫滕·T. 哈森（Morten T. Hasen，2002）通过知识网络的路径长度、在知识网络中的部门间的直接关系、不成文的知识（noncodified knowledge）来研究项目完成时间、所需要的知识量。文章得出如下观点：①知识网络中的团队路径越短，知识获取量越大；②知识网络中的团队路径越短，项目完成时间越短；③传递书面知识时，知识网络中的直接关系越多，项目完成时间越长。

普拉萨德·鲍昆递和戴维·A. 哈里森（Prasad Balkundi and David A. Harrison，2006）通过对 20 世纪五六十年代关于团队的 37 个研究成果进行后设分析（meta-analysis），探讨了团队成员和领导者的社会网络结构对团队表现及生存能力的影响。研究发现，团队中工具性网络和情感性网络密度会与团队的任务表现和生存能力都成正相关。同时，对网络密度和团队成果之间的联系的进一步考察表明，情感性网络密度与工具性网络密度相比，对团队生存能力有更强的影响。

Hongseok Oh，Myung-ho Chung 和 Giuseppe Labianca（2004）通过对 60 个团队的非正式社交连带的经验研究指出，团队效率能通过不同渠道的集体社会资本的合理配置而得到最大化。该书中的团队效率资料是由其所在公司的主管填写评价问卷得出的。文章指出，一个团队内部的非正式关系社会网的密度与团队效率呈倒 U 形关系，团队效率在适合的密度水平上达到最大值，而非正式关系社会网的密度过高或过低都会降低团队的效率。同时，研究还发现，与其他团队的正式领导有更多关系的团队更有效率。但作者也发觉，"与外部连带多样性大的团队有更多关系和与外部连带多样性小的团队相比更有效率"这一假设并未得到支持。

上述的"集体"都是规模较小的企业与团队，但也有研究大范围的社区或社会者，他们用的就是小世界网络的概念，比如，乌兹（Uzzi）和斯皮罗（Spiro）2005 年在《美国社会学杂志》的论文《合作与创新：小世界问题》通过研究百老汇的艺术家合作与创新状况考察了系统层次的网络的"小世界"属性如何影响艺术家的创造表现，并进一步探讨了小世界网络的相关问题。作者根据 1945 ~ 1989 年百老汇原创音乐剧资料建立了双向小世界网络模型，并给出衡量音乐剧创造力（creativity）性能的两个指标——商业成功与艺术成就，并用定类变量来衡量上述指标，作为统计回归的因变量。小世界网络的属性则用变量 Q（quotient）＝ CC ratio/ PL ratio 来衡量，CC 表示聚合系数（cluster coefficient），PL 表示平均路径长度。Q 为统计分析最主要的自变量。其他的系统层次变量包括年度平均商业/艺术成功的百分比等。他们发现，当网络结构越来越成为小世界网络时，商业成功与艺术成就首先不断上升，到达一定的极点后又下降。

作者解释道：当 Q 值比较低时，创造性的资源孤立地存在于各个小团体里，各团体间的成员重复性低、交流频率也低。当 Q 升高到中等时，网络的连通度和聚合度都提高，这加强了新鲜的不熟悉的创造性材料在网络中流通的速度。但如果 Q 值超过了极点，则高度的连通性将网络中的创造性材料同化，大量重复的连带也使得共同的信息不停交换，降低了艺术家突破传统和惯习的能力。作者进一步提出了双向小世界网络对商业或学术领域工作团队研究的设想：中度连通和聚集的小世界网络将带来最佳的业绩。在商业公司，可能通过有目的地设置任务、工作量及实际领域的培训达到这一点。在非市场控制的领域，例如科学领域中合著者、共同享有专利者之间的网络，该模型可以被用来比较不同领域潜在的创造能力。

（七）集体行动→场力

此一领域中最具代表性的社会网理论就是格兰诺维特提出的镶嵌概念（Granovetter，1985）。自从科斯（R. H. Coase）在其《厂商的本质》（Coase，1937）中指出，市场中的交易需要成本，即使在私有制下，资源的运用也往往无法靠市场指引，也就是由于市场内交易成本高，才有厂商来替代市场，由厂商组织里的经理或监督者指导资源的运用（Coase，1995）。随着交易成本概念的提出，此一概念成了新制度经济学的核心概念，大多数的制度设计都被认为是肇因于节省交易成本的因素（North，1990），而镶嵌理论对交易成本的批评也直接解释了社会网对制度的影响。

格兰诺维特（Granovetter，1985，1992）认为交易成本理论中（以威廉姆森的模型为靶子）遗失了一个环节，就是与经济行为有关的信任关系。经济行为是镶嵌在社会脉络中的，人的效用不是一成不变，而会受到周围人的影响。信息不对称更是社会结构的产物，信息是否能够取得深深受到信息渠道的限制，而信息渠道往往就是一张人际网络。经济决策也不是一个理性个人在孤绝的环境中做出决定的，而是在动态的人际互动中完成，常常因动态的社会情境而变化。这些人际影响、信息渠道以及动态情境可以化约为人际网络，所以镶嵌理论主张经济行为是镶嵌在社会关系网络中的。格兰诺维特在《镶嵌——经济行动的社会结构》一文（Granovetter，1985）中提出两个要旨，一是信任关系是决定交易成本的因素之一，因此信任关系会改变治理结构的选择；二是信任有其必要性，少了起码的信任，任何经济行为都不可能发生。举例来说，在一个信任网很密的社会中，人们倾向于战略结盟的行为，所以大量的制度会围绕在长期契约关系身边而被建构起来。相反的，信任关系很少的社会，则交易倾向留在科层制中完成，所以兼并行为盛行，兼并与股权移转的制度就较发达（罗家德、叶勇助，2007）

除了制度性、规范性的场力之外，信息性的场力也深受社会网的影响，最主要的代表性理论就是二阶段传播理论（Coleman，1966；Rogers，1995）。罗杰斯（Rogers，1995）认为，创新的扩散总是一开始比较慢，然后当采用者达到一定"临界数量"（critical mass）后，扩散过程突然加快［即起飞阶段（take-off）］，这个过程一直延续，直到系统中有可能采纳创新的人大部分都已采纳创新，到达饱和点，扩散速度又逐渐放慢，采纳创新者的数量随时间而呈现出 S 形的变化轨迹。S 形的变化轨迹肇因于人际传播的加速，也就是人际间的示范效果，所以又称作网络效果（network effects）：一旦引爆趋势，则蔚为流行，成为一种强制后进者追逐流行的场力。

马尔科姆·格拉德韦尔（Malcolm Gladwell）写的《引爆趋势——举手之劳成大事》（*The Tipping Point*）中对于个体行为如何通过社会网络集结成为集体行动，进而形成风潮有一个大概的描摹：要想了解流行趋势形成的原则就得回溯社会学家所谓的"扩散模型"。新观念、新产品的传播有一套复杂的研究方法。布鲁斯·瑞安（Bruce Ryan）及尼尔·格罗斯（Neal Gross）在 1930 年的研究中提出：极少数在初期使用新产品的"创新者"，他们深具冒险精神。受到他们影响的其他人则称为"早期采用者"，他们是该社区的意见领袖，受人尊敬，思虑周详。他们观察及研究"创新者"的大胆举动，然后跟进。随后，大批跟随者进入，这些"早期大多数"与"晚期大多数"小心谨慎，必须在最受尊敬的意见领袖试用后，才敢跟进。如果把上述情形绘制成图，就是一条完美的流行曲线，起初进展非常缓慢，"早期采用者"加入后开始突飞猛进，然后大多数跟进，曲线大幅上弯，最后在后知后觉者加入时，曲线开始往下弯，流行结束，场力消失。

三　总结

以上举的范例可以看出这七个领域已各有一些十分出色的研究，其中有些领域四十几年来积累了十分成熟的研究成果，比如第一领域的关系研究，第二领域的关系影响个人行动研究，以及第四领域的个人结构位置影响个人行动的研究。也有受到注目，但因为资料取得困难，相对实证研究还较少的，如第六领域的集体结构形态如何影响集体行动的研究，以及第七领域集体行动如何影响场力并以集体结构作为中介或干扰变量的研究。还有的领域现在正方兴未艾成为众多学科的目光焦点，如第五领域的网络动态学。当然也有一些刚刚被注意到的领域，正待更多学者的投入，如第三领域以 HLM 模型探讨集体因素如何干扰个人结构位置的取得。

　　总结这个架构，我们可以从图 7 中看到一个因果关系的循环，从场力影响个人开始，最后又回到场力的形成。在这个简述的因果链中，不再是个体加总为集体，集体又会影响个体（过度社会化观点中甚至是集体决定了个体），而是有一个个体自组织成为集体结构形态的过程。此一过程会使集体不再是个体的线性加总，而有了复杂系统的特征，亦即，在不同的集体结构形态下，个体行动会"加总"出十分不同的集体行动，以至于差之毫厘，失之千里。因为集体结构的一点不同，而使个体行动会在分叉的结果（bifurcation）间"跳跃"，一点差别却"跳"到完全相反的结果（Chang and Luo，2002）。进一步地，一致而持之长久的集体行动就会产生约制个体的场力，而场力与集体结构形态都会干扰个人的关系与结构位置的形成，间接地又会影响个体行动。从旧场力如何影响个体出发到新场力的形成，因果链形成了一个循环，而社会网结构与社会关系在集体与个体间扮演了桥的角色。

　　虽然这个因果过程中的每一个领域都已有了相当丰硕的研究成果，但这些研究都只把集体与个体行动的过程分开来谈，我们更需要将之整合成一个模型。如能取得适当的时间序列资料，整个从旧场力出发又回到新场力形成的过程就可以被一个动态模型表达出来。这是一个高远的学术理想，也是社会网研究衷心渴望达成的学术成就，有赖后进的研究者不断努力，才能揭开集体与个体之间的因果之谜。

　　本章的目的旨在解释社会网研究的领域分类，所举范例只用来说明每一领域要研究的内容是什么，而不是对社会网研究的文献综述，所以文章范例既未穷举相关研究，也不以重要性为入选标准。仅以组织与管理相关论文为例，从 2001 到 2006 年间，三本主要的期刊 ASQ、AMJ 及 AMR 就有 120 篇与社会网相关的文章，本章在如此丰硕的研究成果中难免挂一漏万，如能有长文或书籍为各领域做文献回顾，将会是对相关研究者相当有价值的贡献。

另外，本章所举文章有限，所以在集体与个体的因果链中陈述的因果关系也相对简单。当然，更复杂的因果关系是存在的，包括其他的集体因素如何影响集体行动，以及集体变量（如场力或集体结构形态）可能是个体变量的前置变量，也可能是干扰变量，在此我们不做更精细的探讨，不再举更多的论文来说明这些变量间更微妙的关系。这些也有待更多的研究来加以补强。

除去这些限制与不足，本章说明了社会网结构与社会关系如何在集体行动与个体行动之间搭起一座桥，而其间自组织的现象更使得集体行动绝非个体行动的线性加总，而有着复杂理论的特性——也就是不同的自组织会产生分叉的行动结果，相同的个体行动是可能在不同结构中产生完全相反的集体行动。解开这种非线性行为之谜，正是未来社会网研究要继续努力的重要方向。

参考文献

罗家德、王竞、张佳音、谢朝霞，2008，《社会网研究的架构——以组织理论与管理研究为例》，《社会》第 28 卷第 4 期，第 15 ~ 38 页。

边燕杰、丘海雄，2000，《企业的社会资本及其功效》，《中国社会科学》第 2 期，第 87 ~ 99 页。

边燕杰、张文宏，2001，《经济体制、社会网络与职业流动》，《中国社会科学》第 2 期。

格拉威尔，2000，《引爆趋势——举手之劳成大事》，台湾：时报出版社。

黄光国，1988，《中国人的权力游戏》，台湾：巨流图书公司。

罗家德，2006，《华人的人脉——个人中心信任网络》，《关系管理研究》第 6 卷第 3 期，第 1 ~ 24 页。

罗家德、叶勇助，2007，《中国人的信任游戏》，北京：社会科学文献出版社。

翟学伟，2005，《面子、人情与权力的再生产》，北京：北京大学出版社。

Balkundi, Prasad and David A. Harrison. 2006. "Ties, Leaders, and Time in Teams: Strong Inference about Network Structure's Effects on Team Viability and Performance." *Academy of Management Journal* 49: 49 – 68.

Bourdieu, Pierre. 1966. "Condition de classe et position de classe." *Archives européennes de sociologie* VII: 201 – 23.

Burt, Ronald. 1992. *Structural Holes: The Social Structure of Competition.* Cambridge: Harvard University Press.

Burt, Ronald. 1982. *Toward a Structure Theory of Action: Network Models of Social Structure*. New York: Academic.

Chang, Fu and Luo, Jar-Der. 2002. "System Catastrophe: A Distributive Model for Organizational Collective Phenomenon." *Journal of Mathematical Sociology* 26: 1 – 17.

Chang, Myong-Hun and Joseph E. Harrington. 2005. "Discovery and Diffusion of Knowledge in an Endogenous Social Network." *American Journal of Sociology* 110: 937 – 976.

Coase, Ronald H. 1937 (1993). "The Nature of the Firm." Pp. 18 – 61 in *The Nature of the Firm*, edited by O. W. A. S. Winter. NY: Oxford University Press.

Coleman, J. S., E. Katz and H. Menzel. 1966. *Medical Innovation*. Indianapollis: Bobbs-Merrill.

Creed, Douglas and Raymond Miles. 1996. "Trust in Organizations." In *Trust in Organization*, edited by R. M. K. A. T. Tyler. London: Sage Publication Inc.

Cross, Rob and Jonathon N. Cummings. 2004. "Tie and Network Correlates of Individual Performance in Knowledge-intensive Work." *Academy of Management Journal* 47: 928 – 937.

DiMaggio, Paul J. and Walter W. Powell. 1983. "The Iron Cage Revisited: Institutional Isomorphism and Collective Rationality in Organizational Fields." *American Sociological Review* 48 (2).

Fei, Hsiao-Tung. 1948. *Peasant Life in China*. London: Routledge & Kegan.

Florin, Juan, Michael Luabatkin and William Schulze. 2003. "A Social Capital Model of High-growth Ventures." *Academy of Management Journal* 46: 374 – 384.

Gersick, Connie J. G., Jean M. Bartunek and Jane E. Dutton. 2000. "Learning from Academia: The Importance of Relationships in Professional Life." *Academy of Management Journal* 43: 1026 – 1044.

Granovetter, Mark. 1973. "The Strength of Weak Ties." *American Journal of Sociology* 78: 1360 – 1380.

——. 1978. "Threshold Models of Collective Behavior." *American Journal of Sociology* 83 1420 – 1443.

——. 1985. "Economic Action and Social Structure: The Problem of Embeddedness." *American Journal of Sociology* 91: 481 – 510.

——. 1992. "Economic Institutions as Social Constructions: A Framework for Analysis." *Acta Sociologica*: 3 – 11.

——. 1995. "Coase Revisited: Business Groups in the Modern Economy." *Industrial and Corporate Change* 4: 93 – 130.

Gomez-Mejia, Luis R., Maneul Nunez-Nickel and Isabel Gutierrez. 2001. "The Role of Family Ties in Agency Contracts." *Academy of Management Journal* 44: 81 – 95.

Hagen, James M. and Soonkyoo Choe. 1998. "Trust in Japanese Interfirm Relations: Institutional Santions Matter." *Academy of Management Review* 23: 589 – 600.

Hansen, Morten T., Marie Louise Mors and Bjorn Lovas. 2005. "Knowledge Sharing in

Organizations: Multiple Networks, Multiple Phases" *Academy of Management Journal* 48 (5): 776 – 793.

Hardin, Russell. 2001. "Conceptions and Explanations of Trust." Pp. 3 – 39 in *Trust in Society*, edited by K. S. Cook. Russel Sage Foundation.

Hoegl, Martin, K. Praveen Parboteeah and Charles L. Munson. 2003. "Team-level Antecedents of Individuals Knowledge Networks." *Decision Sciences* 34: 741 – 770.

Hwang, K. K. 1987. "Face and Favor: The Chinese Power Game." *American Journal of Sociology* 92: 944 – 974.

Lee, Eocman, Jeho Lee, and Jongseok Lee. 2006. "Reconsideration of the Winner-take-all Hypothesis: Complex Networks and Local Bias." *Management Science* 52: 1838 – 1848.

Lewicki, Roy J. and Barbara B. Bunker. 1996. "Developing and Maintaining Trust in Work Relationships." In *Trust in Organization*, edited by R. M. K. A. T. Tyler. London: Sage Publication Inc.

Lin, Nan. 2001. *Social capital: A Theory of Social Structure and Action.* N. Y.: Cambridg University Press.

Marsden, Peter V. and Karen E. Campbell. 1984. "Measuring Tie Strength." *Social Forces* 63: 483-501.

Marsden, Peter V. 1990. "Network Data and Measurement." *Annual Review of Sociology* 6: 79 – 141.

North, Douglass C. 1990. *Institutions, Institutional Change, and Economic Performance.* Cambridge: Cambridge U. Press.

Oh Hongseok, Myung-ho Chung and Giuseppe Labianca. 2004. "Group Social Capital and Group Effectiveness: The Role of Informal Socializing Ties." *Academy of Management Journal* 47: 860 – 875.

Peng, Mike W. and Yadong Luo. 2000. "Managerial Ties and Firm Performance in a Transition Economy: The Nature of a Micro-macro Link." *Academy of Management Journal* 43: 486 – 501.

Perry-Smith, Jill E. 2006. "Social yet Creative: The Role of Social Relationships in Facilitating Individual Creativity." *Academy of Management Journal* 49 (1): 85 – 101.

Powell, Walter W. 1990. "Neither Market Nor Hierarchy: Network Forms of Organization." *Research in Organizational Behavior* 12: 295 – 336.

Powell, Walter W. , Douglas R. White, Kenneth W. Koput and Jason Owen-Smith. 2005. "Network Dynamics and Field Evolution: The Growth of Interorganizational Collaboration in the Life Science." *American Journal of Sociology* 110 (4): 1132 – 1205.

Reagans, R. and E. W. Zuckerman. 2001. "Networks, Diversity, and Productivity: The Social Capital of Corporate R & D Teams." *Organization Science* 12: 502 – 517.

Reagans, Ray and Bill McEvily. 2003. "Network Structure and Knowledge Transfer: The Effects of Cohesion and Range." *Administrative Science Quarterly* 48: 240 – 267.

Rogers, Everett M. 1995. *Diffusion of Innovation.* N. Y.: The Free Press.

Shapiro, D. , B. H. Sheppard, and L. Cheraskin. 1992. "Business on a Handshake."

Negotiation Journal 8：365 – 377.

Suarez, Fernando F. 2005. "Network Effects Revisited：The Role of Strong Ties in Technology Selection." *Academy of Management Journal* 48：710 – 720.

Uzzi, Brian and Jarrett Spiro. 2005. "Collaboration and Creativity：The Small World Problem." *American Journal of Sociology* 111：447 – 504.

Watts, Duncan. 1999. "Dynamics and the Small-world Phenomenon." *American Journal of Sociology* 105：493 – 527.

Watts, Duncan and Steven Strogatz. 1998. "Collective Dynamics of Small-world Networks." *Nature* 393：440 – 442.

Williamson, Oliver. 1996. *The Mechanisms of Governance*. New York：Oxford University Press.

Yamagishi, Toshio and Midori Yamagishi. 1994. "Trust and Commitment in the United States and Japan." *Motivation and Emotion* 18：129 – 166.

Yamagishi, Toshio, Karen S. Cook, and Motoki Watabe. 1998. "Uncertainty, Trust, and Commitment Formation in the United States and Japan." *The American Journal of Sociology* 104：165 – 194.

Zucker, L. G. 1986. "Production of Trust：Institutional Sources of Economic Structure, 1840 – 1920." *Research in Organizational Behavior* 8：53 – 111.

第四章 自我中心社会网资料的收集

　　如前所述，社会网分析是社会网理论在建立模型与实证模型时，收集定量资料与测量社会网变量必需的工具。社会网有两种，一种叫做自我中心社会网，一种叫做整体社会网。自我中心社会网只能分析社会连带（social tie），却不能分析网络结构*，而整体社会网刚好相反，分析社会连带的能力较差。因为一般来讲，整体社会网对社会连带的定义、询问社会连带的设计都较简单，虽然我们也期待它可以变成一个比较复杂的、可以描述详尽的问项，但很不幸，整体社会网的资料往往只是 0 或 1 的类别资料（categorical data），也就是说，它没有更复杂的种类、更精确的衡量，只有"有"某种关系还是"没有"某种关系的资料。但整体社会网却是测量网络结构的最重要方法，我将在下一章中论述。

　　这两类社会网资料的收集还有一个大的差异，就是抽样方式的差别。自我中心社会网可以随机抽样，数量要取多大，由抽样理论决定，要的精确度愈高，误差值愈小。研究者可以在想研究的范围内抽样，譬如说，全国城市居民，就以全国城市居民中的电话号码作为抽样架构，全国城市居

---

　　*　在自我中心社会网问卷中可以问受访者其朋友之间是否也相互有连带，并据以绘出其朋友的网络结构，但这是受访者主观的臆测，又是以受访者为中心，所以不太能反映真实社会网的整体结构情况。

民当作抽样的母体，然后，如果需要 1500 份，就在其中随机抽出 1500 户来发问卷。所以说，这种问卷是可以随机抽样的，将来做推论的时候，也可以说这个理论是适合全中国城市居民的。

整体社会网需要封闭的群体，所以每做一个整体社会网就必须去找一个封闭团体，这个封闭团体只能当作一个个案，所以得到的资料是一个一个的个案。如果研究者想在全国范围里研究所有团体的共性，很不幸，得把全国团体都拿来当母体，随机抽样出一定数量，对每个团体里每个人都发问卷。不过，这样做不太可能，因为我们的经验是，交情必须非常好才有人愿意找整群人一起配合填问卷，靠着研究者的社会资本下去才能做到一个一个的个案。所以研究者不太可能在全国范围随机抽样数百个个案，然后每个个案都做。既然整体社会网不是用随机抽样，而是用便利抽样（convenient sampling），其推论能力就受到限制，只能说得到的个案对哪一类群体具有代表性，而仅推论到此一群体。

一　自我中心社会网问卷——提名生成法

自我中心社会网问卷到底是什么样子，下面就是一份标准的自我中心社会网的问卷。这是 1984 年博特整理他在美国"一般社会调查"问卷（general social survey；Burt，1985）上的题目时得到的。

Q1. 有时，许多人与其他人讨论重要的私人事件。回顾过去六个月（可回顾到去年八月），哪些人曾与您讨论过个人私事？

只要告诉我他们的第一个姓或是第一个开头字母〔记录名字在下列回答的栏目中，将所有的人数记录在"人名总数"的栏目中〕。

回答

EC Var1	第一个名字					人名总数
EC Var2	S EC Var3	第二个名字				
EC Var4	S EC Var5	S EC Var6	第三个名字			
EC Var7	S EC Var8	S EC Var9	S EC Var10	第四个名字		
EC Var11	S EC Var12	S EC Var13	S EC Var14	S EC Var15	第五个名字	

如果只能得到一个人名，就圈选 Var1 EC，并跳到第五题。

Q2. 您认为这些人跟您都是同样亲密的吗？＿＿＿＿是＿＿＿＿否
如果是，圈选 EC 的编码到回答栏的行列中。
如果不是，那么谁与您特别亲密〔圈选 EC 编码到适当的回答字段上〕？

Q3. 请思考您刚才提到的这些人的关系。他们〔name1～5〕都是陌生人吗〔当他们在路上相遇时无法认出彼此〕？　＿＿＿＿是＿＿＿＿否
如果不是，请跳答第 4 题。
如果是，他们之中的谁是陌生人〔圈选 S 编码到适当的回答字段上，如果字段都满了就跳答第五题〕？

□　全部都是陌生人——圈选 S 编码到名字的字段，并跳答第五题。

Q4. 这些人之中有哪些人特别亲密吗？每个人都特别亲密吗？或是与和您一样亲密？＿＿＿＿是＿＿＿＿否
如果是，他们之间的谁特别亲密〔圈选 EC 编码到适当的回答字段上〕？
全部都特别亲密——圈选 EC 编码到名字的字段。

问题与回答＿＿＿＿＿＿　＿＿＿＿＿＿　＿＿＿＿＿＿　＿＿＿＿＿＿　＿＿＿＿＿＿
的编码　　　姓名 1　　姓名 2　　姓名 3　　姓名 4　　姓名 5

Q5. 这个人〔姓名 1～5〕是男/女的？

| 男……1 | 1 | 1 | 1 | 1 | 1 |
| 女……2 | 2 | 2 | 2 | 2 | 2 |

Q6. 这个人〔姓名 1～5〕是亚洲人、西班牙人、白种人或其他的种族？

亚洲人……1	1	1	1	1	1
黑人………2	2	2	2	2	2
西班牙人…3	3	3	3	3	3
白种人……4	4	4	4	4	4
其他………5	5	5	5	5	5
拒答………8	8	8	8	8	8
不知道……9	9	9	9	9	9

Q7. 这个人〔姓名 1～5〕的最高学历如何？

1～6年……1	1	1	1	1	1
7～9年……2	2	2	2	2	2
10～12年…3	3	3	3	3	3
高中毕业…4	4	4	4	4	4
学院………5	5	5	5	5	5
学士………6	6	6	6	6	6
研究生……7	7	7	7	7	7
不知道……9	9	9	9	9	9

Q8. 平均而言，你与这个人〔姓名 1～5〕几乎每天聊天、至少一星期一次、至少一个月一次或一个月少于一次？

每天……1	1	1	1	1	1
每周……2	2	2	2	2	2
每月……3	3	3	3	3	3
很少……4	4	4	4	4	4
不知道…9	9	9	9	9	9

Q9. 你与这个人〔姓名 1～5〕认识少于 3 年、3～6 年或超过 6 年？

少于3年…1	1	1	1	1	1
3～6年…2	2	2	2	2	2
6年以上…3	3	3	3	3	3
不知道…9	9	9	9	9	9

Q10. 这里有一列表示关于这些人如何彼此接触。有些人不只以一种方式与你接触。举例而言，一个人可能是你的兄弟、教友或是律师，当读到这个人〔姓名 1～5〕的名字时，请列出他与你接触的所有方式。

回答所有的名字：这个人〔姓名 1～5〕以何种形式与你接触？

配偶………1	1	1	1	1	1
双亲………2	2	2	2	2	2
兄弟姊妹…3	3	3	3	3	3
小孩………4	4	4	4	4	4
其他家人…5	5	5	5	5	5
同事……6	6	6	6	6	6
同好………7	7	7	7	7	7
邻居……8	8	8	8	8	8
朋友………9	9	9	9	9	9
顾问……10	10	10	10	10	10
其他………11	11	11	11	11	11
不知道……99	99	99	99	99	99

Q11. 这里有一列表示关于这些人所谈论的主题。过去的六个月——可回溯到上一个圣诞节——列表中的哪一个主题是您与他谈话几乎都会提及的？而哪一种是你们几乎未提及的？

工 作………1	1	1	1	1	1
结婚/性……2	2	2	2	2	2
财 政………3	3	3	3	3	3
吃/美食……4	4	4	4	4	4
父 母………5	5	5	5	5	5
小 孩………6	6	6	6	6	6
宗 教………7	7	7	7	7	7
健康状况…8	8	8	8	8	8
服饰/流行…9	9	9	9	9	9
书/杂志……10	10	10	10	10	10
艺术/音乐…11	11	11	11	11	11
电 视………12	12	12	12	12	12
种族议题…13	13	13	13	13	13
犯罪议题…14	14	14	14	14	14
地区政治…15	15	15	15	15	15
其他政治…16	16	16	16	16	16
不知道……99	99	99	99	99	99

Q12. 这个人〔姓名 1 ~ 5〕年龄多大了？

年龄数字
拒答……8
不知道…9

Q13. 这个人〔姓名 1 ~ 5〕的宗教倾向？他是新教、基督教、犹太教、其他宗教或是没有信仰？

新教……1	1	1	1	1	1
天主教…2	2	2	2	2	2
犹太教…3	3	3	3	3	3
其他……4	4	4	4	4	4
无信仰…5	5	5	5	5	5
拒答……8	8	8	8	8	8
不知道…9	9	9	9	9	9

Q14. 这个人〔姓名 1 ~ 5〕是共和党、民主党，或是无党派人士？

共和党…1	1	1	1	1	1
民主党…2	2	2	2	2	2
无党派…3	3	3	3	3	3
拒答……8	8	8	8	8	8
不知道…9	9	9	9	9	9

Q15. 最后，请您评估：这个人〔姓名 1 ~ 5〕过去一年的收入是多少？这里指的收入是个人通过工作或职业所获得的薪资，且是未扣税额之前的。

4000 美元以下… …1	1	1	1	1	1
4000 ~ 6999 美元……2	2	2	2	2	2
7000 ~ 9999 美元……3	3	3	3	3	3
10000 ~ 14999 美元…4	4	4	4	4	4
15000 ~ 19999 美元…5	5	5	5	5	5
20000 ~ 24999 美元…6	6	6	6	6	6
25000 美元以上… …7	7	7	7	7	7
拒答……………8	8	8	8	8	8
不知道…………9	9	9	9	9	9

　　自我中心社会网分成两部分，第一部分叫做提名生成法，第二部分叫做提名诠释法。第一部分首要的问题是你的研究主旨，比如上述这份问卷的问题 Q1 是在研究亲密行为，也就是情感支持关系——你会向谁寻找情感支持？Q1 问的是可以谈私事的人，间接地问出谁能提供情感支持。受访者会列出一串名字，称之为关系人（contacts），多半是三至七个。当然，受访者不用真的列出姓名，只要给一个字母，或给一个姓就够了。研究者可以在题目中要求给定五个名字，也可以给定一个范围，比如给三到七个关系人的姓名。其中最大的差别是，要求一个定数，受访者就有可能选择最亲密的或最有帮助的人，而要求一个范围则刚好相反，受访者选三个人、四个人还是七个人，就看得出来受访者在这方面问题上积极的程度或交友广阔程度。如果是一个定数，可能造成的结果就是资料很一致，每个人都会给五个，但问题会出在有些人不是很积极的情况之下，会给出不重要的资料。

　　在一份问卷中，这类问题可以问几题？一般来说四五题以上就嫌多了。从 GSS 问卷可以看出，像这样一个问题可以延伸出 14 个问题，所以问两个研究议题就会有 30 个题目了。问题太多的问卷对受访者是一个负担，回答的效度也会受到影响。但不同议题在一张问卷上会带来一些额外的、有意义的变量。比如说，我曾经做过台湾排湾族妇女的就业情况研究，当时我把求职行为分成两个问题，一个是受访者的情报来源是什么，即你会向谁打听工作机会；另外一个就是你会向谁求助，求助的意思就是受访者会去找一些比较赏识她的、比较有能力的、权威上比较高的人求助。一份问卷同时问这两个问题，可以借以比对求助的对象是否也是询问消息的对象，这两群不重叠的受访者求职成就是否比这两群重叠的受访者高？

　　受访者列出五个关系人之后，譬如说 a、b、c、d、e 五人，紧接着 Q1 中的梯形图请受访者把他们之间的关系画出来。a 和 b 之间有关系请圈选其格中 EC，a 和 d 之间没有关系则空着，这样我们就可以据此绘出这五人加上受访者共六人的网络图（做法将在下一章介绍）。提名生成法主要的任务是两件事，第一就是得到一群名字，第二就是关系人中间会有什么关系（社会网络图），得到一个网络结构。这有点像整体社会网结构，但不同的是它不是封闭的，因为五个人由受访者选择出来，不是封闭的团体，所以没有所谓的团体结构。

　　Q2 到 Q4 的问题分别是问这五个人与受访者的关系是亲是疏，以及这五个人之间是强连带还是弱连带。如上所述，网络结构并不是很有意义，但是通过五个人之间的相互关系，可以产生一些有意义的变量。第一个变量是他们之间的社会连带是否很密集，很密集表示大家都在一个小圈圈中，情感性支持较紧密，关系较重叠；不密集则表示受访者寻求资源的来源较广泛，所以关系较不重叠，也较弱。第二个变量是受访者在这个圈子中的结构位置，如果关系人之间有强连带，则表示受访者不具有"桥"的位置，也无法享有"结构洞"的中介利益，反之，受访者就处在可以得到这些利益的有利位置。

二　自我中心社会网问卷——提名诠释法

这份问卷从第五题到第十五题是提名诠释法（name interpreter），主要是针对提名生成法中列出的关系人进一步探询他们与受访者的关系，主要分成两个部分，一部分是问连带强弱问题，一部分是问社会经济背景相似性问题。

从 Q8 到 Q11 涉及连带强度（tie strength）问题。连带强度是格兰诺维特提出来的，在 1973 年的论文《弱连带的优势》中，他提出一个衡量连带强度的概念，以区别什么叫强连带，什么叫弱连带。他提出四个构面（constructs），第一个是互动的频率，第二个是认识的时间有多长，第三个是亲密程度，第四个是互惠内容。这个概念首先被马斯登与坎贝尔（Marsden and Campbell, 1984）加以发展，以前三项指标设计出一套连带强度应该怎么衡量的方法。然后博特（Burt, 1984, 1985）继续了这项工作，将之发展成一整套问卷，并建立成为美国一般社会调查（Burt, 1985）中的问题，渐渐成为一个标准。从马斯坦到博特都没有研究互惠内容，所以上述问卷里只有三个构面：互动频率、认识久暂和亲密程度。

Q8 是互动频率问题。平均而言，受访者与列出来的关系人每天聊一次，还是一星期一次，还是一个月一次，还是一个月少于一次，也就是每天、每周、每月、很少互动。因为问卷请受访者填五个关系人，所以就有五个变项让受访者圈选，第一个变项就是受访者与第一个关系人多久聊一次天，为第一个人在 1、2、3、4、9 五个选项中勾一个，第二个人也在 1、2、3、4、9 中勾一个，以此方法完成所有五个人的圈选。这里就牵涉到一个问题，为什么选项中是每天、每周、每月，而不加入选项"每天数次", 或加入"每年拜年时一次"等选项? 我不质疑博特, 因为那是美国文化下合理的选项, 但一旦把问卷放到中国文化中研究, 比较值得去思考的问题是: 在我们的社会中多久联系一次算是亲密? 在美国社会, 每天、每周、每月会认为这是不同的连带强度, 代表不同的意义, 但很可能我们这边的情况很不一样, 会不会有些朋友每年趁着过年一定要联络一下或寄一张卡片, 所以每年一次也有意义? 又比如以台湾、广东这样的移民很多的社会来说, 很多人都有亲戚朋友在海外, 回国时就会见一下面, 所以数年一次互动也具有意义?

Q9 问的是认识久暂。一般来讲, 认识的时间越长, 人们之间连带强度越强。本题设计了三年以下、三到六年以及六年以上等选项。同样的, 选项如何区隔也要有好的定性研究作前导, 不同的议题、不同的文化中, 区隔的选项也当不同。正确地设计问题与选项有赖于对当地文化深刻的观察, 设计问卷前定性研究没做好, 很可能得到完全没有意义的定量资料。举个例子, 我在美国当助教, 一次辅助老师教大学生去设计问卷, 有学生的问卷会这样问: 各位同学一周有多少个小时的读书时间? A—1 小时, B—2 小时, C—3 小时, D—3 小时以上, 最后得出的调查结果会变成无意义, 因为最后 70% 的人都勾 3 小时以上, 这样的问题就无法问出学生用功程度的不同。所以在设计这些问题的时候, 一定要做好定性研究。比如问求职的咨询社会网, 在我们的社会中就可能需要把十年以上同六年以上区隔开来, 因为在中国社会中运用强连带求职的情况比较普遍 (Bian, 1997), 西方社会强调的"弱连带的优势"(Granovetter, 1973) 将不那么明显, 所以极有可能认识时间很长的 (十年以上) 与中等长度的 (六到十年) 在影响求职的效果上会有所不同。研究者一定要下到田野中对这一类型的现象有深刻的了解之后, 才能确定怎么样去分隔。

Q11 是亲密程度的题目。它是问受访人平时与关系人都谈论一些什么话题。亲密程度分两种, 一种叫话题亲密, 就是我们谈话内容的亲密; 一种叫行为亲密, 就是受访者平常活动的亲密程度。这份问卷只问了话题亲密程度。哪些话题是亲密的, 哪些又不亲密, 不同文化也会完全不同。比如在美国, 要想打入他们的社交生活, 要看篮球、美式足球与棒球等球赛, 因为那是最安全、最初切入性的话题, 大家一见面就开始谈扬基队昨天打了个全垒打之类的。博特在这题中列了这么多议题, 是可以复选的, 列上去的话题, 其实是有亲密程度上的等级差异。在美国, 除了运动是最安全的、最初级的话题 (不过是在男人之间), 社区生活、日常生活这个等级也是十分初级的，至于双方的政党倾向等政治话题就比较少谈，又要较亲密的人才能谈的；再次一级亲密程度的，比如说消费咨询，且常是女人话题；谈兴趣又比谈消费咨询来得亲密，这是能够分享个人生活的，艺术、音乐、登山这类兴趣的分享实际上已经是比较亲密才进行的了。社会议题也和个人议题一样敏感，妇女能不能准许被堕胎，这是能够打起架来的话题，前阵子还有堕胎医师被枪杀的案子。美国最不能问的就是工作、薪水问题，这是非常非常私密的事情，陌生人问别人的收入多少是十分不礼貌的。博特在问卷中从上到下分别列出了在美国从最亲密的话题到最不亲密的话题。在台湾刚好相反，政治是最不亲密的话题，一上出租车，司机就可能开始跟你讲政治，讲到最后两个人吵起来了，司机就把你赶下车。陌生人间谈政治谈到不欢而散是经常发生的。个人的薪水多少也不是什么大的秘密，但谈性的事则较避讳，不像美国那么容易。对文化的深刻理解是设计好问卷的必需条件，一份在不同国度的问卷，不仅选项会不同，而且选项的排序也会不同。

行为亲密在本问卷中并不存在，但我们可以考察一下在中国文化中哪些行为是有亲疏之分的。譬如说，我在一家公司与同事吃午饭。其实在不同的公司，这个代表不同的意义，有的公司，一起吃午饭就是一件亲密行为，但有的公司一起吃午饭不是相约在一起的，只是碰巧在一起。但是下了班一起吃晚饭，差距就很大了。吃完晚饭后又去逛街，喝咖啡，一起买东西，这就更进一层了。会不会让两家人一起来吃饭，就表示不是个人的友谊而已，而是两家甚至两代的友谊。这些行为代表了很不同的亲密程度。

最后我们再来讨论互惠内容，博特的问卷根本没有探讨到这个问题，实际上，互惠有很多类型，征求咨询是一种互惠，交换资源是一种互惠，情感支持也是一种互惠。不同类型的互惠内容会产生不同强度的关系，能够相互借钱需要较强的关系，也会增强关系，但只是提供一些消费信息则不会对连带强度有何影响。美国的一般社会调查没有此一变量，我在台湾做研究的时候，则加入台湾心理学家黄光国的本土心理问卷。他研究中国人行为中人情与面子问题，认为中国人有三种关系，一种叫情感性关系，一种叫工具性关系，一种叫混合性关系（Hwang，1987）。情感性关系就是情感支持的交换；工具性关系，就是资源交换的关系，比如说一起做生意，互相交易等；混合性关系就是既有情感性关系，又有工具性关系。我认为互惠内容里情感性关系连带强度就比较高，工具性关系连带强度就比较低，混合性介乎中间。费孝通所讲的差序格局原则，依不同的情感程度，分圈外圈内，圈外一套道德标准，圈内一套道德标准。黄光国认为情感性关系符合人情原则，意思是中国人所讲的"报"的原则，有恩必报，你给我什么恩情，我一定谨记在心，要还你什么，否则就是忘恩负义、过河拆桥。工具性关系则要求公平原则，一切按照社会规范的要求交换资源。公平包括两个方面，一个是我欠你的，我立刻还你；一个是我对你不是很特殊，不会跟对别人不一样，"该怎么办就怎么办"。

Q10 是关系类型，这不在格兰诺维特四个连带强度问卷上，这个问题的目标是分析关系的来源：是邻居关系、配偶关系、兄弟姐妹关系，还是朋友关系，还是只是一面之交的人等。在美国，关系的来源对连带强度的影响力不像在中国那么大。比如，跟父母关系有多强，还要取决于有多少互惠的内容，平常进行多少沟通以及谈话是否很亲密。如果父母子女间不很亲密，很可能关系就有些疏远。但在中国则不同，父母子女间可能谈不上几句亲密的话，但连带强度因为这种血缘就自然很强。这个题目是复选的，在中国就是亲上加亲，我跟你是同事还不够，最好是把我妹妹嫁给你哥哥，最后我们两家还要指腹为婚，将来成为儿女亲家。所以受访者一干关系人的关系是多重联结的，就往往意味的是很强的连带。

关系越是亲密，话题亲密度高，行为亲密度高，互惠内容是情感性的，认识很久，互动频率高，而且关系来源很亲密，外加亲上加亲，在中国社会就是非常强的连带，反之就是比较弱的连带。以这四个维度去衡量连带强度是十分复杂的方法，一般而言，大多数的研究都使用较简易的测量，比如以关系的来源做区分，把亲戚朋友算成强关系，其他是弱关系。这种分法在中国社会有一定的合理性，但在美国社会可能就失之简略。另外一种就是分成两类，一类是朋友，一类是认识的人，朋友就是强连带，认识的人就是弱连带。在做整体社会网的调查时，还有一个方法，就是我说我是你朋友，你也承认你是我的朋友，双向承认的关系就是强连带，单向的就是弱连带。

至于这样的四个问题的资料要如何处理（格兰诺维特所列出来的四项），甚至五项问题（加入关系来源），或六项问题（加入行为亲密度）要如何处理？较复杂的方法可以用统计来处理，先做因素分析（factor analysis），确定在某一个文化中这六个问题可以分成多少构面，然后把连带强度当作隐藏变量（latent variable），做回归分析时采用 LISREL 模型。这是统计问题，我们在此不多赘述。另外一个较简单的方法是把它们加总平均，所有的问题都设计成五点量表，或是七点量表，以七点量表为例，强度最强的是 7，最弱的是 1，六题加总，就可以算出一个总体评分，但是这样处理，权数的选择很重要。譬如说，配偶、父母儿女、兄弟姐妹血亲关系在 1 到 7 的等级中得到 7，而亲密话题上，选择一个最亲密的话题也是 7，这两者意义是不一样的，所以加总其实是会失真的。以我个人的研究经验，关系来源在中国绝对是远比其他构面重要的因素，平常互动不多而不会有亲密话题的直系血亲，在关键时候还是最值得信赖的强连带，所以当其他构面权重是 1 时，关系来源可能权重该是 2 甚至 3。当关系来源在我们的社会是如此重要时，西方研究甚至未将之列在四大构面中，可见中西文化之不同。我们必须要有本土化的研究，如何在中国社会中给一个合适的权重，仍是一个有待更多研究的议题。

　　类似的研究在国内已有赵延东（Zhao，2002）做出一定成果，他指出连带强度的测量在中国社会中有着特殊的背景，研究者们指出：东西方社会对"关系"的理解是不同的。西方人个体间的关系是建立在态度、价值观和性格等个人特征（personal attributes）相同或近似的基础上，主要表现为一种人际的吸引。传统中国人的关系形态主要是先赋性的（ascribed），或是在先赋性关系影响下发生，然后通过交往而获得的。因此血缘身份及衍生的关系（地缘或业缘）成为控制心理距离的主要依据。在中国人的交往中，关系身份和关系类型联系着相应的行为规范和行为结果，因此对它的判断是很重要的。在西方人的网络中，每一"节点"都是在义务和权利上平等的个体，人际关系是独立个体间的关系。中国的网络中，每个中心都按照关系的远近，将成员安排在不同位置，成为"差序格局"（费孝通，1998；乔健，1982；金耀基，1992）。杨宜音（1999）将中国传统文化中"关系"的特点归纳为三：①与角色规范的伦理联系，以社会身份（主要是亲缘身份）来界定自己与对方的互动规范；②亲密、信任与责任；③以自己为中心，通过他人而形成关系的网状结构。从以上文献中可以看出，中国人确定连带强度时，主要考虑的是以角色关系为基础的，综合亲密、互动频率与信任的标准。赵延东在调查中，采用了多重指标方法来测量关系的强度，在问卷中询问了在职工找到工作的过程中起着"最关键作用的一个人"的下列情况。

　　（1）此人与职工相识的时间（以年数计算）。

（2）在职工寻找第一份工作期间，此人与职工的交往频繁程度，分为"经常来往"、"偶尔来往"和"很久没有来往"三个级别。

（3）在接受调查时，此人与职工的亲密程度、熟悉程度和信任程度，分为"熟/亲密/信任极了"、"很熟/亲密/信任"、"较熟/亲密/信任"、"不太熟/亲密/信任"和"不熟/亲密/信任"五个级别。

然后将这三个指标中的五个变量（相识时间、交往频度、亲密程度、熟悉程度和信任程度）通过主成分因子分析法（principal components factor analysis）进行了简化，得到的因子分数可以被称为"连带强度得分"。此外，还询问了此人与被调查者的角色关系类型，分为"家人"、"亲戚"、"朋友"、"同事"、"邻居"等共 14 种类型。进一步的研究发现，通过上述因子合成法得到的"连带强度得分"在不同角色类型之间有明显的差别，"家人"、"亲属"得分最高，"朋友"、"同学"、"同事"、"邻居"等次之，而"熟人"等则得分最低，这一结果与以往研究具有一致性（Zhao，2002）。

Q5、Q6、Q7、Q12、Q13、Q14 以及 Q15 问这五个人的学历、种族、性别以及年龄、宗教，甚至政党、收入等社会经济背景资料。这些资料可以用来与受访者的社会经济背景做比较，计算出受访者与关系人的相似性。七题可以得到七个变量，分别计算学历是不是相似，种族是不是相同，年龄差距有多大，性别是否相异，宗教是否相同，政治倾向是否相同，收入差距有多大，也可以将这七题一起计算出一个综合的差异。为什么要算这些相似性呢？主要有两个原因，第一个原因，是可以看到相似性怎么会影响到受访者的连带强度，连带强度就可以当作因变量，看看多少相似性的人会跟他建立多强的关系。一般人总是物以类聚，相似性多的人会影响到受访者倾向与他建立强关系，这里就可以得到一个非常重要的指标，看出受访者是什么样性格的人，有的人可以从很不相似的人那里得到许多强连带，有的人则否。所以这份问卷可以分析五个关系人中哪些是强连带，这些强连带会不会跟受访者高度相似，由此可以得到一个指标观察受访者是否能够从不同的社会经济背景中得到许多好朋友。这类指标对某些议题具有非常好的解释力，比如在一个"弱连带具有优势"的社会环境中，能交异质性朋友的人才有可能成为"桥"而掌握"结构洞"的利益。又比如，在移民社会中，移民的成就十分取决于多元包容的性格。像我们"老中"，如果一跑到美国就钻到"老中"群体中，一直不愿意打入美国主流社会，职业成就就会较低。

　　第二个原因，相似性可以解释受访者会去向相似的人打听、咨询、交换资源，还是向不相似的人打听、咨询、交换资源。格兰诺维特的《弱连带的优势》（Granovetter，1973）一文认为大凡在开放的、多元化的社会中，职业成就越高的人、找工作越找越好的人都有一个共同特色，就是他能够用弱连带找工作，用强连带去找工作会越找越差。因为强连带会被圈在一个小范围内，弱连带则可以得到不同的信息，可以跨越不同的产业，跨越不同的行业，弱连带到处延伸，可以把自己的社会网铺得非常远、非常广，所以找工作的信息来源广泛，机会也多。此一理论同时说明相似的人易形成强连带，越是不相似，连带也较弱，所以能够从不相似的人中间去寻找工作，工作就能找得较好。林南则从另一个角度诠释此一理论，他认为如果能够从社会地位比较高、收入比较高、学历比较高、拥有社会资源比较多的人那里得到信息，则找到的工作较好，这些关系人和求职者不相似，但却最有价值，而且多半会是弱连带。所以能在不同类型的人中间找到工作，就表示受访者有能力动员有价值的关系，这就是社会资本理论的概念。在自我中心社会网问卷中设计相似性的题目可以印证这样的假设。

三　测量个体层次社会资本——职位生成法[*]

　　林南的研究开启了"网络嵌入资源研究法"（network embedded-resource approach），用职位生成法分析以个体为中心的关系可以取得什么样的资源。找到好工作不必然要靠弱连带，端视不同文化中取得资源的关系是弱连带还是强连带。在中国，边燕杰就发现找工作过程中强连带更为有用，因为在一个职业市场相对还不完整的人情社会中，找工作最重要的不是信息，而是推荐，"长辈"的推荐当然最有用。"长辈"是拥有资源的人，和求职者当然不相似，但是要得到推荐却要有一定的情面，弱连带则无法取得这样的情面，所以强连带才更为有用。

　　谁是拥有资源的人？受访者靠什么样的关系去得到这些资源？这就是个体层次社会资本理论最关心的议题。"资本"最初一直属于经济学的研究范畴，自斯密（Smith）以来的古典主义和新古典主义的经济学家均将

---

　　* 以下有关个体社会资本的问题部分取材自作者与赵延东合写之论文《社会资本层次及其测量方法》，感谢赵延东教授在此一议题上不吝赐教，提供部分内容。

"资本"定义为一种能够生产产品的资源，并将"资本"和"土地"、"劳动"等一起列为最基本的生产要素。这时他们理解的"资本"的概念一直局限于物质资本。到了20世纪五六十年代，经济学家注意到，国民收入核算中传统产出总量的增长与生产要素投入总量的增长之间存在一个不能解释的"成长剩余"（growth residual）。在试图解释这一"剩余"的研究中，美国经济学家舒尔茨（Theodore Schultz）和贝克尔（Gary Becker）率先突破了物质资本的局限，提出了"人力资本"（human capital）概念。他们指出：个人对于教育、职业培训、保健以及迁移的投入都是一种投资，这种投资的结果形成"人力资本"，人力资本不仅会给其拥有者带来经济上的回报，而且是整个社会经济增长的重要动力之一。在此后的研究中，经济学家们揭示了人力资本作为一种人格化的知识和技术对于经济发展所产生的巨大推动作用，并对人力资本的收益率、影响个人人力资本投资决策的个人和社会因素等进行了深入分析（Schultz, 1963；Becker, 1964）。作为对人力资本概念的响应，一部分尝试着与经济学进行对话的社会学家将人们之间的社会互动与联系也纳入了资本的范围，提出了"社会资本"的概念。

对人与人之间的互动及由此形成的社会关系的考察是社会学的基本主题之一，早在社会学的创始人之一涂尔干有关社会交往有益于人的精神健康以及社会集体生活可以有效消除"失范"带来的负面影响的论述中（Durkheim, 1997/1897），我们已经可以隐约地看到将人们的社会关系作为一种可以为社会和个人带来利益的"资本"的思想。但真正将"社会资本"作为一个明确的概念提出并运用于社会学研究领域，则是在20世纪60年代由法国社会学家布迪厄完成的。布迪厄将社会资本定义为一种通过对"体制化社会网"的占有而获取的、实际的或潜在的资源集合体。这种"体制化的社会网"与某个团体的会员制相联系，获得这种会员身份就为个体赢得"声望"，并进而为获得物质或象征的利益提供了保证。社会资本与经济资本、人力资本一样，是构成资本的"基本形态"之一（Bourdieu, 1986）。美国社会学家林南在对个人社会网络的研究中发现，个人在从事有目的行动时，可以从自己的社会网络中获得对自己有利的资源，他据此提出"社会资源"（social resource）理论，将社会资源定义为那些嵌入在个人社会网络中，不为个人所直接占有，而是通过个人的直接或间接的社会关系而获致的资源总和（Lin, 1982）。在后来的研究中，林南指出社会资本也是一种社会资源，有关社会资本的理论均应建基于社会网络分析的基础之上（Lin，1999）。美国社会学家科尔曼是推动社会资本理论发展的重要人物，他对社会资本进行了比较系统和全面的论述，将其定义为"个人拥有的，表现为社会结构资源的资本财产。它们由构成社会结构的要素组成，主要存在于人际关系和结构之中，并为结构内部的个人行动提供便利"（Coleman，1990）。科尔曼的贡献在于他将社会资本明确为一种社会结构性因素，这就为社会资本理论从微观向宏观的发展提供了必要基础。

第一个尝试将社会资本概念应用于更为广泛社会范围的学者是美国政治学家帕特南（Robert Putnam），帕特南对社会资本的定义是社会组织中的那些表现为网络、规范和信任的特征，这些特征能促进成员为达到共同利益而团结合作，并减少群体内部的机会主义行为。在帕特南看来，社会资本已不再是某个人拥有的资源，而是全社会所拥有的财富，一个社会的经济与民主发展，都在很大程度上受制于其社会资本的丰富程度（Putnam，1993，1995）。帕特南的论述可谓轰动一时，不仅在政治学界引起了强烈的反响，而且还成为公众谈论的热门话题之一，大家就社会资本与公民社会、民主政治的关系等问题展开了广泛的讨论（参见李惠斌等，2000）。与此同时，经济学界也对社会资本表现出了相当的兴趣，经济学家所关注的是在人们的社会互动过程中形成的规范、网络如何对经济发展产生积极的作用。日裔美国经济学家福山（Francis Fukuyama）在其《信任：社会道德与繁荣的创建》一书中将在社会或群体中成员之间的信任普及程度视为一种社会资本，并认为社会的经济繁荣在相当程度上取决于该社会的信任程度（他称之为该社会的"社会资本"）的高低（Fukuyama，1995）。在其后的《大崩溃》一书中，他还进一步论述了各国社会发展过程中社会资本的变化情况及其社会后果（福山，2001/1996）。由于认识到社会资本在经济发展与消除贫困中的作用，世界银行自1996年以来已在世界各地开展了一系列旨在研究经济发展过程中社会资本作用的研究计划。参与研究计划的研究者们指出：所谓社会资本，就是存在于社会之中的一组规范、社会网络与社会组织，人们借助它们可以获取权力与资源、进行决策或制定政策，它"不仅是社会的支撑制度，也是维系社会的纽带"，社会资本对于发展计划的实施效果和可持续性都起着至关重要的影响。

自从"社会资本"概念被引入学术研究以来，它表现的强大解释力已经得到了越来越多研究者的青睐，来自不同学科背景的学者都在尝试着用社会资本概念解决本学科内的问题。"社会资本"之所以具有强大解释力，部分原因在于其概念的定义比较宽泛。在不同研究中它可以有不同的含义，例如研究者们引用最多的科尔曼的定义：

> 社会资本可以由其功能来定义。它不是一个单独的实体，而是由多种具有以下两个共同特征的实体所组成：它们由某些方面的社会结构所组成，而且它们有利于处于结构之中的个人的特定行动（1990：302）。
>
> ……当人们之间的联系发生了有利于行动的变化时，社会资本就产生了（1990：304）。

这样，社会资本就是社会结构中的"某些方面"，或是有助于"做成某事"的社会关系的变化。其次，它是被作为一种社会关系或是关系的社会结构而被创造出来的。最后，它产生了行动，而这些行动可以带来资源。但是出于不同的研究目标，对于这一定义有许多不同的引申和解读。布朗（Brown，1997）将这些定义总结后归为三类——微观层次的社会资本、中观层次的社会资本以及宏观层次的社会资本。

自 20 世纪 70 年代以来，社会学家和管理学家们在微观层次的社会资本这一领域中已经进行了相当完善的研究。研究者发现：个人可以通过建立社会关系来获得通向所需资源的途径（Lin，2001；Baker，1990）。研究者们区分了微观社会资本的三个面向——嵌入于社会结构中的资源，资源的可获得性以及对这些资源的使用（Lin，2001；Lin，Fu and Hsung，2001）。大量研究表明，弱关系（Masden and Campbell，1984）可以提供很好的信息途径（Granovetter，1973）、工作机会（Lin，1990；Erickson，2001）以及知识（Baker，1994；Coleman，1988；Nahapiet and Ghoshal，1998）。而另一方面，诸如朋友等强关系则可以提供社会影响（Krackhardt and Hanson，1993）、社会支持（Wellman，1992）以及长期的合作行为（Uzzi，1996）。维尔曼和弗兰克（Wellman and Frank，1992）将这种层次的社会资本称为"网络资本"。

中观层次的社会资本包括个人因他（她）在社会结构中所处特定位置而对资源的可获得性（Lin，2001；Lin，Fu and Hsung，2001）。例如，一个处于跨越结构洞的"桥"的位置的行动者就可以从这个位置获得丰富的信息和机会（Burt，1992）。某一朋友网络的中心位置则可以为处于这个位置的人带来信息权力（Krackhardt，1992）。

对社会资本的宏观分析所关注的则是在团体、组织、阶级、社会或国家中一个群体对社会资本的占有情况。帕特南发现社会中这一层次的社会资本可以由志愿参与行动来代表，它对于民主的发展起着重要的作用（Putnam，1993，1995）。福山则断言一个经济体中的相互信任（宏观的社会资本）有助于长期的、大规模的经济组织的产生，这些组织构成了现代经济发展的基础（Fukuyama，1998）。

在组织理论学界中，爱德勒与匡（Adler and Kwon，2002）的分类方法与此相似。他们将微观层次和中观层次的社会资本合称为"外在社会资本"，因为它产生于某一行动者的外在社会关系，其功能在于帮助行动者获得外在的资源。而宏观社会资本则被他们称为"内在社会资本"，因为它形成于行动者（群体）内部的关系，其功能在于提升群体的集体行动水平。前者归属于个人而且服务于个人的私人利益，故李纳与温博伦（Leana and Van Buren，1999）将其归为一种"私人物品"（private goods）。后者则正好相反，它被视为一种"公共物品"（public goods）或社会资本，因为它归属于某一群体，而且服务于该群体的公共利益。边燕杰则从方法论的角度出发对社会资本进行了分类，提出了三种分类依据——网络嵌入资源研究法、网络结构研究法以及网络成员研究法，这三种分类依据可以粗略地对应于对社会资本的微观、中观和宏观分析。这里我们则以爱德勒与匡及李纳与温博伦的概念为本，分别叙述个体及集体社会资本，个体层次即所谓的外在社会资本或私人物品，除了微观的个人关系及这些关系中所蕴涵的资源外，也包括个人所占据的网络结构位置能带来的资源。集体层次则是内在社会资本或公共物品，除了宏观的群体内部的社会联结与互信外，也包括群体的结构方式是否可以促成集体行动并创造资源。个人的结构位置以及群体的结构方式原本都是属于中观层次的分析，我把它分成两种社会资本，归入另外两个类别中分别讨论。

正因为研究者们对社会资本的概念有着不同的理解，因此在经验研究中，他们测量社会资本的方法也是多种多样的。为了做个体层次社会资本的调查（实际上是微观层次社会资本），林南等人（Lin and Dumin，1986）发展了一套职位生成法（position-generator）问卷，想要知道受访者的社会资源是从哪里来的。个体社会资本，顾名思义，就是个人的关系连带如何得到资源，关系连带如何得到资源又先取决于资源从哪里来，其次还要评估这样的关系是否很强、很稳定，能够真正得到这个资源。布迪厄曾经指出，个人拥有社会资本的多少取决于两个因素：一是"行动者可以有效地加以运用的联系网络的规模的大小"，二是网络中每个成员"以自己的权力所占有的资源的多少"（Bourdieu，1986：248）。后来的研究者在测量社会资本时，基本上就是从个人网络的规模（结构）和网络中嵌入的资源数量这两个方面来着手进行的。首先是描述网络结构的指标，如网络规模（网络成员的多少）、网络的成分（由哪些类型的成员构成）以及网络的密度（网络成员之间联系的紧密程度）等。研究者们提出了一些假设，如规模较大、弱关系所占比重较大以及密度较高的社会网络所提供的社会资本可能较为丰富（Montgomery，1991，1992；Lin，1999；边燕杰、李煜，2001；边燕杰、张文宏，2001；赵延东，2002，2003），但这些假设还有待进一步研究的证实。其次是反映网络中嵌入资源的指标，在这一问题上，"职位生成法"具有特殊的优势，它可以有效地测度出社会网络中所嵌入资源数量的多少。

这是一套改编自提名生成法的调查方法，是自我中心社会网的研究，以被调查者为中心延伸出去的网络了解这一网络成员的资源分布，通过对被调查者的询问，由他来"生成"（产生）网络的具体成员及其资源拥有的情况。职位生成法是一种比较新的专用于考察社会资本的测量方法。它的着眼点不仅在于考察被调查者的具体网络成员以及成员之间的相互关系，更重要的是考察网络成员所拥有的社会资源情况。表5就是一个简单的问卷格式。

表 5　职业生成法问卷

职位	下面有一系列职位名单，您是否认识具有下列职位的人							
	1 您是否认识具有这个职位的人	2 您认识他几年了	3 您和他的关系是什么	4 您和他有多亲密	5 他的性别是什么	6 他工作做什么	7 您认为您可以经由另一人（甲）认识他吗	8 请您思考与甲的关系，并重复关于您与甲2～6的问题
职位 A								
职位 B								
职位 C								
职位 D								
……								

职位分类如下：

白领（上）	白领（下）	蓝领（上）	蓝领（下）
律　　师	保险经纪人	领　班	保安人员
工 程 师	秘　　书	技术工	侍　　者
经　　理	业 务 员	技　工	搬 运 工
部门经理	事 务 员	技　师	劳 力 工
小企业主			
中央级公务人员			
教　　师			

职位生成法要解决的两个问题，第一个就是资源从哪里来，第二个就是这个资源是不是可以有效被关系取得。举个例子，一个中小企业主最需要的资源有哪些呢，比如，有没有外包商？货物来源稳不稳当？有没有市场？大主顾稳不稳当？有没有必要的政商关系以解决很多法规问题？有没有策略联盟伙伴以取得策略性资源？这些都是很重要的资源，但谁拥有这些资源？譬如以中小型电子零组件厂为调查对象，则电子组装厂的总工程师、电子厂的老板、采购经理是拥有资源的"职位"，你认识多少个，这是重要的市场资源，因为这些职位占有资源。规模差不多或稍大一点的组装厂尤其重要，因为大电子厂讲究"门当户对"，不会向中小型公司买零件。所以针对市场资源，可以询问受访者认识哪些营业额在 500 万美金以下的中型电子有限公司的总经理、老板或采购经理。再者，受访者认识的人连带强度有多强，如果连带强度非常强，这个资源就是有把握取得的，否则仍有高度的不确定性。

这种研究方法的基本假设是：社会资源不是均匀分布于社会之中，而是按照社会地位高低呈金字塔形分布的，每一个网络成员所拥有的社会资源数量主要取决于其所处的社会地位。而在现代社会中，个人的社会地位可以通过其所从事的职业和所在单位得到反映。因此，通过对研究对象的网络成员中出现的职业类型和单位类型的调查，就可以对其拥有社会资本的情况做出较准确的测量。具体做法是在调查问卷中列出一个或几个量表，量表中包含有若干标志社会地位的职业类型或工作单位类型等。在调查中，首先要求被调查者回答其社会网络成员中是否有人符合表中所描述的特征，然后对所有被选择的单位类型及职业类型进行加总，并计算相应的职业类型和单位类型得分，然后用这些指标来反映个人社会网络中所嵌入的资源情况。在最近的研究中，这种方法得到了进一步的发展和完善

（Lin，1999；Lin，Hsung and Fu，2002），如边燕杰提出用"春节拜年网"（即个人或家庭在春节期间通过各种方式联系的人的名单）来估计中国人的核心社会网络资本的方法，在实际中也取得了较好的效果（边燕杰等，2001；Zhao，2002）。这种研究方法的优点在于它更少涉及个人的隐私，因而在实际操作中较之提名法更为简便；而且能准确地测量出网络中不同地位和不同关系所提供的资源情况，避免了提名生成法集中于强关系的问题。

它的缺陷主要是只能测量社会资本，无法进一步了解被调查者的社会网络的具体构成情况，例如网络成员之间的关系就无法通过职位生成法测量出来。这样，如果我们认为社会网络的结构本身（诸如网络的规模、密度等）就是社会资本的一个重要组成部分并要对它也加以测量时（参见Montgomery，1991，1992），使用"职位生成法"得到的数据就会表现出它的不足。

下面我们将举一个研究范例，看看如何使用个人中心社会网做研究，同时在这个研究之中，作者试图重新思考中国人关系的分类与连带强度的测量方法。

四 个体网研究的范例——兼论关系强度的本土研究

长久以来社会网理论中最主要的关系分类方法一直是强、弱连带之分。格兰诺维特提出连带强度因四个构面而不同——关系久暂、互动频率、亲密程度以及互惠内容（Granovetter，1973）。然而中国人心理学的研究却指出，中国人的关系不同于西方的社会连带。那么，西方所用以测量连带强度的指标是否适用于中国？影响中国人关系强度的有哪些因素？下文（参见罗家德、谢朝霞，2008）即试图以本土实证资料来回答上述问题。

（一）中国人关系的三分法

格兰诺维特的"弱连带优势"理论首发其凡地分析了个人层次关系的议题，将社会关系分为强、弱连带，并指出弱连带因为分布的范围广，重叠性低，所以流通的信息较多，以弱连带找工作会有较好的求职结果。自格兰诺维特之后，社会网理论中最主要的关系分类方法一直是强、弱之分。格兰诺维特提出连带强度因四个构面而不同——关系久暂、互动频率、亲密程度以及互惠内容（Granovetter，1973）。前三者都获得了衡量，发展出有信度的指标，并被美国列入全国的一般社会调查之中（Marsden and Campbell，1984），也逐渐发展出一套自我中心社会网的调查方法（Burt，1984；Lin，2001），使关系的研究不只有了结构计算方法，而且有了有效的问卷问项及调查方法。

格兰诺维特分社会连带为强、弱两类，这适用于中国社会吗？

中国是一个"人情社会"，诚如费孝通（Fei，1948）所言，中国是一个差序格局的社会，因为关系亲疏远近之不同而形成由内而外的一层一层关系网络，不同层的关系适用不同的互动规范。差序格局社会是以每一个个人为出发点，向外连结各样的关系而成自我中心社会网，但每一个网中的他人，又有其以自身为中心的自我中心社会网，网网相连，结成一片。

杨国枢（1993）延伸了费孝通之意，分差序格局的关系网为三层——家人、熟人与生人。黄光国进一步指出中国人的差序格局由内而外有三层关系，而且每一层都适用了不同的交换规范，分别是情感性关系、工具性关系以及混合了情感与工具交换的混合性关系（Hwang，1987；黄光国，1988），其互动规范分别适用于需求法则、公平法则以及人情法则。我则称之为拟似家人关系、弱关系以及熟人关系（罗家德，2006）。

在中国人的关系研究中这种将关系三分的做法是经常见到的。边燕杰与李煜（2001）就曾提出西方的强连带概念在中国应该分为朋友与亲人，所以中国人的关系可分为弱连带、朋友关系与亲人关系，这十分雷同于以上分法。

另外，王绍光与刘欣（2002）对各种角色受到信任程度的资料做因素分析，也发现四种因素，最不值得信任的是社会上的多数人以及一般熟人关系，也就是陌生人及一般认识的人；第二层次包括领导、同事与邻居，他们被称为熟人关系，也就是认识而有互动的人；较高层次包括密友及一般朋友，他们被称为朋友；最值得信任的则是"亲人"，包括家庭成员、直系亲属及其他亲属。除了陌生人外，也是三种分类，十分类似于本文的分类。另外和边燕杰的分法相同，此处的朋友似乎也是强调情感关系的，和熟人关系所强调的人情法则的交换关系有所不同。

不同的是，我们这里所着重的关系分类以黄光国的理论为依据，所以以交换原则为主。黄光国强调情感性关系适用的是需求法则，也就是关系圈内的人的需求，我必须加以满足，而且不能求取回报；同样的，我的需求，圈内的人也要心存善意地极力帮忙，不问回报。不过需求法则与真实的家人关系间的互动行为仍有一些距离，把中国家庭看成是"各尽所能，各取所需"地依需求而分配，恐怕太理想化了，家族内的工具性交换与政治斗争其实随处可见，工具交换与"报"的法则依然适用。中国人关系的基础是建基在家族与儒家伦理上的（翟学伟，2005），所以需求法则更合适的用语应是"人伦法则"。实际上，在这类关系中，用"均分"一词更加传神，也就是凡事都该拿出来分享，符合了中国社会小圈圈内"见者有份"的行为模式（翟学伟，2005），所以均分与报都是家人关系间交换的法则。依人伦法则交换的人并不一定止于亲属，而是陈介玄（1994；1995）所说的"拟似亲属连带"，包括那些因为结拜成兄弟，收养而为亲人，或结成姻亲的人，这些都被纳入五伦范围内。所以"亲人"与拟似家人关系仍有所不同，因为后者的边界是可以动态改变的。

黄光国认为人情交换是标示熟人关系与弱关系不同的地方。弱关系就是一般的社会交换关系，人情交换则与一般的社会交换有所不同，其有几项特点，一是长时段的交换，可以延续一生，三十年报恩不嫌晚，说明了其长时性。二是它的不可明言性，交换是其本质，但在儒家伦理的掩饰下，不可明言其为交换，所以不能讨价还价，不能限时要求回报，施恩的人甚至不能提，一提醒就不是人情了。三是它的交换本质，人情毕竟是要还的，所以人情账是熟人关系最好的标记，施恩的人不能提，但受恩的人一定不能忘，有了机会要赶快还，毕竟人情急似债。四是它的无法偿清性，人情交换中一旦把人情账摊开来，偿清了，就表示关系也完了，所以还人情时总是多还一点或少还一点，大家心里有数，以后还要继续交换。五是个人专属性，给人情往往是针对对方的特殊需求，尤其是紧急需求给出去的，这样的人情才能表达出"我与你关系不一样"、"我十分了解你"等体己的行为（罗家德，2006，2007）。

可以看出，无论具体冠以何种名称，中国人的关系研究中普遍地将关系划分为三个层次。这里我们采用了这样的分类方法，并将关系按照由弱到强的顺序划分为弱关系、熟人关系和拟似家人关系。

（二）中国人关系强度的构面

在格兰诺维特对强、弱连带的划分中，弱连带是一般交换关系，而强连带则主要是情感关系。强连带也会有交换关系，但这是情感关系的副产品，情感投入正是强、弱连带之所以不同的原因。因此，格兰诺维特提出了关系强度的在四个构面——关系久暂、互动频率、亲密程度与互惠内容，其中，关系久暂、互动频率、亲密行为及亲密话题都得到了衡量（Masden and Campbell，1984）。在中国人的关系划分中，弱关系是工具性关系，熟人关系兼具工具交换和情感的混合关系，拟似家人关系则是以情感性关系为主，以家庭伦理规范着互动与交换。因此，情感关系的有无和其强度仍然是区分关系类型的重要依据。可以推断，格兰诺维特提出的连带强度的前三个构面同样适用于中国关系类型的划分。由于互惠内容这一指标较难在标准问卷中量化测量，而亲密程度可以划分为话题亲密和行为亲密两个维度，我们可以得到以下假设。

假设 1：认识久暂是中国人关系强度的一个构面。

假设 2：互动频率是中国人关系强度的一个构面。

假设 3a：亲密话题是中国人关系强度的一个构面。

假设 3b：亲密行为是中国人关系强度的一个构面。

依据海德的认知平衡理论（Heider，1958），格兰诺维特（Granovetter，1973）以为强连带必然会造成双方把对方认识的人变成自己认识的人，而形成一张共同的社会网。Davis，Holland 和 Leinhardt（1971）提出了可传递性命题，即：人际的选择具有传递性，如果行动者 P 选了行动者 O，而 O 又选了行动者 X 的话，那么 P 也很可能选 X。随后这一命题得到了数据支持（Holland and Leinhardt，1975）。他们还在对在校学生和其他群体中学龄儿童的关系研究中发现，关系的传递性会随着行动者年龄增大而增长（Leinhardt，1972，1973；Hallinan and Hutchins，1980）。沃瑟曼和福斯特（Wasserman and Faust，1994）也使用三边关系分析方法（triads）论证了关系的可传递属性，并指出这种属性使得人们倾向于在子群（subgroup）中相互选择，即共享一张社会网。罗家德（2006）则指出，在中国社会中是否愿意充当介绍人和担保人是两人关系是否亲密的一个重要标志。因此，双方是否有很多共同认识的人，是否处于共同的社会网中，也是关系强度的一个重要构面。由此，我们得到第四个假设。

假设 4：亲密朋友圈是中国人关系强度的一个构面。

（三）研究方法

1. 问卷设计

本研究采用个人中心网的研究方法，请被调查者回忆最近一段时间遇到困难时会去求助的五个对象，并在个人中心网问卷的第一栏写下其名字的代码。关系久暂、互动频率、亲密程度在西方社会网研究中都获得了衡量，发展出有信度的指标。因此，在测量这三个指标时，本研究以西方成熟的问卷设计为基础，并结合中国社会实际情况做了相应的修改。

问卷第一题先要求填答者判断两人之间的关系是属于"家人"——包括父母、夫妇、子女及兄弟姊妹，"亲戚"、"好朋友"、"普通朋友"还是"认识的人"。

第二题测量的是认识久暂，共有五个选项："刚刚认识"、"半年到一年"、"一年到三年"、"三年到十年"、"十年以上"，各项分值分别是2分、4分、6分、8分和10分；第三题测量的是联络频率，也有五个选项："好多年没联络"、"一年至少一次"、"一个月至少一次"、"一周至少一次"、"一天至少一次"，分值依次也是2分、4分、6分、8分和10分；第四题和第五题测量的分别是亲密话题和亲密行为，是用来测量双方的亲密程度。这两题分别各有10个选项，按照亲密程度由低到高排列，分值也由1逐渐增加到10。第六题测量双方亲密朋友圈，有四个选项："没有什么共同认识的人"、"一群都不大熟的共同认识的人"、"一小群都十分熟的共同认识的人"、"好几群十分熟的共同认识的人"，分值分别是1分、4分、7分、10分。最后，在第七题的时候，请被调查者判断双方关系类型是"弱关系"、"熟人关系"还是"拟似家人关系"。

2. 资料收集

本研究的资料来自对香港和新加坡三个EMBA班上学员的问卷调查，包括大陆、香港以及新加坡的学生。在问卷调查前，参与者都接受了关于中国人关系类型区分的相关培训，以确保其了解"弱关系"、"熟人关系"和"拟似家人关系"这三个概念的含义。结果，三个班共有59份有效问卷，其中23份来自香港，36份来自新加坡。由于每份问卷都会回答一到五个关系的内涵与类型，所以共得到220笔用于分析的有效数据。

（四）资料分析

1. 因子分析

关系久暂、互动频率、亲密话题、亲密行为和亲密朋友圈这五个指标究竟是否能形成中国人关系强度的构面？为了回答这一问题，我们先将测量这五个指标的第二至第六题在 SPSS 中做因子分析，并将析出的因子与关系类型（第七题）做相关分析。

分析发现，这五道题共析出了两个因子（表6）。其中因子 1 主要由亲密话题（0.810）、亲密行为（0.851）和亲密朋友圈（0.748）这三道题所贡献。由分析结果和因子分布图可以看到，这三题相距很近，聚合较好，可以归入一个构面（图8）。因子 2 主要由认识久暂和互动频率这两题所贡献。由分析结果和因子分布图中可看到，这两题相聚较远，其中认识久暂（-0.621）与互动频率（0.794）的因子负荷量竟然是正负相反的，无法归在一个构面中。因此，下文分析中仅因子 1 作为整体考虑，而将认识久暂和互动频率分别进行分析。

表 6　第二题到第六题因子分析结果

因子载荷矩阵		
	因　子	
	1	2
认识久暂	0.544	-0.621
互动频率	0.405	0.784
亲密话题	0.810	0.068
亲密行为	0.851	0.077
亲密朋友圈	0.748	-0.140

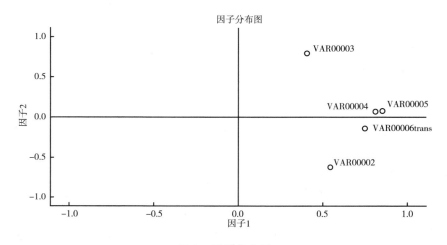

图 8　因子分布图

表 7　因子 1 与关系类型的相关分析

相关性			因子 1	关系类型
因子 1		皮尔森相关系数	1	0.663 **
		显著性（双尾检验）		0.000
		样本量	296	296
关系类型		皮尔森相关系数	0.663 **	1
		显著性（双尾检验）	0.000	
		样本量	296	296

注：* P < 0.05，** P < 0.01，*** P < 0.001（双尾检验）。

将因子 1 与关系类型做相关分析发现，因子 1 与关系类型显著相关，相关系数为 0.663。可见，亲密话题、亲密行为和亲密朋友圈可以形成中国人关系的一个构面。

2. 偏相关分析

（1）认识久暂、互动频率

为了考察认识久暂和互动频率是否会对关系产生影响，我们控制住亲密话题、亲密行为和亲密朋友圈这三题，而分别将认识久暂、互动频率与关系类型做相关分析。得到结果如下。

表 8　认识久暂与关系类型的偏相关分析

相关性				认识久暂	关系类型
控制变量					
亲密话题 & 亲密行为 & 亲密朋友圈	认识久暂		皮尔森相关系数	1.000	0.287 *
			显著性（双尾检验）	—	0.000
			自由度	0	291
	关系类型		皮尔森相关系数	0.287 *	1.000
			显著性（双尾检验）	0.000	—
			自由度	291	0

注：* P < 0.05，** P < 0.01，*** P < 0.001（双尾检验）。

可以看到，在控制了亲密话题、亲密行为和亲密朋友圈之后，认识久暂与关系类型仍然显著相关，相关系数为 0.287，这说明认识久暂对关系类型有一定的影响，假设 1 得到支持（表 8）。而互动频率与关系类型的偏相关分析结果则未通过双尾检验，这说明互动频率对关系类型没有显著影响，假设 2 被否证。

表 9　互动频率与关系类型的偏相关分析

控制变量	相关性		互动频率	关系类型
亲密话题 & 亲密行为 & 亲密朋友圈	互动频率	皮尔森相关系数	1.000	0.105
		显著性（双尾检验）	.	0.071
		自由度	0	291
	关系类型	皮尔森相关系数	0.105	1.000
		显著性（双尾检验）	0.071	.
		自由度	291	0

注：* P < 0.05，** P < 0.01，*** P < 0.001（双尾检验）。

（2）亲密话题、亲密行为、亲密朋友圈

为了进一步考察因子 1 中亲密话题、亲密行为和亲密朋友圈对关系类型的影响程度，并尽可能地排除中介作用，控制住认识久暂和互动频率这两道题，分别做亲密话题、亲密行为和亲密朋友圈这三题与关系类型的偏相关，得到结果如下。

表 10　亲密话题与关系类型的偏相关

控制变量	相关性		亲密话题	关系类型
互动频率 & 认识久暂	亲密话题	皮尔森相关系数	1.000	0.303 *
		显著性（双尾检验）	.	0.000
		自由度	0	216
	关系类型	皮尔森相关系数	0.303 *	1.000
		显著性（双尾检验）	0.000	.
		自由度	216	0

注：* P < 0.05，** P < 0.01，*** P < 0.001（双尾检验）。

表 11　亲密行为与关系类型的偏相关

控制变量	相关性		亲密行为	关系类型
互动频率 & 认识久暂	亲密行为	皮尔森相关系数	1.000	0.506 **
		显著性（双尾检验）	.	0.000
		自由度	0	216
	关系类型	皮尔森相关系数	0.506 **	1.000
		显著性（双尾检验）	0.000	.
		自由度	216	0

注：* P < 0.05，** P < 0.01，*** P < 0.001（双尾检验）。

表 12　亲密朋友圈与关系类型的偏相关

		相关性		
控制变量			亲密朋友圈	关系类型
互动频率 & 认识久暂	亲密朋友圈	皮尔森相关系数	1.000	0.423 **
		显著性（双尾检验）	.	0.000
		自由度	0	216
	关系类型	皮尔森相关系数	0.423 **	1.000
		显著性（双尾检验）	0.000	.
		自由度	216	0

注: * P < 0.05, ** P < 0.01, *** P < 0.001 （双尾检验）。

可以看到，在排除了认识久暂和互动频率的影响之后，亲密话题、亲密行为和亲密朋友圈这三题与关系类型都显著相关，且相关系数都大于认识久暂，从大到小排列依次为亲密行为（0.506）、亲密朋友圈（0.423）、亲密话题（0.303）。因此，假设 3a "亲密话题是中国人关系强度的一个构面"，假设 3b "亲密行为是中国人关系强度的一个构面" 和假设 4 "亲密朋友圈是中国人关系强度的一个构面" 都得到了支持。

（四）本土化的关系强度指标

从上文分析中可以看到，亲密话题、亲密行为和亲密朋友圈是中国人关系强度的一个重要构面。那么，是否有可能通过对这三者的测量来推断关系类型？由于不同的关系类型承载着不同的资源和功用，因此对关系及其类型的判断对于评价个人所拥有的资源状况具有十分重要的意义。下面我将发展出一个自评表，供做管理者自我评估之用，即从亲密程度这一构面出发，计算各类型关系的亲密程度得分，以尝试寻找到一些临界值作为判断关系类型的参考指标。

1. 资料分析

亲密朋友圈、亲密话题和亲密行为这三道题各有十个选项，分值从 1 分到 10 分递增，因此将这三题得分加总得到的亲密程度得分分布在 3 到 30 之间。在问卷的第一题中，我们首先请填答者判断关系类型是 "家人关系"、"亲戚"、"好朋友"、"普通朋友" 还是 "认识的人"。我们推测，填答者对关系不同的描述会使得用亲密程度得分来判断关系类型时的结果不同。在下面的表格中，我们分别统计了"家人关系"、"亲戚"、"好朋友"、"普通朋友"和"认识的人"要被认为弱关系、熟人关系或拟似家人关系时所需要的最低得分（Min）、最高得分（Max）和平均得分（Mean）。N代表的是选择这一类别的总人数。

表 13　各类型关系的亲密程度得分

	弱关系	熟人关系	拟似家人关系
家　　人	无数据	无数据	N：31 Min：16 Max：30 Mean：26.7097
亲　　戚	无数据	N：6 min：17 Max：30 Mean：23.5	N：17 Min：16 Max：29 Mean：24
好 朋 友	N：5 Min：17 Max：25 Mean：21	N：77 Min：14 Max：30 Mean：23.3766	N：39 Min：19 Max：30 Mean：27.1282
普通朋友	N：14 min：6 Max：20 Mean：11.7143	N：7 Min：11 Max：24 Mean：17.8571	无数据
认识的人	N：11 Min：4 Max：15 Mean：8.6364	N：8 Min：11 Max：21 Mean：19	N：5 Min：19 Max：30 Mean：23.4

2. 关系强度指标

从以上表格可以得出以下结论。

（1）家人关系，包括父母、夫妇、子女、兄弟姊妹都会被归于"拟似家人关系"。可以看到，选择了关系来源为家人关系的被访者最后都将关系类型归为了"拟似家人关系"。这说明在中国社会中，由亲密血缘连接的家人关系仍然是个人信任关系网中最亲近的部分。

（2）亲戚没有被归于弱关系的现象，而是部分被归于熟人关系，更多则被归于拟似家人关系。由于问卷设计是要求填答者回忆最近一段时间有求助关系的人，在这里可以看到，仍有求助关系的亲戚，也处于个人信任关系网中相当接近中心的位置。在 23 个填选者中，有 17 人将其归为拟似家人关系，仅有 6 人将其归为熟人关系，拟似家人关系占了近四分之三。此外，熟人关系和拟似家人关系的得分非常接近，仅有微弱的差别（平均值分别为 23.5 和 24，最低值分别为 17 和 16，最大值分别为 30 和 29），因此无法再以自评表的得分加以区隔，只能得出结论：有求助关系的亲戚，四分之三的几率被归为"拟似家人"，四分之一为熟人，但不会适用弱关系的交换法则。

由以上结果可以看出，亲戚在个人信任网络中也处于非常靠近中心的部分，是拟似家人关系重要的来源。对于亲属而言，会被归于熟人关系还是拟似家人关系，两人之间究竟是纯粹的情感关系还是混合关系，并不能用日常交往的亲密程度来判断。"血浓于水"的意识使得与亲戚间的互动充满浓厚的情感因素，而这种人情交换中是否还夹杂着工具性计算的成分，或者说工具性计算成分的多少，则并不能由两人话题、行为的亲密程度，或者是共同认识的人的多少来判断，而更可能取决于其他因素。

总而言之，会向其求助的亲戚，有七成五的机会可归类于拟似家人关系，适用人伦法则。只有二成五归为熟人关系，适用人情交换法则。至于亲密程度对其归类没有影响。

（3）好朋友基本上被归于熟人关系或拟似家人关系，而很少是弱关系。在 121 个选择了关系来源为好朋友的填答者中，有近 63.64% 的人将关系归为熟人关系（77 人），近 32.23% 的人将关系归为拟似家人关系（39 人），而仅有占 4.13% 的人将关系归为弱关系（5 人）。

此外，可以发现，被归入拟似家人关系和被归入熟人关系的好朋友，其亲密程度得分有着较明显的差异。被归入熟人关系的好朋友，亲密度得分最低只需要 14 分，平均得分为 23.3766；而被归入拟似家人关系的好朋友，亲密度得分最低需要达到 19 分，平均得分为 27.1282。

总而言之，好朋友基本上只有 4% 被视为弱关系，可以忽略不计，因此好朋友不是熟人就是拟似家人关系。

（4）普通朋友不会被归入拟似家人关系，而更可能被归入弱关系。在 21 个填选者中，有三分之二的人将普通朋友归入弱关系，三分之一将其归为熟人关系。与好朋友的情况类似，对普通朋友关系类型的判断与其亲密程度得分有着较明显的关联：普通朋友且是弱关系者，最低得分为 6 分，平均得分为 11.7143；而普通朋友要被视为熟人关系，最低得分为 11 分，平均得分为 17.8571。

朋友而又普通，一般理解上普通朋友会被视为有较为经常的社会交换但较少加入情感因素。以上表格中普通朋友多被归入弱关系的事实也辅证了这一判断。然而，也可以看到，普通朋友也有一部分被归入熟人关系，并且这一部分人的关系亲密程度明显高于弱关系。可以推测，普通朋友之间随着交换的增加与亲密程度拉近，有可能逐渐发展出情感因素，并进入熟人关系范围。

（5）"认识的人"被归类的关系类型包括弱关系、熟人关系和拟似家人关系这三种。其中弱关系约占 45.83%，熟人关系约占 33.33%，家人关系约占 20.83%。而不同关系类型的亲密度得分有很大差异：弱关系最低得分是 4，最高得分是 15，平均得分为 8.6364；熟人关系最低得分是 11，最高得分是 21，平均得分为 19；拟似家人关系最低得分是 19，平均得分是 23.4。

据此可以发现，"认识的人"并非如我们预想的那样仅仅是比普通朋友更弱的一种关系，而是朋友、亲戚关系之外一些关系的一种指称。一般理解的朋友通常是平辈之间较为对等的关系。然而在现实中，在上下级之间往往也能看到较为亲密的关系，比如在学生和老师之间，领导与下属之间。

和普通朋友一样，被求助的认识的人一半会归为弱关系，三分之一被归为熟人关系，其间的分野是 19 分，之上是熟人，之下是弱关系。但有时候这种关系甚至能亲密到类似父母对子女、长兄对幼弟的关系，即达到拟似家人关系的程度。

（五）结论和讨论

1. 结论

从以上分析可以看到，格兰诺维特所说的连带强度的几个构面并非都适用于中国人的关系。其中，互动频率是没有影响的，一段时间内高频率的互动并不能说明双方关系紧密。认识久暂对关系类型有一定的影响，而影响更大的则是亲密程度和亲密朋友圈。因此，中国人关系强度的构面应该修正为认识久暂、亲密程度和亲密朋友圈。另外，在分析中也可以看到，在测量亲密程度的两个指标——亲密行为和亲密话题中，亲密行为的影响更加重要。

其中，亲密行为与亲密话题以及亲密朋友圈可以归类为一个构面，我仍称之为亲密程度。当我们不将关系分成强、弱二分，而是将之分成三类，而且以人际交换的法则作分类标准时，这三项会是最好的衡量标准。认识久暂单独形成一个构面，而且也与关系强弱相关，所以亦可以视为关系强弱的衡量标准之一。

2. 研究限制

这里所用的资料来自 EMBA 班上的学生，其中包括香港华人、新加坡华人，但大多数来自大陆，可视为一个华人区的综合性样本。然而为使得填答者了解拟似家人关系、熟人关系、弱关系各是什么意义，所以必须取得对方高度合作，听讲一个小时之后才能作答，故此为便利抽样，而不可能随机抽样，因此结论不能推论到整个华人世界，更大的推论，有待更多的实证资料的收集。

被访者因为都是 EMBA 学生，年龄从 25 到 50，正常为 40 上下，男女比例均衡，职业上包括了国企海外分部的中、高层主管，港、新、外资企业中层经理以及少数中小企业主，所以这样一份样本内容，可以视为华人上班白领的代表性样本，或许本研究提出的关系构面的衡量可推论适用于此一族群。

本问卷的设计经过两个阶段，第一阶段是深度访谈，主要访谈对象为台湾的企业界经理人，用来设计问项，并排序哪些话题是比较亲密的，哪些行动是比较亲密的，从而得到问卷的原始初稿，结果与美国的 GSS（Gerneral Social Survey；Marsden and Campbell，1984）调查中的问项有很大的不同。第二阶段则在北京进行，让一群企业经理人与研究生参与焦点团体，共同讨论这份初稿是否合理，并最终定稿。但这份问卷是否适用于广大的中国其他地区以至于海外华人，我们必须保持较保守的态度，毕竟华人之间的亲密话题与亲密行为的内容因地而不同，能适用所有华人而可以做随机抽样的问卷还有待进一步开发。

3. 讨论与未来研究

格兰诺维特的四个构面中，互惠内容一直未被有效地衡量（Burt，1984；Marsden and Campbell，1984），所以社会连带这个概念多被指涉为与情感有关的社会联结。然而中国人的关系一直被认为具有强烈的交换色彩（黄光国，1988），所以杨宜音（1995）指出关系应该是双构面的，而且这两个构面会相互独立，也就是工具性交换①是与情感性交换可以互不相关，中国人不必然找情感性强的关系做高密度与高强度的工具性交换。她将关系划分为九个类型，工具性交换与情感性交换各分三类，从高工具性交换、低情感关系到低工具性交换、高情感关系，分成九种不同的互动规则。

罗家德与张佳音（2007）则以中国组织内的整体网数据分析了不同的互惠行动各具多少情感性成分，多少工具性成分，结果也显示工具性与情感性虽不完全独立，但也有相当高的相互独立性，而且各项互惠行为散布在两维的空间中，确实存在有情感性不高但工具性交换很强的互惠行为，比如工作新知的分享。

由以上的理论与数据分析观之，中国人的关系确实有二维性，所以这里的分析只分析了关系的一维，也就是情感性的一维，衡量的是情感强弱。换言之，完整的关系衡量也需要对工具性交换进行衡量。格兰诺维特提出互惠内容也是连带强弱的重要一环是有其道理的，只是过去互惠内容多以交换行为直接表示之，如"谁会给你相关信息"、"谁会在你工作困难时提供咨询"等（Wasserman and Faust，1994；Krackhardt，1992），并没有衡量方法。如何找到交换强度的构面及问项，以区别强交换、弱交换，有待后续的努力。

如果中国人的关系是两维的，那么分类就绝不止三类，情感以强、弱分之，交换也以强、弱分之，就会有第四类关系类型，第四种交换法则，那会是什么？杨宜音分的更细，每一维有强、中、弱三区隔，所以会有九类关系，九种交换法则。其实中国人的思维不是分类与对立的，所以关系具有很高的模糊性（翟学伟，2005），中国人不但可以用各种方法让关系转换类型，而且不同类的关系间也无法找到清楚的边界，就好比熟人关系是一端，弱关系是另一端，中间还有很多的过渡地带。所以在过渡地带做更多的细分都可能是合理的，只是分析的复杂性因此急剧升高。如何分类才适中，更值得我们思量。

---

① 杨宜音的理论针对黄光国理论提出反驳，据以讨论工具性交换对情感关系的正、负不同的影响，这是一个较大的本土心理学上的争论，尚未有最终结论，所以这里取其工具性的一面，而对情感正负问题存而不论。

附录：本研究所使用的个人中心社会网问卷

请问依照你的创业计划（事先请同学已写好创业计划），
列举五位你最可能在创业时求助的人：

	姓名一	姓名二	姓名三	姓名四	姓名五	姓名六	姓名七
壹、你和他的关系是 一、父母子女夫妻关系 二、兄弟姊妹关系 三、好朋友关系 四、亲戚关系 五、普通朋友 六、认识的人							
贰、我和他认识了 (2) 刚刚认识 (4) 半年到一年 (6) 一年到三年 (8) 三年到十年 (10) 十年以上							
叁、我和他谈的话题包括 (1) 天气 (2) 限于公事 (3) 电影、电视、消费、旅游、娱乐活动的信息 (4) 政治 (5) 共同的兴趣、交换相关知识与心得							

续表

	姓名一	姓名二	姓名三	姓名四	姓名五	姓名六	姓名七
请同依照你的创业计划（事先请同学已写好创业计划），列举五位你最可能在创业时求助的人：							
(6) 个人私事如健康状况、工作满意、财务情况							
(7) 共同认识的人，如我喜欢谁、不喜欢谁							
(8) 深入讨论自己的宗教、信仰或意识形态							
(9) 婚姻、性							
(10) 私人感情生活							
肆，我和他除了公事外会一起做什么事？							
(1) 我们不曾有任何非上班时间的接触							
(2) 会一起参加一些群体活动							
(3) 中午一起吃个午餐							
(4) 晚上会一起吃晚饭							
(5) 私下一起去做些娱乐活动							
(6) 两家人会聚在一起从事休闲活动							
(7) 会借我（他）一个月薪水以上的钱							
(8) 我们会相约一起旅游，或我旅行时会住在他/她家							
(9) 会对你个人处世提出规劝意见							
(10) 我有重大困难，他会牺牲自己重大利益主动来帮忙							
伍，我和他有多少共同认识的人（朋友、亲戚、邻居、或家人）							
(1) 没有什么共同认识的人							
(4) 一群都不太熟的共同认识的人							
(7) 一小群十分熟的共同认识的人							
(10) 好几群十分熟的共同认识的人							

参考文献

王绍光、刘欣，2002，《信任的基础：一种理性的解释》，《社会学研究》第 3 期，第 23 ~ 30 页。

边燕杰、李煜，2001，《中国城市家庭的社会网络资本》，《清华社会学评论》第 2 期，第 1 ~ 18 页。

陈介玄，1994，《协力网络与生活结构——台湾中小企业的社会经济分析》，台北：联经出版社。

陈介玄，1995，《货币网络与生活结构——地方金融、中小企业与台湾世俗社会之转化》，台北：联经出版社。

黄光国，1988，《中国人的权力游戏》，台北：巨流图书公司。

罗家德、朱庆忠，2004，《人际网络结构因素对工作满足之影响》，《中山管理评论》第 12（4）期，第 795 ~ 823 页。

罗家德，2006，《华人的人脉——个人中心信任网络》，《关系管理研究》第 3 期，第 1 ~ 24 页。

罗家德，2007，《中国人的信任游戏》，北京：社会科学文献出版社。

罗家德、张佳音，2007，《强、弱之分适用于中国人的关系吗？——以组织内交换关系为例》，中国管理学会 2007 南京年会，2007 年 11 月 20 日 ~ 11 月 22 日。

杨宜音，1995，《试析人际关系及其分类——兼与黄光国先生商榷》，《社会学研究》第 5 期，第 18 ~ 23 页。

杨国枢，1993，《中国人的社会取向——社会互动的观点》，杨国枢、余安邦主编《中国人的心理与行为——理论与方法篇》，台北：桂冠图书公司。

翟学伟，2005，《人情、面子与权力的再生产》，北京：社会科学文献出版社。

Burt, R. 1984. "Network Items and the General Social Survey." *Social Networks* 6：293 – 339.

Davis, J. A., P. W. Holland, and S. Leinhardt. 1971. "Comments on Professor Mazur's Hypothesis about Interpersonal Sentiments." *American Sociological Review* 36：309 – 311.

Fei, H. T. 1948. *Peasant Life in China*. London：Routledge & Kegan.

Heider, F. 1958. *The Psychology of Interpersonal Relations*. New York：Wiley.

Granovetter, M. 1973. "The Strength of Weak Tie." *American Journal of Sociology* 78：1360 – 1380.

Hallinnan, M. T., and E. E. Hutchins. 1980. "Structural Effects on Dyadic Change." *Social Forces* 59：229 – 245.

Holland, P. W., and S. Leinhardt. 1975. "The Statistical Analysis of Local Structure in Social Networks." In D. R. Heise（ed.）, *Sociological Methodology*. San Francisco：Jossey-Bass pp. 1 – 45.

Hwang, K. K. 1987. "Face and Favor：The Chinese Power Game." *American Journal of*

Sociology 92：944 – 974．

Krackhardt，D. 1992． "The Strength of Strong Ties：The Importance of Philos in Organizations." In N. Nohria，and R. G. Eccles （Eds.），*Networks and Organization*. Boston：Harvard Business School Press．

Leinhardt，S. 1972． "Developmental Change in the Sentiment Structure of Children's Groups." *American Sociological Review* 37：202 – 212．

Leinhardt，S. 1973． "The Development of Transitive Structure in Children's Interpersonal Relations." *Behavioral Science* 12：260 – 271．

Lin，N. 2001． *Social Capital：A Theory of Social Structure and Action*. New York：Cambridge University Press．

Marsden，Peter and K. Campbell. 1984． "Measuring Tie Strength." *Social Forces* 63 （2）：483 – 501．

Wasserman，Stanley and K. Faust. 1994． *Social Network Analysis：Methods and Applications*. Cambridge：Cambridge University Press．

第五章　整体社会网资料的收集

一　整体社会网问卷设计

如我在第二章讨论社会网理论在社会学中的角色时所说，社会网理论提供了一个崭新的视角来看待我们的社会，它视社会为一个网络图，图中有很多节点，节点与节点间有相连线段，也就是我们所说的社会连带。在做社会网理论分析时，这个节点可能是一个人，可能是一个组织，可能是一个团体，甚至可能是一个国家，所以社会网理论可以分析不同的单位，任何行动者（actor）都可能成为节点。

社会网分析主要分析两个问题[*]，第一就是分析关系会产生什么影响（或什么因素影响关系），这是社会连带的问题，如第三章所述，这主要是自我中心社会网分析的焦点。第二个就是社会网结构问题。图9有两个社会网，右边图形是不是跟左边图形很不一样？同样是六个人，同样是七条线，但左边这个图形很明显有个中心人物，右边图形则好像有两个小圈圈。这两群人有一样的人数与关系连带，也可能有相同的社会经济背景，但却有不一样的集体行为出现，这时结构就是最好的解释因素，整体社会网分析正是提出解释的工具。

---

[*] 行动者、关系、结构都是社会网理论中要分析的对象，但行动者的行动模式已有大量的心理学者、社会心理学者以及经济学者加以分析。

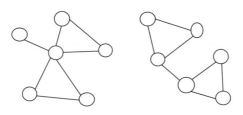

图9 两个社会关系网图的比较

　　一般来讲，想要做结构研究，只能用整体社会网资料。节点代表的分析单位不同，其间的连带也不相同，而且这些连带不是一维的，同样这一群人他们之间的关系可能是多维的。假设我们调查个人在组织中间的社会网，魁克哈特（Krackhardt，1992）分三种网络，一种是情感关系，一种是咨询关系，一种是情报关系，另外还有一种信任关系（Krackhardt and Hanson，1993），但信任关系常被认为是另一种情感关系，因为它们确确实实相关系数十分高。我的研究结果却显示各个组织的情况不一样，各个组织产生信任的因素是不一样的，情感网络不一定就跟信任网络高度一致。在我所做的高科技公司或外商公司研究中，反而是咨询网络和信任网络重叠的情况更严重。所以一个人在组织的场域中就有四维的社会网络图，分别是情感网、咨询网、情报网以及信任网。

　　如果社会网分析的单位不是个人，而是组织，组织间研究所包含的关系类型就更多了，它包括所谓的生产连带，也就是外包；还有营销同盟，也可能是财务同盟，我称之为财团（business group）；还可能是研发同盟关系，也多半叫战略结盟。这些都是最主要的关系类型。要是细分的话，当然还有很多，如财务同盟就有董事会联结。你往往会发觉，在某一类产业中间，某一类公司开董事会时总是那群人，他们就是这个产业或这个行业的重要人物，公司与公司之间透过他们而连结在一起。另外还有转投资关系，或家族企业图谱，都是不同类型的财务连结。所以做整体社会网资料收集前，在设计问卷时要从理论上去想两件事，第一是分析单位是什么，第二是哪些关系会影响什么结果，哪些关系与我们在探讨的议题有关。

　　收集整体社会网资料（whole network data）的方法是在一个可以找到边界的团体中做网络调查，该团体可以是一家企业、一个部门或一个团队。调查问卷的格式如下述范例，第一栏为题目，之后为该团体所有成员之姓名，然后请每一个成员就每一个问题勾出与其有关系之成员（见表14）。

表 14　整体社会网问卷之范例

题　　　　　目　　　　　　同　事　姓　名	甲	乙	丙	丁	你
在工作上遭遇困难时,您会请教哪些同事					
若在工作上遭遇挫折或受上司责难,您会向谁吐苦水					
如果听说某人会职位调动或想离职的消息,您会先告诉哪些人					
您和哪些人聊天时会谈到个人私事					

上述范例中第一题为咨询网络问题，第二、第四两题为情感网络问题，第三题为非正式情报网络问题。当然这只是一些范例，针对不同的网络应该有不同的问题设计。过去美国学者的研究也有多样的问卷模板，这里只是引用其中几题而已。这份问卷要发给所有的五个人，五人分别填好后，我们可以依据资料绘出四个社会网。

二　整体社会网资料收集

整体社会网的资料要比自我中心社会网资料更难收集。主要理由有二：第一是一整个群体中所有的人都必须愿意填问卷，否则就绘不出整体社会网。为了取得所有人的同意，往往要有不错的社会关系才办得到，所以没有办法用随机抽样。第二个问题是问卷不可能匿名，所以增加了填答者的疑虑，而更难取得合作。下面我们就以九个步骤逐步介绍整体社会网资料的收集方法。

1. 第一步——确定分析单位

整体社会网分析的第一个前提条件是要有一个非常清楚的分析单位，以及欲调查的社会网的网络边界。它可能是一个群体、一个社群、一个组织，也可能是一个更大的实体，譬如一个外包系统，甚至一个国家或某一区域，如格兰诺维特等人就曾绘出整个硅谷的半导体业网络。但这些被调查的对象都必须有一个边界。一个研究议题出现了：我们首先要问什么是因变量，什么是自变量？它们的分析单位是什么？比如我们想研究居民被征地搬迁的问题，一开始就要去思考研究的是个体行为还是集体行为，个体行为是研究个人，比如他的社区意识如何产生？在最近拆迁时社区意识如何影响其行动？每个人在社区社会网中扮演什么角色？这个角色如何影响其社区意识的形成？社会网中的角色就是自变量，个人社区意识与个人是否参加反抗行动就是因变量，分析的单位是个人，而其所处的社区就是欲调查的社会网的边界。

我们也可以研究集体行为，为什么什刹海的搬迁如此平静无波，而东岳庙的搬迁已经引起了严重的抗争？这两个地区的居民有何差异？什么样的差异会造成不同的集体行为？是居民社会经济背景不同，还是居民的社会网结构不同？这时分析单位就不再是个人，而是整个社区，社区的居民特性以及社会网结构就是自变量，整个社区的反抗行为则是因变量。这种资料十分难做定量检证，什刹海是一个个案，东岳庙是一个个案，回龙观又是一个个案，要在全国收集很多个案，都要做整个社区的资料调查，累积数十个个案后才有可能形成足够检证的样本数。此一分析单位虽然是社区，但如果我们的兴趣是在社区内部的结构，那么社区仍是调查的社会网边界。

2. 第二步——确定社会网的边界

紧接着下个问题我们要问：要不要及能不能用整体社会网方法去收集资料。比如上面的拆迁问题，自变量是结构因素，因变量是想比较不同居民的社区意识怎么产生，他的反抗意识怎么产生。问题意识够清楚了，自变量、因变量也很清楚，分析单位也清楚了。在理论上，社会嵌入较深的社区中心人物，或在当地获得情感支持较多的人，他们的社区意识会较强，在理论上能够得到支持。但还有一个问题：能找到一个社会网的边界吗？为什么要找一个有边界的社会网做调查？因为调查中我们必须把边界内的所有行动者都列在问卷上，并发放给所有的行动者，所以一个发散的社会网是无法做结构调查的，这是自我中心社会网无法清楚分析结构的原因。

到什刹海做调查时就必须问：什么是什刹海社区？有的说是这条大街，有的说是行政区域，到底多大的范围才算数呢？有的研究，网络边界是客观决定的，比如一个组织只要看它领薪水的名册，一个团队只要看它参与团队运作的人数。但有的研究却很难客观认定，必须先做定性研究去挖掘主观的认定，比如社区，何谓社区？客观的认定若以行政区划分，就很可能使真实现象隐没掉了，这一群人的社区意识可能指的是另一个范围，他们完全不认同行政区，而是受到另一地理范围的历史文化传承的影响。又比如把边界划得很小，限于互动最频繁的街坊邻居，一个四合院里的一些人，但其实他们真正的社区生活来源并不限于这个四合院里的人，所以也不免失真。社会网络边界是什么？网络边界内的所有单位或所有个人的名字要列在问卷上，要是划不清楚边界，就不知道要列多少名字。这在调查技术上，可以用很多方法去认定，但是不同的划界一定会影响到它最后的效度。在做这种定量研究之前，一定要做非常好的定性研究。

再有，我们要问社会网边界之外的影响大不大？我们要不要在问卷中也调查边界外的关系？因为一份问卷能列的人名有限，60 人就算是多的了，所以边界不能太大。比如研究一个大型组织，很难把数百员工列在一张表上，所以常以一个团队或一个部门作为社会网调查对象进行调查，因为主要的互动关系仍发生在这个边界之内，边界之外的关系影响力与结构之内的影响力是有差别的。但部门与部门之间影响力有多大？值不值得考虑？比如，我曾做过 A 外商公司的调查。很有趣的是，A 外商公司非常害怕形成小圈圈，所以他们的办公室是没有隔间的，公司文化非常强调互动、走动式管理，主管的办公桌全部在大厅中间。但我们却发觉两个部门即使仅仅只有一条走道相隔，还是自己与自己部门的人高度互动，隔一个走道，互动量就少很多。即使在这样的制度设计底下，一条走道还会有这样大的影响，如果是一栋楼的楼上楼下就不太往来了，尤其是情感性的往来几乎都没有了。所以部门作为边界是合理的，在问卷设计上或可将其他部门列在最后，由受访者自由填答在其他部门还有哪些关系。*

3. 第三步——决定重要的关系维度

第三个问题是：问卷有多少重要的关系类型，也就是有多少维度的问题。这里牵涉你的自变量中有多少结构存在。比如在组织中研究个人行为，如前所述，经常分的四种网络有：情感网络、情报网络、咨询网络、信任网络。但问题是，维度是多少，四种网络都要列一些题目吗？一种方法是几个维度的题目——情感、情报、咨询、信任，问卷都去设

---

* 一般而言，受访者都会勤于勾选，而疏于指名，所以其他部门的指名率一定会较自己部门的勾选率来得低。

计，而且问题设计上至少要有三题以上，才能有信度可言，少于三题就没办法做信度分析。题目设计后找一群人做前测，再用因素分析去决定它到底会出现多少种不同的维度。这样做可能题目太多。另一种做法就是理论决定取舍，比如我在组织中做非正式权力或个人影响力的研究，理论指出这与情感网络以及信任网络较有关（Krackhardt and Hanson，1993），而与情报及咨询网络较无关，于是问卷中就只设计情感与信任的问题。

不同的社会场域也会有不同的关系维度，比如社区中间，居民为什么对这个社区很有感情，不想搬离社区？这个社区提供了什么东西？如经济支持、社会支持（包括社会互助等内容）、情感支持、参考咨询（咨询支持）、消息传递、影响团体等有六个维度之多，但哪些才是社区居民真正在意的社会支持？在做问卷设计之前，理论要先回答此一问题。

4. 第四步——问卷设计和信度分析

在设计社会关系问卷的时候要特别小心，因为这类问题比较敏感，在不匿名的情况下，如果你直截了当地去问他"谁是你的朋友"，万一这个人写了 A，却不写 B，B 察觉了，造成人家心里的不痛快，或者 A 写了 B，B 却不写 A，都会带来不良影响。所以这类问卷设计要掌握两个主要的原则。

（1）行为为主。关系问题很敏感，越抽象就越敏感，比如"阻碍"网络（hindrance network）在很多问题上解释度非常高，但却非常难做。在中国社会，问卷如果问"你讨厌谁"，大概多数人都不愿回答。但如果问"谁曾经妨碍过你完成工作"，很多人可以靠具体事例而加以回答。这种题目如果十分抽象，受访者就不太敢答，最好的办法就是只问他有没有某个具体行为，行为就代表了特殊的意义，如"你下班后跟谁一起去打保龄球"，这是一个很明显的行为。这种问题如果在我曾经访谈的 A 外商公司中问，就很有价值。因为在我们调查的部门中，只有一个是结了婚的，下班后不跟大家在一起，其他的就分成几个小队，经常一起去打保龄球。

（2）尽量嵌入情境。行为都是嵌入情境的，所以设计行为的题目一定要对受访团体有深刻的观察。比如打保龄球问题在我所做的另一个 B 政府单位就不太有意义，因为正式工一般全都已经结婚，下班后绝对不会凑在一起打保龄球。再举一个例子，我在 B 政府单位做前测的时候，有一个问题是"你会跟谁一起吃午饭"。在 B 政府单位一起吃午饭就是一个大问题，可以有效地测出情感网络。"一起吃午饭"和"一起吃晚饭"是相同类型的问题。但在 A 外商公司中，"一起打保龄球"和"一起吃晚饭"才是情感的表现，吃午饭则不是，因为 A 外商公司的员工中午不会相约出去吃饭，而是叫了盒饭就找一个空会议室吃，会议室中碰到谁就和谁一起吃。只有定性研究做好了，你才会察觉到这些不同，设计问卷的时候就会有很好的结果。

但当我们做的研究是跨组织、跨团体比较时，这类型题目就必须适用于多个情境，设计会更困难。原则上针对不同团体，题目也要统一，问题不统一就很难做比较，会马上被人家质疑：不统一的题目可以代表相同的意义吗？可以进行比较吗？最好的办法是，同样测话题亲密度，定性研究就问受访者平时谈什么话题，求取最大公约数，尽量找一些议题是不同团体都在谈的。做跨团体的比较，问卷难免较一般化，情境嵌入度不够，也较难设计。

5. 第五步——抽样

如前所述，这类问卷要有非常强的人际关系才发得下去，否则很难取得整个团体的同意，所有人都接受调查，所以我们多半做的是便利抽样，也有人叫立意抽样（convenient sampling），也就是手上刚好有什么资料源就使用什么资料，很难做随机抽样。如果做随机抽样，抽样架构就不能是电话名录，因为这些个人产生出来的团体不会成为一个有边界的社会网。所以只有使用二阶段随机抽样，比如说先从某一地区工商名录随机抽样十家公司，再在这十家公司中各随机抽样 1/3 的部门，部门就是网络边界。虽然分析单位是个人，但也只能随机抽到部门，而无法抽到个人。这个方法固然是随机的，但却很难执行，因为被抽到的公司与部门不一定合作，所以大多数的整体社会网的研究仍以立意抽样为主。

立意抽样的一个缺憾是无法推论，很难从样本推论出母体的一般情况。就像定性研究，最后我们得到的只是个案，个案只能否证，找到个案不符合原来理论的，就把原来理论否证掉，没找到之前就暂时接受，但个案却很难肯证一个理论。整体社会网资料也同样有相似的问题，个案欠缺推论的能力，代表性个案只能代表一定特征的部分团体，很难推论出普遍适用的原理、原则。

6. 第六步——调查技巧

找到愿意接受调查的团体，我们将团体中成员的姓名填在问卷的第一行中，问卷发放出去，每人一份，请大家就问题进行填答。这中间要注意几个事项。

（1）尽量不署名。整体社会网问卷是不匿名的，否则就不知道一份问卷是谁与被勾选的人有连带，问卷发放者不必讳言不匿名，但也尽量不要署名。问卷一开始就问"你的名字是什么"，这会影响填答者的心理，而使其做出不实的填答或拒绝填答。比较好的处理方法是问卷上不署名，一个人一个人地送问卷，收问卷，所以可以确定填答者是谁。我的做法主要靠秘书去一个一个发，发完后一个一个去收。另外一个方法就让每个人填一些个人基本资料，性别、年龄、婚姻、学历、在公司多久等，就可以请秘书把对方指认出来。问卷发放者跟秘书要很熟悉，才可以拿这些资料去跟秘书一一确认。所以做整体社会网成本很高，发问卷也非常辛苦。要做社会网，先要建社会网。

（2）保证不泄密。因为不是匿名的，所以调查者要非常清楚地说明，这个资料绝对不会给公司高层看到，保证不泄密，绝不会引蛇出洞，用来秋后算账。这是学术伦理，也是让填答者放心填答的保证。

（3）强调学术研究。我们还要说明我们的来处，保证这是一个学术研究，绝非受公司委托，我们最后对公司的回报只是提供综合性的结果，个人资料绝对永远保密。

7. 第七步——效度分析

资料取得后，我们要去除无效的问卷。下面是几个相关方法。

（1）目测。最常见到两种无效网络问卷，一个是全勾，一个是全不勾。填问卷的人不太会骗你，用心去勾选一些假的情报，不想答的人往往只是全勾或全不勾。为什么我们做整体社会网的时候把名字全列出来，而不是让填答者自由写名字？原因就在要让填答者写名字，他就非常随意，多了就不想写了，甚至常常不写。

（2）重复的问题设计。这在心理量表的时候用得最多。比如我有60道问题，为了测组织忠诚，可能第三题会是"本公司的远景目标是建立一个未来人类生活的新模式，你是否赞同"，到第十八题的时候又问"你是否认为本公司在为人类建立一个未来生活新模式"，意思一样，看答案是否相同。问卷可以设计一题到两题大同小异的题目，拿来比对。

（3）亲身观察法。在问卷设计阶段，研究者常用亲身观察法做定性研究，亲身观察一段时间之后，也建立了各种关系。人际关系不好，最后可能连问卷都发不出去。亲身观察者要有观察社会网的能力，很清楚地辨别谁跟谁建立了什么样的网络，在做效度分析时，就可以凭借这些观察判断出谁在乱答，相互痛恨的却填上情感关系，互不讲话的却填上咨询关系，亲身观察者可以指认出来。

（4）两个问题交叉比对。比如，一个题目是"谁会和你聊私事"，另外一个题目是"你会和谁聊私事"。通过两个回答进行检测，比如你勾了A，再去看A有没有勾你。有些事情是有相对性的，"谁跟谁一起吃午饭"是双向的，不可能A选了B，B却没有选A，两方填答不一致就表示填答无效。

（5）部门无效/网络无效。一般来说，我们会设置一个门槛，一个社会网中有一定人数的资料遗漏或无效，就全组都无效。我设置的门槛多半是20%，20%算是比较宽容的了，但前提是遗漏的人中间没有重要人物。最中心的人只要遗漏掉一个，这整个网络问卷就没有多大意义。这个中心的人物，由亲身观察者来判断。原则上，保证90%的回答率，再加上剔除掉一些无效问卷，20%还是能够接受的，但一定要确认遗漏掉的人当中没有非常重要的人物。

8. 第八步——数据输入

一份6道题的问卷就能形成6个网络，每一题会形成一个网络。如果社会网内有9人（也就是第一行列了9个名字），每一题就形成一个9×9矩阵，如果有6题，就变成了6×9×9的三维矩阵。就第一题来说，工作困难咨询网，在登录矩阵时，勾选了填1，没勾选填0，把第一个人第一行资料登录进去，第一个人：010010110，换第二个人问卷的第一行：001010000，第三个人：000010000……依此类推，直到9人填完，再换第二题。这些矩阵都可以做矩阵运算，我们后面要讲的所有社会网分析，都是用矩阵运算算出来的。

上述问卷为例，请甲乙丙丁四人填过（为了方便起见，本文范例以四人为例，但真实的网络调查，人数不宜太少，十人以下的封闭团体，其内部网络特质会十分不同于大团体，但也不可能太多，比如百人以上，因为一页问卷容纳不下这么多人，而且人太多会影响填答的精确程度）之后，四题中的每一题可以形成一个矩阵，共有四个矩阵，每一个矩阵可以绘出一张网络图。下面我们就来介绍何谓网络图。假设上述第三题"如果听说某人会职位调动或想离职的消息，你会先告诉哪些人"中，甲填了乙与你，乙填了甲与丁，丙则填了你与丁，丁则填了丙，你则填了甲、乙、丙，将资料输入社会网分析软件如 UCINET 或 STRUCTURE，有关系者填 1，无关系者填 0，如依照甲乙丙丁你的顺序排列，这会形成如下的一个矩阵。

$$\begin{bmatrix} 0 & 1 & 0 & 0 & 1 \\ 1 & 0 & 0 & 1 & 0 \\ 0 & 0 & 0 & 1 & 1 \\ 0 & 0 & 1 & 0 & 0 \\ 1 & 1 & 1 & 0 & 0 \end{bmatrix}$$

有了以上的矩阵，研究者可据以画出社会网图。当人数太多时，手绘绝无可能，自然要求助于计算机软件，UCINET 正是为此一目的设计的软件。很多企业问题诊断，有时不需用到复杂的网络结构指标，看图就可以看出公司问题出在哪里，所以网络图是十分有用的工具。图 10 就是以第三题画出的情报社会网图。

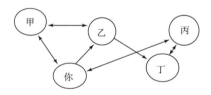

图 10　网络图之范例

题目：如果听说某人会职位调动
或想离职的消息，你会先告诉哪些人？

在网络图中，一个节点代表一个人（或一个组织），一条线代表两个节点间的关系，线上的箭头代表传递资源的方向。如果你在问卷中勾了甲，则箭头方向指向甲的弧就画上；甲也勾了你，则双箭头就都画上。上图可以看到你勾了乙，乙却未勾你。网络的结构可以看出如果你想传一个信息给丁，却又不想给甲知道，最好的策略就是告诉丙，却不跟乙说，这样子甲就无从知悉，因为他和丙、丁缺少信息渠道。

9. 第九步——经社会网分析得到变量

收集到了整体社会网资料才能够做社会网分析，分析中我们主要可以得到两类变量，第一类是个人的网络结构位置，第二类是一个群体的网络结构形态。

整体社会网资料回答的第一个问题是：群体中间的每一个个人在整个团体中间占据怎样的一个结构位置？对个人的结构位置可以做个体行为的研究：比如说在组织中，得到一个指标，一个人的可达性（reachability）的程度非常高，90%的人都会在他的可达范围之内，跟另外一个可达性程度非常低的人，即相对孤立、相对边缘的人，很可能行为方面就会产生很大的不同，可能导致边缘人经常都打听不到信息，被排除在很多状况之外，因此对这个组织的忠诚度比较低，抱怨比较多。所以说，社会网分析可以利用个人在这个群体中所占据的位置去预测他的行为。过去心理学、社会学所做的各种各样的个体行为研究，都是用个人本身的性质去解释，社会学家就很喜欢用他的社会经济属性等变量来解释；心理学家则喜欢用一些个人的人格特质之类的态度变量、人格变量提出解释；自我中心社会网更进一步，指出个人关系变量的重要性；整体社会网则可以算出个人的社会结构的位置变量。

整体社会网可以得到的第二个资料是整个群体的结构有些什么特质，这个群体的结构是非常紧密，还是非常松散？权力集中，还是权力分散？群体网络结构可以做集体行为的研究，但这类研究特别难，因为一个整体社会网资料的收集，一个组织，或是一个部门、一个团队，往往调查了数十人，只能得到一个资料点。一般来说，如果能有 100 笔以上的资料，差不多回归估计值会比较稳定，资料量太少的时候，就统计来讲，统计值是很不稳定的。但是，这种群体类型的研究资料量通常非常少，除非有长期性资料收集才可以。有人用 200 多个团队做研究，但资料点却大概都只有六十几个团队，甚至四十几个团队，这在统计学上都是太小的样本。

如何计算个人的结构位置以及群体的结构形态将是下面几章的主题，接下来我以一篇笔者与叶勇助探讨虚拟空间中关系是否反映真实生活中关系的论文为例，说明自我中心与整体社会网的资料如何被运用在学术研究中。此篇论文刚好两类资料都加以收集，并交互使用，下面就是这份问卷。

问卷内容

XX 系 A 班 座号：＿＿＿＿＿＿＿＿＿＿ 性别：□男　□女

1. 是否有上网的经验（含 E-mail、BBS、WWW 等功能)？
①□有
②□无（若无请直接回答第 5 题）

2. 大多时间在何处上网（含 E-mail、BBS、WWW 等功能)？
①□学校宿舍
②□校外租处
③□家中
④□计算机教室
⑤□研究室
⑥□其他（如＿＿＿＿＿＿＿＿）

3. 请问您接触网络的时间有多久了？
①□半年以下
②□半年~1 年
③□1~2 年
④□2~3 年
⑤□3 年以上

4. 请问最近半年平均每天上网的时间约有多久？
①□不到 1 小时
②□1~2 小时
③□2~3 小时
④□3~4 小时
⑤□4 小时以上

5. 最近半年，是否曾透过网络和其他人互动？①□有　②□无（若无请直接回答第 7 题)

（以下第六题是自我中心社会网的问题，第七题是整体社会网的问题——作者注）

6. 最近半年，您最常跟哪些人透过网络互动（包括同学、家人、朋友或网络上的陌生人等)？请依序列举六位。

顺序	姓名代称	关系（如好朋友、男/女朋友、同学、学长、师长、家人、陌生人）	互动内容（可复选）	互动频率	其他曾互动的媒介（可复选）
1			□ 交换时事、校园动态或生活信息 □ 课业上的讨论 □ 分享情感与心情 □ 解决生活中的问题（包括物质的交换、借钱等） □ 一起参与活动	□ 一周不到1次 □ 一周1~3次 □ 一周3~6次 □ 一周6次以上	□ 书信 □ 电话 □ 面对面
2			□ 询问时事、校园动态或生活信息 □ 课业上的讨论 □ 分享情感与心情 □ 解决生活中的问题（包括物质的交换、借钱等） □ 一起参与活动	□ 一周不到1次 □ 一周1~3次 □ 一周3~6次 □ 一周6次以上	□ 书信 □ 电话 □ 面对面
3			□ 询问时事、校园动态或生活信息 □ 课业上的讨论 □ 分享情感与心情 □ 解决生活中的问题（包括物质的交换、借钱等） □ 一起参与活动	□ 一周不到1次 □ 一周1~3次 □ 一周3~6次 □ 一周6次以上	□ 书信 □ 电话 □ 面对面

续表

顺序	姓名代称	关系(如好朋友、男/女朋友、同学、学长、师长、家人、陌生人)	互　动　内　容(可复选)	互　动　频　率	其他曾互动的媒介(可复选)
4			□询问时事、校园动态或生活信息 □课业上的讨论 □分享情感与心情 □解决生活中的问题(包括物质的交换、借钱等) □一起参与活动	□一周不到 1 次 □一周 1~3 次 □一周 3~6 次 □一周 6 次以上	□书信 □电话 □面对面
5			□询问时事、校园动态或生活信息 □课业上的讨论 □分享情感与心情 □解决生活中的问题(包括物质的交换、借钱等) □一起参与活动	□一周不到 1 次 □一周 1~3 次 □一周 3~6 次 □一周 6 次以上	□书信 □电话 □面对面
6			□询问时事、校园动态或生活信息 □课业上的讨论 □分享情感与心情 □解决生活中的问题(包括物质的交换、借钱等) □一起参与活动	□一周不到 1 次 □一周 1~3 次 □一周 3~6 次 □一周 6 次以上	□书信 □电话 □面对面

7. 整体社会网

	彬雍源	惠思盖	志豪菁	俐绵宣	正维琪	德嘉彬	世全康	建安媛	希透昀	永棋全	哲学珠	怡宁梅	育嘉棋	丹凡苔	玮祺选	晓君见	化字祺
1. 请问您最常和班上哪些人一起吃饭																	
2. 如有心事曾向谁吐苦水																	
3. 课业遇到困难时,曾跟哪位同学请教																	
4. 课后或放假日,您常和班上哪些人一起活动																	
5. 您曾跟班上哪些同学借过钱																	
6. 如果想知道班上的八卦,您会询问谁																	
7. 您经常跟班上哪些人透过网络(bbs、E-mail等)传递信息																	
8. 您曾跟班上哪些人透过网络谈心事																	
9. 您计算机里有哪些班上同学的E-Mail																	
10. 您经常会跟班上哪些同学在网上聊天																	
11. 课业遇到困难时,您曾透过网络跟谁请教																	

三　研究范例——虚拟空间社会网与真实社会网是否相同[*]

因特网的出现引发了新的网上生活形态，其中透过计算机网络所展现的社会关系和人际互动更是许多研究关注的焦点（Poster，1995；Baym，1995；Correl，1995）。更多的研究则聚焦在网络互动对现实世界的影响，如对商业流程的影响（Nohria and Eccles，1992），对团体动力的影响以及对会议过程的影响（Sproull and Kiesler，1994）。其中一项重要研究就是网络社群问题。相当多的研究认为网上社群真能提供人们在实体社群中的种种需要（Rafaeli and Sudweeks，1996；Bromberg，1996），而且社群范围可以超越地域限制（Rheingold，1994）。但是网上社群提供的社会支持真的能取代真实社会关系所带来的支持吗？20 世纪 70 年代社区心理学研究者将人们可以运用并促进良好的健康与心理的人际关系，称为"社会支持"（social support），根据这些说法，人们会从自己的人际社会网中获得信息、物质、情感的支持，这就是人际社会网的社会功能，有助于身心健全。其中，"情感支持"（socioemotional support）为一个重要支持面向，也是社会生活中不可或缺的一种凭借。一些学者对网上社会支持做了有效性质疑（Robins，1995），研究也发现，多数的网上关系会很快转为实体关系（Park and Floyd，1996），因此并不能取代面对面所得到的支持，所以应该把网络世界视为补充实体世界的第三空间（third spaces）（Beamish，1995）。

另一类对网络上角色扮演的研究多从心理学角度出发，发现网络场域具有高认知需求与我群团体认同感受的特性，同时也指出网络场域塑造不同角色，认同不同团体的可能性。这类议题的研究着墨于网上多重角色扮演以及流动（fluid）自我认同的问题上（Pile and Thrift，1995），人们因为网络上的匿名性而能扮演多重角色，进而发展出多重网上社会网，可以与现实生活中的社会网络形态截然不同；一群强调网络世界中人们可以"脱离肉身"（disembodiment）的学者认为人们可以完全逃离现

---

[*]　本研究范例取材自 Yeh，Kevin and Luo，Jar-Der. 2001. "Are Virtual Social Relationships Independent from Reality?" *Journal of Cyber Culture and Information Society Vol* 1，pp. 33 – 55。原文为英文论文，并发表于美国社会学学会 2001 年洛杉矶年会，感谢期刊评审与年会参与者的讨论和提供的宝贵意见。本章修改自英文论文，经过一定节缩，较不合学术体例，但却较为精简扼要。

实情境，利用网上创造的新角色寻求全然不同于真实世界的认同对象（Correl，1995；Thu Nguyen and Alexander，1996）。这类研究中尤其对MUD 游戏中的角色扮演多有讨论，更有很多虚拟角色真假莫辨的个案研究（Reid，1995；Turkle，1996）。然而此一观点受到了主张"本于肉身"（embodiment）的学者的质疑，他们强调人的角色扮演仍受制于原始的个性与认同，很难完全超越（Argyle and Shields，1996），而且多数的网上社群参与者皆非积极的角色扮演者，而是低度参与的所谓的"潜水族"（lurker）。

还有一类研究聚焦于网络成瘾症，从早期的计算机迷（computer-nuts）到虚拟世界狂（cyberpunk），一群重度使用计算机的人基本上脱离了现实世界，而在网上寻得了美丽新世界，也即所谓的"Cyberian"，他们有着自己的次文化，就好像是另外一个世界的人（Dery，1996；Rushkoff，1994）。王灿槐和罗惠筠也曾对台湾大学生做过一些调查，其主要探讨的问题是大学生中会迷上 BBS 与不会迷上 BBS 的人在人际沟通的态度和行为上是否有显著之差异性。其分析显示，一般经常使用BBS 的大学生，认为他们能在 BBS 中找到比真实生活中更能深谈的朋友、较快速的友谊等，而其中隐含着这群所谓的 BBS 迷在真实世界里，他们的人际沟通有较多的障碍，换句话说，也就是现实的人际关系较不如意。这样的研究，认为病态网络使用者在因特网上所找的不是信息，而是社会支持、性的满足和在其上创造一个新的人格（王灿槐、罗惠筠，1998）。而许多研究即以"网络上瘾"来形容这样的现象。然而这样的现象经常被传媒夸饰为一种网络上的普遍现象，却一直没有较整体的实证研究来支持这样的说法，所以这凸显了几个问题，首先网络重度使用者其现实的人际关系是否就较缺乏？尤其当网络逐渐普及时，怎么定义我们所谓的"网络上瘾"？定义清楚后，我们更要了解这些网络上瘾的使用者拥有怎样的社会网络，包括网上和网下的人际互动。此外，相对的，我们也可以看看网上互动较少的沉默者，其社会网络的特质为何？

上述关于网上多重角色、网络成瘾症以及网上情感支持代替现实支持的研究多多少少给人一种印象，以为网民的网上关系可以与其现实生活完全不同，甚至是现实世界真实互动的一个代替品，网下世界的社会孤立者可以在网上找到十分活跃又多样多变的社会生活。但这是少数个案呈现出来的印象，还是网民普遍的行为模式？相反，维尔曼提出较不同的观点，以为网上人际关系是网下社会网的延伸，计算机网络的背后是一张真实的社会网，他进一步提及计算机所架构的社会网络仍然能够支持强连带（strong ties）、中连带（intermediate ties）与弱连带（weak ties；Granovetter，1973）。这些都是在真实社区中才会有的网络关系特性，使得计算机所架构的社会网络也可以在虚拟社区中提供信息的交换和情感的支持（Wellman，1990）。本研究就是探讨一个人现实的社会网络特质与虚拟的计算机社会网络之间的关系。透过这样的陈述，我们大胆地假设一个行动者的真实生活社会网拥有何种特质，其在网上也会呈现同样的特质。这样的说法有别于许多从社会心理学角度出发的观点，也就是说我们强调网络的人际关系是现实人际关系的复制品而非替代品。

　　"社会支持"以个人的人际联系为出发点，所看的是个人从人际关系中得到的资源与生活凭借为何，广义的"社会支持"则可以扩大到社会整体，着重于社会系统中各种资源的流通。因此，有学者主张，运用"社会网络"观点分析"社会支持"是恰当的做法（Wellman，1990）。而本研究主要希望了解不同网上的互动形态，看看是否可从不同的社会网络来解释，也就是如同维尔曼指出当计算机网络联络计算机之时，同时也就联系了使用计算机的人们，此时计算机网络就变成了社会网络。本研究感兴趣的是，原先的人际社会网络会如何影响网上人际互动。

（一）　研究策略与分析模型

　　网络族的人际沟通调查一直是许多研究所关心的，根据以上的文献分析和理论探讨，笔者从社会网络理论出发，强调网下的社会网会影响使用者在网上的计算机社会网及其互动行为。组织行为学者魁克哈特曾将企业内的社会网分成咨询网络、情报网络及信任网络等三种，另外又曾在讨论组织内非正式权力及影响力时，视情感网络为产生信任的主要强连带，用以对比弱连带（Krackhardt，1992）。本研究以学校学生为调查对象，在对学校内网络的分类上采用了魁克哈特的分类原则，将网下社会网和网上计算机社会网分成课业咨询网络、情报网络、情感网络三个维度，其中课业咨询网络传递着课业指导、笔记交换等属于知识专业的资源；而情报网络传递着团体人际互动的信息，用一般大学生的用语来说，就是所谓的"八卦消息"。情感网络则依格兰诺维特之亲密性的分析（Granovetter，1973；Marsden，1989）分成话题亲密性及行为亲密性，前者以情感支持话语来加以衡量，后者以一起吃午饭的情感行动来测度。情感支持网络代表的是亲密的强连带情感关系，相关的指标数值可表现一个人的人际关系好坏，这样的资源对大多数的大学生而言可说是最重要的部分。一起吃午饭的情感性行动，是一种弱的情感性关系，在网上因为不可能有吃午饭的行动，所以我们代之以在网上闲聊这样的行动。透过这样的探讨，我们想了解在现实生活中，一个人的网络特质是否会影响其在网络上的网络特质。

本研究的分析策略主要从两方面下手，第一部分先从网络资料进行网上和网下的社会网的比对，网络资料的相互比对首先透过 SAS 统计软件将收集到的资料，以四种网下关系分别比对四种网上关系，做出 16 张列联表。每一张表内 X 变量代表网下关系，Y 变量代表网上关系，列联表有四格，分别是（0，0）、（1，0）、（0，1）、（1，1）；（0，0）代表某学生 A 网上网下都未选某学生 B；（1，0）表示 A 认为 B 是网下有关系者，但网上却无相应关系；（0，1）表示 A 认为 B 是网下无关系者，但网上却发展了该项关系；（1，1）代表网上网下都发展了相同的关系。列联表可以看出网上网下关系这四类型各有多少条关系。

但当计算两个关系的相关系数时，则面临一个困难，因为在一班 61 个同学里，大多是网上网下皆不互动者，所以（0，0）出奇的高。比如网下一起吃午饭关系与网上传信息关系的表中，（0，0）是 3325，（1，0）是 96，（0，1）是 217，（1，1）是 83。现有计算 2×2 列联表相关的统计量如 Gamma，Tau 及不确定系数（uncertainty coefficient）等都因此而偏高，以至于全都显著相关。为解决此一问题，我们采用一个新的统计量，方法是既然我们关心的是选一起吃午饭的人会不会选他也在网上传信息，所以我们在计算相关统计量时排除大多数相互根本漠不关心的连带，这样只有 396 条关系（96 + 217 + 83）被纳入计算相关系数。相关系数的算法是以 X 为基础，算出选 X 为 1 的连带有多少百分比也选了 Y 为 1〔本表是 $83 / (83 + 96) = 0.464$〕，再以 Y 为基础，算出选 Y 为 1 的连带有多少百分比也选了 X 为 1〔本表是 $83 / (83 + 217) = 0.277$〕。两者加总平均即可看出多少百分比是两者皆选。这 396 条关系中，45.2% 选了 X，75.8% 选了 Y，如果选 X 与 Y 是相互独立的行为，则同时选 X 与 Y 者将是 34.2%。然后我们可以用二项式（binomial）分配来检证，选两者是否是相互独立的行为。

　　第二部分收集网上自我中心社会网资料，先进行描述性分析，进而以网上互动关系的强度为因变量，而以网下收集的社会网资料所计算出的个人社会网特质作为自变量，并以自我中心社会网资料所收集到的网上个人特征资料做控制变量，探讨一个学生网下社会网如何影响网上发展关系的强度。

　　在本研究中，我们将透过一个人现实的社会网络结构特质来量度其现实的社会支持，强调每个人的行动都受其所处社会网的影响，这样的影响可从其关系内涵及关系所形成的结构来思考，这样的结构我们可以用许多测量概念来分析，其中"中心性"（centrality）可说是社会网分析的重要概念。弗里曼（Freeman，1979）曾比较并讨论了两种最常被用来测量中心性的方法，分别为程度中心性（degree centrality，也称中心性）与中介中心性（betweenness centrality，也称中介性）两种，中心性指标可衡量一个人的控制范围大小（Wasserman and Faust，1994）。一个网络的中心性指数高的人，在网络中与最多行动者有关系，且拥有中心性的行动者，其在网络中拥有的非正式权力及影响力也最高（Krackhardt and Hanson，1993；Krackhardt and Kilduff，1990），获得的社会支持也最多。而中介性高的行动者，其代表的是在一个网络成员中，两两成员的互动必须透过这个行动者的中间介绍、中间导引资源流通的机会越多，他则越占据操控资源流通的关键性位置（Burt，1992）。因为本文重点是在于一个人在现实中获得支持的多寡，而不在于他操控资源流通的能力，所以选择中心性为研究对象，毕竟网络中心性越高的人，代表其现实网络中获得的支持也越多。我们关心的议题是：这种网下的活跃人物，在现实中有很多资源支持的人，在网上也活跃吗？在网上需要发展强的情感支持吗？

　　不同的网络就其关系的性质而言代表不同的社会连带，衡量这些社会连带的强度包含关系的亲密程度（intimacy）、互动久暂（the duration of interaction）、互动频率与互惠行动内容（the reciprocal services）（Granovetter，1973）。如所谓的情感网络，若其关系的亲密程度较强，其互动时间也较多，且其互惠行动内容也较多重，这样的关系就强度而言，通常称为强连带。我们将以网上互动内容以及网上互动频率来衡量网上互动的关系强度，并以网下关系的特质来解释谁会在网上发展较强的关系。

　　根据先前的研究，我们将控制几个主要的控制变量，首先是上网地点，主要是控制其能使用网络的便利性，而接触网络的时间是其对网络的使用经验，再者更重要的是人口变量的部分，其中包括年龄、性别、职业、教育程度。但由于本研究的对象是大学部一年级的学生，即排除了年龄、职业和教育程度的因素，只考虑性别部分。

有了个人社会网的中心性及中介性作自变量以及社会经济背景作控制变量，最后我们做一个 Logistic 分析：将每个人与其六个接触者的关系作为分析的单位，询问下列变项：接触者姓名、上网时间、地点、关系的形态、互动的内容、互动频率、互动媒介。另外，用 UCINET 将网下的人际互动的社会网资料做社会网分析，计算出不同网络形态每条关系背后那个行动者在现实世界的关系中心性、中介性等数值，以形成下列分析模型，然后透过 SAS 进行如下的 Logistic 模型的分析。

$$Y = \alpha + \beta_1 X_1 + \beta_2 X_2 + \beta_3 X_3 + \gamma Z + \varepsilon$$

式中 Y 是网上互动强度，分别以网上互动频率及网上互动内容的亲密度两个变量衡量之。网上互动内容有四个选项：谈天、课业讨论、寻求情感支持以及邀约见面或参加活动，可复选，选择后两项者视为强连带的互动，无后两项者则为弱连带互动。网上互动频率则分为低频率（一周不到一次）、中频率（一周一到三次）及高频率（一周三次以上）。

X_1 是性别，X_2 是关系来源，X_3 是互动的媒介，此为三个控制变量。Z 是受访者网下社会网的四个结构位置：

- 情感性行动（吃午饭）网络之中心性，
- 课业咨询网络之中心性，
- 情报网络之中心性，
- 谈心事之情感网络之中心性。

γ 是四个社会网性质回归系数所组成的向量，ε 是随机变量。

（二）资料

本研究之目的在于了解，当信息社会来临，网络成为人际互动的重要媒介时，现实的社会网和网上的社会网会有何相互关系。这样的研究必须选择一个对网络使用已经很普遍的团体，就元智大学的学生而言，由于校方自 20 世纪 90 年代即推动"信息化社会在元智"* 的项目，全校师生对于信息系统皆有一般的使用素养，故选择以元智大学资传系大一 A、B 两

---

* 详细内容可参见 http：//www.yzu.edu.tw/yzu/IS/SD/IS/index.html。

班为例来做一个初探。

　　本研究主要探讨网下的社会网与网上的社会网的关系，如果研究的对象为大学生的话，我们可以很明确地界定网络的界限，尤其对于大一至大二的学生来说，由于其共同学科较多，故以班级作为这群成员的主要团体不会有太多的问题，所以我们首先预设每一班为封闭团体（close group）来收集整体社会网的网络资料。社会网资料收集主要在问卷的第三部分，分别有四个关系问题：课业咨询网络即是以请教课业为题，而情报网络则以询问"八卦消息"的网络来看，至于情感网络可分为情感行动（一起吃饭）和情感支持（吐心事、谈私事）两部分。以上的社会网络资源分别就网下和网上的媒介进行询问。这一部分资料，我们收集到了两个班级的完整网络，共 119 人。

　　另外我们再借由问卷第二部分调查自我中心社会网，收集这 119 个行动者在网络上最常互动的前六个人，透过这部分的资料可以补足整体社会网收集资料的缺失，并呈现个人较丰富的网上关系特质。问卷主要目的是搜集网上存在的关系，询问最近半年来最常跟哪些人透过网络互动，请填答者以顺序的方式列出网上最多互动的六位网友，问题则包括本人与网友之间的关系来源、互动内容、互动频率及其他曾互动的媒介。除了自我中心与六名网友的关系资料外，第一部分是个人基本资料及一般使用网络经验。这部分是中介控制变量的资料，包括性别及上网经验。

　　由于本研究统计分析第二部分的 Logistic 模型是要说明网下互动是否会影响网上建立强的连带，所以分析单位是网上关系。对于网下社会网络的资料收集，我们只收集了班级整体社会网资料，并没有办法描绘出一个人全面的社会网络，但这里我们强调，由于同学关系对大一的学生来说是其主要社会网，故我们可以从班级的网络资料来代表大部分行动者的网络特质，然而有一种行动者是必须思考的，即所谓的边缘人。这个人的网络特质特别在于其较少和班上的同学有联系，但他在其他团体可能拥有较多的关系，所以我们必须先把此种行动者排除。首先我们从网下的情感网络找出低中心性的一群人，然后观察这群人在网上互动的情况，如果发现其在网上大多和陌生人或学长师长互动，则表示其拥有此种特质，我们就不列入分析的范围。从 119 个调查者里，我们发掘了一个有这样特性的人，将其排除，剩下 118 个样本，让其列举 1 至 6 个常在网上互动的网友，总共收集到 398 条网上关系作为我们分析的基础，其中15条有些遗漏资料，所以可分析的网上关系样本数为383条。

（三）分析结果

1. 样本描述

这部分主要是对研究样本做一简单的描述分析，如表15所示，首先就性别部分，这两班的男女比刚好一比一。其次，由于网络的使用对大学生来说极为普遍，加上元智以信息社会为导向的目标，且这些班级皆为信息相关科系，使得上网的几率增高，就此样本来说，全部都有使用网络的经验。以上网的地方而言，宿舍和家中即占了90%以上。且有近四成的学生使用网络一年之上，平均每天使用一小时以上者也有六成。

表 15　样本使用网络习惯描述性统计

变量名称	类　别	次数（N）	百分比（%）
性　别	男性	59	50
	女性	59	50
网络使用经验	有	118	100
	无	0	0
通常上网络的地方	学校宿舍	81	69
	校外租处	1	0.8
	家中	26	21.6
	计算机教室	10	8.6
接触网络的时间	半年以下	48	40.5
	半年至1年	22	19
	1~2年	19	16.4
	2~3年	19	15.5
	3年以上	10	8.6
平均每天使用时间	不到1小时	46	38.8
	1~2小时	48	40.5
	2~3小时	11	9.5
	3~4小时	4	3.4
	4小时以上	9	7.8

2. 网下、网上社会网相关性分析

就分析所得的相关表（表 16）来看，整体而言，一个行动者在网下会有怎样的网络特质，其在网上也有相同的特质。以网上是否谈心事来说，其属于情感网络中较强的连带，结果只和网下相同的情感网络——"吐苦水"——有显著相关。关于课业咨询网络的部分，也和网下的课业咨询相关，和其他都不相关。而网上闲聊则是可能跟任何人闲聊，所以不与网下关系有关。有趣的是：网上会传信息者还是那些网下在情感上是好朋友的人，在网下会互传消息的人不一定在网上保持互传消息。我们可以看到，网下问功课者也会上网问功课，网下寻求情感支持的对象也会成为网上互吐心事的对象，更会在网上互传消息。网上互动的内容基本上反映了网下互动的内容。

表 16　网下网上关系相关表

	透过网络传递信息	透过网络聊心事	透过网络闲聊	透过网络问功课
吃午饭网络	0.370	0.331	0.326	0.290
谈心事情感网络	0.389 **	0.512 *	0.350	0.282
问功课咨询网络	0.35	0.302	0.295	0.381 **
网下情报网络	0.346	0.323	0.342	0.215

* $\alpha < 0.10$　** $\alpha < 0.05$ 双尾检定。

3. 谁在网上发展强连带的互动内容？Logistic 分析结果

从表 17 互动内容来看，性别这个变量达到显著，0 表示女生 1 表示男生，资料呈现男生会使估计值增加，意即成为弱连带的几率除以成为强连带的几率增加，分析结果显示男性倾向在网上发展弱连带，而女生通常发展强连带，这和我们一般对男女人际互动的认知相同。进一步的发现则是现实世界中网络中心性高的人其估计值反而降低，也就是成为弱连带的几率除以成为强连带的几率降低，意即网下活跃者在网上试图发展强连带，绝非网下未获情感支持的人到网上来寻找支持。本文的进一步发现在于：网下的社会关系中又以情感网络和咨询网络的中心性愈高的行动者为主，其在网上也愈倾向发展强连带，这似乎说明了在大学生班级里，人际关系较佳和常常被问功课的同学，通常在网上会有比较多的强连带。

表 17　互动内容 logistic 分析

因变量：Log｛Pr(弱连带互动)/Pr(强连带互动)｝

自　变　量	模　型
截　距	0.9141
性　别	0.7469 **
关系来源	− 0.2772
互动媒介	0.0191
情感话题网络中心性（谈心事）	− 0.1136 **
咨询网络中心性	− 0.0854 ***
情报网络中心性	0.0429
情感行动网络中心性（一起吃午饭）	− 0.0181

* P < 0.1　** P < 0.05　*** P < 0.01（双尾检定）。
注：强连带互动是在网上寻求情感支持或发展面对面关系，弱连带互动则是只有谈天或讨论课业。

4. 谁在网上发展互动频繁的关系？ Logistic 分析结果

更进一步地，我们从互动的频率来做分析即可发现，情感网络中心性愈高的人愈容易在网上发展互动频率高的关系，而明显不会发展低频率关系，不过情感网络密的人在网上是否会转中频率关系为高频率关系则不显著（参见表 18）。配合以前的矩阵相关表来看，我们不难了解，由于网下

表 18　互动频率 logistic 分析

response function：Model 1 Log｛Pr(低频率)/Pr(高频率)｝
Model 2 Log｛Pr(中频率)/Pr(高频率)｝

自　变　量	模型 1	模型 2
截　距	2.0543 ***	0.7957
性　别	− 0.9617 *	− 0.2099
关系来源	− 0.4716	− 0.2770
互动媒介	− 0.0748	0.1146
情感网络中心性（谈心事）	− 0.2133 ***	− 0.0365
咨询网络中心性（询问课业）	0.0166	− 0.0403
情报网络中心性（询问八卦）	0.1123 **	0.095 **
网上情感网络中心性（谈心事）	0.1209	− 0.0576
观测数	383 条关系	

* P < 0.10　** P < 0.05　*** P < 0.01（双尾检定）。
注：低互动频率一周不到 1 次，中频率一周 1 ~ 3 次，高频率一周 3 次以上。

情感网络和网上的情感网络有着高度相关，一个在网下情感中心性的行动者通常也会把他身边的朋友带到网络上去，所以其在网上也有很高的互动频率，所以容易形成高频率的互动也就不难理解。不过情报网络却是一个例外，当行动者在网下的中心性愈高时，其在网上倾向不做高频率互动，而转为低或中的互动频率。配合以前的表 16 来看，网下传情报的关系不会带到虚拟世界变成网上关系，我们可以发现情报网络涉及的情感较低，也就是说，在大学生当中会传递"八卦消息"并不需要很高的情感关系，结果这种关系很发达的人上了网反而不会发展强连带。当我们发现网下活跃的人也会上网发展较强的关系时，这是唯一的例外。

四　讨论与结论

就整体而言，本研究主要思考两个问题，第一个问题指出许多重度使用网络的玩家，其乐于在网上发展人际关系，对现实人际关系则有许多不满意。而本研究透过社会网络来描述一个人的社会支持渠道，强调此渠道就是人际关系的来源，发现一个人在网上拥有许多谈心事的朋友，其在现实的情感支持渠道也拥有丰富的来源。这样的发现，并不是在推翻上述说法，只是凸显出因为现实关系不满足而在网上寻求情感关系的人毕竟是少数，是特例。而一般人中，乐在网上发展人际关系的使用者，其在现实中也往往拥有丰富的人际关系，尤其是那种常扮演情感网络的中心角色者。本次研究从网上互动的内容和互动频率来验证了这一个假设，也再次凸显出一个在网下拥有何种网络特质的行动者，其在网上也有类似的特质。

其次，第二个问题主要想反思特克（Turkle）等人对网上人际互动的看法。他们指出，一个现实生活中情感支持较少的行动者，在网络上就会寻求较多的人际互动。但分析的结果为何？由于整体社会网收集的资料是属于封闭网络的资料，对于一个在班级情感网络较低的同学，其现实生活情感支持是否就一定较低？这个部分，我们在本文里有说明数据处理的方式，发现大多在网下情感中心性较低的行动者，其在网上也没有太多的人际互动。

整体来说，本研究的限制可分四个部分来检讨，第一个问题在于操作化的问题，本研究透过网络矩阵的问卷调查方式，透过我们可能问三到五个问题来度量情感网络，但问题在于这三到五题间如何加权成一个有效的概念指标，目前仍没有较确定的方式。其实这部分主要还是理论的问题，目前较有效的策略是透过大量的实证研究来澄清理论的不足，进而发展出如心理学那样较严谨的量表。

本文的第二个限制是往往网上活跃的人在自我中心社会网问卷中填的网上朋友较多，网上不活跃的人填得较少，虽然我们都希望受访者填满六人，但大多数都填在三到五人之间。这造成网上活跃的人在模型三与模型四中提供了较多个案，而不活跃的人相对比重较低，这使现实中活跃程度在模型中的效果被高估（既然本研究证实现实中活跃人物在网上也较活跃，所以这种人的抽样比例会偏高）。

第三个限制是本文中所谓的网下活跃人物是以班上同学社会网中的活跃程度为指标，而网上的活跃人物却不以班级为限，可能出现的问题是，"班上一条虫"却是"班外一条龙"，本文所用的指标就无法有效衡量他们的网下社交活跃程度。为了剔除这类无法有效衡量的个案，我们把班上社会网中心性或中介性为零的边缘人物，而其列举的网上朋友又都不是班上同学的个案剔除，这种人最可能是不活跃于班上却活跃于班外的人。当然，这个方法并不能排除所有失真的个案，这是以后研究者可以改进的地方。

最后的限制是几乎所有整体社会网分析所面对的问题，就是我们的抽样绝非随机抽样，所以在上述结论的推论过程中必须保守，不能过急推广于所有人的行为。最多我们只能视这两个班级是台湾大学生的代表性个案（representative cases），所以结论可能适用于台湾大学生，更多的推论就会失之于大胆了。

参考文献

王灿槐、罗惠筠，1998，《大学生 BBS 族的网络人际沟通初探》，《应用伦理研究通讯》第 5 期。

Argyle, K. and R. Shields. 1996. "Is There a Body in the Net?" In *Cultures of Internet: Virtual Spaces Real Histories and Living Bodies*, edited by R. Shield. London, Sage, pp. 58 – 69.

Baym, N. K. 1995. "From Practice to Culture on Usenet". In *The Cultures of Computing*, edited by Star, pp. 29 – 52.

Beamish, A. 1995. *Communities On-line: Community-based Computer Network*, MA thesis, MIT.

Bromberg, H. 1996. "Are MUDs Communities? Identity, Belonging and Consciousness in Virtual Worlds". In *Cultures of Internet: Virtual Spaces, Real Histories and Living Bodies*, edited by R. Shields. New York, Sage, pp. 143 – 152.

Burt, Ronald S. 1992. *Structural Holes: The Social Structure of Competition.* Cambridge, Harvard University Press.

Correl, S. 1995. "The Ethnography of an Electronic Bar: the Lesbian Café". *Journal of Contemporary Ethnography* 24: 270 – 298.

Dery, M. 1996. *Escape Velocity: Cyberculture at the End of Century.* London, Hodder & Stoughton.

Eccles, Robert G. and Nitin Nohria. 1992. *Networks and Organizations.* Boston, Harvard Business School Press.

Granovetter, Mark. 1973. "The Strength of Weak Tie". *American Journal of Sociology* 78: 1360 – 1380.

Krackhardt, David. 1992. "The Strength of Stong Ties: the Importance of Philos in Organizations". In Nitin Nohria and Robert G. Eccles, *Networks and Organizations.* Boston, Harvard Business School Press.

Krackhardt, David and Jeffrey R. Hanson. 1993. "Informal Networks: the Company Behind the Chart". *Harvard Business Review* July-August, pp. 104 – 111.

Krackhardt, David and Martin Kilduff. 1990. "Friendship Patterns and Culture: the Control of Organizational Diversity". *American Anthropologist* 92: 142 – 154.

Marsden, P. V. 1989. "Methods for the Characterization of Role Structures in Network Analysis". In *Research Methods in Social Network Analysis,* Freeman. Fairfax, VA, George Mason University Press, pp. 489 – 530.

——. 1990. "Network Data and Measurement". *Annual Review of Sociology* 6, pp. 79 – 141.

Nohria, Nitin and Robert Eccles. 1992. "Face to Face: Making Network Organizations Work". In *Network and Organizations,* edited by Nohria and Eccles. Boston, Harvard Business School Press.

Park, M. R. and K. Floyd. 1996. "Making Friends in Cyberspace". *Journal of Computer-Mediated Communication* 1 (4).

Pile, S. and N. Thrift. 1995. *Mapping the Subject: Geographies of Cultural Transformation.* London, Routledge.

Poster, M. 1995. *The Second Media Age.* Oxford, Polity Press.

Rafaeli, S. and F. Sudweeks. 1996. "Networked Interactivity". *Journal of Computer-Mediated Communication.*

Reid, E. 1995. "Virtual Worlds: Culture and Imagination". In *Cybersociety: Computer Mediated Communication and Community,* edited by Jones. London, Sage, pp. 164 – 183.

Robins, K. 1995. "Cyberspace and the World We Live in". In *Cyberspace, Cyberbodies and Cyberpunk: Cultures of Technology Embodiment,* edited by M. Featherstone and R. Burrows. New York, Sage.

Rheingold, H. 1994. *The Virtual Community: Surfing the Internet.* London, Minerva.

Rushkoff, D. 1994. *Cyberia: Life in the Trenches of Hyperspace.* London, Flamingo.

Sproull, Lee and Sara Kiesler. 1994. *Connections: New Ways of Working in the Networked*

Organization. Cambridge, The MIT Press.

Thu Nguyen, D. and J. Alexander. 1996. "The Coming of Cyberspacetime and the End of Polity". In *Cultures of Internet*: *Virtual Spaces Real Histories and Living Bodies*, edited by R. Shield. London, Sage, pp. 99 – 124.

Turkle, Sherry. 1996. *Life on the Screen*: *Identity in the Age of Internet*. Translated by Tan, Taipei, Yuan-Lion Publishing Co. .

Wasserman, Stanley and Katherine Faust. 1994. *Social Network Analysis*: *Methods and Applications*. Cambridge, Cambridge University Press.

Wellman Barry. 1997. "An Electronic Group Is Virtually a Social Network". In *Cultures of the Internet*, edited by Sara Kiesler, Mahwah. NJ: Lawrence Erlbaum.

第六章　图形理论与社会计量学

一　图形理论的一些基本概念

社会网分析是取得整体网络资料后测量个人结构位置或群体结构形态最主要的工具，本章就开始介绍什么是社会网分析。

社会网分析来自数学之图形理论，首先我们就来定义什么叫一个网络（network），一般来讲，在社会网理论中称为一个网络，在图形理论中叫做一个图形，这里先给图形一个定义[*]：

图 G 由一组节点 N，N = ｛n₁，n₂，⋯nₙ｝，和一组线 L，L = ｛l₁，l₂，⋯lₙ｝所组成。

意思就是一个图形包括一组节点，还有一组线，所以说 G 包含了两个集合。节点的集合用标号 N 表示，包含了一组 n_1，n_2，n_3，n_4 ⋯⋯n_n 节点，线的集合 L，包含了一组 l_1，l_2，l_3 ⋯⋯l_n。节点的单一出现是没有意义的，它们一定是成对出现才有意义。一对节点我们用的标号是（n_1，

[*] 定义参考维塞尔曼、斯坦利和福斯特（Wasserman，Stanley and Faust，1994），以后的所有定义都来自同一本书。

n_2），它们之间的线是 < n_1，n_2 > （请见图 11）。节点可以代表一个人、一个组织甚至一个国家。线则代表其间的关系。社会网分析要了解的正是各个节点之间的关系连带。如果在组织行为学中，如上章所说的，人与人之间的关系可以是情感关系、情报关系以及咨询关系。组织与组织间关系在企业上可以是生产外包关系、联合行销关系、信息交换关系、财务关系以及联合研发关系。

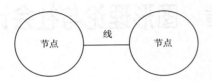

图 11 节点与线示意图

我们称这样一个由数个节点及其间的联系所构成的网络为一个图形（请见图 12）。不同的关系就可以形成不同的图形，所以相同一群节点可以形成很多不同的图形。下面我们再定义什么叫做子图形（subgraph）。

如果图 Gs 的一组节点是图 G 的节点的子集合，而图 Gs 的一组线是图 G 的线的子集合，则图 Gs 便是图 G 的子图形。

也就是说 Gs 包括 Ns 和 Ls，G 包括 N 和 L，Ns 属于或等于 N，Ls 属于或等于 L，这样就表示 Gs 是 G 的一个子图形，就是说 Gs 是 G 中间的一个部分（子图形请见图 13），子图形如图 13 中之 a，b，c 形成的网络。

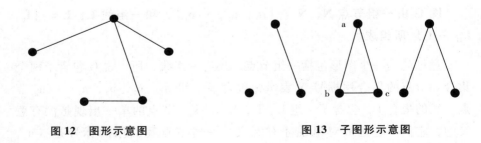

图 12 图形示意图　　　　　　　**图 13 子图形示意图**

另外，节点之间的关系如果有方向指涉性，则被称为具方向性图形（directed graph，如图 14），以有别于如图 12、13 的无方向性图形。有些关系一定是对称的，如两人间是否有金融来往，有则关系存在，无则关系不存在。但有些关系则有方向性，可能是不对称的，比如谁和谁借钱，A向B借了，B却不曾向A借，所以关系线是一个由A向B的箭头。图15则是一个数值图形（valued graph），也就是把关系的强度计量出来，把数值表达在关系线上，如交通网络图中的里程距离，金融网络图中的借贷金额多少，甚至情感网络图中的关系强弱程度。

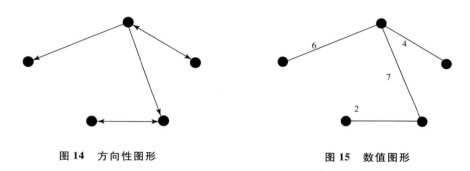

图 14　方向性图形　　　　　　　图 15　数值图形

我们再来定义对角关系（dyads）。

子图形中的对角行动者以及它们之间的关系，是由一对节点及此对节点之间可能的线来组成的。

也就是说，在一个子图形中的任何两个节点，它们之间可能的关系，我们叫做一个对角关系。

至于三角关系（triad），就是把一对节点改为三个节点。

三角关系是由三个节点以及它们之间可能的线所组成的子图形。

三角关系就是三个人的关系，三人成群，这就变成一个群体分析，开始有合纵连横、有相互之间的制衡、关系能不能传递等这些问题。

下面我们来谈节点程度（nodal degree）：

由 d（ni）所指称的节点程度，即一个节点相连的线段的数目。

d（ni）代表节点程度，我们刚才区分过具方向性图形和无方向性图形，现在所讲的定义都是用无方向性图形来做定义。

节点程度就是一个节点有多少线与其相连，以图16为例，d（I）=1，d（E）=4，d（G）=2，d（A）=2（以下的所有说明皆以图16为例）。

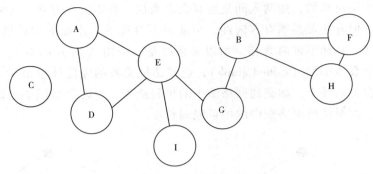

图 16 社会网范例

二 关于图形的一些定义

下面我们来讨论什么叫做途径（walk），什么叫做步径（trail），什么叫做路径（path）。途径的定义是：

途径即一系列的节点与线，开始于一节点，也终止于一节点，而所有节点与线皆相连。

途径的意思是在网络中，随意从其中一个节点出发，走到另一个节点所走过的路，可以重复在一条线上来来回回地走，只要到达终点，这中间的过程就是一个途径。以图 16 为例，从 A 开始走到 E，走到 G，再走回 E，再走到 I，再走回 E，这就叫一个途径。但是这个中间一定要有线相连才可以走。

其次，什么叫做步径？步径则是我们在走一个途径时，没有经过同一条线（no repeated lines）。

步径即所有线段都不重复的途径。

以图 16 为例，比如，从 B 开始走到 F 走到 H，再回到 B，这是一个步径，B 固然重复了两次，节点可以重复，但是线不能重复。

最有用的概念是路径（path），意思就是我们走一条途径时，没有重复走过相同的线，也没有重复走过相同的节点，而达到终点者（no repeated nodes and lines）。其定义是：

路径即所有节点和所有线段均不重复的途径。

一个路径就是，以图 16 为例，从 A 开始到 E，到 I，这叫做一个路径。这样一个过程没有节点的重复，也没有线的重复。

我们现在来介绍捷径（geodesics）。捷径就是 A 点与 B 点间可达，在 A 到 B 的众多路径中，最短的一条路径，也就是我们要至少走多少条线才能达到想达到的节点。它同时要考虑路径，也就是不能走重复的线和节点，而且要挑选最短的一条路径。

捷径即两节点间最短的路径。

以图 16 为例，如果 A 到 I 有多少条路径？一共两条，A—E—I 以及 A—D—E—I，请问哪一条是捷径？A—E—I 是最短的路径，即捷径。

距离（distance）的概念就是 A 节点走到 B 节点的路径中至少要经过多少条线的总数（如果在数值图形中，就是这些线上数值的总和）。在这边要谈到两个相关的概念：可达性（reachability）以及捷径。可达性就是从 A 点能不能到达你想要到的 B 点，中间有路径相连是为可达，如果不相连即为不可达。距离的定义是：

距离由 d（n_i，n_j）所指称，即两节点之间的捷径的长度。

图 16 可以知道 A 到 I 的距离就是 2。

我们再下来谈节点的自我中心距离（eccentricity）。

自我中心距离即某一特定节点与其他任何节点之间距离最长的捷径的长度。

自我中心距离在一个相连图形中才可以计算。在图 16 中间，C 不相连，所以无法计算，而只有其他六个人的子图形是一个相连图形，就可以计算每个人的自我中心距离，举一个例子，以 E 来看，E 距离最远的是 F，那他的距离是多少？是 3，所以说 E 这个人 3 步就可以到达所有相连的人，那么 E 的自我中心距离就是 3。

直径（diameter）的意思就是一个图形（或网络）中，距离最远两点之间捷径的线的总数。

一个图的直径即任何一对节点之间最长的捷径的长度。

以图 16 来讲，它的直径是多少？直径的定义就是说两两之间最大的一段距离，每一个人有一个自我中心距离，在这么多人中间又选择一个最大的距离就叫做这个图形的直径，这个图形的最远两人是 A 到 F，所以直径是 4。

直径与自我中心距离的概念在做传播研究及信息研究时十分有用，它可以衡量哪一个人在信息传递的过程中间，要多久才能传到。大家都玩过一个游戏，就是第一个人说一句话，然后传给第二个，第三个……传到最后看看失真有多少？距离越长，信息传递失真的程度就越高。所以这个指标可以衡量有没有人距离特别远，以至于他可能在整个图形中间传递消息会失真或无效。

回路（circle）概念是社会网分析中很重要的概念，它植根在路径概念上，就是信息流通的过程中，从一个节点出发回到相同的节点的一条路径，不会重复相同的线和节点（除了出发点外）。而封闭途径（close walk），虽然和回路的概念相同，但是会重复相同的线和节点。

起点和终点为同一节点的途径被称作为封闭途径。

也就是说一个途径不管怎么走，回到最后一个原点便叫做一个封闭途径。回路是一模一样的定义，只是改为步径，线不能重复而回到原点。譬如在图 16 中，从 A 到 D 到 E 回到 A，叫做一个回路。这个概念在检验一个组织中信息流通是否会失真的议题上非常重要，在做传播研究及信息研究时这是有用的指标，因为回路可以作为一个信息反馈系统。比如，在组织研究中我们会发现，科层式组织在信息传递上逊于网络式组织及矩阵式组织，原因就是科层组织是一个树状结构，树状结构的一个特色就是没有回路，没有回路的结果就是信息传出去无法做重复检查，所以容易欺上瞒下；信息的中介者可以操控信息，以多传少，或以少传多，甚至以讹传讹，下面接到消息以后，完全没有机会向上查证，这是肇因于没有回路。所以分析有没有回路可以看出这个组织中信息失真的程度，这是一个非常重要的指标。

紧接着后面两个定义非常重要，相连图形（connected graph）以及组件（component）。相连图形定义是：

如果在图形中，在任何一对节点之间都存在路径使之相连，则此图是相连图形。

如果一个图形是相连的，这个图形中间的任何两点都至少有一条路径把它们连接在一起。以图 16 为例，图 16 就不是一个相连图形，因为节点 C 无法找到路径连上其他各点。但集合｛ABDEFGHI｝所组成的子图形却是相连的，因为这八个节点的任两点都可以有路径相连。

一个图形的组件是最大的相连的子图形。

一个组件就是最大的一块相连的节点。以图 16 为例，此一图形中就有两个组件，一个是集合｛C｝所组成，一个是集合｛ABDEFGHI｝所组成。

组件也是一个常用的概念，因为我们要去算一个网络中间的小团体（subgroup，第八章将会介绍）时，就理论的意义上来讲，小团体有很多算法，比如说我用一个定义"2—会所"（2–club）或"3—核心"（3–core）去算有多少小团体，往往都算出很多组的答案出来，研究者要自己判断才能判断出有多少个小团体。组件是小团体定义中最严格的一种小团体，而且是唯一能把小团体算出明确答案无需研究者自行判断的定义。在理论上它也是一个重要的概念，一个团体传递信息效率高不高，完完全全连接的社会网与有很多组件的社会网效果会差很大。一个组织中间如果有一些孤立者，或是有数个老死不相往来甚或对立的团体，他们中间的效率，尤其是信息传递的效率，会大受影响。

下面谈两个与组件有关的定义，切开点（cutpoint）和桥（bridge）。切开点就是：

n_i 是一个切开点，如果 n_i 由图形中去掉，则图形的组件数量会增加。

以图 16 为例，B 就是一个切开点，G 也是一个切开点，因为把 B 一去掉之后，就会多出了一个组件，原来只有 2 个组件，就变成 3 个组件。

桥就是一条线，一旦从图形中拿掉，图形的组件数目就会因此上升。

以图 16 为例，线 < BG > 就是一条桥，两个团体本来是相连的，但把这条线去掉，这两个团体就分开来了。数学上的定义，切开点是节点，桥是线，但是我们在写论文的时候经常就把人称作一座桥，并没有使用这么精确的数学定义。

可达性是在一个相连图形中间，某一个节点可以有路径与多少节点相连。以图 16 为例，A 可以达到的是 B、D、E、F、G、I，A 可达这六个，但它无法连接到其他的，所以 A 的可达性就是 6。C 可达的就一个都没有，C 的可达性就是 0。

以上都是以无方向性的图形为范例下各个概念的定义，接下来，我们介绍具方向性图形的定义。以可达性来说，在图 17 中，顺着箭头的方向才能走，逆向则不通。譬如说 A 可以达到 D，A 可以达到 I，A 可以达到 E，A 无法达到 F，A 到 E 就过不去 G 了，B 却可以达到 A，可以达到 D，所以 B 的可达性仍然是 6，A 的可达性却减为 3。这里我们就需要重新看一些先前的定义。

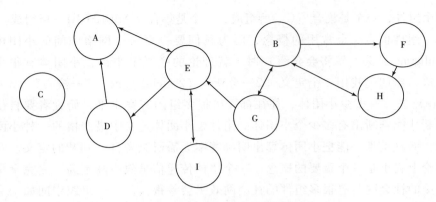

图 17　方向性社会网范例

　　什么叫做途径，途径在方向性图形中，随意从其中一个节点出发，走到另一个节点所走过的路，可以重复相同的节点，也可以重复相同的线，但是要有相同方向，如果是逆向的线，就不能通过。半途径（semi-walk）的意思就是说不管方向了，只要有线就走，所以说途径是有方向的；从 A 到 E 到 I 到 E 到 D 再回 A（代号用 A—E—I—E—D—A），我们叫做一个途径。从 A 到 D，到了 E 再回到 D，再到 E，反向走再到 G，这就叫做一条半途径，因为其中好几条线是逆向走的。半（semi）的意思就是不管方向，只要有线就走。

　　半步径是同样的意义，我们在走一条途径时，没有经过同一条线，走过的线中间也有逆向的，就是半步径。还有半路径，就是途径没有经过同一条线，也没经过同一个节点，但走过的线中间也有逆向的。

　　在方向性图形中，节点程度（node degree）定义也有所不同，可以分为外向节点程度 $d_o(n_i)$ 和内向节点程度 $d_I(n_i)$。$d_o(n_i)$ 就是说节点指出去的线的数量加总，$d_I(n_i)$ 就是别的节点指进某个节点的线的数量加总，在方向性的图形中这两个指标就要分开。

　　相连与组件的定义在方向性的图形中也要重新定义，两个节点之间如果叫做弱相连（weakly connected），意思就是它们之间是被一条半路径连接，就是说不管是哪个方向，只要被连接了就是弱相连，A 与 B 就是弱相连。

　　强相连（strongly connected）就是说能过去又能回来，n_i 能够到 n_j，n_j 也能够到 n_i，这两条路径都同时存在。A 与 D 就是强相连，因为 A 到 D 透过 A—E—D 这条路径，而 D 也可以回到 A，直接就走 D—A。

　　递归相连（recursively connected），就是 n_i 到 n_j，也能够 n_j 回到 n_i，而且这两条路径是相同的。强相连可以用不同的路径往返，递归相连则要用相同的路径。A 与 I 就是递归相连，因为 A 到 I，走的是 A—E—I，而 I 回到 A，走的是 I—E—A。

弱相连图形就是指图形中任何两个节点只要是弱相连，这个图形就叫做弱相连图形。以图 17 为例，集合 |ABDEFGHI| 形成的图形就是弱相连图形，因为 A、D、E、I 四个节点与 B、F、G、H 四个节点之间只有弱相连。

强相连图形就是指图形中任何两个节点都要是强相连。集合 |ABDEFGHI| 形成的图形就不是强相连图形，其中子集合 |ADEI| 与 |BFGH| 形成的图形才是强相连图形，因为这两个子图形中的节点都是强相连。

关于组件，其定义也有所不同。这里就牵扯到了两个组件的定义，第一个组件的定义就是在弱相连的定义之下，两个子图形没有弱相连的状况下，叫做两个组件；还有一种定义就是在强相连下定义组件，两个子图形没有强相连的状况下，叫做两个组件。以图 17 为例，在弱相连的定义之下，子图形 |ABDEFGHI| 以及子图形 |C| 形成两个组件，但在强相连的定义下，其中子集合 |C|、|ADEI| 与 |BFGH| 形成了三个组件。这两个定义十分重要，因为以后去算小团体的时候不同定义会算出不同数量的小团体来，用的定义严格，算出来的小团体的数就越多，用的定义越不严格，算出的小团体的数就越少。强相连是较严格的定义，弱相连则是较不严格的定义。

同样的道理，捷径、可达性和距离都有方向性，一个节点可以达到另一节点，要有路径而不是半路径的存在，顺着方向的线才可以计算它们是否可达。可达的两个节点之间才有捷径，也可以计算捷径走了几条线，算出它们的距离是多少。

三　社会计量学

如上一章第八节所述的，我们在收集到了整体社会网资料之后，第一件事情就是要把它登录成一个矩阵，称为社会矩阵（social matrix）或关系矩阵（relational matrix）。社会网分析的指标都是靠关系矩阵的运算获得的。矩阵和图形之间可以转换，一个图形 G 可以转换成为一个矩阵 X，一个矩阵包含了行和列，其行列值定义如下：

$$X_{ij} = 从 X_i 到 X_j 的关系值$$

X 定义了一组关系，它的值取决于从节点 i 到节点 j 有无关系。以图

17 为例，在这个图形中 A 到 D 没有关系，所以 X_{AD} 就等于 0，从 D 到 A 有关系，所以 X_{DA} 就等于 1，图 17 就可以转换成如下的矩阵：

	A	B	C	D	E	F	G	H	I
A	0	0	0	0	1	0	0	0	0
B	0	0	0	0	0	0	1	1	0
C	0	0	0	0	0	0	0	0	0
D	1	0	0	0	0	0	0	0	0
E	1	0	0	1	0	0	0	0	1
F	0	0	0	0	0	0	0	1	0
G	0	1	0	0	1	0	0	0	0
H	0	1	0	0	0	0	0	0	0
I	0	0	0	0	1	0	0	0	0

一个节点集合不必然只有一维（dimension）关系，比如说我有关组织行为的标准问卷是 13 题，实际上就会得到 $9 \times 9 \times 13$ 的矩阵，所以在多维关系的矩阵中，其行列值的定义是：

$$X_{ijr} = 在关系 X_r 上，从 X_i 到 X_j 的关系值$$

此一矩阵有 r 种关系，比如说第 r 种关系是咨询网络——谁向你请教工作上的困难？X_{ijr} 就是指在这种关系中，i 这个节点会不会向 j 请教。

矩阵不必然是正方形的，也可能是矩形的，譬如说我们有两个集合的节点，第一组集合是 9 个职员 |123456789|，第二组找到的是 4 个主管 |ABCD|，第一个集合的节点是有 9 个，第二个集合的节点是 4 个，我们调查其中的咨询关系，职员 1 向主管 A 请教，所以 X_{1A} 是 1，而主管 A 并未向职员 1 请教，所以 X_{A1} 是 0，这样的矩阵就是 9×4 的矩阵。

所有的社会网分析都是由这些矩阵计算得来的，从一些简单的矩阵运算就可以得到十分有意义的社会变量。以矩阵相乘为例，矩阵 X 是：

$$\begin{bmatrix} \chi_{11} & \chi_{12} & \cdots & \chi_{1j} \\ \chi_{21} & \chi_{22} & \cdots & \chi_{2j} \\ \cdots & \cdots & \cdots & \cdots \\ \chi_{i1} & \chi_{i2} & \cdots & \chi_{ij} \end{bmatrix}$$

X 的转置矩阵（transpose），代号 X′，行变列，列变行，变为：

$$\begin{bmatrix} \chi_{11} & \chi_{21} & \cdots & \chi_{j1} \\ \chi_{12} & \chi_{22} & \cdots & \chi_{j2} \\ \cdots & \cdots & \cdots & \cdots \\ \chi_{1i} & \chi_{2i} & \cdots & \chi_{ji} \end{bmatrix}$$

矩阵相乘：一个 p * k 的矩阵，与一个 k * q 的矩阵相乘，得出一个 p * q 的矩阵，计算方法如下。X_p 矩阵中第一列上的各行数值分别乘上 X_q 矩阵第一行上的各列数值，加总，得到相乘矩阵中之 X_{11}，并依此类推，算出所有行列数值为止。

$$\begin{bmatrix} \chi_{p11} & \chi_{p21} \\ \chi_{p12} & \chi_{p22} \\ \chi_{p31} & \chi_{32} \end{bmatrix} \times \begin{bmatrix} \chi_{q11} & \chi_{q21} & \cdots & \cdots & \chi_{q17} \\ \chi_{q12} & \chi_{q22} & \cdots & & \chi_{q27} \end{bmatrix}$$

$$= \begin{bmatrix} \chi_{p11}\chi_{q11} + \chi_{p12}\chi_{q21} & \cdots & \cdots \\ \cdots & \cdots & \cdots \\ \cdots & & \chi_{p31}\chi_{q17} + \chi_{p32}\chi_{q27} \end{bmatrix}$$

X 的转置矩阵乘以 X，可以得到什么？以图 17 形成的关系矩阵为例：

$$\begin{bmatrix} 0&0&0&1&1&0&0&0&0 \\ 0&0&0&0&0&0&1&1&0 \\ 0&0&0&0&0&0&0&0&0 \\ 0&0&0&0&1&0&0&0&0 \\ 1&0&0&0&0&0&1&0&1 \\ 0&1&0&0&0&0&0&0&0 \\ 0&1&0&0&0&0&0&0&0 \\ 0&1&0&0&0&1&0&0&0 \\ 0&0&0&0&1&0&0&0&0 \end{bmatrix} \times \begin{bmatrix} 0&0&0&0&1&0&0&0&0 \\ 0&0&0&0&0&1&1&1&0 \\ 0&0&0&0&0&0&0&0&0 \\ 1&0&0&0&0&0&0&0&0 \\ 1&0&0&1&0&0&0&0&1 \\ 0&0&0&0&0&0&0&1&0 \\ 0&1&0&0&1&0&0&0&0 \\ 0&1&0&0&0&0&0&0&0 \\ 0&0&0&0&1&0&0&0&0 \end{bmatrix}$$

$$= \begin{bmatrix} 2 & 0 & 0 & 1 & 0 & 0 & 0 & 0 & 0 & 1 \\ 0 & 2 & 0 & 0 & 1 & 0 & 0 & 0 & 0 \\ \cdot & \cdot & \cdot & \cdot & \cdot & \cdot & \cdot & \cdot \end{bmatrix}$$

我们可以看到，对角线上的 X_{AA} 是 2，X_{BB} 也是 2，所代表的数值正好是指向 A 或指向 B 的线的数量总和，也就是 d_i（A）是 2，d_i（B）也是 2。至于 X_{AC} 是 0，X_{AD} 是 1，以及 X_{AI} 是 1，代表的意义是 A 和 C 没有共同被某一节点指向，A 和 D 却有一节点同时指向它们（节点 E），A 和 I 也有一个节点同时指向它们两个（也是 E）。所以 X 的转置矩阵乘以 X 可以得到各节点共同内向关系的矩阵，同样的，如果我们用 X 乘以 X 的转置矩阵，则可以得到各节点共同外向关系的矩阵。

再以矩阵相加为例，$X_p + X_q$

$$\begin{bmatrix} \chi_{p11} & \chi_{p12} & \cdots & \chi_{p1j} \\ \chi_{p21} & \chi_{p22} & \cdots & \chi_{p2j} \\ \cdots & \cdots & \cdots & \cdots \\ \chi_{pi1} & \chi_{pi2} & \cdots & \chi_{pij} \end{bmatrix} + \begin{bmatrix} \chi_{q11} & \chi_{q12} & \cdots & \chi_{q1j} \\ \chi_{q21} & \chi_{q22} & \cdots & \chi_{q2j} \\ \cdots & \cdots & \cdots & \cdots \\ \chi_{qi1} & \chi_{qi2} & \cdots & \chi_{qij} \end{bmatrix}$$

$$= \begin{bmatrix} \chi_{p11} + \chi_{q11} & \chi_{p12} + \chi_{q12} & \cdots & \chi_{p1j} + \chi_{q1j} \\ \chi_{p21} + \chi_{q21} & \chi_{p22} + \chi_{q22} & \cdots & \chi_{p2j} + \chi_{q2j} \\ \cdots & \cdots & \cdots & \cdots \\ \chi_{pi1} + \chi_{qi1} & \chi_{pi2} + \chi_{qi2} & \cdots & \chi_{pij} + \chi_{qij} \end{bmatrix}$$

矩阵相加必须是行数与列数相同的两个矩阵才能进行，X_p 矩阵中第一行第一列元素加上 X_q 矩阵中第一行第一列元素可以得到相加矩阵的矩阵中第一行第一列元素，并依此类推。在社会网分析中，我们会把同一节点集合不同关系维度的矩阵相加，以得到一个数值矩阵，其数值可以代表两节点间关系的强度。比如，在上述 13 题的调查中，13 个矩阵相加，相加矩阵的数值就会介于 0 到 13 之间，两节点 13 类关系都有连带，则关系强度为 13，最强；如果 13 类关系都无连带，则是 0，关系最弱。

再以节点程度为例，以下是节点程度的公式：

$$d_O(n_i) = \sum_{j=1}^{g} x_{ij}$$

$$d_I(n_i) = \sum_{j=1}^{g} x_{ji}$$

我们可以发觉 $d_O(n_i)$ 就是行相加，$d_I(n_i)$ 就是列相加，以图 17 的矩阵为例。

$$
\begin{array}{c c}
A \\
B \\
C \\
D \\
E \\
F \\
G \\
H \\
I
\end{array}
\left[
\begin{array}{c c c c c c c c c}
0 & 0 & 0 & 0 & 1 & 0 & 0 & 0 & 0 \\
0 & 0 & 0 & 0 & 0 & 1 & 1 & 1 & 0 \\
0 & 0 & 0 & 0 & 0 & 0 & 0 & 0 & 0 \\
1 & 0 & 0 & 0 & 0 & 0 & 0 & 0 & 0 \\
1 & 0 & 0 & 1 & 0 & 0 & 0 & 0 & 1 \\
0 & 0 & 0 & 0 & 0 & 0 & 0 & 1 & 0 \\
0 & 1 & 0 & 0 & 1 & 0 & 0 & 0 & 0 \\
0 & 1 & 0 & 0 & 0 & 0 & 0 & 0 & 0 \\
0 & 0 & 0 & 0 & 1 & 0 & 0 & 0 & 0
\end{array}
\right]
$$

$d_O(n_i) = \begin{bmatrix} 1 & 3 & 0 & 1 & 3 & 1 & 2 & 1 & 1 \end{bmatrix}$

$d_I(n_i) = \begin{bmatrix} 2 & 2 & 0 & 1 & 3 & 1 & 1 & 2 & 1 \end{bmatrix}$

从行相加可以得知，$d_O(A) = 1$

从列相加可以得知，$d_I(A) = 2$

所有的社会网分析都是由这样的矩阵运算得来，所以说社会计量学是社会网分析的数学运算基础，不过本书的目的并不在于介绍所有的数学运算法，所以本节旨在说明社会计量学如何算出我们在社会网分析中常用的指标，而不在穷尽所有的运算法。很幸运的是，所有的社会网变量的运算都有社会网分析软件代劳，下面一节我们就来看看如何使用 UCINET 软件。另外，社会计量学也可能直接应用在因果模型的建立上，第五节就介绍一个濡染模型，其中濡染效果即由关系矩阵计算得出。

四　社会网分析软件——UCINET

在社会网分析的软件中最常看见的主要有博卡提、埃维瑞特以及弗里曼（Borgatti，Everett and Freeman）制作的 UCINET，以及博特所制作的 STRUCTURE。其中又以 UCINET 为最常使用的分析软件，感谢博卡提、埃维瑞特以及弗里曼等人无私的奉献，我们现在可以免费下载此一软件的第六版，第六版新加入了魁克哈特以及弗里曼等人发展的社会网绘图软件，所以使用更为简便。下面网址就可以免费下载 UCINET。*

http：//www. analytictech. com/downloaduc6. htm

下面我以一家外商公司中计算机维修部门的 15 人的情报网络资料为例**，操作 UCINET 以得到各样的社会网指标。

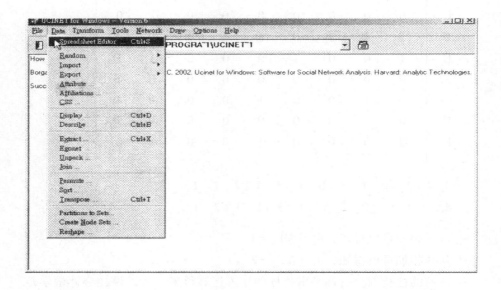

读者在安装了软件之后可以在指令列中，按"Data"，再按"Spreadsheet Editor"，就会跳出 EXCEL 的格式，可以输入我们收集到的整体网络资料，如下图。

输入完闭后，按"File"指令，再按"Save as"，在对话窗口中键入文件名。我为此社会网取名 PSC07，UCINET 会自动在欲存取的档案夹中创造两个档案，分别是 PSC07. ##D 与 PSC07. ##H。

---

* 作者购买 UCINET 5.0，其接口操作与 6.0 一样，但使用绘图软件时仍使用 6.0。
** 此一范例中有两份无效问卷，在做研究时应被排除在社会网的计算之外，但本书范例为方便说明某些指标，如组件的计算，所以把这两份无效问卷一并纳入分析之中。

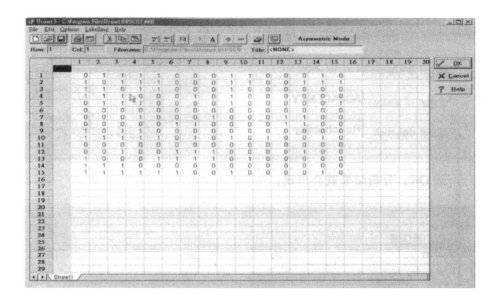

下面我就分别看看本章所述的一些指标如何求取。先求可达性。

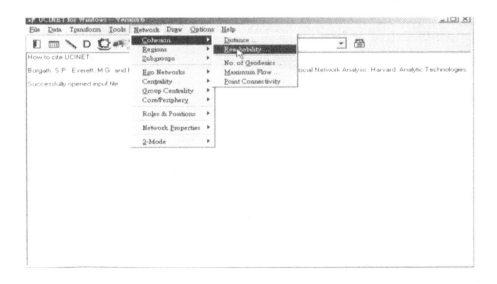

在"Network"键中选"Cohesion"，再选"Reachability"，会跳出一个对话窗口要求输入档案。我们可以在浏览中找到存取的档案夹，再点选 PSC07。

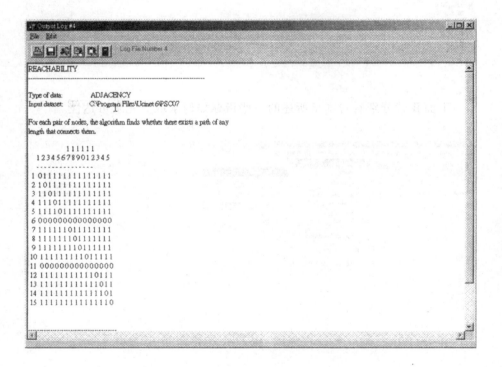

按 OK，分析结果就会出现。

从分析结果可以看到，只有节点 6、节点 11 与别人都不可达，其他人则可互相到达。

下面我们用同样的方法来计算距离，也是在"Network"键中选"Cohesion"，再选"Distance"，会跳出一个对话窗口要求输入档案。我们可以在浏览中找到存取的档案夹，再点选 PSC07。

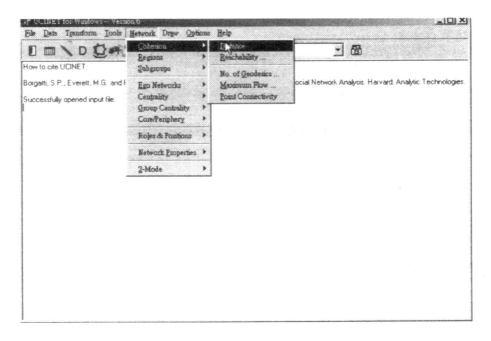

分析结果得到：

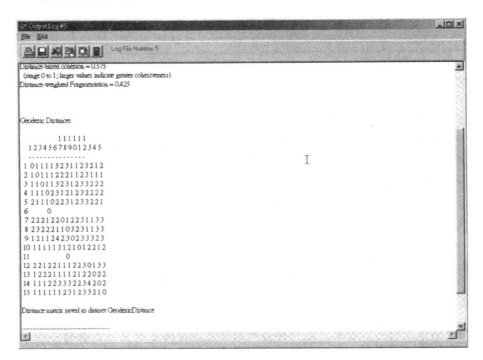

我们可以看到节点 1 到节点 2 距离是 1，到节点 6 是 3，到节点 7 是 2，到节点 10 是 1……

下面介绍如何计算组件，以强相连图形为例，计算步骤如下。

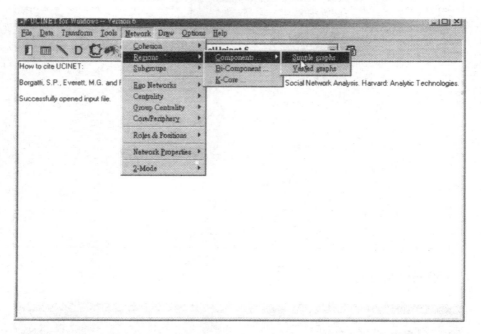

先在 "Network" 键中选 "Regions"，再选 "Components"，再选 "Simple Graphs"，会跳出一个对话窗口要求输入档案，我们可以在浏览中找到存取的档案夹，再点选 PSC07，并选择 "Strong"。

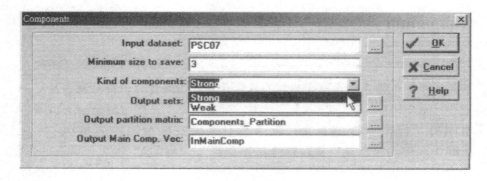

结果我们可以看到，此一社会网如以强连带图形定义，会有三个组件，分别是集合 {6} 和集合 {11}，以及其他 13 个节点组成的集合。

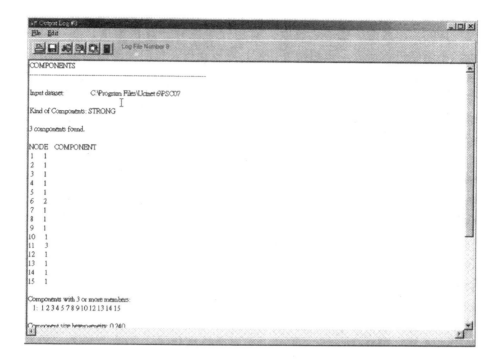

五　研究范例——计算机态度的濡染模型

（一）计算机态度研究

台湾对计算机态度研究的文献不少，但对计算机态度的内涵的看法却不全然相同。事实上，计算机态度的内涵原本就包含许多不同的因素，在以往的研究中，研究者往往针对不同的研究对象与目的，来决定计算机态度的内涵。在林幸台（1987）对中学辅导人员的研究里，将计算机态度分为学习、影响、用处、情绪反映、男性专属等几个面向。吴美惠（1992）将计算机态度内涵分为一般性看法、喜欢、厌恶等，并进行对在职成人的研究。程蕴嘉（1994）则将焦虑、信心、喜欢、有用性等计算机态度内涵用于大学新生的研究。蔡志煌、宜翠映（1995）更针对师院学生其课业应用计算机、喜好计算机及一般观感等计算机态度的内涵进行研究。廖远光（1995）则以价值、舒适、喜爱、性别差异、能力差异等面向，进行在职教师的计算机态度研究。王基振（1995）以研究生为对象，将计算机态度分为计算机对社会与教育的影响、计算机应用、焦虑等三部分。蒋姿仪（1996）将焦虑、信心、喜欢、有用性等统称为计算机态度，并对国中生、小学生进行研究。张绍勋（1997）则以正向、负向及威胁感等三个面向作为研究成人及学生之计算机态度的内涵。王贞雅（1997）则研究大学生之焦虑、信心、喜欢及有用性等计算机态度，非常类似的分类出现在林晓妮（1997）的论文中，她以焦虑、信心及喜欢三个面向来探讨小学生的计算机态度。

　　国际上有关计算机态度的研究也很多，但学者们对计算机态度的界定则不尽相同。罗毕（Raub，1982）在其研究中，将计算机态度分为计算机焦虑、计算机重视性与社会冲击。罗义德与葛沙特（Loyd and Gressard，1984）则将个人对计算机的焦虑、信心、喜欢统称为计算机态度。陈（Chen，1986）把学生对计算机的态度分为五个层面：计算机兴趣（computer interest）、性别均等（gender equality）、计算机信心（computer confidence）、计算机焦虑（computer anxiety）和经由计算机赢得尊敬（respect through computers）等。艾里克森（Erickson，1987）研究学生的计算机态度时，将量表分为实用性、喜欢、成功的感觉、男性专属及焦虑等六个向度。固汉（Koohang，1987）以职前教师（pre-service teacher）为样本进行研究，亦把计算机态度分为焦虑、信心、喜欢三个层面。凯（Kay，1989）指出计算机态度是由认知态度、情感态度和行为态度所组成。威雷多、玛瑞米与杭特（Violato，Marini，and Hunter，1989）则将计算机态度包括性别差异（sex differences）、舒适感（comfort）、喜欢和价值等层面，用以制作职前教师之计算机态度量表。坎贝尔（Campbell，1990）认为计算机态度应包括有用性（usefulness）、效能动机（effectance motivation）、焦虑、计算机属男性领域（computers as a male domain）等层面。廖（Liao，1995，1996a，1996b，1997）则认为计算机态度包含喜欢、舒适感、价值、性别差异及能力差异等五个因素。

　　综合上述研究的观点，我们可以归纳最常出现的分类，定义计算机态度为一种心理现象，针对计算机出现在我们的生活领域中，而产生了三种态度倾向，一是对计算机的价值以及未来发展的看法，二是对计算机的使用是否喜欢，是否倾向于更多使用计算机，三是对计算机改变了我们的生活与工作方式产生的焦虑。一个人的计算机态度决定了他在信息时代是否正面而乐观地迎接信息科技，所以对计算机态度的研究不止在信息社会中个人行为的学术探讨上有一定的价值，在组织迈向信息化的过程里，对员工如何聘选与培训，更具有实务应用上的意义。

（二）二级传播理论与人际影响

一个人的计算机态度如何形成？传播理论中之二级传播论提供了特有的观察角度。

知名的传播学者罗杰斯指出，新事物传播过程中主要有四个元素（Rogers，1995：10－37）：①待推广的新事物；②透过某渠道；③历经一段时间；④在某一社会体系内人们之间的传播。而所谓的新事物可以包括新发明或新知识、新观念等，一般人在决定是否采用新事物时，通常会考虑相对利益（relative advantage）、兼容性（compatibility）、复杂性（complexity）、可试验性（triability）及可观察性（observability）等因素。而传播渠道则分为大众传播与人际传播，大众媒体渠道在让大家认知创新知识方面更具效力，但知易行难，在人们对新概念的态度形成与改变方面，以及在采纳或拒绝新概念的决策方面仍然有赖于人际传播。犹有甚者，大多数正在考虑采用新事物的人，其评鉴的依据，并不是专家的科学性研究，而是那些曾经采用新事物的亲近好友的评估。这些亲近好友提供了一个社会示范，其创新行为常为他们社会体系中的其他人所模仿，罗杰斯称这些人为"意见领袖"（Rogers，1995：第八章）。

社会体系则是指新事物发生的所在，可以是一个非正式的团体、一个组织、一个社会，或一个次体系，因此它有一定的范围。一个体系含有结构，该结构指体系内各单元间有模式可循的一种社会网安排，它给予体系内的个人行为以稳定性与规律性。体系内的社会与传播结构，能促进或阻碍新事物在体系内的扩散。意见领袖乃指能照其方式非正式地影响别人态度或外在行为的人，意见领袖为社会体系成员，具体表现出该体系的规范以及已建立起的行为模式。如果体系规范有利于新事物传播，则意见领袖更有可能采纳它，而其他在网络结构中与意见领袖有关系的人便可能效法他的示范。

意见领袖的概念最初由拉扎斯菲尔德等人（Lazarsfeld and Katz，1955）提出，当时他们是为了调查大众媒介对选民政治行为的影响，以了解影响选民投票的因素，结果发现大众传播媒介仅能强化选民原有的立场，很难改变其态度和行为。原因是这些"社会大众"和社会团体（如家庭、同侪团体）间保持着密切的关系，这些团体往往会影响他们对于媒介的接触，以及接受信息后的解释方式。真正具有影响力的是人际接触：大众传播媒介最初将信息传至意见领袖，再经由意见领袖将信息传给"跟随者"（follower）并影响其态度，拉扎斯菲尔德等将此过程称为"二级传播"（two-step of communication；Rogers，1995）。也就是说，二级传播模式中的大众媒介与个人之间的关系通常会透过意见领袖的中介。再引申而言，二级传播理论对大众传播研究者最大的启示是：大众传播媒介不是在真空中运作的，而是输入于一个十分复杂的社会网中，它在人际接触中才真正改变人们的态度。

拉扎斯菲尔德在《个人影响》（*Personal Influence*，1955）一书中指出，意见领袖会以非正式、经常性及别人所期待的方式影响他人的态度或行为，领袖为他的跟随者制造一个活生生的规范模型。通常意见领袖有较多的机会接触外界，且具专门性的消息来源，他们的功能是"使团体与有关的环境接触"（Lazarsfeld，1957）。从许多研究中可看出意见领袖的一般形象。与他们的跟随者相比，意见领袖具有以下的特性：①广泛地暴露于相当多外界的消息来源中；②与他们的跟随者非常接近；③高度地遵从他们所属团体之规范。

二级传播理论有效地解释了人的态度形成会受到周遭人的影响，只是这个影响可能是正也可能是负。魁克哈特以及布莱斯（Krackhardt and Brass，1994）称正向影响为社会互动原则（principle of interaction），称后者为反射排斥原则（principle of reflected exclusivity）。比如，人际传播影响力的知名理论"社会信息处理过程模型"（social information processing，简称 SIP）就主张人际影响是正向的，所以两个观念不同的团体相互交换成员，交换过去的人会把对方团体的观念向己方拉近一些，这样做有助于两个团体意见渐趋一致（Salancik and Pfeffer，1978）。相反的，在某些事上，有时周遭的人的态度反而会激发当事者相反的态度。伯瓦索（Bovasso）在研究一个组织内员工是否自认有领袖气质时，也使用了濡染模型去模型化人与人间的影响力，并发现如果周遭的人都不自认有领袖气质，反而会激发起一个人的领袖感来。反之，一个人陷在一群自认领袖的人中间，他会渐渐地自认只是一个跟从者（Borasso，1996），他称之为"反感染力"（anticontagion）。

（三）濡染模型

意见领袖的研究指出，我们的态度形成深受周遭人际关系的影响，咨询与寻求情感支持的对象往往成为我们的意见领袖，而这种社会影响力的形成过程正是社会网研究中很重要的领域，此一研究旨在分析社会网中行为及态度形成的社会关系结构。埃里克森（Erickson）就指出，假定在模糊不清的情境下，人们会借由比较参照团体中相似之其他人的态度，来获得行为规范的指引，当他们和参照团体在一起时，相同的态度会被确定及强化，有差异的态度则会改变。当两个行动者的意见或行为有差异时，这种意见或行为的影响力会衰退。这种主张行动者是被相似之其他人影响的论点，再一次说明了社会互动原则，行动者倾向于结合意见和主张相投者，当意见不一致时，会提出分歧的主张，人际影响力的基础就被侵蚀。因此，影响力一般于发生在行动者有一致性的主张或兴趣之际。

除了人际的影响力可能有利于一致态度的形成，还有一种生态学的影响机制，亦即角色同型的影响力。不同社会结构中扮演相同角色者会相互模仿，因此，占有特定社会地位者，如果他们有相似的条件，则他们能共享相同的态度或行为，在一般的条件下，他们会表现出和地位或职务相称的行为。

但人际影响也不必然造成态度一致性，通常人际影响力的基本原则是纠缠不清的，两个行动者可能是朋友或敌人，彼此的反应都会影响对方。影响力可以是正面的，也可以是负面的，占有一定社会位置的行动者比处于边缘社会位置的行动者更可能形成连带，这种连带提供了各式各样社会影响力的人际基础、多重的连带和角色相似性，提供了一种在行为和态度上运用影响力的稳定背景。

延续这样的脉络，马斯登与佛莱德金（Marsden and Friedkin，1994）就发展出测量社会影响力的两种方法：结构内聚性（structural cohesion）及结构同型性（structural equivalence）。这对社会影响力的研究提供了不同的走向，前者是来自社会计量学的传统惯例，概括性地定义网络环境，强调行动者之间网络的连结性；后者是源自社会位置分析（position analysis）的传统，概括性地定义网络结构角色上的同型性，根据其角色扮演的概况描述行动者的相似性。马斯坦与佛莱德金也强调，在研究社会影响力之结构内聚性时，应注意的工作有：一是阐明构成行动者态度或行为之结构性影响的实质过程，二是解释网络中的人际亲近性会产生相似或相反的态度，三是使用有效的数学及统计模型，成功地测量出社会影响力的程度。他们并因此而推演出濡染模型（contagion model）作为社会影响力研究的模型。模型公式如下：

$$Y = \alpha W_i Y + \beta X + \varepsilon$$

这里 Y 是态度向量，显示一群人对某一事务的态度，W_i 的测量则是指这一群人之间两两关系所形成的社会矩阵，X 所代表的是控制变量。$W_i Y$ 则是与某人有关系的其他人之态度总值，α、β 为回归系数。

简单地说，就是个人的行为态度会受到网络中其他成员的行为态度影响。首先，他人影响值可以经由网络中的其他成员态度获得推算，例如有四位成员，他们的态度向量是 $Y' = [8\ 2\ 4\ 6]$，而其社会网矩阵 $W_i =$

$$\begin{bmatrix} 0 & 1 & 1 & 0 \\ 1 & 0 & 0 & 1 \\ 0 & 1 & 0 & 0 \\ 1 & 0 & 1 & 0 \end{bmatrix}$$，经过矩阵运算 $W_i \times Y$ 的结果，得知此四人受他人态

度影响的系数向量为 $[6\ 14\ 2\ 12]^*$。此一向量即为濡染系数，说明了每一个人的意见领袖们的态度加总起来是强抑或是弱。此一模型即可以检证他人影响力对本人态度的形成是否有显著的冲击。

（四）模型中的控制变量

就性别而言，个体先天的差异及后天社会期望的不同，可能会影响其计算机态度。程蕴嘉（1994）针对大一新生的研究显示，男性在计算机态度上的得分较女性高。汤惠诚（1994）所做高雄市高中学生计算机态度的研究，却呈现女性的计算机态度较男性更积极而正向。蔡志煌、宜翠映（1995）以台南师院学生为研究样本，结果是男性在课业应用及喜好量表上显著优于女性。蒋姿仪（1996）也说明国中学生与国小男学生的计算机态度（焦虑与自信）显著比女生好。林震城（1997）对两岸大学生的研究，结果显示男性较女性有较好的计算机态度。国际研究部分，尼柯（Nickell，1987）、穆恩（Moon，1994）都针对大学生做过研究，结果是男性有较正向的计算机态度，比女生更有计算机自信。伯

---

* 这是直接引自马斯坦和佛莱德金濡染系数计算法，但此一计算方法并不正确，因为受到影响的人越多，加总出来的濡染系数也会越高，所以我们在计算时会除以每一个人受到影响的人数，求取平均值，亦即一个人的意见领袖（可为多个人）其平均的计算机态度有多高作为他受濡染的系数。

纳德（Bernard，1996）对心理系学生的研究结果是，女性较焦虑且不信任计算机。关、王、伽伯与杨（Guan，Wang，Gable and Young，1998）提出，大学生中女生的多媒体计算机态度较男性高。然而，亦有研究结果显示性别对于计算机态度无显著差异，如吴美惠（1992）针对在职成人的研究、王基振（1995）针对研究生的研究、林晓妮（1997）针对国小学生的研究、翁百安（1998）针对国中生的研究及罗义德与葛沙特（Loyd and Gressard，1986）以高中生为样本，凯瑞与轮尼（Kerrie and Rene'e，1997）以成年人为对象，柯贝克、米勒与默菲（Kubeck，Miller and Murphy，1999）以大学生及社区老人为对象而做的研究，都呈现研究对象的性别间计算机态度并无显著差异性。

以年龄因素而言，随着年龄的不同，个体对事物的看法也有所差异，个人的计算机态度亦可能受年龄影响。陈志强（1995）针对国小教职员的研究结果显示：年龄愈小者，计算机态度愈正向。郑建良（1996）以师院学生为对象，年级愈高者，计算机态度愈正向。郑垣超（1996）则以空中商专的学生为研究样本，结果是年龄愈长者，计算机态度愈正向。国外学者凯瑞与轮尼（Kerrie and Rene'e，1997）针对成年人的研究结果显示，年长者较为焦虑。柯贝克、米勒与默菲（Kubeck，Miller and Murphy，1999）也提出年轻者较年长者有较正向的计算机态度。但年龄也并非对计算机态度有绝对的影响，蔡志煌、宜翠映（1995），王基振（1995）及罗与安（Lau and Ang，1998）等针对大学生的研究，和柯贝克、米勒与默菲（Kubeck，Miller，and Murphy，1999）针对成年人的研究，都指出年龄对计算机态度并没有显著影响。

另外，职务上的差异可能导致个人因接触计算机的机会不同而在态度上有所差异，陈志强（1995）以国小教职员为研究对象，结果显示职务不同会影响其计算机态度，"行政人员"较"教师"在自信与喜欢态度量表上有较正向的态度。汪明芳（1998）的研究也说明国小总务主任对于行政计算机化的态度与知觉略高于其他职务的老师与职员。以上实务研究都说明职务的差异对计算机态度产生显著的影响。

另外，还有年资变量的影响问题，这里指的是服务年资而非计算机使用年龄。过去的研究中，汪明芳（1998）针对国小总务人员、张建原（1998）针对国中教职员及陈美茜（1998）针对企业使用者所做的研究，结果都显示：人们不因任职年资不同而对计算机态度有所不同，也就是说工作年资并不会影响到使用者的网络态度。

综合以上有关计算机态度的实证研究可以看出，性别与年龄的影响因素并无定论，结果往往因研究对象的不同而不同；而职务差别及年资的长短，虽多呈现相同的研究结果，但因将这两个因素纳入变量的研究并不多，故仍不足以定论职务差别与年资长短对计算机态度的影响，尚需更多的研究发现。这四个较常被讨论的因素，因其在不同模型中都曾呈现显著影响，所以在我们的模型中都纳入成为控制变量。

（五）理论模型

依上述濡染模型所建构之 $Y = \alpha W_i Y + \beta X + \varepsilon$ 模型，应用于本研究，其中，因变量 Y 是指计算机态度，自变量则包含经过网络矩阵作用后的态度 $W_i Y$ 及控制变量 X。

其中，必须说明的是：公式左边的 Y 和右边的 Y 虽然内容是相同的，但意义不同。也就是说，右边的 Y 不应视为单一自变量，而是应将 $W_i Y$ 视为一个自变量，代表的是经过网络矩阵中有关系的人影响后计算而得的影响程度——亦即濡染系数，在计算中已转化了自身的作用，故经过计算处理后，不致发生自变量与因变量共变的误差。

兹分述各研究模型与假设如下。

将情感网络与咨询网络同时进行计算机态度影响模型的回归研究，模型及假设如下：

$$Y = \alpha + \beta_1 W_{E1} Y + \beta_2 W_{E2} Y + \beta_3 W_{C1} Y + \beta_4 W_{C2} Y + \beta_5 W_{C3} Y + \delta_1 X_1 + \delta_2 X_2 + \delta_3 X_3 + \delta_4 X_4 + \varepsilon$$

Y：4×123 矩阵，为四个 1×123 的向量 $\{Y_0 \ Y_1 \ Y_2 \ Y_3\}$，分别是整体计算机态度 Y_0、使用态度 Y_1、学习态度 Y_2 及价值态度 Y_3。

W_{E1}：123×123 矩阵，表示"情感支持"的情感网络矩阵。

W_{E2}：123×123 矩阵，表示"个人隐私"的情感网络矩阵；

W_{C1}：123×123 矩阵，表示"向外请教"的咨询网络矩阵；

W_{C2}：123×123 矩阵，表示"他人请教"的咨询网络矩阵；

W_{C3}：123×123 矩阵，表示"日常业务"的咨询网络矩阵；

$W_{E1} Y$：4×123 态度矩阵，表示"情感支持"情感网络中每人受他人态度影响的濡染系数矩阵，共有整体计算机态度 Y_0、使用态度 Y_1、学习态度 Y_2 及价值态度 Y_3 等四个濡染系数向量；

$W_{E2} Y$：4×123 态度矩阵，表示"个人隐私"情感网络中每人受他人态度影响的濡染系数矩阵；

$W_{C1}Y$：4×123 态度矩阵，表示"向外请教"之咨询网络中每人受他人态度影响的濡染系数矩阵；

$W_{C2}Y$：4×123 态度矩阵，表示"他人请教"之咨询网络中每人受他人态度影响的濡染系数矩阵；

$W_{C3}Y$：4×123 态度矩阵，表示"日常业务"之咨询网络中每人受他人态度影响的濡染系数矩阵；

X_1 为控制变量，性别（sexuality）；

X_2 为控制变量，职位（position）；

X_3 为控制变量，年龄（age）；

X_4 为控制变量，年资（year）；

α 为常数，β_1、β_2、β_3、β_4、β_5 为 1×4 之向量，为五个自变量之回归估计值，δ_1、δ_2、δ_3、δ_4 为 1×4 之向量，为四个控制变量之回归估计值，ε 为 4×123 之向量，为随机变量。

因为意见领袖影响力是正是负并无定论，社会互动原则以为是正，所以形成的假设如下：

假设 1：β_1、β_2、β_3、β_4、β_5 中至少一个为正值

备择假设：β_1、β_2、β_3、β_4、β_5 都不为正值

而反射排斥原则则以为影响力为负，所以形成的假设是：

假设 2：β_1、β_2、β_3、β_4、β_5 中至少一个为负值

备择假设：β_1、β_2、β_3、β_4、β_5 都不为负值

（六）资料收集

在计算机态度的调查上，李克特量表是当前意见或态度调查中最常使用的一种样式，目前常用的计算机态度量表有：①罗义德与葛沙特（Loyd and Gressand，1984）的 CAS（Computer Attitude Scale）计算机态度四点量表，分为焦虑、信心、喜欢三个层面，每个层面有 10 题，共有 30 题；②凯（Kay，1989）的 CAM（Computer Attitude Measure）计算机态度七点量表，分为认知、情感、行为三个层面，每个层面有 10 题，共有 30 题；③威雷多等人（Violato et al.，1989）所编的教师计算机态度量表（The Teacher Computer Attitude Scale），包括性别差异、舒适感、喜欢、价值等四个层面，共 32 题。在各式计算机态度量表中，研究者采

用或参考罗义德与葛沙特所发展的量表最多，而该量表所测量的对象也最多，然因该量表的信度有下降的趋势，且这里我们欲测量之计算机态度内涵与该量表所包括之层面不尽相同，故不会依照某一现成量表全然采用之。

综合来说，针对不同的研究对象，计算机态度的内涵因素也有所不同，往往因研究对象的不同而有所选择。本项研究系以特定机关内的成员为研究对象，计算机态度内容因素的选择亦有所不同。鉴于该机关信息业务的推展特性与计算机的使用状况，我们自行根据研究对象之特性，综合采选计算机态度问题，而成为含"使用态度"、"价值态度"及"学习态度"等三个构面的计算机态度问卷，采用五点量表方式（非常同意、同意、一般、不同意、非常不同意）进行。问卷如下。

表 19　计算机态度问卷内容

变量名称	问　卷　内　容	衡量尺度
使用态度	1. 我认为中心的同仁应该多使用计算机来处理公务 2. 我认为中心应该更加计算机化，才足以提升行政效率 3. 我认为我的工作不适合改用计算机作业 4. 我认为使用计算机有助于工作的推展	Likert 五点式量表
学习态度	5. 我愿意主动报名参加单位内提供的计算机受训课程 6. 我愿意利用上班以外的时间学习相关计算机课程 7. 我不会利用空闲的时间来学习计算机技能	Likert 五点式量表
价值态度	8. 我认为中心应该多编列一些计算机相关的预算及经费 9. 我认为不会使用计算机是一件落伍的事 10. 我认为计算机科技的发展，使得世界更美好	Likert 五点式量表

题目的来源都是来自不同的量表综合整理而成，原有量表的效度都经原作者之检定。使用此一分类，系因使用态度和平日的工作有关，工作中总会涉及许多计算机咨询的互动，虽然并不一定每个人的工作都与计算机有关，或需要使用计算机处理，但研究的对象单位为积极实施业务计算机化，并要求成员尽可能将所有业务予以计算机化处理，以致所有成员皆被要求应具高度的计算机使用态度。而其中关于使用态度问项内容之设计，系参考郭汶川（2000）针对警察人员计算机态度之研究问卷量表（量表

前测效度达 0.8 以上）配合本研究需要加以部分修正，期望真实了解研究对象有关的计算机态度。

而学习态度的问项内容，亦系参考郭汶川（2000）之计算机态度研究问卷量表（前测效度达 0.8 以上）配合本研究需要加以部分文字修正，也是适应此机关对成员的要求而设计的，为了培养及增进成员的计算机素养，此研究对象机关提供成员许多进修学习的机会，希望成员多修习计算机相关技能以适应未来环境的变化。然而，成员彼此间对此一措施的态度与反应不一，是否可能因为社会网的影响而有所改变，乃是本研究所想探讨的问题。

另外，价值态度的问项内容，除第一题系以研究对象之实际状况而设计，另第二、三题系参考吴美惠（1992）之在职成人计算机态度研究之问卷内容，其题目之因素负荷量约为 0.54。价值态度的问卷，则是希望了解成员对于推动业务计算机化的看法以及对于计算机普遍的价值观，因为面对业务计算机化环境的变化，成员的适应态度不一，彼此间咨询与情感网络是否可能对计算机价值态度产生某种影响作用，将有待本研究进一步分析。

在社会网络问卷方面，问卷内容含咨询网络、情感网络两个层面，请受访者依据工作上的实际情形填答与同仁之间的互动关系，是为一整体网络资料问卷。魁克哈特针对企业内员工的人际关系进行分析，分组织内社会网络为情感、咨询与情报三种网络（Krackhardt，1992），只是在过去对员工态度的研究显示，情感网络总是对态度形成最有影响的因素，咨询网络在某些议题上有影响，而情报网络则较少被提及（Krackhardt and Brass，1994），故在本研究中仅挑选其问卷中咨询网络三题及情感网络两题，共五题作为整体网络矩阵的资料，问卷内容如表 20。

表 20　社会网络问卷内容

网络名称	问卷内容	变量名称
咨询网络	1. 在工作上遭遇困难时，您会请教哪些同事 2. 哪些同事在工作上遭遇困难时，会请教您 3. 在处理日常业务上，您常会和哪些人讨论相关问题	向外请教 他人请教 一般咨询
情感网络	4. 若在工作上遭遇挫折或受上司责难，您会向谁吐苦水 5. 您和哪些人聊天时会谈到个人私事	情感支持 个人隐私

另外，在个人基本资料方面，依据先前对计算机态度的实证研究，本部分共采纳四项变量作为本模型之控制变量，如表 21 所示，对受访者基本资料的描述，由受访者自行填答。原职位问项系以"职称"圈选，然因层级过多，而加以简化为主管及非主管等职位分别，以利资料之分析。

表 21　个人基本资料问卷内容

变量名称	问　卷　内　容			衡量尺度
性　　别	□男	□女		名目尺度
职　　位	□主管	□非主管		名目尺度
年　　龄	□25 岁以下 □45～55 岁	□25～35 岁 □55 岁以上	□35～45 岁	等级尺度
年　　资	□未满 1 年 □7～12 年	□1～3 年 □12～15 年	□3～7 年 □15 年以上	等级尺度

本研究系以台北市某基层行政机关为研究对象，该机关成立至今约30 年，过去十几年间，变化较少，人员流动率不高，但近五年来，机关内年轻成员渐渐增加，且整个客观环境变化快速——除面对面服务方式的改变外，该机关拥有高度的信息应用，除专属网站及公共信息服务站外，内部有网内网络系统及完整的信息环境，人员流动率增加。而随着机关首长的更替，许多新事务、新管理方式也应运而生，这对于元老级的公务员及新进的员工，都是一些新的挑战。选择此单位作为研究对象，乃因为此单位兼具传统旧官僚体系与新科技高度运用的两项特色，适合本研究主题。

再者，采取研究单一机关个案的主要原因在于要剖析一个社会网的整体网络，唯有透过个案进行深入调查才有可能。为了解基层公务机关社会网对计算机态度的影响力运作，本研究搭配设计整体网络问卷及计算机态度问卷，以测量量化的资料，作为回归分析之用。

本研究采用书面问卷调查方式进行资料收集，先后三次针对其单一科室及全机关的同仁进行整体网络及计算机态度的问卷调查，第一次的调查对象系以单一科室之同仁为主。原因是该团体是一个较为封闭的工作团队，从事特定对象之服务性工作，属约聘性质，为广义的公务员。

其成员的求学经历背景相似，几乎都是社工的领域，其对于网络问卷的接受程度较高，且该服务站之业务正逐步进入计算机化。基于上述理由，故选择此团体作为本研究的先测对象，共发出问卷 24 份，回收 23 份。第二次受访的对象则是其他科室之成员（编制内的公务员），受访成员为 52 人，回收 43 份。第三次再调查的对象则是包含分布在外面办公室的成员，调查对象 62 人，收集数据计 57 份，全案有效问卷共计 123 份。

其中，有关计算机态度部分，问卷题目内容并无因调查时间之落差而修正，计算机态度量表区分为"使用态度"、"价值态度"和"学习态度"，共 10 题；但社会网络问卷部分，则因建构问卷题目与归纳网络属性之困难而时有修正。社会网络问卷共有两版本，第一版本针对单一科室部分，区分为情感网络、咨询网络及信任网络，计 20 题。第二次及第三次的调查，则包含有咨询网络、情感网络、情报网络及信任网络等共 13 题。然而根据过去相关之研究及理论显示，本研究只选择对态度行为较具影响力之情感网络与咨询网络作为分析基础。因此，在本研究中挑选前后三次社会网络问卷中题目完全相同之咨询网络及情感网络共五题之网络资料，作为资料分析之用。

在本研究资料的处理上，有关基本特性及计算机态度部分，以 SAS 统计软件进行资料的描述性分析。社会网络问卷结果，分别制成临时雇员、第一次调查的正式职员及第二次调查的正式职员之三个咨询网络矩阵和两个情感网络矩阵，再撰写 SAS 的统计程序将濡染模型编成程序，合并三个被研究单位的社会网为 123 × 123 矩阵，以进行上述态度向量与关系矩阵相乘再除以意见领袖人数的濡染系数的计算。最后以态度向量回归濡染系数与控制变量以检证前面提出的两个假设。

（七）资料分析结果

1. 样本描述

本研究共计 123 份有效问卷，在此研究样本中（如表 22），男性 34 位（27.6%），女性 89 位（72.4%）；在年龄方面，以 25~35 岁者最多，占 43.9%，其次为 35~45 岁及 45~55 岁，分别占 22.8% 及 22%；职位部分，主管是 25 位（20.3%），基层员工有 98 位（79.7%），主管与非主管的比例约是 1:4；年资部分，以 1~3 年的最多，占 42.3%，其次是未满 1 年及 3~7 年两者，都占 17.9% 的比例。

表 22 样本基本特性分析表

变 量	选项类别	次 数	百分比(%)	总样本数
性 别	男	34	27.6	123
	女	89	72.4	(100%)
年 龄	25 岁以下	8	6.5	
	25~35 岁	54	43.9	123
	35~45 岁	28	22.8	(100%)
	45~55 岁	27	22.0	
	55 岁以上	6	4.9	
职 位	主 管	25	20.3	123
	非主管	98	79.7	(100%)
年 资	未满 1 年	22	17.9	
	1~3 年	52	42.3	
	3~7 年	22	17.9	123
	7~12 年	10	8.1	(100%)
	12~15 年	2	1.6	
	15 年以上	15	12.2	

2. 意见领袖之影响力

从表 23 可以得知，计算机使用态度 Y_1 与控制变量存在相关性，尤以年资最重要，负相关的原因可能是使用态度和平日处理的业务有较大的关系，年资浅的，多数是年纪轻的，负责许多行政事务相关的工作，受该单位计算机化环境的影响也最深刻，使用态度因而较高；而年资较长的，部分是负责管理的工作，部分是体力劳动的成员，工作上对于计算机的使用似乎较没有明显的需求。

主要自变量中，假设 1 与假设 2 皆成立。假设 1 成立，亦即社会互动原则成立，是因为"他人请教"咨询网络之回归系数为正值，表示被愈多计算机使用态度良好之同事咨询业务问题的人，其计算机使用态度也会被影响而获得正向增强。咨询关系对计算机使用态度有影响，咨询者平均态度得分较高，则被咨询者也会受影响而提高，反之亦然。假设 2 成立，亦即反射排斥原则成立，是因为"个人隐私"情感网络对个人使用态度影响最显著，但回归系数为负值，表示此一影响为负向影响，亦即互吐私事的朋友使用态度良好，反而会影响对方对计算机产生较低的使用态度；反之，这些朋友计算机使用态度较差，则影响当事人有较好的计算机使用态度。

表 23　社会网络影响计算机学习态度之四模型

因　变　量	模型 1 Y_0 整体计算机态度	模型 2 Y_1 使用态度	模型 3 Y_2 学习态度	模型 4 Y_3 计算机价值
自变量				
常数项	43.955 ***	17.898 ***	13.035 ***	13.015 ***
"情绪支持"情感网络濡染系数向量	0.006	0.005	0.006	0.008
"个人隐私"情感网络濡染系数向量	− 0.011 ***	− 0.011 ***	− 0.011 **	− 0.012 **
"向外请教"咨询网络濡染系数向量	− 0.001	− 0.002	− 0.002	− 0.001
"他人请教"咨询网络濡染系数向量	0.003 **	0.004 **	0.004	0.001
"日常业务"咨询网络濡染系数向量	0.003	− 0.048	0.003	0.004
性别 X_1	− 1.690 **	− 0.048	− 1.202 ***	− 0.431
职位 X_2	0.516	0.023	0.064	0.424 **
年龄 X_3	0.384	0.015	− 0.031	− 0.363 ***
年资 X_4	− 0.807 ***	− 0.357 **	− 0.271 **	− 0.176
观察数量 N	123	123	123	113
决定系数 R^2	0.216	0.212	0.157	0.153

注：* $p < 0.10$，** $p < 0.05$，*** $p < 0.01$。

计算机学习态度 Y_2 经过模型的验证之后，控制变量上，也是年资有显著效果，另外还有性别，也是负相关，女性的计算机使用态度较男性为差，符合大多数其他计算机态度研究的结论。在自变量方面，假设 1 不成立，但假设 2 却成立，反射排斥原则成立，"个人隐私"情感网络对个人学习态度方面影响最显著，且回归系数为负，显示被一群不想学计算机的人包围，在一起谈私事，反而会激发当事人学习计算机的意图。

表 23 所呈现计算机价值态度 Y_3 的回归分析，在控制变量方面，年龄呈现与价值态度负相关，亦即年纪愈大，对计算机的价值愈持负面看法，年纪轻的则看好计算机能带来的价值。有趣的是，职位与价值态度正相关，亦即职位愈高者对计算机的价值愈持正面看法，基层工作者反而不看好计算机能带来的价值。该政府单位推动"e 化政府"多年，已使主管认知到计算机对市政业务的价值，这是"e 化"是否成功的关键，主管的主动推动市政信息化关系着整个计划的成败。在自变量方面，也是假设 1 不成立但假设 2 成立，显示常与一群对计算机价值不看好的人一起谈私事，会产生反射排斥效果，当事人对计算机价值反而会更趋乐观。

综合起来，整体计算机态度 Y_0 检证出假设 1 与假设 2 皆成立，同时受"个人隐私"情感网络与"他人请教"咨询网络所冲击，一如其他三种态度，前者影响为负，后者影响为正。也就是说，互吐私事的朋友总体计算机态度良好，反而会使当事人计算机态度转差，符合反射排斥原则；反之，若他们计算机态度不好，则正向增强当事人的总体计算机态度。"他人请教"咨询网络回归系数为正值，表示社会互动原则存在，被总体态度良好之同仁咨询业务问题的人，其总体计算机态度将受影响而变得较好，反之亦然。在控制变量方面，仍是性别与年资有影响，两者都和总体计算机态度负相关，因此，男性总体计算机态度较好，年资浅的人态度也较好。

（八）结论与讨论

本研究的主旨是了解一个人在计算机态度的形成过程中，什么样的关系会使人成为具有影响力的意见领袖。组织内人际传播的研究建基于社会网络理论，由网络理论发展出来的濡染模型让我们发现"他人请教"咨询网络及"个人隐私"情感网络都可以带来对个人计算机态度的影响，借此模型的分析，可以看出一种态度在组织内人际传播的路径。

濡染模型分析结果进一步显示，咨询网络或情感网络的意义有所差异及其对计算机态度有不同方向的影响。情感网络中谈个人私事的关系产生显著的负向影响，证实了魁克哈特以及布莱斯（Krackhardt and Brass, 1994）所称反射排斥原则的假设。这个研究结果一方面说明了意见领袖的人际影响存在，另一方面也说明了社会感染对态度的影响并不必然是正向的因果关系。我们要问的是，是怎样的机制让情感网络对计算机态度产生负向的影响力？前面曾提到伯瓦索（Bovasso, 1996）提出所谓的"反感染力"的机制，应用于本研究结果可以有不错的诠释：如果一个人计算机态度本来不高，但因情感网络中其他人计算机态度都更低，因此反而向他要求帮忙处理一些计算机上的问题，则他可能会得到正向的增强，因计算机而带来更多的友谊或更高的团体内地位，渐渐地也提高了计算机态度，这些受他帮忙的朋友，计算机态度就显得相对低了。此外，如果个人所交往的对象，多是计算机态度较高者，则他透过情感网络总可以找到人帮忙，渐渐地他可能产生行为上的依赖，计算机态度也会相对降低，产生负向的影响结果。

另一个对反射排斥假设成立的诠释来自选择限制观（choice-constrain approach），此一观点说明人的行为是环境限制下的理性决策，不同的社会脉络会产生不同的社会关系。本研究的研究对象中，该组织里应用计算机是几乎每一个人所必须执行的工作，计算机能力较低者在理性决策过程中，会选择计算机能力较高者作为情感连结的对象，但可能因为情感上的行为依赖，反而使得计算机态度变得更弱。此一诠释符合反射排斥原则，但却颠倒了因果关系，不再是因社会关系的影响改变态度，而是态度形成之后因现实需要而选择社会关系。此一诠释较少说服力，因为一个人认知到自己对计算机迫切需要而找计算机强的人做朋友时，他的计算机态度就已经在改善，而不会是计算机态度越来越弱。更清楚地厘清此间关系，有待更多的研究加以分析。

咨询网络中"他人请教"网络为什么又符合社会互动原则，是正向影响呢？可能的诠释之一是：相同业务性质的人会在发生业务困难时相互咨询，而有的业务需要用较多的计算机，所以一群相互咨询的人会"物以类聚"，大家的计算机态度都较高。反之，在不太需要用到计算机的业务中，相互咨询的人计算机态度都较低。但咨询网络的另一个指标"向外请教"网络影响力却不显著，使得此一"物以类聚"的诠释可信度降低。或许另一个更好的诠释是：一些计算机态度相当高的人经常向当事人请教他们业务上的困难，为维护其"知识权威"的地位，会激发当事人也想多学多用计算机，故当事人的计算机态度受他们的影响而提高。相反的，受到计算机态度较低者咨询问题的人，计算机态度就无法获得激发或增强。

本研究将计算机的应用当作一项新事物，就新事物的人际传播过程而言，本研究方法中未纳入时间序列资料，所以研究限制之一是无法展现一个人态度形成的动态过程。罗杰斯（Rogers, 1995）的"创新—传播"过程里，至少有四个明显步骤：①知识（knowledge），指个人暴露于新事物传播，得知有某项创新的存在，并了解到它的功能；②说服（persuasion），指个人对新事物态度的形成期，也就是对创新产生一种赞成或不赞成的态度；③决定（decision）：指个人进行观察或请教专家，而选择去持用或拒绝用某项创新；④再确认（confirmation）：个人寻求支持以增强先前接受创新事物的决定，但如果遭遇冲突的信息，他可能会改变先前的决定。本研究所研究的基本上是再确认的阶段，因为人们对于计算机的应用与认知，早已透过其他传播渠道而获得，所以在静态研究中，一个组织内社会网的影响，只是增强或减弱其态度而已，而不在于形成新的态度。

本研究的第二个限制来自于推论的有限性，研究结果固然建构了社会网对计算机态度的影响力模型，但似乎这只是一个组织的个案研究，不足以形成普遍的推论。在我们获致更普遍的推论之前，更多组织的资料需要被收集并加以分析。

参考文献

王贞雅，1997，《个别背景因素与大学教育对大学生计算机态度与计算机知能之影响》，台湾政治大学信息管理学研究所硕士论文。

王基振，1994，《研究生的计算机态度与计算机知能之研究探讨》，台湾大叶大学信息管理研究所硕士论文。

林幸台，1987，《中学辅导人员对计算机的态度及其相关因素之研究》，《辅导学报》第10期，第43~69页。

林震城，1997，《两岸大学生计算机态度及计算机素养之比较研究》，台湾"中央大学"信息管理研究所硕士论文。

林晓妮，1997，《计算机态度与计算机素养的影响因素探讨——小学生的实地实验研究》，台湾"中央大学"信息管理研究所硕士论文。

吴美惠，1992，《在职成人的计算机态度、计算机成就及其相关因素之研究》，台湾师范大学社会教育研究所硕士论文。

汪明芳，1998，《都会区国民小学总务行政计算机化研究》，台湾台北师范学院国民教育研究所硕士论文。

张建原，1998，《高雄市国民中学校务行政计算机化及网络化之研究》，台湾高雄师范大学工业科技教育系硕士班硕士论文。

张绍勋，1997，《计算机态度、计算机知能、计算机焦虑及其相关因素之研究》，国际信息管理研讨会论文集。

陈志强，1995，《国民小学行政计算机化相关问题之研究》，台湾台南师范学院初等教育研究所硕士论文。

陈美茜，1998，《企业内部网络应用与使用者特性关系之研究》，台湾大叶大学信息管理研究所硕士论文。

翁百安，1998，《环境因素与个人因素对国中生计算机态度与计算机素养之影响》，台湾"中央大学"硕士论文。

程蕴嘉，1994，《性别、学科别对大学新生计算机学习态度之影响》，台湾淡江大学教育资料科学研究所硕士论文。

廖远光，1995，《台湾在职教师对计算机态度之研究》，1995学年度师范院校学术论文发表会论文集。

郭汶川，2000，《警察人员计算机态度及计算机素养之研究》，台湾"中央警察大学"信息管理研究所硕士论文。

蔡志煌、宜翠映，1995，《台南师院学生计算机态度之研究》，《台南师院学生学刊》第

16 期，第 64~76 页。

郑建良，1996，《师范院校学生计算机态度使用现况及态度之调查研究》，台南师范学
　　院国民教育研究所硕士论文。

郑恒超，1996，《空中商专学生计算机态度及其相关因素之研究——以台北商专为例》，
　　台湾交通大学传播所硕士论文。

蒋姿仪，1996，《国民小学学生计算机态度、计算机素养及其相关因素之研究》，台湾
　　政治大学教育研究所博士论文。

Bernard, E. Whiteley, Jr. 1996. "The Relationship of Psychological Type to Computer
　　Aptitude, Attitudes, and Behavior". *Computer in Human Behavior* 12 (3): 389 – 404.

Bovasso, Gregory. 1996. "A Network Analysis of Social Contagion Processes in an Organization
　　Intervention". *Human Relation* 49 (11).

Campbell, N. J. 1990. "Self-perceived Computer Proficiency, Computer Attitudes, and
　　Computer Attributions as Predictors of Enrollment in College Computer Courses". Paper
　　presented at the *Annual Meeting of the American Educational Research Association*, Boston,
　　MA.

Chen, M. 1986. "Gender and Computers: The Beneficial Effects of Experience on Attitudes".
　　Journal of Educational Computing Research 2 (3): 265.

Erickson, T. E. 1987. "Sex Differences in Student Attitudes towards Computers". Paper
　　presented at the *Annual Meeting of American Education Research Association*.

Guan, Y., J. Wang, R. Gable, and M. F. Young, 1998. "Student Attitudes toward
　　Multimedia Classrooms". Paper presented at the *Eastern Educational Research Association
　　Conference*.

Kay, R. B. 1989. "A Practical and Theoretical Approach to Assessing Computer Attitudes:
　　The Computer Attitude Measure (CAM)". *Journal of Research Computing in Education* 21
　　(4): 456 – 463.

Kerrie, L., and L. B. Rene'e. 1997. "Computer Anxiety in Young and Older Adults:
　　Implications for Human-Computer Interactions in Older Populations". *Computers in
　　Human Behavior* 13 (3): 317 – 326.

Kubeck, J. E., A. S. Miller, and M. D. Murphy. 1999. "Finding Information on the World
　　Wide Web: Exploring Older Adults' Exploration". *Educational Gerontology* 25 (2):
　　167 – 183.

Krackharts, David. 1992. "The Strength of Strong Ties: The Importance of Philos". In
　　Networks and Organizations: Structure, Form, and Action, edited by Nitin Nohria and
　　Robert G. Eccles. Cambridge Harvard Business School Press.

Krackharts, David, and Daniel J. Brass. 1994. "Intraorganizational Networks: The Micro
　　Side". In Wasserman Stanley and Joseph Galaskiewicz (ed.), *Advances in Social Network
　　Analysis*. London: Sage Publications.

Koohang, A. A. 1987. "A Study of the Attitudes of Preservice Teacher toward the Use of
　　Computers". *Educational Communication and Technology Journal* 35 (3): 145 – 149.

Lazarsfeld, Paul. 1957. "Sociological Reflections on Business: Consumers and Managers".

From Social Science Research on Business: *Product and Potential*, edited by Robert A. Dahl, Mason, Haire, and Paul F. Lazarsfeld. New York: Columbia University Press.

Lazarsfeld, Paul, and Katz Elihu. 1955. *Personal Influence*. Illinois: The Free Press.

Liao, Y. C. 1995. " A Cross-cultural Comparison of Computer Attitudes Among Pre-service Teachers". In D. A. Willis, B. Robin, and J. Willis (Eds.), *Technology and Teacher Education Annual-1995*, pp. 61 – 65.

——. 1996a. " Teachers' Attitudes toward Educational Computing in Taiwan". In B. Robin, J. D. Price, J. Willis, and D. A. Willis (Eds.), *Technology and Teacher Education Annual – 1996*, pp. 75 – 79.

——. 1996b. " Effects of Gender and Academic Major on Attitudes Toward Educational Computing for Preservice Teachers in Taiwan: A Nationwide Survey". In B. Robin, J. D. Price, J. Willis, and D. A. Willis (Eds.), *Technology and Teacher Education Annual— 1996*, pp. 860 – 864.

——. 1997. " The Comparison of Inservice and Preservice Teachers Attitudes Toward Educational Computing in Taiwan". In J. Willis, J. D. Price, S. McNeil, B. Robin, and D. A. Willis (Eds.), *Technology and Teacher Education Annual—1997*, pp. 860 – 864.

Loyd, B. H. , and C. P. Gressard, 1984. " Reliability and Factorial Validity of Computer Attitudes Scales". *Educational and Psychological Measurement* 44 (2): 501 – 505.

——. 1986. "Validation Studies of a New Computer Attitude Scale". *Association for Educational Data Systems Journal* 16 (2): 92 – 103.

Marsden, Peter V. , and Noah E. Friedkin. 1994. " Network Studies of Social Influence". In Wasserman and Galaskiewicz, *Advances in Social Network Analysis*. London, Sage Publication.

Moon, S. B. 1994. " The Relationships among Gender, Computer Experience, and Attitudes toward Computers". Paper presented at the *Annual Meeting of the Mid-South Educational Research Association*.

Nickell, G. S. 1987. " Gender and Sex Role Differences in Computer Attitudes and Experience". Paper presented at the *Annual Convention of the Southwestern Psychological Association*.

Raub, A. C. 1982. " Correlates of Computer Anxiety in College Students". *Dissertation Abstracts International* 42: 4775A.

Rogers, Everett M. 1995. *Diffusion of Innovation*. New York, The Free Press.

Salancik, G. R. , and J. Pfeffer. 1978. " A Social Information Processing Approach to Job Attitudes and Task Design". *Administrative Science Quarterly* 23: 224 – 253.

Violato, C. , A. Marini, and W. Hunter. 1989. " A Confirmatory Factor Analysis of A Four-factor Model of Attitudes toward Computers: A Study of Pre-service Teachers". *Journal of Research on Computing in Education* 22 (2): 199 – 213.

Wasserman, Stanley and Katherine Faust. 1994. *Social Network Analysis*: *Methods and Applications*. Cambridge: Cambridge University Press.

第七章　中心性分析

在第五章的研究范例——虚拟空间的社会关系是否与真实世界社会关系雷同的研究中，作者利用了整体社会网资料计算出四个测度受访者在真实世界社交活跃程度的指标：

- 情感性行动（吃午饭）网络之中心性；
- 课业咨询网络之中心性；
- 情报网络之中心性；
- 谈心事之情感网络之中心性。

中心性是什么？为什么这些中心性是测度社交活跃程度的指标？本章将加以说明。

一　中心性概念介绍

中心性是一个重要的个人结构位置指标，评价一个人重要与否，衡量他的职务的地位优越性或特权性，以及社会声望等常用这一指标。中心性分成三种形式：程度中心性（degree centrality）、亲近中心性（closeness centrality）、中介中心性（betweenness centrality）。

1. 程度中心性

程度中心性与中介中心性是计算一个人在一个团体的网络中最主要的

两项个体结构指标。程度中心性是我们最常用来衡量谁在这个团体中成为最主要的中心人物。这样的人在社会学的意义上，就是最有社会地位的人；在组织行为学上，则是最有权力的人。拥有高程度中心性的人，在这个团体中也具有一个主要的地位。

衡量程度中心性的公式如下，第一条公式为绝对数值，第二条为标准化（standarized）数值。公式一就是把某人的关系数加总，公式二是将其除以该网络最多关系数，好做不同网络间之比较。此一公式为无方向性图形之公式：

$$C_D(n_i) = d(n_i) = \sum_j X_{ij} = \sum_j X_{ji}$$

$$C'_D(n_i) = \frac{d(n_i)}{g-1}$$

x_{ij} 是 0 或 1 的数值，代表行动者 j 是否承认与行动者 i 有关系，g 是此一网络中的人数。在社会网中，程度中心性就是一个人的关系数量的总和，因为每一个图形中节点数量不一，大的社会网人数多，关系数也多，所以标准化过程要除以某一节点在社会网中最大可能的关系数，即 g−1 条关系。

群体程度中心性（group degree centrality）公式：

$$C_D = \frac{\sum_{i=1}^{g} [C_D(n^*) - C_D(n_i)]}{\max \sum_{i=1}^{g} [C_D(n^*) - C_D(n_i)]}$$

$C_D(n^*)$ 是 C（n）中最大的程度中心性，它与其他 $C_D(n_i)$ 相减所得差额的相加总和，即为群体中心性。分母是此一数值的最大可能值。这是一个网络的整体结构指标。公式的意涵是，一个图形中，程度中心性最高的那个人其程度中心性与其他人程度中心性间的差距。他与别人的差距越大，则群体程度中心性的数值也越高，表示此一团体权力过分集中，有一个人特别重要。群体程度中心性最高的图形就是星状图形。如图 18。

无方向性图形中星状网络的群体中心性是（g−1）（g−2），所以分母是（g−1）（g−2）。此时公式变为：（无方向性图形）

$$C_D = \frac{\sum_{i=1}^{g} [C_D(n^*) - C_D(n_i)]}{(g-1)(g-2)}$$

以 UCINET 计算程度中心性：

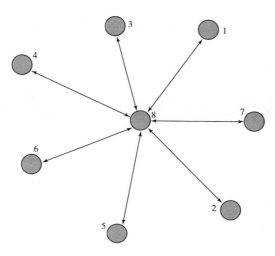

图 18　星状社会网

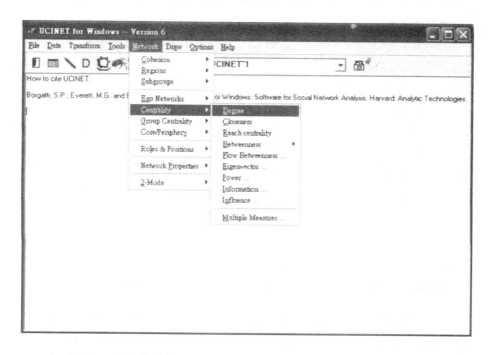

　　在"Network"中选取"Centrality"，再选取"Degree"，然后在对话框中选取 PSC07，同时在"Tread data as symmetric"对话框中选择"Yes"。UCINET 有一个功能，就是自动把具方向性图形变成无方向性图形，方法是把单向箭头或双向箭头的线都转换成无方向性的线，也就是不

管强连带（最简单定义的强连带就是互选的关系）或是弱连带（单方承认的关系）都当作一条关系（如何只保留强连带而删去弱连带，将在下一章中介绍），选"Yes"就是激活了此种功能。

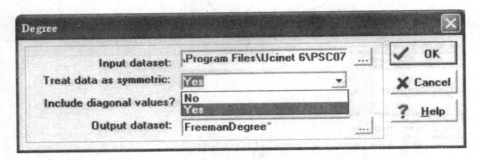

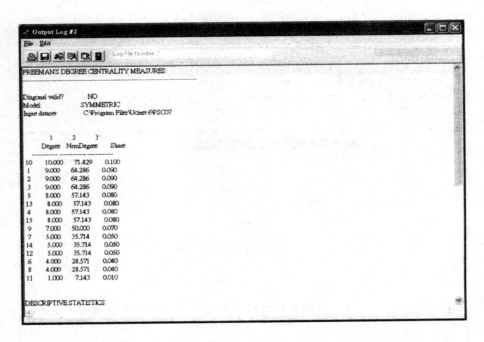

结果我们可以看到，第一列是节点名称，第二列是程度中心性，第三列是标准化的程度中心性，节点10有10条关系，程度中心性是0.7143······

下图是同一计算结果中的下半部，我们可以看到一些程度中心性的统计，如平均值、标准差等，也可以在反黑的地方看到群体程度中心性是0.275。

具方向性图形则有一些不同，分外向程度中心性（out-degree

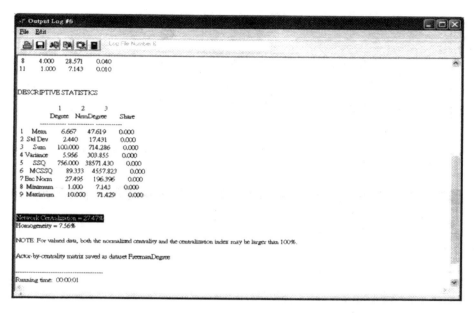

centrality）与内向程度中心性（in-degree centrality），外向程度中心性是一个节点承认对外关系数量的总和，其公式如下：

$$C_{DO}(n_i) = d_o(n_i) = \sum_{j=1} X_{ij}$$

标准化公式：

$$C'_{DO} = \frac{d_o(n_i)}{g-1}$$

X_{ij} 是 0 或 1 的数值，代表行动者 i 是否承认与行动者 j 有关系，g 是此一网络中的人数。

内向程度中心性是其他节点承认对某一节点有关系的数量总和，其公式如下：

$$C_{DI}(n_i) = d_I(n_i) = \sum_{j=1} X_{ji}$$

标准化公式：

$$C'_{DI} = \frac{d_I(n_i)}{g-1}$$

X_{ji} 是 0 或 1 的数值，代表行动者 j 是否承认与行动者 i 有关系，g 是此一网络中的人数。

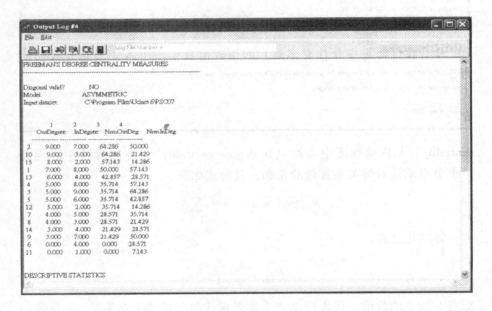

如果在"Tread data as symmetric"对话框中选择"No",则保留了具方向性图形,得到结果第一列是节点名称,第二列是外向程度中心性,第三列是内向程度中心性,第四列是标准化的外向程度中心性,第五列是标准化的内向程度中心性。

2. 亲近中心性

亲近中心性则是以距离为概念来计算一个节点的中心程度,与别人愈近者则中心性愈高,与别人相距远者则中心性低,其公式如下:

$$C_c(n_i) = \left[\sum_{j=1}^{g} d(n_i, n_j) \right]^{-1}$$

d(n_i, n_j)代表n_i与n_j之距离,$C_c(n_i)$就是节点n_i到其他各节点

的距离加总再求倒数，其值越小就表示 n_i 与其他各点距离愈大，一个人越是边缘，也就越不重要。反之亦然。

但此一指标要求很高，必须是完全相连图形（fully connected graph），才能计算亲近中心性，否则，一些人可能到不了别人，没有距离可言，愈是孤立，距离加总值反而愈小。具方向性图形要求就更严格，一定要整个图形内所有节点两两强相连才能计算，因为这些要求十分严格，此一指标又与程度中心性高度相关，也就是程度中心性高的人往往亲近中心性也高，所以此一指标通常很少用。

二 中介中心性概念介绍

中介中心性指标衡量了一个人作为媒介者的能力，也就是占据在其他两人快捷方式上重要位置的人，他拒绝做媒介，这两人就无法沟通。占据这样的位置愈多，就愈代表他具有很高的中介性，愈多的人联络时就必须要透过他。

如果一个网络有严重的切割，形成了一个个分离的组件时，正是社会学家兼企管学家博特所说的两个网络间有结构洞。如果有一个人在两个分离的组件中间形成了连带，这个人就是一个切点，也就是我们俗称的桥（学理上桥是沟通的线，而不是节点）。而在网络分析中，之所以会这么重视桥的概念，就是两个分离的大团体间，若彼此信息要交流、意见要沟通、行动要协调的话，作为桥的人就非常重要。能够中介两群人之间的互动与信息，其中介中心性就很高。在博特的结构洞理论里，中介中心性高的人就掌握了信息流以及商业机会，进而可以操控这两群人，获得中介利益。在社会网分析中衡量一个人作为桥的程度的指标就是中介中心性。

中介中心性的公式如下：

$$C_B(n_i) = \sum_{j<k} g_{jk}(n_i)/g_{jk}$$

标准化公式：

（无方向性图形）

$$C_B'(n_i) = \frac{2\sum_{j<k} g_{jk}(n_i)/g_{jk}}{(g-1)(g-2)}$$

（具方向性图形）

$$C_B{'}(n_i) = \frac{\sum\limits_{j<k} g_{jk}(n_i)/g_{jk}}{(g-1)(g-2)}$$

g_{jk} 是行动者 j 达到行动者 k 的捷径数，$g_{jk}(n_i)$ 是行动者 j 达到行动者 k 的快捷方式上有行动者 i 的快捷方式数，g 是此一网络中的人数。计算方法再简明地说，以下图 19 为例：

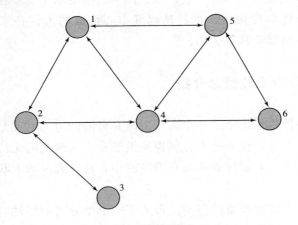

图 19 社会网范例 - 1

1 到 6 的捷径有两条，如果 n_i 是 4，1 到 6 经过 4 的快捷方式有 1 条，所以这一条捷径算 1/2，反过来，由 6 到 1 也是 1/2。但 3 到 6 及 2 到 6 这两条捷径都必须经过 4，可以加上 2，反过来，由 6 到 2 及 6 至 3 又加上 2，另外 5 到 2 及 5 到 3 都有两条捷径，分别经过 4 及 1，回过来，2 到 5 及 3 到 5 亦复如此，那么 g_{jk}（4）加总就是 7。标准化要除以（g-1）（g-2），得到 20，所以 $C_B{'}(n_i)$ =7/20。

一个切开点往往有最多的捷径经过它，所以"桥"的中介性最高，以图 20 中节点 3 为例，共有 1、2 到 7、8，4、5、6 到 7、8 以及 4、5、6 到 1、2 等往返 32 条捷径经过 3，远远高于其他所有节点，最具有博特所说的中介的利益。

群体中介性公式：

$$C_B = \frac{2\sum\limits_{i=1}^{g}[C_B(n^*) - C_B(n_i)]}{[(g-1)^2(g-2)]}$$

这也是一个网络的整体结构指标，公式的意涵是，一个图形中，中介

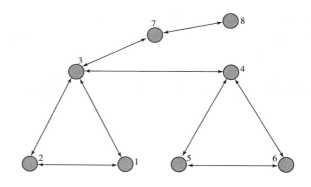

图 20　社会网范例 – 2

性最高的那个人其中介性与其他人中介性间的差距。他与别人的差距越
大，则群体中介性的数值也越高，表示此一团体分成数个小团体而太依靠
某一个人的中间传话，这个人也特别重要。团体中介中心性最高的图形也
是星状图形。这个指标测量组织中关键的桥，值越高表明组织中信息被少
数人垄断的可能性越高。指标越高，表示有人可以高度操控信息和利益，
多半情况下组织的情况越不好。

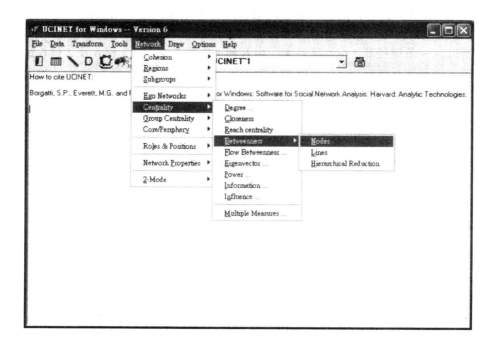

使用 UCINET，在 "Network" 中选取 "Centrality"，再选取 "Betweenness"，再选取 "Nodes"，然后在对话框中选取 PSC07，得到以下分析结果。

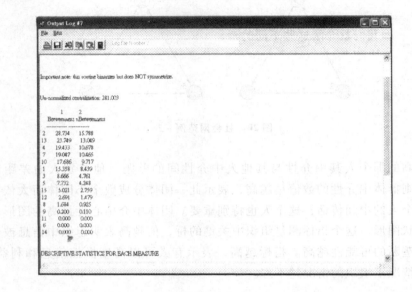

得到结果第一列是节点名称，第二列是中介性，第三列是标准化的中介性，也可以在反黑的地方看到群体中介性是 0.110。

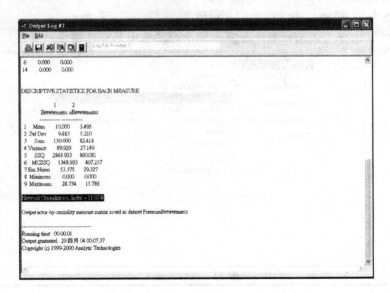

　　桥一方面可以带来博特所说的中介利益——包括信息利益以及操控利益，但另一方面也会夹在两个团体之间，行动受到限制（博特所说的constrain），所以自由行动的独立性（autonomy）会因不同的桥而有所不同，下面我们就介绍这些不同的桥。

　　（1）协调者（coordinator）：在一个团体中，协调者经常是十分重要的中介人，中介性高，可以获得信息流通及操控双方的利益，但协调者会同时受到该团体的规范约束。

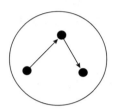

图21　协调者图

　　（2）中介者（broker）：相较协调者，中介者的行动自由度就会比协调者来得高，因为他是属于另外一个团体的，所以较不受该团体规范的约束。

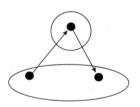

图22　中介者图

　　（3）守门人（gate keeper）：守门人是在团体中，与外界联系的重要渠道，操控了该团体的对外信息。

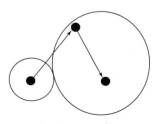

图23　守门人图

（4）发言人（representative）：发言人是一个团体的对外代表，控制了对外协调的门槛。

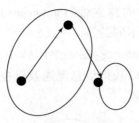

图 24　发言人图

（5）联络官（liaison）：因为联络官不为任何一个团体所规范，所以他的自由度就会很高，是最具有操控两个团体能力的人，又可以不受双方规范的约束。

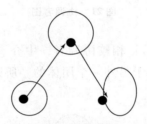

图 25　联络官图

（6）齐美尔连带：这是知名社会学家齐美尔发展出来的概念，指的是一条桥却被其中介的两个网络都认为是自己人，要求其代表该团体的利益，遵守该团体的规范，以至于"桥"没有任何自由度，两面难讨好。

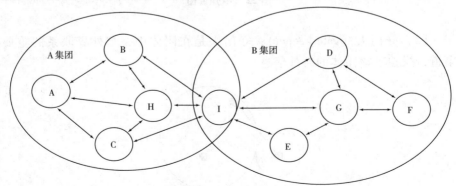

图 26　齐美尔连带

三 一般信任与特殊信任

(一) 信任的定义

信任受到组织学者的注意起源于 20 世纪 80 年代中期，信任如何定义？尤其以研究场域组织而言，信任如何定义？就社会学者的观点而言，"以人类互动关系的立场来看，其可简单定义为，信任一个人，即意味着，相信对方在出现损人利己的机会时，并不会去实现它"（Gambetta，1988）；就经济学者的观点而言，"信任是双方之间的互相信赖，其相信在交易过程中，彼此都不会做出伤害对方的行为"（Sabel，1993）；"信任是一种预期，其期望对方能够①尽最大的努力实现其口头承诺或明文规定的义务，②在协商过程中是诚实的，③不会占人便宜" （Bromily and Cumming，1992）；"X 信任 Y 以致 X 选择与 Y 合作，其主要是建立在主观认定几率的基础上，何种几率呢？即在有损 X 利益的机会发生时，即使该机会有利于 Y，Y 也不会加以运用的几率"（Nooteboom et al. ，1997）。

基于以上的陈述，我们可以看到经济学者萨贝尔（Sabel）的定义最宽松，只要在合作中不发生欺诈行为的预期都是信任，至于达到这个预期的手段为何则在所不论，这可以说是一种广义的定义。所以信任的广义定义可以简单地说，就是对互动对象行为的可预期性。经济社会学者则从另一个相对的角度去定义信任，实现承诺、保持诚实以及不占便宜都是可信赖的行为（trustworthy behaviors），定义信任为对可信赖行为的预期（Bromily and Cumming，1992）。社会学者甘贝塔（Gambetta）等以及组织学者霍斯默（Hosmer）等强调不确定（uncertainty）的存在，亦即愿意将自己的利益"赌"在对方的善意上，所以信任可以被视为在不确定的情况下，个人愿意展露其面对欺诈的脆弱性（vulnerability），而相信对方不会借机取利。这里采用此一定义，认为信任有两层意义：①信任是一种预期的意念，即交易伙伴对我们而言，是值得信赖（trustworthiness）的预期，是因为期待对方表现出可靠性或善良意图而反映出的一种心理情境；②信任是自己所表现出的行为倾向或实际行为，来展现自己的利益是依靠在交易伙伴的未来行为表现上。

这和哈丁（Hardin，2001）所定义的信任也大致相同，他强调信任一定包括两个要件，一是行为结果的不可预期性，也就是在选择合作伙伴时，未来的得失多少系于对方不被控制的作为，所以有一定不确定性存在。第二个要件是有选择性，我们可以选择合作或不合作，如果要合作也可以在数个选择中择一而合作。换言之，对未来结果能完全控制的预期就不是信任，有不确定性，但没有选择，必须要做的合作也不包含信任。这可以说是狭义定义的信任，也才是格兰诺维特（Granovetter，2002）所说的真实信任，威廉姆森（Williamson，1996）* 则称之为个人信任。

总之，信任是一种相互性的行为，一方表现出值得信赖的特质，而一方则表现出信任他的意图来。不过我们也必须强调，两者之间不完全是一种均衡的状况，因其牵涉到的个人主观意识的认知标准，信任可能存在于认知的偏误中——也就是，对方并没有可信赖行为的出现，一方可能仍然有不切实际的预期。

（二）一般信任的来源

1. 制度带来的一般"信任"（*institution-based trust*）

朱克与威廉姆森的分类中都提到以制度为基础的信任。制度导向研究分析一个社会中的社会规范、社会制度、社会性惩罚、法律以及刑罚如何使人保持良好行为，因此陌生人的行为也有可预期性（Gambetta，1988；Zucker，1986）。制度，不管是正式的或非正式的，往往都附带着正式的惩罚或社会制裁，所以当事者会权衡欺诈所带来的利益以及制裁可能带来的成本，理性地选择保持良好行为，以避免更高的成本。因此在制度约束下的人会有符合期待的行为。只是这种"信任"能不能称作信任？尤其是正式制度或法律配合着制裁方法，会对欺诈行为产生有效的吓阻，个人面对的不确定及脆弱性都很低，所以不需要相互信任，也可以在完善的保护下进行交易。这是一种"权力"，是公权力赋予个人控制交易对方的"权力"，而且因为适用在该制度底下所有的人而无特殊对象，所以这是"一般性权力"，是每一个以良善意图进行交易的个人都能掌握的"权力"。

至于非正式制度，往往指涉的是风俗、规范以及职业伦理。在社会化的过程中，非正式制度规范下的一群人产生一定的行为准则，使得受同一规范约束的交易双方可以预期对方的行为。只是不像法律或制度，风俗、规范或

---

* 以下我会将广义定义的信任加上""号，真实信任则不加""号，其间的差距在于前者是基于控制而没有不确定性，后者则包含了不确定性，前者可能没有选择，后者则在诸多选择中选上特定的人而进行合作。

职业伦理不一定有具体的处罚措施，所以对方道德信念的强弱会是一个不确定的因素，除非透过口碑或亲身交往的经验，否则对方是否遵循规范仍是不可知的，所以不确定性与脆弱性仍然存在。但在一个较封闭的团体中，相互监督与舆论谴责的力量极强，"千夫所指，无病自死"，这时规范就成了具有强迫性的控制力量，下面我们讨论保证关系（assurance or commitment relationship；Yamagishi and Yamagishi，1994）时还会更进一步探讨。

无论是正式或非正式制度指涉的都是一般性"信任"——虽然交易对方的可预期性可能来自有效控制而不具有不确定性及脆弱性，但也符合广义的信任——因为信任者与被信任者之间并无对偶（dyads）关系，所以信任者或被信任对象是一般人，而不是特定的人。

2. 人格特质带来的一般信任（*characteristic-based trust*）

人格导向研究探讨的是个人的信任倾向（propensity to trust）以及哪些人格特质值得信赖（Butler，1991；Mishra，1996）。过去对信任研究最多也最深的首推心理学者，所以信任经常被定义为一种心理状态，一种一个人愿意冒失去利益的不确定性，但期望互动对方不会利用这种机会而占他的便宜的 心 理 状 态（Deutsch，1958；Sitkin and Pablo，1992；Bromily and Cumming，1992；Andaleeb，1992）。心理学研究早期都着眼在哪些人格特质会创造出这样的心理状态，比如外控性格的人、乐观的人以及有安全感的人都比较倾向相信别人（Rotter，1971；Hollon and Gemmill，1977；Hackman and Oldham，1980）。个人态度也会影响一个人的信任倾向，比如生活满意度高的人，或对社会忠诚度高的人也会倾向相信社会的一般人（Whitley，1999）。相对的，在组织中，组织承诺感（organizational commitment）高的人也会有较强的组织信任（organizational trust；Luo，2005a）。

另一类的心理学研究则相反，不分析个人的信任倾向，而分析什么样的人格特质被人信任，也就是可信赖行为（trustworthiness）的研究。最早对信赖有所研究的是巴伯（Barber，1983）。他指出，人际信任缘起于：①双方对社会秩序的尊重；②在能力上展现效果；以及③正确地做好社会角色的扮演。可信赖研究对总体社会资本的形成十分重要，信赖研究却对企业的关系管理研究十分重要，因为我们无法管理一个人的信任倾向，只能管理员工，使之表现出可信赖的行为，因此而促进员工间的普遍互信（Shaw，1964）。

无论是信任倾向或可信赖行为的研究，都是一般性信任，因为并无对偶关系存在。有信任倾向的人会倾向信任很多人，并无特定对象，有可信赖特质的人会让所有的人信任他，也无特定对象，所以都是一般性信任。

3. 认同带来的一般信任（*identification-based trust*）

夏皮罗等（Shapiro et al.，1992）以及列维奇和邦克（Lewicki and Bunker，1996）都讨论了认同为基础的信任。认同是西方社会中极强的一种力量，性别、年龄、宗教、地域、阶级、地位团体、国家以及种族是主要认同的分类。同一类的人往往分享了相同的价值以及共同的生活经验，并对"非我族类"产生排斥。

当然，认同也不只发生在相同类属的人之间，一个组织或团体也可能形成生命共同体，而让组织成员产生认同。近年来管理实务界强调愿景宣言，要求员工分享公司愿景，就是为了创造认同感。认同会带来员工对组织及同僚的信任（Luo，2005a），甚至被认为是社会资本的一个构面。所谓社会资本的认知构面（Tsai and Ghoshal，1998）即为共同愿景、共同价值以及共同生活背景，所以在西方组织行为理论中，认同一直是解释合作、公民行为、知识分享的因素，这正是因为认同能创造团体内的信任。

相对于"团体格局"，费孝通说华人是差序格局，西方人是团体格局（Fei，1948）。"团体格局"说明的是西方人因社会类属不同而有不同的行为模式，差序格局是一种因关系亲疏远近不同而有差别待遇的行为模式，强调的是华人以自我为中心建立自己的人脉网络，因为网络的内圈外圈、圈内圈外的关系不同，而以不同的行为方式加以对待，所以说我们是一个"关系社会"或"人情社会"。我们的信任主要建立在关系上，关系远近不同信任程度不同，华人的信任较少建立在普遍性的法则上，换言之，特殊信任才是华人最主要的信任模式。

（三）权力关系与特殊信任关系

如前所述，特殊信任是建立在对偶关系上的，但对偶关系中权力关系与信任关系必须区分开来，权力可以使对手的行为受到控制而变的可以预期，符合广义定义的"信任"。但刚好相反的是，权力往往带来不信任（Granovetter，2002；Cook，2004），所以多用权力、少施恩德、不讲人情的人，是不会有真实信任关系的，在中国社会中这种人也是不受欢迎的。权力与人情的分野在我们的社会中不可不查。

1. 吓阻带来的"信任"（*deterrence-based trust*）

这为夏皮罗等人（Shapiro et al.，1996）所提出。人们保持诚信并不因为他们的善意，而是因为良好行为会符合他们理性算计的利益。威廉姆森（Williamson，1996）也分信任为三类——算计性信任、个人信任以及制度性信任。其中个人信任就是真实信任，算计性信任则应归类在权力关系中。人们经过算计而为了自身利益保持诚信的因素很多，首先威廉姆森提出典当（hostages）的概念，主要是指交易中一方若做了专属性资产投资就会要求对方提出相对担保（safeguard），抵押品在对方不守承诺时可以扣押下来作为抵偿。其二，除了抵押品外，权力关系也可以用来取得吓阻性信任。任何不诚信的行为，权力强的一方都可以采取"报复"策略（tit-for-tat）。权力弱的一方为了保有重复交易中的长远利益，行为必然保持诚信。对权力强的一方而言，这种关系正是权力关系，也正是 Shapiro 等人所说的"以吓阻为基础的信任"。

2. 计算带来的"信任"（*calculative trust*）

在高频率的交易中，如同博弈理论所坚持的，重复的博弈因为大家发觉合作比欺诈在长远利益上更有利，所以会倾向理性地保持合作关系。这个理论对权力弱的一方尤其适用，如果甲方提供对方高比重的生意，却不依赖乙方，提供的又是关键性资源，而此一关键资源在市场上很难找到替代品，并且潜在竞争者又少（Pfeffer，1981），则乙方会处在权力弱的地位，基于未来的利益高度依赖于甲方的善意，所以权衡利弊得失，乙方会展现善意以期换取甲方的善意。

计算性"信任"的概念也是威廉姆森提过的，在此一概念下，"抵押品"已不必然是最初讨论的实物性资产，以及没收实物性资产带来的"吓阻"，到后来又包括了博弈理论中长期频繁交换的潜在利益，甚至有学者讨论关系性资产（也就是对方的关系网会被破坏；Yamagishi and Yamagishi，1994）以及名誉性资产（也就是对方的名声可以被破坏；Shapiro，Sheppard and Cheraskin，1992）。长期潜在利益、交易关系乃至业界名声都可能成为交易中的"抵押品"，为了不使这些"抵押品"被没收，所以交易双方愿意保持善意。

这种善意并非来自对对方可信赖行为的回报，而是出于自身利益的考虑。当对方掌握的"抵押品"少于欺诈可能得到的利益时，则机会主义行为就会发生，所以双方要尽量掌握可供报复用的权力，以保证对方不敢欺诈。这样的行为模式符合广义的"信任"，却很难符合狭义定义的真实信任，所以本书称之为权力关系，而不称之为信任关系。诚如上面所说，权力关系不但不足以促进信任关系，而且会伤害信任关系（Granovetter，2002；Cook，2004）。如果交易双方动则要求对方拿出"抵押品"，而且互相威胁要没收"抵押品"以使对方就范，双方是不可能相互信任的。

（四）保证（assurance）关系与特殊信任关系

格兰诺维特（Granovetter，2002）称前述的定义为真实信任（real trust），而与此非理性地忽略不确定性相反的，则是山岸（Yamagishi and Yamagishi，1994：132）所提出的概念——保证（assurance），他们定义保证为"对对方良好行为的期待，但并不建立在对方的善意上"。

保证不是信任，但可以视之为广义的"信任"。其成立的前提条件是在一个相对封闭的人际网络中，因为有极强的社会规范存在，所以封闭边界内的团体成员都不会有逾矩的行为，而且因为成员相对较少，又处在封闭环境内，所以相互监督的能力很强，更加使得团体内成员对其他成员十分放心，即使对方并不是那么的可以信赖，但相较于陌生人，团体成员仍是合作的优先选择。在山岸的定义里，我们可以看到信任的成立除了要有不确定性的存在为前提外，还要有可选择性为前提，也就是合作的对象可以是甲、乙、丙、丁好几个人，虽然与每个人合作都有不确定性，但我选择了甲，表示我最信任甲。保证则不同，保证关系（commitment relations）是建基在封闭网络中的，也就是无选择性可言。我不信任甲，但受约束的封闭团体内没有其他人可做选择，只好与甲合作，因为甲如果逾越规范，便有团队成员集体制裁他，可以比较放心，所以保证关系并不等同信任关系。

山岸等人（Yamagishi，Cook and Watabe，1998）则进一步区分了保证与一般性信任。一般性信任可以说是"期待对方对自然秩序或道德律的坚持"（Barber，1983：9）。一个风俗最美的社会，人们会因为某些宗教信仰或道德教化而对保持善意有所坚持，陌生人之所以值得信赖，是因为他们的善意而不是因为畏惧制裁。所以这是一种无特定对象而建立在善意之上的信任。Yamagishi，Cook and Watabe 就认为，美国社会因为宗教力量与职业伦理而具有高度的一般性信任，相对的，日本社会则是十分严格的礼俗、带社会制裁性质的集体监督使得这个社会具有高度的保证，保证使得日本人在国内循规蹈矩，但一出国门则行为相对不可预期。两者都是广义"信任"度很高的社会，也是秩序良好的社会，但"信任"的来源却不太一样。

山岸等（Yamagishi and Yamagishi，1994）据此提出了解放理论（emancipation theory）。他们认为，日本人长期生活在封闭的社会网中，如家族、公司（终身雇佣制的公司），他们以放心为基础寻找合作关系，反而没有信任陌生人的能力；一旦在一个高度开放的社会中，如现代化或全球化的社会，日本人不太能信任他人并促成合作。所以日本是一个有秩序的社会，却也是一般信任程度较低的社会，只有将他们"解放"于封闭团体之外，日本人才能学会信任陌生人，而增加社会的一般信任。

但保证关系完全无法产生信任吗？依照可信赖理论，可信赖行为的四个构面中，需求法则所能保障的是互惠或忠诚（loyalty），但在高度不信任的环境中，这一项特质就显得特别重要，比如完全无制度规范的合伙行为，少了忠诚或互惠，合作方很容易就在事扯不清楚、钱分不开来的情境中相互怀疑，这是华人创业常常由家族成员开始的原因。所以关系来源如果是家族成员、姻亲、认养或结拜，则视之为家人连带，这是华人经济行动中常用到的信任关系。

（五）以人际关系为基础的信任

网络理论的兴起带动了对偶关系信任的研究（Granovetter，1985），哪些关系会带来哪些信任，如何带来信任成为研究的主题（Luo，2005b）。在各家理论对信任来源的分类中，社会连带与网络结构总是位于这些信任研究的中心。虽然这些研究有助于增加我们关于信任的知识，然而，不同的社会连带如何产生不同的信任模式则很少成为研究重点。而这些因人际关系产生的信任，才是格兰诺维特所说的真实信任（real trust）或威廉姆森所谈的个人信任（personal trust）。真实信任如何产生呢？一些主要的理论分述如下。

1. 以情感为基础的信任

自格兰诺维特划分开强、弱连带（Granovetter，1973）之后，强连带即被认为是产生信任的主要关系来源。在连带强度的分野中，强连带有高频率的互动、长时间的认识、亲密的谈话与行为以及情感性的互惠内容（Granovetter，1973；Masden and Campbell，1984[①]）。亲密与情感是强连带的标志，情感的依赖使人们感性地愿意表达善意，更不愿欺骗别人情感的依赖，因此降低了机会主义的可能性，而使双方保持善意的互动，增加相互信任。

类似的观察也存在于交易行为之中，乌兹（Uzzi，1996，1997）称企业间交易的强连带为镶嵌连带（embeddedness ties），是一种具有信任基础的长期生意伙伴关系，而一般的交易关系则是"臂长连带"（arm-length

---

① Masden 在美国 General Social Survey 中为连带强度设计的问卷并不包括互惠内容一项，但却加入了关系的来源。

ties），是不具情感色彩，也无信任基础，照着合约完成交易就两散东西的交易关系。

同样的观察也发生在层级内交易。魁克哈特（Krackhardt，1992）在"强连带优势"理论中，分组织内网络为情感、情报与咨询三种，其中他称情感网络为"philos"——希腊文的好朋友——并认为这种网络所蕴涵的资源就是信任，以及因信任而来的影响力。因此一个情感内向程度中心性高的人会得到多数人的信任，而发挥影响力，如果离职会引发别人也离职（Krackhardt and Porter，1985）；如果公司发生危机，他的影响力则可以帮助解决危机（Krackhardt，1992）。更进一步地，Krackhardt and Hanson（1993）在区分企业内网络时，直接就分成信任、情报与咨询。情感网络已直接被等同于信任网络了。这些理论都指出以情感为基础的强连带是发展信任的最主要关系。

2. 以社会交换为基础的信任

不同于强连带，弱连带的优势在于提供了信息与参考（Burt，1992），一个拥有弱连带多的人可以有较广的人脉网，收集到多元而广泛的信息，因此在求职上有较多的成功机会（Granovetter，1974），在商场上也有较多的商业机会（Burt，1992）。弱连带多的人也有较大的几率成为两个团体之间的"桥"，所以能够扮演中介角色，不但得到中介利益，还可能成为"鹬蚌相争，渔翁得利"的"得利第三者"（Burt，1992）。但是弱连带的缺点却是少了情感作基础，双方不易形成信任关系而成为长期伙伴。

但弱连带是否不能产生信任？纯经济交易的弱连带似乎是如此，但存在有社会交换的关系则并不尽然。布劳（Blau，1964）的社会交换理论指出，社会交换不同于经济交换，它的回报不是实时的，也不能明确地计量，所以不像经济交易一般银货两讫互不相欠。相反，一个帮助可能要在很长的时间以后以另一种形式的帮助得到回报，施恩者必须对受惠者心存信心，相信对方的善意，当这个信心获得证实时，信任感也会逐渐建立。你来我往的社会交换，使双方都累积了对方会善意回报的经验，因此信任关系得以建立。

这个理论在中国组织内就可以得到证实，工作咨询是一种组织内非常重要的资源，但却不必然要有情感关系才能传递这种资源。组织内乐于受人咨询的员工往往可以得到他人的善意回报，因此咨询关系甚至超越情感关系成为员工间产生信任的最主要关系（Luo，2005b）。由此可见，这种非实时回报又有来有往的社会交换是华人建立信任的主要来源。

3. 互相为利的信任（encapsulated-interest account of trust）

哈丁（Hardin，2001）提出相互为利的信任概念，强调两个从事交换的个人，因为相互之间都掌握对方的利益，在相互依赖之下，会尽量表现出值得信赖的行为。因为对方的行为总是十分可以信赖，所以双方渐渐地对交换伙伴产生信任。这个理论说明了信赖行为并不一定是人格特质的反映，而是人际关系的结果。某人对待甲的行为是可信赖的，但对待乙却不必然谨严诚信，而且对待甲之所以保持可信赖行为往往是出于对方掌握了己方的利益。不过，以利始，竟以义终，双方长期表现出可信赖行为，最后却产生了信任关系。

这个理论看起来很像博弈理论中的计算性"信任"，都以利益的计算为产生信任的基础，但也有不同之处。博弈下的信任是以持续的博弈为基础，一旦没有后续的利益，欺诈就会产生，而哈丁的理论却强调心理层面信任感的建立，一旦在一段时间的培养之后，人们对对方可信赖行为会产生预期而建立信任关系，也会珍惜这种信任关系而保持可信赖行为。其二，博弈之中人们基本上纯以利益计算为准，所以是权力关系，因为掌握对方的利益也是一种广义的"权力"，足以屈服对方的意志，而使对方的行为可以预期。诚如前面所述，格兰诺维特（Granovetter，2002）与 Cook（2004）都指出，权力无法产生信任，反而会伤害信任，所以博弈下是不会有信任感的，反之，互相为利理论仍强调信任感建立的过程，分析的是信任关系而非权力关系。

（六）中国人的信任关系

特殊信任的调查对于中国式管理研究尤其重要。根据费孝通的差序格局（Fei，1948），黄光国提出中国社会关系的三个类别（Hwang，1987）。华人将其社会连带分成几个圈子，不同的圈子适用着不同的互动法则。最里层的圈子基本由家庭成员和扩大家族团体（extended kin）组成（Chen，1994）。根据解放理论，这类与生俱来的关系应被称为保证关系，而不是信任（Yamagishi，1994；Yamagishi, Cook and Watabe，1998）。下一个圈子包括好朋友或者关系很近的连带，遵照"人情法则"（rules of favoritism），其特殊信任是通过频繁的人情交换建立起来的（Hwang，1987；Tsui and Farh，1997）。最外层的圈子是弱连带，它依照公平法则，个体间的信任通过一般道德的公平原则以及重复的社会交换行为来建立。

熟人连带的类属中适用中国的一个道德概念"报"（可以被翻译成英

文中的 reciprocity）。这是一个在中国被高度重视的道德基础，在整个社会中，还人情债是一种义务。欠情不还是值得羞耻的，所以通过人情的交换确实是建立强连带最好的办法，这就是"人情法则"（Hwang, 1987），这些都是根据"报"的原则进行的。长期人情交换的过程加强了参与者之间的关系，提高了互相信任的可能性。

报的概念接近于科尔曼（Coleman, 1990）称之为镶嵌于其社会资本构面中的"义务与预期"（obligations and expectations）。报建立起了过程基础的信任（process-based trust），这种信任植根于社会互动的互惠之中（Creed and Miles, 1996；Zucker, 1986）。过程基础的信任镶嵌于具体的社会关系之中，报的概念提供了一种了解在中国社会中获得此类信任的关键机制。

报的概念也与哈丁（Hardin, 2001）提出的"互相为利"的信任概念相同。这一解释模型说明信任产生于对相互利益的考虑，而相互利益又镶嵌于不断的社会交换之中。鉴于长期利益，参与者表现出值得信赖的行为，致使对方建立起对其的信任。在报的理念中，"马上还情"以及"讨价还价"是不被鼓励的。称兄道弟之后，对于还情的期待施人情者（favor-giver）不好再提，而接受人情者（favor-receiver）也不能忘记，应该记在"人情账"（favor account）上。中国名谚说道，衔草报恩，三十年不晚。即，三十年间牢记恩情，三十年后不忘还情，这一行为在中国文化中是被高度赞许的。

下文将通过对一般信任与特殊信任的结构研究以进一步理解信任在中国组织中的形成过程。

四　引入社会网理论

社会网理论与信任研究有不解之缘，然而，大部分的研究聚焦于关系层面，或者研究何种社会连带有助于建立互相的信任，比如通过交换关系（Blau, 1964；Hwang, 1987）、强连带（Granovetter, 1985；Krackhardt, 1992；Uzzi, 1996）、互相的认同（mutual identification, Sheppard and Tuchinsky, 1996）等。这里将个体设定为分析对象，研究其在社会网中的结构位置对个人信任倾向（propensity to trust）的影响。社会网理论也开了组织中结构分析的先河（Burt, 1992；Lin, Fu and Hsung, 2001）。好比在情感网络中的中心地位可以让其拥有一种非正式权力（Krackhardt, 1992），博特（Burt, 1992）更有力地证明了结构洞会带来丰富的商业信息与商业机会，在内部劳动力市场中，如果处于不连结的两个团体间的中介位置（go-between positions），当事者会因此获得更多的升迁机会。

1. 网络结构对信任的影响

（1）情感网络中的中心位置（*Central position in Friendship Networks*）。首先，社会网络中的中心位置有助于建立与其他成员更好的联系。中心位置传递着一种非正式的社会影响力（Brass and Burkhart，1992）。这就是为什么它成了声望和权力的结构分析中的指标（Wasserman and Faust，1994）。对于中心位置的投资会带给当事者较大的非正式影响力，用来控制外界的环境。由于有效的个人控制可以减少不确定的因素，和处在外围位置的人相比，越是处于中心地位的人越能控制组织的环境，也越认为别人是值得信赖的，这正是因为他们相对地减少了不确定因素。

格兰诺维特（Granovetter，1973）强调两种社会连带的区别——强连带与弱连带。一般而言，强连带比弱连带拥有更长的互动历史以及更高的互动频率。而强连带往往包括亲密的对话与行为（Marsden and Campbell，1984）。魁克哈特（Krackhardt，1992）称这种关系为"philo"，即朋友连带的意思。其"强连带的优势"概念认为，中心人物在情感网络（philo network）中拥有潜在的力量（underground power），因为他可以通过影响别人来达到自己的目标，所以在组织中面对较小的不确定性。除了更好地控制环境，情感网络中的中心位置也意味着网络中自身地位的提升，由于报的规范，处于中心位置的个体一般认为朋友是不会背叛他们的。他们熟知被称为朋友的那些人的性格，也知道如果什么人背叛了他们，朋友圈内一定会数其劣迹，并以其为耻。

情感网络也被用来提供情感支持（Wellman，1992；Wellman and Frank，2001）。情感支持行为加强了互惠（benevolence）的印象，会增进友好关系的牢固与互惠程度。处于中心位置的个体能够期待朋友的互惠。因此朋友可以通过还情行为（favor-return behaviors）获取信任，产生互惠与善意的印象。报的文化规范将能满足这些期待。综合"强连带优势"理论与报的概念产生了第一个理论假设。

理论假设1：情感网络中的中心位置会产生较高（多）的特殊信任，而居于外围位置者在网络中的特殊信任较低（少）。

（2）咨询网络中的中介位置（*Go-between Position in Advice Networks*）。咨询网络是与情感网络相对应的一个重要概念。魁克哈特（Krackhardt，

1992）认为，咨询网络是组织环境中弱连带的主要形式。尽管咨询连带不需要情感支持，但它们是获得日常工作之资源的主要渠道（Krackhardt and Hanson，1993）。咨询连带具备传递信息流与普及知识的功能，能在商业对话中给双方提供有用的资源（Granovetter，1973）。由于他们可以控制关键知识，而这些知识对于他人又极其有用（Krackhardt，1992；Brass and Burkhardt，1992），所以一个同事都来寻求咨询的人也拥有非正式的权力。

有价值资源的社会交换会使双方产生信任。布劳（Blau，1964）认为，社会交换不像经济交换，不能期待立即的回报，所以他们只能依靠对方的善意来期待未来的互惠。成功的社会交换可以逐渐建立双方的信任。知识与信息的交换在中国组织中是重要的社会交换，因为它们被看做有价值的资源。

在适当的时候，咨询网络的中介位置为重要信息与知识的获得提供了途径。而且，处于中介位置或者"桥"位置的个体可以控制重要的信息与知识，所以他们在网络中能够获得相应的权力。没有他们，信息不能在网络中流动。他们阻截信息流动的能力越强，他们（桥）对他人的控制能力也越强。这是因为其他人需要从中介者（go-between person）处获得信息，所以都要表现出值得信赖的行为以获其信任。中介者知道他们不大可能被需要他们信息的人欺骗。这个观点与结构洞理论一致（Burt，1992）。中介位置为其拥有者提供了更多的社会交换机会。基于结构洞理论、布劳的社会交换理论以及报概念下所期待的行为，产生了第二个理论假设。

理论假设 2：比较而言，在信息网络中处于中介位置的人比处于边缘的人易于拥有更高水平的特殊信任。

2. 特殊信任与一般信任

正如报的概念所指涉的，中国人专注于人情交换，因为这样可以积累他人的"欠债"，以期待他人在未来特定时间、特殊需要下偿还，这是中国人面对环境不确定时最常用的避险方法。总体而言，无论是通过"中心位置"还是"桥"，成功人情交换经验的积累会提高人们对善意回报的信心。亦即，人们在特定关系中的经验会使他们产生普遍的认知。另外，大量证据表明，相比一般人而言，"中心者"或者"中介者——桥"的非正式权力使得他们更加安全。他们的非正式关系不仅增强了对其两两关系的控制，而且减少了整个工作环境中的不确定性因素，这都有助于他们产生一般化的信任。由此得出了第三个理论假设。

理论假设3a：在网络中具有较高水平的特殊信任的人对于他们的同事及所处其中的组织倾向于表现出较高水平的一般信任。

根据以上理论假设，通过报的行为而不断累积信任，容易使个体产生一般信任。这一讨论暗示，网络位置对于一般信任有直接作用。然而，笔者认为网络位置经由特殊信任而对一般信任的影响是间接的。因此形成如下假设。

理论假设3b：特殊信任是网络位置与一般信任之间的中介变量。

图27勾画出网络位置与两种信任的假设关系，并列出了相关控制变量。

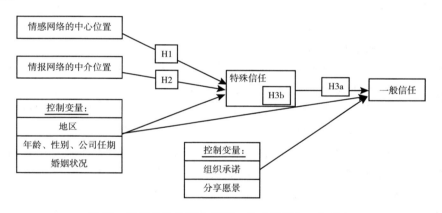

图 27　网络结构的研究模型：特殊信任与一般信任

3. 一般信任的态度控制变量

对于信任的一些态度解释在这里是作为控制变量而被包括进来。这些得益于先前的研究。已有大量的对宏观层面信任形成的研究。规范、风俗、社会价值以及道德礼仪是社会中带来信任的因素（Fukuyama，1996；Yamagishi，1994）。在组织中，有证据表明共同愿景能够显著提高对一般可信任行为的相信程度（Tsai and Ghoshal，1998）。拥有相似规范、价值、道德礼仪的一群人容易相互信任，与"我群"（we-group）成员合作（Zucker，1986）。这就是"以认同为基础的信任"（Sheppard and Tuchinsky，1996）。

在组织环境中，高度的忠诚（commitment）能促使员工为了组织的利益自愿地努力工作（Robinson and Morrison，1995）。波特和史密斯（Porter and Smith，1970）定义组织承诺为一种态度，通过在组织中的社会化形成符合组织目标的价值与规范。组织承诺包括忠实和认同。拥有高度"承诺"的人易于和公司的愿景一致，相信同事与组织。因此，在评价组织结构对于信任的影响时，选择共同的愿景，以及组织承诺作为控制变量。

五　研究方法

1. 抽样及其过程

由于本研究的结构因素仅仅适用于封闭的团体网络，所以我只能选择界限明显的团体作为研究对象。根据便利抽样，选择两家公司，一家在大陆，一家在台湾。从两地抽样中，研究发现对华人世界会具有一定的普遍性。

大陆的样本是台湾前五名的跨国高科技企业的子公司。其母公司是台湾最好的手机、CD 驱动以及计算机显示器生产商。该公司是摩托罗拉、戴尔以及 IBM 的原始设备制造商以及原始开发商。主要工厂坐落于中国的苏州，有 460 名管理人员，以及超过 6000 名的员工。该厂为本研究的大陆样本，被称为"MNC Mainland"。该样本包括两个分厂的 22 个部门，一家生产显示器与 CD 驱动，另一家则是为通讯工业生产手机。

将网络问卷发放给该公司的 460 名白领，然后去除了对超过 80% 问项中 80% 同僚填"是"的问卷，亦即，他们信任所在部门几乎每一个人的所有事情。在最后的分析中又去除了有缺损值的资料。两个部门回收的资料因情况非常不理想而被剔除。超过 20% 的整体社会网资料缺失，包括一些非常重要的关键人物——中心人物以及作为桥的人物，这样的全组资料都必须被剔除，不然它们会严重地扭曲结构指标（structure indicators）的计算。在剔除了余下的 20 个部门的缺失资料后，最终有 355 个可用的案例。下一步是将关于态度的问卷（attitudinal questionnaires）分发给在第一步中可用的 355 个案主，因为离职或缺席的因素，实际回收 252 份。再一次除去缺失项后，最终得到 193 份可用于分析的有效的整体社会网与态度问卷，总体回收率 42%。

第二个样本是 IBM 在台湾的代理公司，称其为"Taiwan's IBM Agent"。该公司主要业务是设计系统，提供服务信息。它沿袭了 IBM 惯有的授权、开放等整个组织文化模式。175 份问卷被发放给该公司的白领员工，由于他们中的许多人经常外出服务客户，所以先后三次才完成资料的收集。剔除无效问卷的过程与大陆样本的检验过程一致。首先去除"是"选项超过 80% 的问卷（理由同上）。然后，请公司内部人员（insider）帮助做该部门调查的有效性检验，随后鉴定了 125 个部分可用的整体社会网个案。去除了由于选项缺失的问卷后，最终可用问卷数量为 103，回收率 59%。

本研究一共有 296 份可用问卷，其中 193 份来自大陆，103 份来自台湾。大陆样本被访者的平均年龄比台湾样本部分低了大致 6 岁（p < 0.0001）。大陆被访者在公司的工作时间（company tenure）较之台湾样本平均短了大致 0.65 年（p < 0.01）。在大陆的样本中女性为 46.3%，台湾样本中女性为 32.8%。样本差异假设检验分析中已被控制。

2. 测量

对于个人在一般意义上对他人的信任倾向的测量已有先例（Cummings and Bromiley, 1996），不过，个人层面的对特殊个人的信任仍有待更好的测量。这里就是对特殊信任测量的发展。

每份问卷由两部分组成。第一部分测量整体社会网资料。这部分包括在矩阵格式中的 11 个问题。矩阵中的第一列是 11 个问题，第一行是该部门所有白领员工的姓名。两个公司样本的部门中，每个部门的平均人数为 11 人，最多是 24 人，最少为 5 人。被访者要确认自己与问卷所列人名的关系。问卷的第二部分利用李克特七点类型量表收集态度以及一般信任资料。

问卷问题的确定过程如下：笔者派一位助手完成在 MNC Mainland 人力资源部门的田野研究，目的是根据其工作环境来细化以及修改问卷。然后根据 65 名员工对预测问卷的回答以及在该部门秘书的帮助下，完成了对问卷有效性的检测。最终，20 道李克特量表问题以及 11 题整体社会网问题被选入正式问卷。以下将介绍调查中所有的测量。

（1）信任的测量。测量包括特殊信任与一般信任。为了让被访者清楚地描绘他们对特殊连带（particular ties）的信任，而不是给出大致的估计，我采用了整体社会网问卷，而不是李克特量表问卷。社会网分析技术可以计算信任关系的数量，即外向中心性。

我采用米什拉对值得信赖的分类（Mishra, 1996）来测量特殊信任——"我认为他是诚实的"、"我认为他很胜任他的工作"、"我认为他的行为很稳定"以及"我认为他关心我的利益"。另外，我增加了这样的问题"谁最值得信赖"。然后，我从以上五题的回答中计算了外向中心性的标准化计量。最终，五个值的平均数成为特殊信任的综合性单一指数。

员工 i 的信任的外向中心性的计算公式如下：

$$\sum_j x_{ij}/(g-1)$$

x_{ij} 可取 0 或者 1，表示员工 i 是否认为与员工 j 存在信任关系。g 表示网络规模。该计算值越高表示焦点人物的特殊信任程度越高。

对于一般信任的测量，我们采用了李克特七点量表的九道态度问题。这些题目改编自卡明斯和布罗米利的组织信任存量量表（Cummings and Bromiley，1996）。对组织信任测量的三个构面——如对同事的信任、对领导的信任以及对所属组织的信任——每个构面选三道题。表 24 中列出了测量一般信任的 9 题。

表 24　对信任的探索性因子分析

问项描述	平均值	标准化数值	因子 1 特殊信任	因子 2 对于同事的一般信任	因子 3 对于组织的一般信任
整体社会网问卷			Rotated Factor Pattern		
1 我觉得他是诚实的	2.51	2.34	0.76	-0.02	0.08
2 我觉得他很胜任他的工作	3.11	2.69	0.85	0.04	0.13
3 我觉得他的行为稳定可靠	2.52	2.45	0.87	0.12	0.03
4 我觉得他关心我的利益	2.76	2.58	0.80	0.14	0.09
5 谁最值的信赖？	1.99	1.64	0.85	0.06	0.08
信任存量问卷					
1 我们部门的同仁有话直说	4.81	1.29	0.09	0.85	0.18
2 我们部门鼓励大家开放坦白	5.23	1.14	0.11	0.71	0.37
3 我们部门的同事可以自由地交换信息与意见	4.97	1.27	0.02	0.83	0.20
4 我们部门的主管坦白直言	5.12	1.18	0.10	0.56	0.49
5 当工作内容有所变动时，我会在事前得到通知	4.99	1.10	0.09	0.23	0.67
6 部门主管对于决策的说明令我感到满意	5.11	1.11	0.18	0.38	0.73
7 我相信部门同事之间是坦诚相待的	5.21	1.19	0.08	0.68	0.38
8 关于自己日常工作上的决策，我们的意见全被采纳参考	4.77	1.31	0.05	0.19	0.82
9 部门主管会认真地考虑我们的建议	4.96	1.30	0.09	0.30	0.82
Cronbach α			0.85	0.87	0.83
Eigen values			5.48	3.12	1.03

表格 24 中的探索性因子分析显示，三种因子对信任有潜在影响①。通过可信度检验（Cronbach = 0. 85），特殊信任的五题归属于同一因子。而信任存量的题目分别归属于两个因子。其中的一个构面包括 1，2，3，4，7 题（Cronbach = 0. 87）。由于这些题目都与员工及领导有关，笔者称之为"对同事的一般信任"（general trust in colleagues）。余下的题目属于另一个构面（Cronbach = 0. 83），可称之为"对组织的一般信任"（general trust in the organization）。

（2）社会网结构变量的测量。下一步，利用魁克哈特和波特为整体社会网设计的"朋友及咨询网络"问卷（Krackhardt and Porter，1985），计算情感网络与咨询网络间的内向中心性。三个问题用来调查情感网络——"被主管批评后，您会向谁寻求情感支持"、"您在闲聊中会与谁说起自己的私事"、"谁是您最好的三个朋友"。笔者计算了每一个被访者的内向程度中心性，并通过以上三题的平均值得到单一指标，来表示情感网络中的个体中心位置。计算员工 j 的内向中心性的公式如下：

$$\sum_i x_{ij} / (g - 1)$$

x_{ij} 的值可能是 0 或者 1，表示员工 i 是否认为与员工 j 存在关系。g 表示网络规模。内向中心性高表示较中心的位置。

咨询网络的测量采用整体社会网络问卷中的三个问题——"当您工作遇到困难，您向谁求助"、"您喜欢与谁讨论日常工作"、"当您工作碰到困难，谁会主动来帮助您"。中介中心性用来测量三个咨询网络中的中介位置。将中介中心性的三个题目的平均值来表示个体在网络结构中的中介位置。计算公式如下：

$$\frac{2 \sum_{j < k} g_{jk}(n_i) / g_{jk}}{(g - 1)(g - 2)}$$

g_{jk} 表示员工 j 到达员工 k 的快捷方式（节点间的最短路径），即两者间的最短节点数目，$g_{jk}(n_i)$ 表示员工 j 到达员工 k 必须经过员工 i 时的快捷方式。拥有高度中介中心性的人通常能够居间调节别人的需要。

（3）态度控制（attitudinal controls）的测量。鉴于已有文献，我们构

---

① 验证性因子分析支持三个因子。拟合统计值（fit statistics）Bentler & Bonett's Non-normed 指数为 0. 947，模型均方根误差（RMSEA）为 0. 067。

建了 11 个关于态度控制的题目。三项李克特量表题目用来测量共同愿景。这些题目分别是："公司真的激发了我在工作中的最好表现"、"我能做很有意义的工作"、"我认为我的工作帮助我达到我职业的目标"。另外，我们翻译了由莫迪、斯蒂尔斯和波特（Mowday, Steers and Porter, 1979）所设计的用来测量组织承诺的问卷，在分析了预测的结果后，选择了其中的 8 个原始题目形成本研究的组织承诺变量。它们分别是："我很愿意为了公司的成果付出最大的努力"、"我经常在朋友面前夸奖我的公司"、"我觉得我的价值观与组织的价值观一致"、"我非常高兴我当时选择在这家公司工作"、"我会很自豪地告诉别人我是这家公司的一员"、"我愿意接受任何工作，只要能让我继续在这里工作"、"我很在乎公司的前途"以及"对我来说，这是最适合我的公司"。验证性因子分析（confirmatory factor analysis）得出有负载量的两个因子。拟合统计值（fit statistics）Bentler & Bonett's Non-normed 指数为 0.911，模型均方根误差（RMSEA）为 0.074。

3. 理论模型

在如下的回归模型中特殊信任与一般信任作为因变量：

$$Y_1 = \alpha + \beta_1 X_1 + \beta_2 X_2 + \gamma_1 Z_1 + \gamma_2 Z_2 + \gamma_3 Z_3 + \gamma_4 Z_4 + \gamma_5 Z_5 + \gamma_6 Z_6 + \gamma_7 Z_7 + \varepsilon \cdots \tag{1}$$

$$Y_2 = \alpha + \beta_0 Y_1 + \beta_1 X_1 + \beta_2 X_2 + \gamma_1 Z_1 + \gamma_2 Z_2 + \gamma_3 Z_3 + \gamma_4 Z_4 + \gamma_5 Z_5 + \gamma_6 Z_6 + \gamma_7 Z_7 + \varepsilon \cdots \tag{2}$$

Y_1 表示特殊信任向量——信任网络的外向程度中心性。

Y_2 是一个 $2 \times n$ 的矩阵，包括两个一般信任向量，用来测量对同事的一般信任以及对组织的一般信任。

X_1 表示情感网络的内向中心性。

X_2 表示咨询网络的中介中心性。

Z_1 是用来表示地域区别——大陆与台湾的虚拟变量。大陆员工用 0 表示，台湾员工用 1 表示。Z_2 到 Z_7 是 6 个控制变量，表示个人态度与特征。个人特征为性别、年龄、婚姻状况以及在公司的任期。性别变量：男性用 0 表示，女性用 1 表示。年龄分组变量包括六组：<20 岁一组，20~24 岁一组，25~29 岁一组，30~34 岁一组，35~40 岁一组，以及 >40 岁一组。[①]

---

① 这里将分组年龄视为连续变量以保证有效的自由度，年龄对于信任不是一个显著性因素，因此采用虚拟变量不会影响结果。

已婚用 0 表示，未婚用 1 表示。在公司的任期是一个连续变量。Z_6 是关于共同愿景的态度变量，Z_7 表示组织承诺。

六 分析结果

表 25 显示变量间的相关关系。特殊信任与两个结构变量显著正相关。性别以及地区与特殊信任显著负相关（女性以及台湾员工信任最低）。两个结构性变量也彼此相关，然而，仅有"咨询网络中的中介位置"与"对组织的信任"有略为显著的关联。同时，一般信任的两个构面与两个态度控制变量都高度相关。特殊信任也与一般信任的两个构面正相关。

在表 26 中显示的是特殊信任的两个自变量与七个控制变量的回归分析。结果表明，情感网络中心性与咨询网络中介中心性对于提高特殊信任都非常重要。将地区与网络结构变量的交互分析（台湾 VS. 大陆）显示两个抽样样本的网络结构变量影响相似。因而，理论假设 1 与理论假设 2 得到证据支持。

控制变量的结果显示四个个人特质中有一个对特殊信任有显著性贡献。男性比女性拥有更多的特殊信任。态度控制变量——组织承诺与共同愿景没有统计意义的显著性。当其他变量在回归分析中被控制时，地域区别显示，大陆样本拥有比台湾样本更多的特殊信任。

表 27 给出了两个一般信任变量对于网络结构变量、特殊信任以及七个控制变量的回归结果。两个结构变量——在情感网络的中心位置以及在咨询网络中的中介位置与两个一般信任构面都没有显著性关系。正如理论假设中，特殊信任与一般信任的变化都显著相关。并使"对于同事的一般信任"增加了 5% 的解释力（R^2 提高 5%），"对组织的一般信任"增加了 3% 的解释力。理论假设 3a 得证。

表 25 说明两个结构变量与两个一般信任构面之间没有显著性相关。这不满足特殊信任作为中介变量的条件。因此，理论假设 3b 不得证。然而，表格 26、27 的结果显示，网络结构的影响对于一般信任是间接的，是要通过特殊信任的。

在个人社会经济背景变量中，女性减少了"对同事的一般信任"，可能由于较少成为所在网络的中心或者中介（性别与中心地位的相关系数为 -0.12，$p < 0.05$，性别与中介性的相关系数则为 -0.14，$p < 0.05$）。两个

表 25 所有变量的相关表

变量	平均值	标准差	平均值（大陆）	平均值（台湾）	1	2	3	4	5	6	7	8	9	10	11
1 地区（1＝台湾）	0.35	0.48													
2 性别（1＝女性）	0.41	0.50	0.46	0.33	−0.13*										
3 年龄（5 类）	2.00	1.08	1.48	2.86	0.62***	−0.19***									
4 婚姻状况（1＝单身）	0.67	0.59	0.82	0.34	−0.70***	0.03	−0.14*								
5 公司任期（年）	2.38	1.62	2.13	2.78	0.19***	−0.03	0.50**	0.13*							
6 共享愿景	4.69	1.09	4.50	5.16	0.27***	−0.14*	0.23**	−0.14*	0.13*						
7 组织承诺	4.91	0.95	4.77	5.10	0.18**	−0.13*	0.19**	−0.04	0.10	0.77**					
8 情感网络的中心位置	0.19	0.13	0.21	0.17	−0.14**	−0.12*	−0.12*	0.13*	−0.06	−0.10	−0.04				
9 咨询网络的中介位置	0.05	0.06	0.06	0.03	−0.25***	−0.14*	−0.06	0.26**	0.11*	−0.01	−0.02	0.36**			
10 特殊信任	0.27	0.21	0.29	0.24	−0.11*	−0.18**	−0.10	0.03	−0.13*	0.06	0.08	0.42***	0.32**		
11 对同事的一般信任	5.06	0.98	5.08	5.06	−0.01	−0.16**	−0.02	−0.01	0.00	0.47***	0.48***	−0.01	0.05	0.18**	
12 对组织的一般信任	4.95	0.99	5.03	4.82	−0.10	−0.09	−0.09	0.04	−0.02	0.47**	0.52**	−0.02	0.11	0.22**	0.69***

注：* p<0.05，** p<0.01，*** p<0.001。

表 26　特殊信任的回归结果

	特殊信任	
	模型 1	模型 2
截　　　距	0.10	0.004
控制		
样本（1＝台湾人）	− 0.17 ***	− 0.12 *
性别（1＝女性）	− 0.08 ***	− 0.05 *
年龄	0.02	0.02
婚姻状况（1＝未婚）	− 0.06	− 0.05
公司任期	− 0.01	− 0.02
共享愿景	0.007	0.009
组织承诺	0.02	0.02
结构变量		
情感网络的中心位置		0.42 ***
咨询网络的中介位置		0.66 **
R^2 change		0.13
Overall Adjusted R^2	0.08	0.21
Model F Value	4.68 ***	8.01 ***
Standard Error	0.20	0.19
Degree of freedom	289	287

注：$^{*} p < 0.05$，$^{**} p < 0.01$，$^{***} p < 0.001$。

表 27　一般信任的回归结果

	对同事的一般信任		对组织的一般信任	
	模型 1	模型 2	模型 3	模型 4
截　　　距	2.54 ***	2.49 ***	1.95 ***	1.98 ***
控制				
地区（1＝台湾）	− 0.34	− 0.25	− 0.48 *	− 0.34
性别（1＝女性）	− 0.25 *	− 0.20 *	− 0.08	− 0.01
年龄	− 0.07	− 0.08	− 0.09	− 0.11
婚姻状况（1＝未婚）	− 0.15	− 0.10	− 0.13	− 0.08
公司任期	0.01	− 0.02	0.00	− 0.01
共享愿景	0.29 ***	0.29 ***	0.29 ***	0.28 ***
组织承诺	0.26 **	0.24 **	0.34 ***	0.32 ***
结构与信任变量				
情感网络的中心位置		− 0.10		− 0.62
咨询网络的中介位置		− 0.42		0.53
特殊信任		0.76 **		0.98 ***
R^2 change		0.05		0.03
Overall Adjusted R^2	0.29	0.34	0.34	0.37
F Value	18.3 ***	12.19 ***	22.91 ***	14.78 ***
Standard Error	0.83	0.82	0.81	0.79
Degree of freedom	289	286	289	286

注：$^{*} p < 0.05$，$^{**} p < 0.01$，$^{***} p < 0.001$。

态度控制变量与一般信任显著相关，可能部分由于同方法偏误（common method variance）造成的扩大效果。

最后，两个地区的结构变量与特殊信任变量的交互分析没有显著性的结果。这表明，这些变量间的功能联系在两个样本中是不变的。

七　讨论与结论

1. 讨论

我们得出如下一些结论。第一，强连带优势的主张在大陆与台湾的样本中得到支持。一个拥有非正式影响力的人通过处于情感网络中的中心地位，可能对其交往对象有更好的控制力，因而信任其交往对象；也有可能因为他把更多的同事当成朋友，而变得比较容易信任这些朋友。这反倒可能造就了其在网络中的中心地位。因此，结构位置虽然是一个静态的概念，可能反映了信任的形成这一动态过程。进一步的研究应该探讨信任在社会网络中的发展过程。

第二，在中国，咨询网络中的中介位置很显著地影响着特殊信任的形成。这与笔者讨论过的社会交换理论是一致的。人们通过信息、咨询的社会交换产生相互间对互惠与信任的期待（Coleman，1990；Blau，1964）。资源交换是中国工作环境中共同信任产生的主要源泉，这已经被先前的研究证明（Luo，2005）。在没有联系的人们之间，中介桥（go-between bridges）提供了促成信息交换的初级机制。例如，在此种背景下，一个中国的中间人可以在交换过程中得到丰富的资源，但他必须信任其伙伴在交换过程中的善意。

最后，特殊信任增加了一般信任的倾向。成功的两两互动经验会增加人们对于安全与人情互惠的期待，甚至是陌生人。然而研究结果显示，网络位置的影响力对于一般信任是间接的，是需要通过特殊信任起作用的。这与中国文化是相一致的，即中国人对于"陌生人"的信任通过对"熟人"的信任而产生。

在讨论进一步研究的可能之前，要对本研究的局限做一些声明。首先，资料抽样是便利抽样，而不是随机抽样。同时，样本对象非常年轻，平均年龄低于 25 岁，并且在公司的任期不超过 3 年。这样就有必要用其他样本再做类似研究，以提高发现的普遍性，从而可以推广到其他华人组织或者年龄较长的对象范围。第二，两个态度控制变量与"一般信任"

的两个构面采用了相同的李克特七点量尺，并对相同的一群人施测。所以它们的关系可能受同方法偏误的影响。然而，基于两个结构变量以及它们的主要分析结果不可能被同方法偏误影响，所以上述的问题对结论的影响有限。

最后，结构变量与信任之间的因果关系值得探讨，由于我们这里使用横断资料（cross-sectional data）而因果变得较难厘清，只能等待跨时的时间序列资料（time-series data）。虽然有着因果颠倒的可能性，但无论就具体还是普遍层面而言，一个人所处网络位置——中心（centrality）或者中介（betweeness）与信任倾向有关这一事实，都应该被作为一种新的洞见而受到更多的研究。

一些发现值得未来的研究进行更多的讨论，并对这些发现做出进一步挖掘和分析。一个人处于情感网络中的中心位置意味着他拥有非正式的影响力（Krackhardt, 1992），然后通过自身影响一个组织中共同工作的人。这样非对称的社会影响力使得非正式领导认为他们可以控制以及预测同事的行为。虽然信任意味着要承担没有回报的风险（Yamagishi, Cook and Watanabe, 1998），但镶嵌于"报"中的中国互动规范减少了这样的风险。"报"促进了人群社会网的扩大。这样更大的社会网络意味着获得更多资源的可能性，并且假设因为它们有互惠的义务而不会背信弃义。相信他们的朋友的可靠性，使得处于中心位置的人们感受到安全感，并且拥有比处于外围位置的人更多的信任。进一步研究应该检验中心位置与对朋友的信任之间的传递过程（如，朋友给予的安全感以及可信赖感）。进一步研究也应该检测这样一种可能性，是否容易信任别人的人（trusting person）会获得一个更中心的位置。因此，中心位置与特殊信任之间的关系是否可以被倒置过来？即，是容易去信任别人导致获得情感网络中的中心位置。这种倒置过来的因果顺序也会有很有意思的假设。如，对个人而言，信任别人和被别人信任同等重要，因为前者也可以使人们结交朋友并且变得有影响力（influential）。时间序列的实验设计可以解决这些因果关系顺序以及运作的因果机制。

咨询网络中关于中介位置的结论对于理解桥如何产生与他人的合作行为是非常重要的。处于中介位置的人控制着非常有价值的信息与知识。依靠其信息的人则要表现出值得信赖的行为，以便让"桥"分享有价值的信息与知识。与处于情感网络的中心位置类似，咨询网络中的桥在与他人互动过程中是相对安全的。较不同的是，"桥"更依靠别人的善意

(goodwill)，而不是在亲密网络中朋友相互监督的行为。然而无论在哪种情况下，中国"报"的规范都扮演了非常重要的角色。无论信任产生于中心人物的朋友连带还是桥的信息交换，都让中国人更愿意对这些社会连带表现善意，以符应"报"的规范。对于这一动态过程的描述将成为未来研究十分有活力的区域。

特殊信任与一般信任存在着关联，意味着中国社会里，"报"的法则是可以扩大于工具性交换关系，甚至于陌生人的。"报"是人情交换中必须遵守的规范，总体上减少了熟人间交换的不确定性与风险。这个规范也成为中国人所高举的美德，即使是弱连带间的一般性社会交换，乃至于陌生人不经意的施恩，都成为报的对象。在熟人间交换的成功经验，会使我们对整体社会的报的规范产生信心，从而增加了社会的一般信任。和关系概念一样，"报"也是一个本土概念，但却有跨文化的对等物，因而值得进一步探索。许多学者认为，报关系等同于网络（Yang, 1994）。在一些方面，"报"部分类似但又有别于互惠（reciprocity），而互惠在所有社会学文献中都是一个重要而普遍的概念（Blau, 1964；Gouldner, 1959）。

最后，如果回顾以往文献，两个结构变量与一般信任的两个构面间没有因果关系是不足为奇的。社会网络是由两两关系组成的（dyadic relationships）。因此，网络位置对于特殊信任有更直接的影响，并进而间接影响到一般信任。然而，可能是中国的特殊环境才使得网络位置与一般信任之间缺乏联系。众所周知，中国是一个高度特殊主义（particularistic）与关系导向的社会（relation oriented）（Trompenaars, 1994）。因此，网络位置（network position）更多地带来人与人间的互信，而不会直接改变位置拥有者对整个社会的态度。正如笔者在理论假设中所说的，中心人物、中介人物由于其能更好地控制组织环境而拥有了安全感，并且信任与其互动的同事。然而证据显示，华人不能通过对陌生人的信心（confidence）而直接产生一般信任。信心让华人拥有更多社会关系，但是信任必须建立在两两关系间切实的互动经验的基础上。

2. 结论

网络的结构位置会影响着特殊信任的形成，进而间接影响一般信任。西方视角的潜在逻辑大多是建立在理性的解释上——如果你有很多朋友或者是一个中介者，那么你会有更多的非正式权力与影响力。因为人们需要依靠你的友谊支持与咨询信息。其他人对你的依靠会使你有更多自信，因为围绕着你的人会谨慎自己的行为而不会背信，于是你就更相信他们了。

但是另一方面，一个基于中国文化的解释出现了——也就是报的规范的重要性（normative importance of pao）。任何有朋友的人或者传递信息流的人就和别人有了关系（relations）。报的原理保证了人情受到尊重，并且在未来会有互惠行为。拥有许多连带的人——无论是情感性的还是咨询交换的，都会拥有更多自信；别人会在未来回报你。这个镶嵌于关系中的规范，给了交换双方信任别人的信心。总之，这个研究提供了一种融合西方理性与中国规范的优势，从而来解释网络中信任的出现。研究的结果确认并且扩展了社会网理论，并且建议了许多进一步研究的方向。信任对关系导向与人情特色（favoritism）的中国社会环境中的管理是至关重要的。笔者希望通过对信任的理解与研究使中国式管理研究（Chinese Management Research）前进一步。

参考文献

Barber, B. 1983. *The Logic and Limits of Trust*. New Brunswick: Rutgers University Press.

Baron, Reuben M. and David A. Kenny. 1986. "The Moderator-mediator Variable Distinction in Social Psychological Research: Conceptual, Strategic, and Statistical Considerations". *Journal of Personality and Social Psychology* 51 (6): 1173 – 1182.

Blau, Peter. 1964. *Exchange and Power in Social Life*. New York: Wiley.

Brass, Daniel and Marlene Burkhardt. 1992. "Centrality and Power in Organizations". In Nohria, Nitin and Robert G. Eccles (Ed.), *Networks and Organizations*. Boston: Harvard Business School Press, pp. 191 – 215.

Brown, Thomas Ford. 1997. *Theoretical Perspectives on Social Capital*. Working paper located in http://hal. lamar. edu/ ~ BROWNTF/SOCCAP. HTML.

Burt, Ronald. 1992. *Structural Holes: The Social Structure of Competition*. Cambridge: Harvard University Press.

Butler, John. 1991. "Toward Understanding and Measuring Conditions of Trust: Evolution of a Condition of Trust Inventory". *Journal of Management* 17 (3): 643 – 664.

Butler, J. K. and R. S. Cantrell. 1984. "A Behavioral Decision Theory Approach to Modeling Dyadic Trust in Superiors and Subordinates". *Psychological Reports* 55: 19 – 28.

Cammann, C., M. Fichman, D. Jenkins, and J. Klesh. 1979. *The Michigan Organizational Assessment Questionnaire*. Unpublished manuscript, University of Michigan, Ann Arbor.

Chen, Chieh-Hsuan. 1994. *Subcontracting Networks and Social Life*. Taipei: Lien-Jin Press.

Coleman, James. 1990. *Foundations of Social Theory*. Cambridge: The Belknap Press.

Creed, Douglas and Raymond Miles. 1996. "Trust in Organizations". In Roderick M. Kramer, and Tom Tyler (Ed.), *Trust in Organizations*. London: Sage Publication

Inc. , pp. 16 – 39.

Cummings, L. L. and Philip Bromiley. 1996. " The Organizational Trust Inventory: Development and Validation". In Roderick M. Kramer and Tom Tyler (Ed.), *Trust in Organizations*. London: Sage Publication Inc. , pp. 302 – 330.

Deutsch, Morton. 1958. "Trust and Suspicion". *Journal of Conflict Resolution* 2: 265 – 279.

Downes, M. , M. Hemmasi, L. A. Graf, L. Kelley, and L. Huff. 2002. " The Propensity to Trust: A Comparative Study of United States and Japanese Managers. " *International Journal of Management* 19 (4): 614 – 621.

Fei, Hsiao-Tung. 1948. *Peasant Life in China*. London: Routledge & Kegan.

Fukuyama, Francis. 1996. *Trust: The Social Virtues and the Creation of Prosperity*. N. Y. : Free Press.

Gambetta, D. 1988. " Can We Trust Trust?" In D. Gambetta (Ed.), *Trust: Making and Breaking Cooperative Relations*. Oxford: Basil Blackwell, pp. 213 – 238.

Gouldner, A. W. 1959. "The Norm of Reciprocity: A Preliminary Statement. " *Symposium on Sociological Theory*. Evanston. IL: Row. Peterson, pp. 241 – 270.

Granovetter, Mark. 1973. "The Strength of Weak Tie". *American Journal of Sociology* 78: 1360 – 1380.

Granovetter, Mark. 1985. " Economic Action and Social Structure: The Problem of Embeddedness". *American Journal of Sociology* 91 (3): 481 – 510.

Hardin, Russell. 2001. " Conceptions and Explanations of Trust ". In Karean S. Cook (Ed.), *Trust in Society*. N. Y. : Russel Sage Foundation, pp. 3 – 39.

Hollon, C. J. and G. R. Gemmill. 1977. "Interpersonal Trust and Personal Effectiveness in the Work Environment". *Psychological-Reports* 40 (2): 454.

Hwang, K. K. 1987. " Face and Favor: The Chinese Power Game". *American Journal of Sociology* 92: 944 – 974.

Krackhardt, David. 1992. " The Strength of Strong Ties: The Importance of Philos in Organizations ". In Nitin Nohria and Robert G. Eccles (Ed.), *Networks and Organizations*. Boston: Harvard Business School Press, pp. 216 – 240.

Krackhardt, David and Lyman W. Porter. 1985. " When Friends Leave: A Structural Analysis of the Relationship between Turnover and Stayer's Attitudes ". *Administrative Science Quarterly* 30: 242 – 261.

Krackhardt, David and Jeffrey Hanson. 1993. " Informal Networks: The Company behind the Chart". *Harvard Business Review*, July-Aug: 104 – 111.

Lin, Nan, Yang-Chih Fu, and Ray-May Hsung. 2001. "The Position Generator: Measurement Techniques for Investigation of Social Capital". In Lin, Nan, Karen Cook, and Ronald Burt (Ed.), *Social Capital: Theory and Research*. N. Y. : Aldine De Gruyter, pp. 57 – 81.

Luo, Jar-Der. 2005. "Toward a Theory of Trust in Chinese Organizations". Paper presented at Sunbelt XXV, Los Angeles, Feb. 2005.

Marsden, Peter and Karen Campbell. 1984. "Measuring Tie Strength". *Social Forces* 63 (2): 483 – 501.

Miles, Raymond and Douglas Creed. 1995. "Organizational Forms and Managerial Philosophies". *Research in Organizational Behavior* 17: 333 – 372.

Mishra, Aneil K. 1996. "Organizational Responses to Crisis: The Centrality of Trust". In Roderick M. Kramer, and Tom Tyler (Ed.), *Trust in Organizations.* London: Sage Publication Inc., pp. 261 – 287.

Mowday, R. T., R. M. Steers, and L. W. Porter. 1979. "The Measurement of Organizational Commitment". *Journal of Vocational Behavior* 14: 224 – 247.

Porter, L. W. and F. J. Smith. 1970. *The Etiology of Organizational Commitment.* Unpublished manuscript, University of California, Irvine.

Robinson, S. L. and E. W. Morrison. 1995. "Psychological Contracts and OCB: The Effect of Unfulfilled Obligations on Civic Virtue Behavior". *Journal of Organizational Behavior* 16 (3): 289 – 298.

Rotter, J. B. 1971. "Generalized Expectations for Interpersonal Trust". *American Psychologist* 26: 443 – 452.

Sheppard, B. H. and M. Tuchinsky. 1996. "Micro-OB and the Network Organization". In Roderick M. Kramer and Tom Tyler (Ed.), *Trust in Organizations.* London: Sage Publication Inc., pp. 140 – 165.

Sitkin, S., and A. Pablo. 1992. "Reconceptualizing the Determinants of Risk Behavior". *The Academy of Management Review* 17 (1): 9 – 34.

Smith, Herman W. 1995. "Predicting Stress in American-Japanese Business Relations". *Journal of Asian Business* 12: 79 – 89.

Smith, Herman W. 2002. "Confirming and Disconfirming Supervisor-subordinate Relationships in Japan, the USA, Germany and China". 2002 Association of Japanese Business Association Best Papers and Abstracts, pp. 264 – 265.

Trompenaars, A. 1994. *Riding the Waves of Culture: Understanding Diversity in Global Business.* Burr Ridge, IL: Irwin.

Tsai, Wenpin and Sumantra Ghoshal. 1998. "Social Capital and Value Creation: The Role of Intra-firm Networks". *The Academy of Management Journal* 41 (4): 464 – 478.

Tsui, Anne S. and Jiing-Lih. Farh. 1997. "Where Guanxi Matters—Relational Demography and Guanxi and Technology". *Work and Occupations* 24 (1): 57 – 79.

Uzzi, Brian. 1996. "The Sources and Consequences of Embeddedness for the Economic Performance of Organizations". *American Sociological Review* 61: 674 – 698.

Wasserman, Stanley and Katherine Faust. 1994. *Social Network Analysis: Methods and Applications.* Cambridge: Cambridge University Press.

Wellman, Barry. 1992. "Which Types of Ties and Networks Give What Kinds of Social Support?" *Advances in Group Process* 9: 207 – 235.

Wellman, Barry and Kenneth A. Frank. 2001. "Network Capital in a Multilevel World: Getting Support From Personal Communities". In Lin, Nan, Karen Cook, and Ronald Burt (Ed.), *Social Capital: Theory and Research.* N. Y.: Aldine De Gruyter, pp. 233 – 273.

Yamagishi, Toshio, Karen Cook, and Motoki Watabe. 1998. "Uncertainty, Trust, and Commitment Formation in the United States and Japan". *American Journal of Sociology* 104: 165 – 195.

Yamagishi, Toshio and Midori Yamagishi. 1994. "Trust and Commitment in the United States and Japan". *Motivation and Emotion* 18 (2): 129 – 166.

Yang, M. 1994. *Gifts, Favors, and Banquets: The Art of Social Relationships in China.* N. Y.: Cornell University Press.

Zucker, Lynne G. 1986. "Production of Trust: Institutional Sources of Economic Structure, 1840 – 1920". *Research in Organizational Behavior* 8: 53 – 111.

第八章　小团体分析

以后两章，我们将一一介绍如何测量个人社会网结构位置以及群体社会网结构形态的方法。下面我们就开始介绍社会网一些结构的概念以及计算的方法。

一　图形密度

前一章讨论了一个概念叫做节点程度，计算节点程度的一些统计量可以得到十分有用的结构概念。一是平均节点程度（mean of degree），就是把所有节点的节点程度加总平均，实际上就等于（在无方向性图形中）二倍的线的数量除以节点数量。第二个概念是节点程度变异数（standard deviation of degree），就是每个节点程度的变异量有多大，用来测量节点程度的几率分配是什么样的。平均节点程度指示了整个图形中线的数量有多少，平均数愈高则整个图形中线的密度愈高。变异数愈大，则代表线段集中在一些节点上，而另一些节点则少有连带。这两个概念会被学者用来测量一个团体的结构特质（Sparrowe，Liden and Kraimer，2001），而实际上平均节点程度指涉的正是网络密度，而节点程度变异数则十分类似群体中心性（也有些微不同，我们将在第二节中介绍），以下就是一个图形密度的定义：

　　一个图形的密度，即在该图形中实际存在的线与可能数量的线的比例。

　　一个群体的结构形态指标中，密度（density）是一项重要变量，因为一个团体可以有紧密关系，也可以有疏离关系，紧密团体的社会行为十分不同于疏离团体。一般来说，关系紧密的团体合作行为较多，信息流通较易，团体工作绩效也会较好，而关系十分疏远的团体则常有信息不通、情感支持太少、工作满意程度较低等问题。在团体研究中这是最常用到的概念，所以下一章中我们将介绍图形密度在总体社会资本中的意涵。图形密度的公式如下：

$$\Delta = \frac{2L}{g(g-1)} \qquad \begin{array}{l} L = \text{图中线的数目} \\ g = \text{图中节点的数目} \end{array}$$

　　以上只是纯粹讨论一个无方向性的网络图形，如果要讨论具方向性的图形，公式上也会有不一样的计算方式。

$$\Delta = \frac{L}{g(g-1)}$$

　　以上是具方向性图形密度计算公式。

　　下面我们仍以外商公司的计算机维修部门的情报网络为例，操作 UCINET。

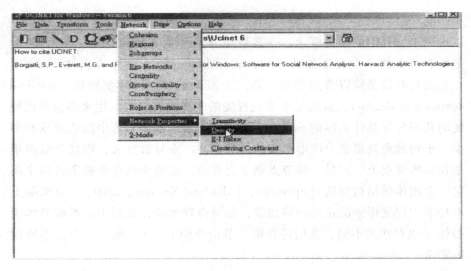

在"Network"中选取"Network Properties",再选取"Density",然后在对话框中选取 PSC07,可以得到结果,此一社会网的密度是0.3476。

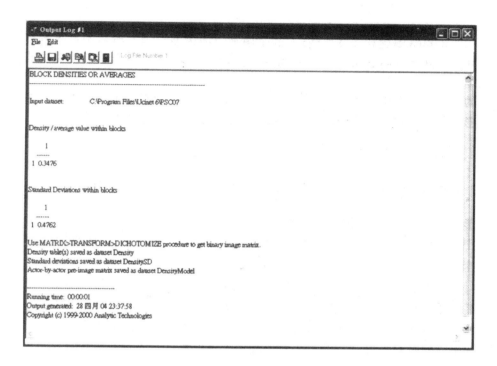

二 小团体分析

顾名思义,小团体(subgroup 或称 cliques)就是团体中的一小群人关系特别紧密,以至于结合成一个次级团体。比较通俗的说法,小团体可以比拟为派系,这也是一个网络的总体结构指标。在研究中国人的组织行为时,这是一个特别有用的概念。以下我们将介绍小团体中四个不同的定义及计算公式。

1. 以节点程度计算小团体

计算小团体的方法有两类,一类是以节点程度来计算,一群相连的节点视为一个小团体;另一类以距离计算,在一定距离内可以达到的节点视为一个小团体。

以节点程度计算的方法，我们介绍三种：K-plex，K-core 以及 Lambda Sets。

K-plex 的定义是：

K-plex 是包含了 g_s 个节点的子图形，在该图形中，每一个节点都与同一子图形中的 g_s-k 个节点有相连关系。

这是小团体分析最常用的一个概念。表示一个小团体有 g_s 个人，其中每个人都至少与该小团体的其他成员保持 $g_s - k$ 条的关系。

K-core 的定义是：

对所有的 $n_i \in N_s$ 来说，如果 d_s (i) $\geqslant k$，则子图形 Gs 是 K-core。

其中 d_s (i) 指称相连的节点数。这个定义与 K-plex 大同小异，表示一小团体有 g_s 个人，其中每个人都至少与该小团体的其他成员保持 k 条的关系。

λ 集合 （Lambda Sets） 的概念比较复杂，我们要先定义什么是两个节点的线段相连性（line connectivity of nodes）。线段相连性就是如果要把这两个节点的最后一条路径也删掉，也就是使两个节点不再相连，需要删去几条线的数量，代号是 λ (i, j)。线段相连性愈高，表示两个节点间相连的路径愈多，而且不会有关键的桥，必须要删掉很多线段，才能使他们不相连。

λ 集合的定义是：

N_s 是 N 的子集合，且对所有的 i, j, k $\in N_s$, l $\in$ N-N_s 来说，如果 λ (i, j) > λ (k, l)，则子图形 N_s 是一个 λ 集合。

此一定义意指，λ 集合中的内部任两个节点的线相连性都要高于内部的一点与外部的一点间的线相连性。现实的意涵就是，小团体的定义在于内部的关系紧密而不易断裂的程度要高于内部的人与外人关系的紧密程度。

下面我们以 K-plex 为例，来说明 UCINET 如何找出小团体。这个过程不像其他的社会网指标会有明确的数字一下就算出来，而要反复试验、自

行判断才能得到一个答案。首先在"Network"中选"Subgroups",再选
"K-Plex"。

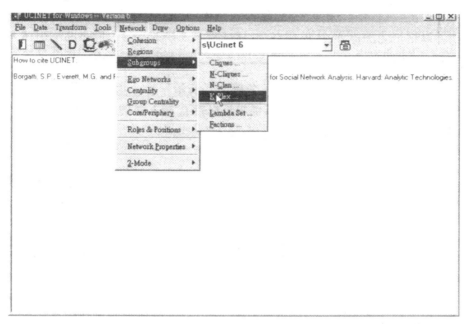

然后在对话窗口中写入资料文件名 PSC07,选择 K 为 3,最小的小团
体不少于 4 个节点,这些数字皆为自行判断写入,试试看会出现多少小团
体,能不能判断出最后的答案。图形选取对话框可以选柱状图
(Dendrogram)或树状图(Treegram)。

　　UCINET 会把我们的具方向性社会网当作无方向性社会网来计算，凡是两个节点中有一方选择了对方，UCINET 就当作两节点间有一条线。这一次试验我们得到 310 个小团体，完全无法判断，表示设定的条件太宽松，以至于无法得到答案。于是继续试验，选择 K 为 2，最小的小团体不少于 4 个节点，得到 27 个小团体，仍然不好判断（当 K 值愈小，最小的小团体节点数愈大则条件愈严格）。最后，我们选择 K 为 2，最小的小团体不少于 5 个节点。

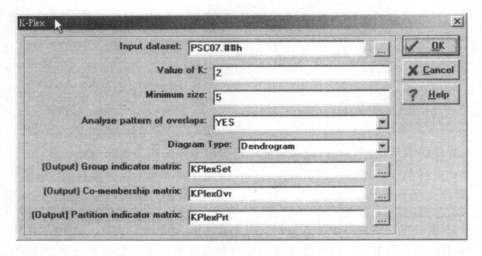

　　得到如下的 13 组团体，可以做出判断，节点 6、7、8、12 和 13 是一个小团体，其他节点 1、2、3、4、5、9、10 和 15 成为一个小团体。

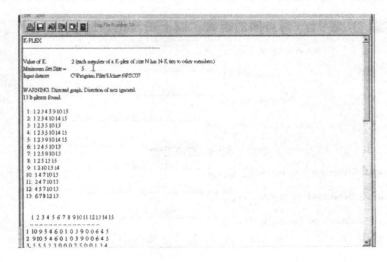

表的下方是一个矩阵，说明互连的节点共同出现在多少个小团体中，我们发现基本上这两个小团体互相排斥，只有 4 与 7 会共同出现在三个小组中，以及 10 与 13 会共同出现在六个小组中。

2. 以距离计算的小团体

接下来我们介绍三种以距离为基础计算小团体的方法：N-clique，N-clan 以及 N-club。以下范例请看图 28。

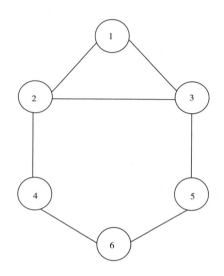

图 28 以距离计算的小团体

N-cliques 也就是此小团体内每两人之间的距离要小于等于 n。

d（i，j）是 i 与 j 两点间的距离，以上图为例，2-cliques 有两个：{1，2，3，4，5} 和 {2，3，4，5，6}。

N-clan 定义为：**一个 N-clan 就是一个所有捷径都包含在子图形内的 N-clique**。

图 28 中，2-clan 有一个：{2，3，4，5，6}。

N-club 是指直径小于或等于 n 的子图形。

图 28 中，2-club 有三个：{1，2，3，4}，{1，2，3，5} 和 {2，3，4，5，6}。

UCINET 计算的方法以 N-clique 为范例，同样在对话窗口中写入数据文件名 PSC07，选择 n 为 3，最小的小团体不少于 4 个节点，同样地，这些数字也是自行判断写入，试试看会出现多少小团体，能不能判断出最后的答案。

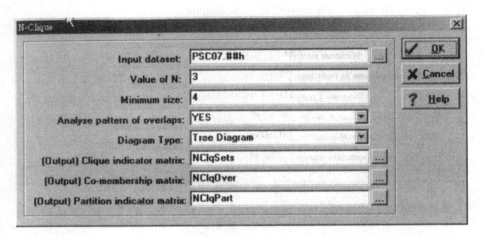

这一次试验我们得到一个小团体，完全无法判断，表示设定的条件太宽松，条件宽松表示所有的节点都可以在 n 步之内到达对方，所以所有的节点结成一个小团体。得到的结果不是太多小团体，而是分不开小团体，以至于无法得到答案，于是继续试验（当 n 值愈小，最小的小团体节点数愈大则条件愈严格）。

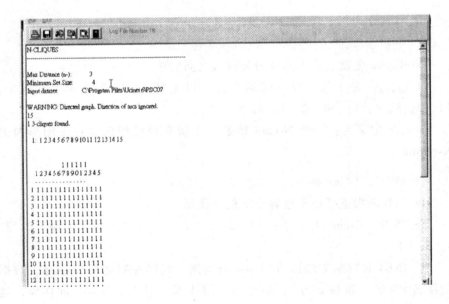

最后，我们选择 K 为 1，最小的小团体不少于 4 个节点。

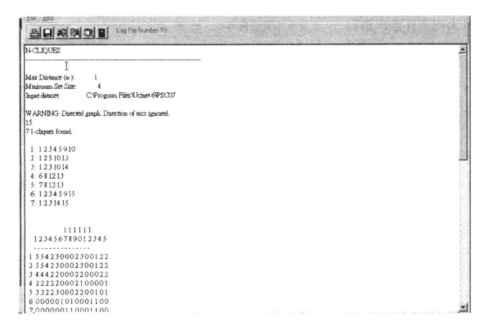

我们得到七组团体，可以做出判断，节点 6、7、8、12 和 13 是一个小团体，其他节点 1、2、3、4、5、9、10、14 和 15 成为一个小团体。同样的，表的下方是一个矩阵，说明互连的节点会共同出现在多少个小团体中，我们发现 10 与 13 会共同出现在一组小团体中，但 4 与 7 不会共同出现在同一小团体中。用 K-plex 与 N-clique 两种方法算出来的结果差距不大。

以上指标比较常用，其他指标尚有很多，分别代表不同的结构意义，可以参考美国社会学者斯坦利·维瑟尔曼（Stanley Wasserman）以及凯瑟林·福斯特（Katherine Faust）所著的《社会网——分析与应用》（*Social Network—Methods and Applications*）一书，其中有十分详尽的介绍。

3. 以绘图分析小团体

小团体的分析常常涉及情感网络，尤其我们所谓的派系，更是以情感为基础的一群人结成交换资源的团体，并排除其他人的利益，而派系问题常是中国的社会学研究及管理学议题中十分重要的一部分，所以分析情感性小团体在中国研究中有其特殊的重要性。情感性小团体是否与其他交换资源的团体（如交换知识、交换情报、交换咨询，甚至交换特权）重叠，更是判定是否有派系存在的方法。而连带强度的定义如前所述，最简单的一种就是情感网络中两个人互选对方为强连带，只有一方选了对方而对方未选回来，则视为弱连带。派系内的成员之间必须是强连带，否则情感关系不足以垄断其他资源交换的关系。因此情感网络中保留强连带，删去弱连带，再直接以 UCINET 中的绘图功能绘出网络图，因为这样处理会删去相当数量的线，所以图形往往不太复杂，可以一目了然，直接判断出小团体。

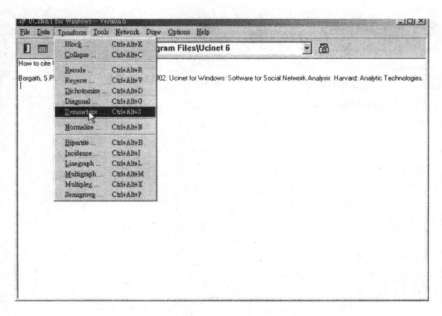

以下我们仍以 PSC07 为例，虽然这是一个情报网络，但我们假设其为情感网络，作为范例说明此一方法。首先我们要把 PSC07 转换成只有强连带的资料，方法是在"Transform"中选取"Symmetrize"。

然后在对话窗口中选取"Minimum"，意即一对节点中的双向关系，两个都是 1 才是 1，两个中有一个是 0 则是 0。

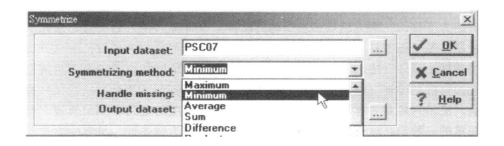

在上面对话窗口中，我们为新的只保留强连带的资料取名 SymPSC07.##H，然后点选下面的图标，或是选"Draw"。

然后在"File"中选"Open"，打开档案，选择档案类型是"Ucinet Dataset"，SymPSC07 档是一维的社会网，所以选"Network"。

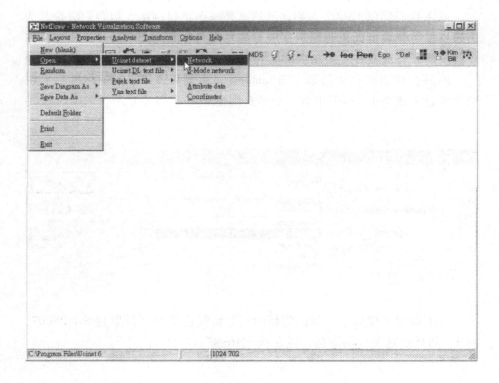

在跳出来的对话窗口中选择 SymPSC07 档案。

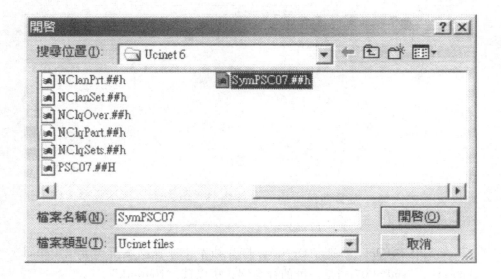

　　SymPSC07 档案输入就成为图形，我们可以在图形中做很多工作，比如拖动节点到适当位置，把相连的节点都拖在一起，就成为下面的图形，我们可以看到，节点 7、8、12 和 13 是一个小团体，而 6 与 11 为两个不相连的组件，其他节点 1、2、3、4、5、9、10、14 和 15 成为一个小团体，其中节点 4 是桥。

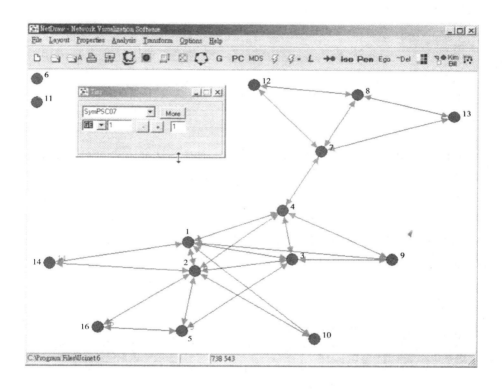

4. 小团体的密度

　　E－I index 衡量的主要是一个大的网络中小团体现象是否严重。最糟糕的情况就是大团体很散漫，核心小团体有高度内聚力，并且团体独裁领导。另外一种情况就是大团体中有许多内聚力很高的小团体，很可能就会变成小团体间相互斗争的问题，也就是我们常说的派系问题。公式如下：

$$E - I\ index = \frac{(density\_of\_subgroup)}{(density\_of\_group)}$$

　　E－I index 是企业管理者一项重要的危机指标，当它太高时，就表示公司中的小团体有可能结合紧密而开始图谋小团体私利，伤害整个公司的利益。这个指标在中国研究中尤其重要，中国人常说"君子群而不党，小人党而不群"，党而不群的意思就是一群人并不在大团体中合群，反而结成紧密的小团体，内部密度值高，外部密度值低，表示这样一群人形成非常严重的结盟现象，可以密室会议，可以私相授受，完完全全可以以小团体的需要出卖掉大团体的利益。

我在台湾曾做过一个地方派系和信用合作社的研究。台湾有 73 家信用合作社，结果统统变成了金融炸弹。因为信用合作社对人有信用而不是对物有信用，基本上贷款者不用给合作社抵押品。总经理在一定的权限范围内可以授信，这是信用合作社和银行最大不同的地方。原来这是适应中国社会的良法美意，因为在乡土社会中，一个人在地方上有一定的声誉，或大家认识这个人，知道他的信用，就可以因人授信，不必然要有抵押品，换言之，声誉在信用合作社中也是可以借到钱的资产，这是中国社会中关系金融的一种形式（罗家德，2001）。但最后，信用合作社却成了台湾地方派系最重要的禁脔，甚至每次信用合作社的社长改选时派系就要火并，为什么呢？因为谁拼上了信用合作社社长，谁就掌握了这个地方的小金库，拿各式各样理由去贷款，拿到钱就回馈给派系，壮大派系，再以派系力量参与地方政治，以权滚钱，以钱养权。这是信用合作社发生那么一大堆问题，成为金融风暴的定时炸弹的原因。

为什么？ E－I Index 就可以作为一个指标加以解释。问题就出在随着台湾地方都市化，政府却没有方法导正信用合作社人数的上限，鼓励人数一多就另立他社，保持人际关系的紧密性，反而禁设新社。结果老社愈做愈大，关系淡薄，自然弊病丛生。譬如，以高雄"三信"来讲，它已经有 13 万会员，是一个大团体，大多数人都没有任何关系了，也无法直接参与监督社务。高雄的派系便以选举争夺经营权，安排派系内的人成为这个信用合作社的社务委员、理事长、理事，变成一个小团体。所以如果把13 万人的网络图一画出来就知道了，中间有两群人，各有两三百人，有高度密集的关系，其他的人之间关系都很疏远。为什么信用合作社都是呆账，就是因为这一小撮的人拿了 13 万人的存款之后贷款给自己人，而大团体的人结合不密，无法选上社内职务，也无从监督这一群人的行为，这不但是金融炸弹，而且也成为台湾地方民主政治的瘤。E－I Index 是一个可以指出这样危机的重要指标。

三　研究范例——派系对组织内一般信任的负面影响

（一）简介

"Guanxi"（即关系，中国人对应于"relationship"的词语）一直被视为是理解中国式管理（Tsui and Farh，1997；Farh，Tsui，Xin and Cheng，1998）以及交易行为（transactional behavior；Granovetter，1985）的关键词语。在一个公司内部，好的关系可以帮助控制机会主义行为以及促进相互合作（Coleman，1990；Adler and Kwon，2002），因此，它被视为是一个对组织行为有正面影响的因子。在公司之外，关系则可以帮助产生信任；由此带来的被对方信任可以减少交易成本（Granovetter，1985），进而顺畅了整个交易过程。另外，关系在一定程度上也可以为公司的生存和扩张提供一些必要的资源（Lin，2001；Bian，2002）。然而，关系通常与特权交易（privilege exchange）、私下谈判以及非理性经济行为联系在一起，因此它在中国有时被认为是一个"坏"词语。为什么在中国与西方社会之间对于关系的感知存在这么大的差别呢？正是这个悬殊的对比使我们把焦点集中到关系的负面影响（downside of guanxi）上来（Chen，Chen and Xin，2004；Labianca，Brass and Gray，1998）。

为什么关系有时在组织行为当中会是一个负面的影响因素呢？我们认为，结派（ganging up）现象标注了关系影响从正面转向负面的转折点。我们首先讨论中国人在建立关系过程中固有的行为模式——结成派系，就是一群人结成小团体，并把所有的个人利益与团体的成败联系在一起。然后，两个变量被提出来作为群体水平分析的工具，用以测量关系的负面影响——非正式权力的集中度和由"结派"导致的碎片化结构。我们发现关系的黑暗面对一般信任拥有负面影响。

（二）关系以及一般信任

1. 一般信任（general trust）

社会学研究中有关宏观社会资本的经验研究被探讨最多，检证得最频繁的，就是一般信任问题。这种形式的信任可以被定义为"对于自然和道德秩序持久性及实现性的期望"（Barber，1983）。一般信任是一个人对不特定关系的信任，其来源主要有几种，一是因制度带来的信任

(*institution-based trust*)。制度往往都附带着正式的惩罚或社会制裁，所以当事者会权衡欺诈所带来的利益以及制裁可能带来的成本，理性地选择保持良好行为，以避免更高的成本。因此在制度约束下的人会有符合期待的行为。

非正式制度也能带来一般信任，风俗、规范以及职业伦理（professional ethics）使得一群人产生一定的行为准则，因此受同一规范约束的交易双方对对方行为可以预期。

人格导向研究探讨的是个人的信任倾向（propensity to trust）以及可信赖行为（Butler，1991；Mishra，1996）。心理学者经常定义信任为一种心理状态，即一个人愿意冒失去利益的不确定性，但期望互动对方不会利用这种机会而占他的便宜的心理状态（Deutsch，1958；Rousseau，Sitkin，Burt and Camerer 1998；Bromily and Cumming 1995；Andaleeb 1992）。

而可信赖行为的研究刚好相反，不研究一个人信任别人的倾向，而研究一个人被别人信任的特质。巴特勒与康垂尔（Butler and Cantrell，1984）指出，可信赖性包括能力（competence）、正直（integrity）、公平一致（consistency）、忠诚（loyalty）以及开放透明（openness）。我们信任一个人是因为对方展现了这些特质。不因为对象不同而不同，所有人面对这样的人格特质的人，都会信任他，所以这也是一种一般信任。

还有一种一般信任来自认同，也就是一群具有相同社会经济、族群背景的人，因为彼此相似而产生的信任感。Shapiro 等人（1992）以及Lewicki 与 Bunker（1996）都讨论了以认同为基础的信任。不同的社会类属——性别、年龄、宗教、地域、阶级、地位团体、职业团体、婚姻状态以及种族——各自有着不同的生活经历、价值观、社会规范、行为模式以及生活风格，相同的价值观与共同生活经验则使得类属成员易于相互了解，"非我族类，其心必异"，所以相同类属的人才有较高的信任感。

2. 特殊信任（particularistic trust）和信任网络（trust networks）

特殊信任可以定义为从对偶关系（dyadic relationships）中衍生出来的信任，因此，它不同于一般信任，后者如上所述往往是基于制度和规范产生的。大部分学者都认为中国文化是关系导向的（relationship-oriented；Ho，1993），因而，对偶关系产生的信任相比一般信任更为重要。因此，中国组织中的合作、分享主要是基于一个紧密的对偶关系网，而不是一般信任。信任关系的网络密度越大，组织内成员之间的分享现象就越普遍。当一个组织内的许多个体与他人都拥有高水平的信任关系时，那就可以说这个群体的特征是有一个密集的信任网（Cook，2004）。既然对偶关系对中国组织来说如此重要，特殊信任占据中国式管理研究中的焦点位置就理所当然了（Luo，2005）。

个人在对偶关系中的经历大体上应该会推广到其他人身上。在对偶关系中成功进行信任互动的经验积累一般也会提高他对于他人善意回报的信心。个人密集的信任关系使得他有渠道去获得关键性的帮助（critical help），同时减少他工作环境中的不确定性（uncertainty），这对于推动他形成对非特定他人的信任倾向是有影响的。当群体中多数成员都拥有紧密的信任关系时，整个群体的一般信任水平也相应得到了提高。因而，我们得出假设如下。

假设一：拥有高密度信任网络的群体其一般信任程度也呈现高水平。

（三）关系的负面影响

1. 派系的形成

派系（gangs）的概念可以被定义为"由友谊网络形成的紧密相连的圈子（cliques），网络中的资源始终在这个团体边界之内流传"。在中国社会，在一个组织当中，如果局内人（insiders）与局外人（outsiders）所受待遇存在甚大差别，则组织内部各圈子倾向于发展出一个更强的"我群"（we-group）意识，积极地维护群体利益，比如说努力为本群成员去获取更高的位子（position），将关系性资源维持在群体之内，等等。如果一个部门或项目组只存在一个派系，权力便通常集中于这个派系的手中。权力集中化的负面影响是相当大的，不只是非派系成员失去了为群体做出贡献的动机，而且集中的权力会使横向联系受阻，造成资讯不流通。如果一个群体中拥有两个派系的话，情况就更糟了，在这种情形之下，派系间的冲突不可避免。

派系中的成员可能会羞于向另一派系去咨询一些建议，为的是维护我群的面子。在这种思维方式下，一个拥有多个派系的组织，知识分享和建议咨询一般在派系边界线上就戛然而止了。

因为紧密关系结成派系的负面影响有两个主要的衡量指标，一个是小群体中非正式权力的集中度，一个是派系化导致的破碎结构（fragmented structure）。

2. 小群体中非正式权力的集中度

既然一个圈子是被熟人连带紧紧地绑在一起的，很自然它就成为群体当中的统治性力量，排斥了局外者的参与。这样，非正式权力就集中于这个小群体的人手中。基于 20 世纪 50 年代有关沟通模式和群体行为的研究（Shaw，1964），斯帕罗等人（Sparrowe et al.，2001）认为群体中心性与团队表现是负相关的。他们定义，群体中心性是由各群体成员所掌握关系的数量组成的。高群体中心性意味着只有极少量群体成员与群体中的大部分人拥有联系，大部分成员与他人相对来说只有很少的互动关联。这种类型的结构对社会交换来说是一个壁垒，因为一个中心化的群体使得其成员依赖于处于中心位置的几个重要人物，而一个权力分散的网络却使得众群体成员之间相互依赖。

莫尔姆（Molm，1994）曾经指出，互相依赖能够促进合作，反过来它也促进了相互的信任，但权力的聚集减少了互相依赖。于是我们得到另一个假设。

假设二：非正式权力集中程度高的群体将会减少一般信任。

3. 派系化（ganging-up）带来的破碎结构

派系的形成直接或间接地对群体信任带来毁灭性影响，这是由派系形成过程中产生出来的破碎结构导致的。一旦部门或项目团队中的某一部分成员组成派系，其他成员就可能从这些积极的核心中被排除出去。在那些基于熟人连带形成的派系里，成员依据人情交换（favor exchange）的原则对待彼此，但局外人就没法享受这一温暖的款待了。

由于友谊网络的存在，派系的形成限制了机会的获得，因此群体成员必须建立起一个范围更广的信任关系，同时把局外人排斥出去。当组织内部若干派系存在冲突的时候，这些负面影响就更加严重。自我保护措施和对资源的非理性争夺使得派系成员与局外者的合作变得更为困难。因此，局外者常常感到被隔离，不能把他们的劲使出来。正如强连带优势理论所暗示的（Krackhardt，1992；Uzzi，1996），友谊构成了对偶信任的基础。在中国的组织研究中，友谊网络的结构性因素已经被指出对建立特殊信任有影响（Luo，2005）。友谊式派系的形成从两个途径对相互信任产生腐蚀。首先，派系中的圈内人倾向于只跟派系中其他成员进行联系和交换，因此他们关系的范围很窄，这样就减少了他们去建立一般信任的机会。其次，局外者失去了对组织贡献的机会，因缺少通向封闭派系的途径而经常拥有一种挫折感，以至于他们的社会关系很少，相互间的信任也变得有限。因此，拥有多个派系的群体，其"猜疑"的氛围使得群体内部成员更加难于发展出相互信任。因此，在这种情况下，一般信任被减弱了。

假设三：包含破碎结构的群体将会削弱一般信任。

4. 控制变量

一般地，群体规模、群体任务以及研究开发经验在群体水平上的信任研究中是经常被提到的。

在所有的群体因素中，虽然社会人口统计学因素毫无疑问是最重要的（Tsui and Farh，1997），然而，有关变量是否有利于或不利于社会交换过程的问题始终存在争议。普费弗（Pfeffer，1983）认为，群体的同质性能促进群体成员之间的相互交流。奥赖利、考德威尔和巴尼特（O'Reilly，Caldwell and Barnett，1989）遵循同样的推理思路，认为多样性的缺乏能够正面影响群体的整合。根据这些观点，社会差异在群体内部的联系上施加了负面的影响，直接减少了群体内部的一般信任。

综合上面的假设和群体因子，群体一般信任的理论框架展示如下。

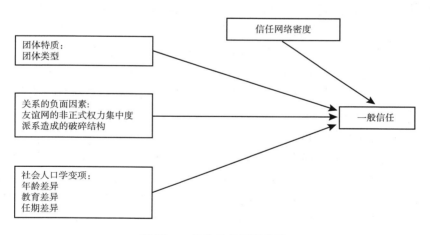

图 29　一般信任的解释模型

（四）研究方法

1. 数据收集

研究所用的数据都是从具有中国组织背景特点的台湾和大陆收集而来的。我们向 95 个群体发放了 1012 份问卷。这 95 个群体是通过便利抽样得来的，他们分布于 11 个组织机构当中。这些组织大部分能够归类于高科技公司或研究机构，包括如 TSMC，BenQ，一个 IBM 的台湾代理商和一个工业技术研究机构。因为我们需要收集整体社会网数据去计算结构因素的影响，因此凡是遗失超过 20% 的数据都自动被剔除掉。最终，我们从代表 876 个人的 82 个群体当中收集了研究用的有效数据。问卷回收率为 86.5%。15 个群体中途被排除出去，因为他们的网络规模对于形成有意义的社会网结构来说是太小了。最终，剩下有 67 个群体包含在我们的分析之中。

对于问卷设计，我们把其他研究中现有的一些问题借鉴了过来，包括卡明斯和布罗米利（Cummings and Bromiley，1996）对信任存量（trust inventory）的调查，魁克哈特有关咨询和信息网络的整体社会网问卷（Krackhardt，1992；Krackhardt and Hanson 1993），米什拉（Mishra，1996）对可信赖行为的调查。此外，2002 年 8 月份的时候我们在 BenQ 大陆公司挑选出 60 名员工来做问卷的前测。在几轮因子分析之后，我们把问卷精减至包含 6 道有关一般信任的问题，8 道有关特殊信任和网络结构的整体社会网的问题（4 个信任问题，3 个友谊问题，1 个资源交换问题，见表 28）。然后，为了使每个群体的问卷回收率超过 80%，三个助手不是通过电子邮件，而是直接被派去调查这 95 个群体。在这个过程中，我们发现，与群体的主管有社会关系是成功进行问卷调查的关键所在。因此，有必要在一个群体同意参加这个研究之前，我们先去同他们建立起社会关系。

2. 变量的测量

（1）信任网络密度

有关信任网络的问题基于米什拉（Mishra，1996：265）对于可信赖行为的四维划分：① 能力（competence），② 开放（open），③ 关心（concerned）和④ 可靠（reliable）。后三者我们都采用了原始问项，但用"总体上，我觉得我信任他"来代替有关能力的问题，因为原始测量能力的问题的因子负荷量（factor loading）实在是太低。这些问题都是以整体社会网的形式出现的，所得的数据为四种信任网络的分析提供了一个基础。我们计算每个信任问题的网络密度。最后，我们把四个指标的平均值合成一个指标，用以衡量信任网络的密度。

（2）一般信任

卡明斯和布罗米利测量信任量的 6 道 7 点式李克特量表的问题被用于分析一般信任的变量。这六个问题在因子分析的确证上派上了用场。结果显示，一般信任合成项的信度高达 0.94。于是我们综合平均这六个一般信任的问题数值，得到一个单独的指标。

3. 关系的负面影响

（1）非正式权力的集中度

非正式权力的集中度用三个友谊网络群体中心性的平均值来测量（见表 28）。根据弗里曼（Freeman，1979）的研究，群体中心性衡量了一般成员的平均权力与权力最大的成员的权力之间的差别。这个值越大，权力就越集中。因而，我们把有关群体中心性的三个指标的值平均起来。

表 28 变量解释及验证性因素分析

变 量	变量内容	负荷量	拟合度	信度
一般信任	我们部门鼓励大家开放坦白。	0.93 ***	$\chi^2 = 19.47$， （$P < 0.021$） DF = 9， GFI = 0.92， AGFI = 0.82， CFI = 0.97	0.94
	关于自己日常工作上的决策,我们的意见会被采纳参考	0.92 ***		
	部门主管对于决策的说明,令我感到满意	0.91 ***		
	当工作内容有所变动时,我会在事前得到通知	0.89 ***		
	我们部门的主管是坦白直言的	0.85 ***		
	部门主管会认真考虑我们的建议	0.81 ***		
信任网络 （计算密度用）	整体而言,我觉得我信任他	0.93 ***	$\chi^2 = 5.15$， （$P < 0.076$） DF = 2， GFI = 0.96， AGFI = 0.84， CFI = 0.99	0.94
	我觉得他不会占我的便宜	0.93 ***		
	我觉得他的行为是稳定可靠的	0.92 ***		
	我觉得他对我是诚实坦白的	0.91 ***		
友谊网络 （计算群体 中心性用）	请勾选您觉得最熟的同事三位以上	0.84 ***	$\chi^2 = 0$ （$P < 0.001$） DF = 0， GFI = 1.00， CFI = 1.00	0.76
	您和哪些人聊天时会谈到个人私事	0.75 ***		
	若在工作上遭遇挫折,您会向他吐苦水	0.53 ***		

注：[+] $p < 0.1$，[*] $p < 0.05$，[**] $p < 0.01$，[***] $p < 0.001$。

（2）派系化带来的破碎结构

我们用群体中被隔离在派系之外的成员数量来作为破碎结构的指标。因为友谊团体的建立是派系形成过程的第一步，因此寻找网络之中的团体是识别被隔离成员的重要步骤。我们设计了两个问题，一是这三个友谊问项中因子载荷最大的问项，另一个则代表了资源交换[*]。被隔离在外的成

---

[*] 资源分享的整体网题目是"谁会与您分享知识性资源"。

员的数量是这样计算而来的，首先是把友谊网络中的弱连带剔除，只保留强连带。强连带被简单定义为是在友谊问项上双方相互指认（Granovetter，1973）。我们假设派系成员与派系内其他成员是拥有强连带的。因此，我们在这个强连带的友谊网络中找出至少拥有 3 个节点的组件（Wasserman and Faust，1994）。同理，我们在资源交换网络中也同样找出至少 3 个节点的组件。友谊网络和资源交换网络中重叠的部分就是我们所说的派系。那些不在任何派系之内的节点被认为是被隔离在外的成员。然而，我们认识到一个部门的规模可能会影响到被隔离成员的数量，也就是说，更大规模的网络往往会拥有更多的被隔离成员。因此，为了纠正由网络规模带来的偏误，我们把被隔离成员的数量与网络规模两者之间的比例来作为我们破碎结构的指标。

4. 控制变量

在这个探索模型当中包含有四个控制变量——群体类别、年龄差别、任期差别以及受教育程度差别。有关群体类别，"0"代表的是管理或工程部门，"1"代表的是研发团队。年龄、任期和受教育水平都以年数来衡量。

与艾利森（Allison，1978）、普费弗和奥赖利（Pfeffer and O'Reilly，1987）一样，我们用 CV 方法，即用在均值上的标准差来计算年龄、任期和受教育水平的差别。

根据巴戈兹和易（Bagozzi and Yi，1988）的研究，合成信度应该达到0.6 以上才能说明这些被合成变量之间的内在一致性。这里这些合成的测量工具信度全都在 0.76 以上。因此我们得出结论，这些测量构想是具有高度的内在一致性。更多有关信度分析结果的信息请参见表 28。

我们进一步运用下面的确证因子分析来论证问卷问项的建构效度和收敛效度。如表 28 所示，建构效度（construct validity）和收敛效度（convergent validity）的结果都是令人满意的。

（五） 结果分析

1. 相关性分析

信任网络的密度与一般信任是高度相关的，但年龄差异指标和任期差异指标与破碎结构却都是负相关的。研发团队比起管理部门或工程部门拥有更高密度的信任网络。破碎结构与一般信任是负相关，但研发团队与一般信任却是正相关的。

2. 回归结果

在一般信任的回归模型中（请参见表30），信任网络密度在一般信任上的影响是显著的。因此，假设一得证。

非正式权力的集中化——我们用友谊网络中的群体中心性来测量——对一般信任产生了弱微的影响。假设二没有被确证。

破碎结构确实对一般信任有着显著的负面影响。假设三因此得证。

表29　变量间相关系数（N = 67）

	1	2	3	4	5	6	7
1. 团体类型							
2. 年龄差异	− 0.39 **						
3. 任期差异	− 0.16	0.37 **					
4. 教育差异	0.40 **	− 0.22 +	0.00				
5. 破碎结构	− 0.32 **	− .04	0.12	0.05			
6. 非正式权力集中度	0.21 +	− 0.33 **	− 0.16	− 0.09	0.04		
7. 一般信任	0.24 +	− 0.08	0.19	− 0.22 +	− 0.39 **	0.12	
8. 信任网络密度	0.58 ***	− 0.39 *	− 0.24 *	0.26 *	− 0.34 **	0.14	0.34 **

注：+ p < 0.1，* p < 0.05，** p < 0.01，*** p < 0.001。

表30　一般信任的回归模型

变　量	一般信任		
	M1	M2	M3
控制变量			
1. 团体类型	0.40 **	0.24 +	0.12
2. 年龄差异	− 0.13	− 0.19	− 0.13
3. 任期差异	0.30 **	0.34 **	0.37 **
4. 教育差异	− 0.41 **	− 0.34 **	− 0.33 **
△ R²	0.26 **	0.26 **	0.26 **
关系的负面影响			
1. 破碎结构		− 0.34 **	− 0.28 *
2. 非正式权力集中度		0.04	0.04
△ R²		0.10 *	0.10 *
信任网络密度			0.30 **
△ R²			0.05 *
Overall R²	0.26 **	0.35 ***	0.44 ***
N	67	67	67

注：+ p < 0.1，* p < 0.05，** p < 0.01，*** p < 0.001（所有 T – 检验为双尾检验）。

（六）讨论

1. 局限性

这个研究有诸多局限。首先，本研究缺乏大量的数据，仅有 67 个分析单位，不足以保证能够精准地评估模型参数。因此，我们的结论是试探性的，从这些有限的数据中得出这些推论应该更慎重些。

其次，我们的数据收集不是随机抽选的。因为收集网络数据不仅需要群体内部所有成员都愿意配合，而且事先还必须与这个群体有社会交往才行。本研究中大部分样本都是从中国高科技公司组织中的工程部门得来的，它限制了研究推论的范围。我们的结果可以被当成是中国背景下工程部门群体的代表性案例，但可能不适合推论到其他功能团体或其他文化环境中去。然而，一些结论还是支持了以前的研究结果，所以我们得到一些一般化的结论也是可能的，学术发现是一个知识积累的过程，相信后续的研究将会逐渐明晰怎样才会优化集体行为。

2. 结论

我们发现，友谊网络中的团体分析是非常重要的。不奇怪，我们发现派系和被隔离成员之间的不信任阻碍了一般信任的发展。这些破坏性影响在中国文化背景下尤为严重，因为派系之间的政治争斗是中国官僚机构中长期存在的问题（Luo and Chi, 2002）。另外，中国管理者常常组织他们自己的"亲信"作为统治群体，为了本派私利，他们经常导致公司内部派系之间频繁的冲突（Chi, 1996；Chi and Lin, 1994）。因此，派系分析对中国组织行为研究是极为重要的，我相信在中国背景下做信任的研究，派系分析拥有一席之地。

这个研究仅仅是对一个需要更进一步探索的领域的介绍，因此我们不打算在这点上去深挖群体行为和关系的数据以获致更广泛的结论。整体社会网分析十分依赖于界限分明从而可以从中收集完整数据的研究单位，因而我们的数据集不可能设想是一个随机样本。这里的分析单位来自一个典型的大规模的高科技公司和机构，但能否将我们的结论推广到所有中国公司中去，我们仍心怀疑虑。不过更确切地说，这个研究可以视为中国高科技公司调查的一个代表性案例。但如果是从不同功能的或其他产业中调查的群体，这些分析结果很可能是不同的。因而，在做出一般化的结论之前，有必要先在不同的产业中去进行更多的数据搜集。

参考文献

Adler, P. S. and S. W. Kwon. 2002. "Guanxi: Prospects for A New Concept". *Academy of Management Review* 27: 17 – 40.

Allison, P. D. 1978. "Measures of Inequality". *American Sociological Review* 43: 865 – 80.

Ancona, D. G. and D. F. Caldwell 1992. "Demography and Design: Predictors of New Product Team Performance". *Organization Science* 3: 321 – 341.

Bagozzi, R. P. and Yi. 1988. "On the Evaluation of Structural Equation Model". *Journal of the Academy of Marketing Science* 16: 74 – 94.

Baker, W. 1992. "The Network Organization in Theory and Practice". In N. Nohria and R. G. Eccles (Ed.), *Networks and Organizations: Structure, Form, and Action*. Boston: Harvard Business School Press.

Bantel, K. A. and S. E. Jackson. 1989. "Top Management and Innovations in Banking: Does the Composition of the Top Team Make a Different? " *Strategic Management Journal* 10: 107 – 124.

Barber, B. 1983. *The Logic and Limits of Trust*. New Brunswick: Rutgers University Press.

Becker, G. 1964. *Human Capital*. New York: Columbia University Press.

Bian, Y. 2002. "Network Resources and Job Mobility in China's Transitional Economy". In forum at Stanford University. Stanford University.

Brown, T. F. 1997. *Theoretical Perspectives on Guanxi*. Working paper located in http: // hal. lamar. edu/ ~ BROENTF/SOCCAP. HTML.

Chen, C. C. , Y. R. Chen, and K. Xin. 2004. "Guanxi Practices and Trust in Management: A Procedural Justice Perspective". *Organization Science* 15: 200 – 209.

Chi, S. C. 1996. "Exploring Confidant Relationships of Business Managers". *Sun Yat-Sen Management Review* 4: 1 – 15.

Chi, S. C. and H. Y. Lin. 1994. "An Investigation on the Chin-shin Relations of Business Top Executives". *Chinese Management Association Journal of Management Science* 11: 281 – 312.

Coleman, J. 1990. *Foundations of Social Theory*. Cambridge: Harvard University Press.

Cook, K. S. 2004. "*Network, Norms and Trust: The Social Psychology of Guanxi*". Keynote Speech in Cooley Mead Award.

Cummings, L. L. and P. Bromiley. 1996. "The Organizational Trust Inventory: Development and Validation". In Kramer, R. M. and T. R. Tyler (Ed.), *Trust in Organizations: Frontiers of Theory and Research*. Thousand Oaks, Calif. : Sage Publications, pp. 302 – 330.

Denison, D. R. , S. L. Hart, and J. A. Kahn. 1996. "From Chimneys to Cross-functional Teams: Developing and Validating a Diagnostic Model". *Academy of Management Journal* 39: 1005 – 1023.

Drucker, P. 1993. *The Post-Capitalism*. New York: Harper and Row Publishers.

Farh, J. L., A. S. Tsui, K. Xin, and B. S. Cheng. 1998. "The Influence of Relational Demography and Guanxi: The Chinese Case". *Organization Science* 9: 471 – 488.

Fei, H. T. 1948. *Peasant Life in China*. London: Routledge and Kegan.

Freeman, L. C. 1979. "Centrality in Social Networks Conceptual Clarification". *Social Networks* 1: 215 – 239.

Fukuyama, F. 1997. "Guanxi and the Modern Capitalist Economy: Creating a High Trust Workplace". *Stern Business Magazine* 4: 237 – 346.

Granovetter, M. 1973. "The Strength of Weak Tie". *American Journal of Sociology* 78: 1360 – 1380.

Granovetter, M. 1985. "Economic Action and Social Structure: The Problem of Embeddedness". *American Journal of Sociology* 91: 481 – 510.

Hardin, R. 2001. "Conceptions and Explanations of Trust". In S. C. Karean (Ed.), *Trust in Society*. New York: Russel Sage Foundation.

Ho, D. Y. F. 1993. "Relational Orientation in Asian Social Psychology". In U. Kim, and J. W. Berry (Ed.), *Indigenous Psychologies: Research and Experience in Cultural Context*. Newbury Park: Sage Publications, pp. 240 – 259.

Hwang, K. K. 1987. "Face and Favor: The Chinese Power Game". *American Journal of Sociology* 92: 944 – 974.

Ibarra, H. 1993. "Network Centrality, Power, and Innovation Involvement: Determinants of Technical and Administrative Roles". *Academy of Management Journal* 36: 471 – 501.

Krackhardt, D. 1992. "The Strength of Strong Ties: The Importance of Philos in Organizations". In N. Nohria and R. G. Eccles (Ed.), *Networks and Organization: Structure, Form, and Action*. Boston: Harvard Business School Press, pp. 216 – 239.

Krackhardt, D. 1996. "Organizational Viscosity and the Diffusion of Controversial Innovations". *Journal of Mathematical Sociology* 22: 177 – 199.

Krackhardt, D. and J. R. Hanson 1993. "Informal Networks: The Company behind the Chart". *Harvard Business Review* 71: 104 – 111.

Labianca, G., D. J. Brass, and B. Gray. 1998. "Social Networks and Perceptions of Intergroup Conflict: The Role of Negative Relationships and Third Parties". *Academy of Management Journal* 41: 55 – 67.

Leana, C. and Van Buren. 1999. "Guanxi and Employment Practices". *Academy of Management Review* 24: 538 – 555.

Lewicki, Roy J. and Babara B. Bunker. 1996. "Developing and Maintaining Trust in Work Relationships." In Roderick Mkramer and Tom Tyler ed., *Trust in Organization*. London: Sage Publication Inc.

Lin, N. 2001. *Guanxi: A Theory of Social Structure and Action*. New York: Cambridge University Press.

Luo, J. D. 2005. "Particularistic Trust and General Trust—A Network Analysis in Chinese Organizations". *Management and Organizational Review* 3: 437 – 458.

Luo, J. D. and S. C. Chi. 2002. "*Who is Trustworthy—A Comparison of Social Relations across the*

Taiwan Strait". Paper presented at mini-conference of the North American Chinese Sociologists Association (NACSA), Chicago.

Marsden, P. V. 1990. "Network Data and Measurement". *Annual Review of Sociology* 16: 435 – 463.

Mishra, A. K. 1996. "Organizational Responses to Crisis: The Centrality of Trust". In R. M. Kramer and T. R. Tyler (Ed.), *Trust in Organizations*. Thousand Oaks: Sage Publications, pp. 261 – 287.

Molm, L. D. 1994. "Dependence and Risk: Transforming and Structure of Social Exchange". *Social Psychology Quarterly* 57: 163 – 176.

Moran, P. and S. Ghoshal. 1996. "Value Creation by Firms". In J. B. Keys and L. N. Dosier (Ed.), *Academy of Management Best Paper Proceedings*. Statesboro: Georgia Southern University Press, pp. 41 – 45.

Nahapiet, J. and S. Ghoshal. 1998. "Guanxi, Intellectual Capital and the Organizational Advantage". *Academy of Management Review* 23: 242 – 266.

Nordhaug, O. 1993. *Human Capital in Organizations: Competence, Training and Learning*. Oslo: Scandinavian University Press.

O'Reilly, C. A., D. F. Caldwell. and W. P. Barnett. 1989. "Work Group Demography, Social Integration and Turnover". *Administrative Science Quarterly* 34: 21 – 37.

Paxton, P. 1999. "Is Guanxi Declining in the United States? A Multiple Indicator Assessment". *American Journal of Sociology* 105: 88 – 127.

Pennings, J. M., K. Lee, and A. Witteloostuijn. 1998. "Human Capital, Guanxi, and Firm Dissolution". *Academy of Management Journal* 41: 425 – 440.

Pfeffer, J. 1983. "Organizational Demography". In L. L. Cummings, and B. M. Staw. (Ed.), *Research in Organizational Behavior*. Greenwich, Conn.: JAI Press, pp. 299 – 357.

Pfeffer, J and C. A. O'Reilly, 1987. "Hospital Demography and Turnover among Nurses". *Industrial Relations* 26: 158 – 173.

Putnam, R. D. 1993. *Making Democracy Work: Civic Traditions in Modern Italy*. Princeton: Princeton University Press.

Reagans, R. and E. W. Zuckerman. 2001. "Networks, Diversity, and Productivity: The Guanxi of Corporate R & D Teams". *Organization Science* 12: 502 – 517.

Schultz, T. 1963. *The Economic Value of Education*. New York: Columbia University Press.

Schumpeter, J. A. 1939. *Business Cycles*. New York: McGraw-Hill.

Senge, P. 1990. *The Fifth Discipline—The Art and Practice of the Learning Organization*. New York: Bantam Doubleday Dell Publishing.

Shaw, M. E. 1964. "Communication Networks". In L. Berkowitz (Ed.) *Advances in Experimental Social Psychology*. New York: Academic Press, pp. 111 – 147.

Simons, T. 1995. "Top Management Team Consensus, Heterogeneity and Debate as Contingent Predictors of Company Performance: The Complimentarity of Group Structure and Process". In J. B. Keys and L. N. Dosier (Ed.), *Academy of Management Best Paper*

Proceedings. Statesboro: Georgia Southern University Press, pp. 62 – 66.

Shapiro, D., B. H. Sheppard and L. Cheraskin. 1992. "Business on a Handshake." *Negotiation Journal* 8 (4): 365 – 377.

Solow, R. M. 1957. "Technical Change and the Aggregate Production Function". *Review of Economic and Studies* 39: 312 – 320.

Sparrowe, R. T., R. C. Liden, S. J. Wayne, and M. L. Kraimer. 2001. "Social Networks and the Performance of Individuals and Groups". *Academy of Management Journal* 44: 316 – 325.

Tsui, A. S. and J. L. Farh. 1997. "Where Guanxi Matters—Relational Demography and Guanxi and Technology". *Work and Occupations* 24: 57 – 79.

Tsai, W. and S. Ghoshal. 1998. "Guanxi and Value Creation: The Role of Intra-firm Networks". *Academy of Management Journal* 41: 464 – 476.

Uzzi, B. 1996. "The Sources and Consequences of Embeddedness for the Economic Performance of Organizations". *American Sociological Review* 61: 674 – 698.

Wasserman, S. and K. Faust. 1994. *Social Network Analysis: Methods and Applications.* Cambridge: Cambridge University Press.

Yang, M. H. 1994. *Gifts, Favors, and Banquets: The Art of Social Relationships in China.* New York: Cornell University Press.

Zenger, T. R. and B. S. Lawrence. 1989. "Organizational Demography: The Differential Effects of Age and Tenure Distributions on Technical Communication". *Academy of Management Journal* 32: 353 – 376.

第九章　社会资本的定义与衡量

——以组织研究为例[*]

　　社会资本原本是一个社会学概念，源起于社会学与经济学，主要为社会网研究的学者所发展，并为政治学者所使用，但自 20 世纪 90 年代以来，成为了组织行为研究与战略研究中的重要概念，其应用范围很广，解释力有目共睹。本章将集中探讨社会资本此一概念的定义与衡量。

　　谈到社会资本在管理学界内如何衡量，最常被引用的当属纳哈皮特和戈沙尔（Nahapiet and Ghoshal, 1998）所提出的概念，他们认为社会资本主要是群体中的人际连带网络发展出的信任、合作进而为行动者带来资源，其内涵可分成三个构面。

　　1. 结构（structural dimension）：网络连带（network ties；构成网络结构的社会连带）、网络构型（network configuration；指涉的就是网络结构）、可使用的组织（appropriable organization）。

　　2. 认知（cognitive dimension）：共有符码（shared codes）、共同语言（shared languages）、共有叙事（shared narratives）。

　　3. 关系（relational dimension）：包括信任（trust）、规范（norms）、认同（identification）、义务（obligations）。

　　从此一分类中可以发现，纳哈皮特和戈沙尔（Nahapiet and Ghoshal,

---

　　*　本章内容基于罗家德（2008）改写而成。

1998）将社会资本的定义扩大化了，将属于整体组织的心理认同（认知面），组织内各类连带的网络（结构面），以及透过网络、规范、认同建立的信任（关系面），都纳入社会资本的范围内，这是相当完整的社会资本架构。只是我们不禁要问，如何衡量各个构面中的各个概念？这么庞大又充满分歧的体系还能形成一个可操作化的概念吗？它们是不是分属在不同的范畴内？

本章将追溯这么广的定义从何而来，同时讨论如何将此一定义厘清，以提供如此庞杂概念的一个分类方法，以及它们的衡量方法，并从理论上阐述这么多的构面间可能有的因果关系。

一 社会资本的理论渊源、定义与分类

社会资本的概念最早由法国社会学者布迪厄（Bourdieu，1977）所提出，他定义的社会资本较注重社会系统的整体层面，认为社会资本乃是指个人或团体所拥有的社会连带加总，而社会资本的取得，则需要靠连带的建立与维持，例如从事社交活动，寻找、维持共同的嗜好等。布迪厄（Bourdieu，1986：248）提出两项核心概念来诠释社会资本的意涵：①社会资本是个人或群体社会连带的总和；②社会资本源自于连带的建立、维持与资源交换。

其后，经济学家劳里（Loury，1977）也引用了社会资本的概念，认为这是一种家庭内或社区内的特殊资源，对儿童以及年轻人的人力资本发展起着关键的作用。这时候社会资本的定义还都局限在能带来资源的社会连带。

（一）社会资本的构面及其理论渊源

然而，今天"社会资本"之所以具有如此强大的解释力，部分原因在于其概念的定义比较广泛，在不同研究中它可以有不同的含义。研究者们引用最多的是科尔曼在其巨著《社会理论的基础》（*Foundations of Social Theory*；1990）一书中下的定义，其定义就扩大了上述的范围，加入了非正式制度，如规范；以及制度化的社会连带，如组织（Serageldin，2000）。其定义如下：

　　　　社会资本可以由其功能来定义。它不是一个单独的实体，而是多种实体，但具有以下两个共同特征：它们由社会结构的某些方面所组

成，而且它们有利于处于结构之中的个人的特定行动。（Coleman 1990：302）

　　……当人们之间的联系发生了有利于行动的变化时，社会资本就产生了。（Coleman，1990：304）

　　由上述定义我们可以做出如下解释：其一，社会资本首先是社会结构中的"某些方面"，是有助于"特定行动"的社会连带。其二，它是被作为一种社会连带或是连带的结构而被创造出来的。最后，它产生了行动，而这些行动可以带来资源。

　　社会结构的哪些方面可以带来特定行动而为行动者创造资源呢？科尔曼（Coleman，1990）提出六个主要形式（forms of social capital）来诠释社会资本的意涵：①个体的义务与对他人的期望（obligations and expectations），②获得信息的潜力（information potential），③权威连带（authority relations）。这三项是个体层次的，社会资本来自于行动者之间的两两连带。另外三项则是群体层次的，是一群行动者因为内部的结构而能产生特定行动，尤其是内部合作的行为，进而创造资源。这类型的社会资本包括三项：④群体的规范与惩处（norms and effective sanctions），⑤群体内部自发性的公民组织（appropriate social organization），以及⑥有工作目标的组织架构（intentional organization）。

　　在这个定义之中，我们看到了纳哈皮特和戈沙尔定义中的大部分来源，包括结构面的网络连带和可使用的组织，以及关系面的规范和义务。其中义务与期待是科尔曼阐释最多的一项（Coleman，1990：306 - 310），此一概念源自社会学者布劳的社会交换理论（Blau，1964）。布劳以为社会交换不同于经济交换之处在于它不是实时可以回报的，在延时回报的过程中，一方对对方回报的期待成为另一方常存于心的义务，当这份义务获得履行时，期待才能满足，交换双方因此能产生信任。科尔曼（Coleman，1990）也认为社会资本的建立，在于个体与他人在交换过程中所产生的义务，以及这项交换是否发生于一个可信赖的环境之中，也就是一个具有强大规范的环境可以促使交换双方负起未偿的义务。两个行动者之间由于付出与接受他人付出而认知到一种"有待偿还"的连带，此种连带能为个体带来无形资源，以获得个体在行动上的便利性。因此在科尔曼的概念里，他除了讨论个体与他人之间"有待偿还"的连带外，也讨论了营造这种可信赖感（trustworthiness）的环境（Coleman，1988）。

　　纳哈皮特和戈沙尔所谈的网络连带在科尔曼的分类中涉及两项，一是权威连带，一是获得信息的潜力。前者在科尔曼书中有专章介绍（Coleman，1990：ch.4），并在其后对社会资本下定义时将之引入，后者则可追溯其源于格兰诺维特的"弱连带优势"理论（Granovetter，1973）。格兰诺维特指出，相较于强连带，弱连带往往可以铺陈在较广的范围，并穿透各式各样社会族群的藩篱，达到较多元多样的人群，因此可以帮助一个行动者收集到较广的信息，也可以得到较多元的声音，在求职过程中，往往可以得到较好的机会（Granovetter，1992）。此一研究问世后，弱连带的价值为人所注意，其与信息的流通、新知的传播，以及求职机会或商业机会的取得结下密切关系，弱连带因信息而为行动者带来资源，遂成为社会资本的一部分。

　　纳哈皮特和戈沙尔以及科尔曼都视组织为社会资本的一部分，政治学者普特南是另一位视组织为社会资本的学者，他将社群中"水平的社会链接"（horizontal associations；Putnam，1993）视为社会资本，而进一步认为此一链接最主要的表现就是参与自愿性组织（Putnam，1995）。他直接将社会资本等同于公民组织的参与，在其对意大利民主政治的研究中就发现，公民行为发达的地方其民主政治可以带来公共政策的效率，而不发达的地方其民主政治容易带来失序混乱以及政治衰败。另外，他在说明美国社会资本的衰减时，从两个方面测量了美国整体社会的社会资本：首先是美国人的政治参与情况，用投票率和对政府的信任程度来表示；其次是美国人参与公共事务的情况，用美国参加各种社会组织的人数来表示。他根据这种测量的结果，得到了美国的社会资本正在衰减的结论（Putnam，1995）。不过这种测量方式受到了许多批评，如帕克斯顿即指出，公民行为应该是社会资本的结果，而非其构成形式（Paxton，1999：101）。参与公民组织以及志愿性组织数量多寡是不是社会资本也颇值得争论，因为人们一般更倾向于把行为看做社会资本的结果，而非社会资本的一种形式（Portes，1998）。撇开这些争议不谈，大多数的此类讨论都是针对整个经济或社会的分析，其中的营利或非营利组织的多寡确实能影响群众合作性行为，而这里探讨的却是组织社会资本，针对的就是组织，组织原则是必然存在的，只有管理好坏之别，并无组织多寡之分，所以这里暂不讨论此一形式的社会资本。

　　纳哈皮特和戈沙尔在关系面中列出的信任则是社会资本研究的重中之重。不但科尔曼在讨论社会资本六项形式时不断提到可信赖感，而且不少学者直接就将社会资本等同于信任，比如福山的《信任》（Fukuyama，1995）一书就是以互信的角度来讨论社会资本，将社会资本视为存在于价值观或规范当中的信任。他进一步指出信任是一种有助于"使人们在群体或组织中为共同目标而团结合作"的因素（Fukuyama，1995：10），并认为信任是个体对他人所释放出的善意，使个体愿意进行资源交换以满足双方共同的目标。因此信任事实上增加了个体间或群体间彼此合作的机会，同时也提升了整体的福祉。福山更进一步指出，在英、美、德等国的文化中，信任主要来自制度与规范，而在中国、意大利等文化里，信任往往建基在两两连带之上。这可以解释为什么现代化的大型企业诞生在西欧、北美，因为这些地区的文化提供了结合大型企业众多陌生员工所需的社会资本，而意大利、中国则以家族企业为主，规模较难成长。

怀特利（Whiteley，1999）在研究国家社会资本的起源时也将社会资本等同于信任。鉴于只有那些包含了善意的社会连带才可能产生出合作行动，他认为只有两种类型的信任才可能构成社会资本——对于个人（包括家人和一般意义上的他人）的信任以及对于国家的信任。

帕克斯顿对社会资本概念的构建由两个部分组成：个人之间的社会连结（social associations），以及包含了积极情感的交互主观性的（intersubjective）连结（Paxton，1999：93）。社会连结是在个人与邻里、朋友及其参加的自愿组织的成员们共同的社会生活中生产出来的。而积极情感则可以导致两种属性：对同事的信任和对制度的信任。帕克斯顿使用了美国全国社会调查中三个问题的结果来反映对同事的信任（这三个问题分别询问了被调查者对于他人的善良、公正和诚实的信任程度）；与此同时，也使用了人们对于有组织宗教的信任、对于教育体制的信任以及对于政府的信任来反映人们对制度的信任。连带与信任是 Paxton 建构社会资本概念的两大构面。

将信任包括在社会资本之内也普遍为管理学者所认可，如阿德勒和夸恩（Adler and Kwon，2002：18）声称善意（goodwill）——包括同情、信任和宽容等——是构成积极的社会连带的重要因素。正如他们所说："社会资本就是个人或组织可以得到的善意"（Adler and Kwon，2002：23），善意可以使"人际连带产生有利于行动的转变"。

纳哈皮特和戈沙尔所谈的结构面的网络构型正是社会网理论中最擅长的社会网结构研究，以社会网分析方法研究社会资本的代表人物有两位，一是博特，一是林南。前者（Burt，1992）是以整体网的角度分析网络结构如何构成社会资本，讨论个体在不同类型的网络结构位置当中，对不同信息的取得与操控，能够将资源累积成个人的能力与机会。他认为一个人在网络中若能够占有关键位置，如信息通路的中介点（betweenness），这个人将拥有更多接收信息与控制信息流向的机会，因此可以发现甲地之有与乙地之无，搬有运无，取得商机，博特称这是商业机会的逻辑（Burt，1992）。

林南（Lin，2001）则是以个人中心网角度来诠释社会资本，偏重个人层次，提出社会资源理论（Lin，1998），认为社会资本是镶嵌在社会网络中可达到（accessible）的资源，因此个人社会资本透过社会连带而得。他以三个结构的概念来观察社会资本的意涵：①能取得资源的社会连带有多少，也就是连带的广度（range）；②连带所能达到的最高社会地位，也就是连带的高度（upper reachibility）；以及③连带的多样性（extensity）。这三项所指涉的已不止于网络连带，而是这些连带在个人中心社会网中表现出的结构特质，换言之，个人中心社会网的结构形态亦决定了镶嵌其中的资源含量。

至于纳哈皮特和戈沙尔所谈的认知面社会资本则可溯源于布迪厄。他在《区隔》（1984）一书中研究文化产业的消费时则指出，一群人共有的生活经验、共有的语言表达，会形塑出这群人的品味（taste）。一个社会群体会透过社会化过程将其文化符号——品味——传达给成员，因此在不同群体争取社会资源甚至支配地位时，品味变成被高举的大旗，是成员相互认同的标志；靠其传达出来的信息，人们很快就可以找到谁属"我群"，谁属"他群"，因为品味相同者的相吸与不同者间的相斥，又进一步加强了对我群的认同。

不过布迪厄称这种因为相互认同而产生的资源渠道为"文化资本"（cultural capital），而非社会资本（Bourdieu，1984），但在管理领域内，文化资本的概念并未被普遍接受，而共同愿景又无疑是组织凝聚员工向心力、激发员工组织忠诚的重要因素，可以为组织带来更多合作行为，并因之创造资源（Senge，1990），所以共有符码、共同语言、共有叙事等带来共同"品味"的因素也被纳入社会资本的范畴（Nahapiet and Ghoshal，1998；Tsai，Wenpin，and Ghoshal，1998）。这样的定义可追源于 Uphoff（1996），他将集体层次的社会资本分解为"结构性（structural）社会资本"和"认知性（cognitive）社会资本"。结构性社会资本源自因为规则、程序和先例建立起来的角色与社会网络，它带来集体行动，并创造集体的利益，它是相对客观的，表现为一种可见的形式，并可以通过群体的有意识行动来进行设计与改进。由于它是一种外在的表现，故可以直接观察到，而且容易改变或修正。而认知性社会资本则建基于共同的规范、价值观、态度与信仰，引导人们走向共同受益的集体行动，它反映的是人们的想法与感觉，因而更为主观。它是内在于个人的，驻留于人心中，故较难改变。

十分类似的定义也发生在利纳和范布伦（Leana and Van Buren，1999）的定义里，其中两项指标——信任与连结性（associability），被其视为社会资本的两大构面。连结性在其定义中并非社会连结（social associations），而是一种"个人定义群体目标并促成群体行动的意愿与能力"。明显地，连结性指涉的是建立共同愿景与共同目标的一种共同认知，可以促成群体行动而为组织带来资源。

我们可以说广义的社会资本包括了认知面社会资本，但狭义的社会资本则依照布迪厄的定义，将社会资本与文化资本并列，因此不包括认知面的变量。下面的分析将采用狭义的定义，并且如前所述，将暂时排除组织的探讨，所以定义限于取得资源的社会连带、连带的网络结构、义务、规范以及信任等概念内。

（二）社会资本的分类

看过这么庞杂的定义后，读者也一定会感觉这些概念其实分散在不同的范畴内，有社会连带变量，有态度变量，还有结构变量，有两两连带也有一群人的共同连带。所以接着出现的问题是，我们要如何分类以进一步厘清这些不同范畴的概念。

布朗（Brown，1997）对社会资本的诠释是一个很好的分类，他提出微观、中观、宏观等三个维度的分析作为观察社会资本的方式。其中，微观层面所探讨的是社会实体（个体、组织、团体）如何透过社会网络调动资源。中观层面所探讨的，是连带网络中社会实体之间的联系类型以及其结构位置如何带来资源。而宏观层面则讨论外在文化、制度与社会等因素对社会网络中联系性质的影响。布朗（Brown，1997）所提出的架构，为后进研究学者提供了一个较为清楚的轮廓。他认为三个层面的分析并不互斥，彼此之间交互作用，一个分析层面的因素会影响另一个分析层面。

微观层次社会资本（micro-level social capital）是个体透过社会连带的对外连结，对外寻求情感支持、信息交换、交易机会等资源，因此，此一层面的研究是分析个体透过社会网络动员资源的潜力。从网络中的弱连带角度观之，连带可产生信息上的交换（Granovetter，1973）、知识传递（Nahapiet and Ghoshal，1998）以及工作机会的流通（Lin and Mary，1986）等效果，强连带则可以带来情感的支持以及社会影响力（Krackhardt，1992）。这些连带都能为个人带来资源。

中观层次社会资本（meso-level social capital）探讨的是网络的结构，包括个体的结构位置和集体的结构形态，以及结构特质能带来的资源。博特（Burt，1992）的"结构洞理论"便符合中观的分析层次。因此 Brown（1997）所探讨的中观层次社会资本，主要在于结构观点的分析，关注个人与他人之间的连带类型能使个人具备何种资源以供运用，以及个人在网络结构中的位置，能为个人带来多少的资源利益与操控群体的潜在影响力。

布朗（Brown，1997）认为宏观社会资本（macro-level social capital）的观察重心，在于社会系统中的文化、规范、领导、组织以及政治经济制度等，观察这些因子如何影响彼此具有联系的社会实体、影响它们联系的方式以及网络中的资源创造。阿德勒和夸恩（Adler and Kwon，2002）则认为，宏观社会资本理论要讨论的是群体内部的网络连带（network ties）、规范（norms）、信任（trust）、社会信念（social belief）和规则（rules）等，因此，宏观层次的社会资本主要在观察一个体系之中的人际连带的状态，以及这样的状态对社会实体内部的互信与合作所产生的影响。

与布朗三层次分类方法略为不同，阿德勒和夸恩（Adler and Kwon，2002）采取了一种两分的方法。他们将微观层次和部分中观层次（个体在社会网中的结构位置）的社会资本合称为"外部社会资本"，因为它产生于某一行动者的外在社会连带，其功能在于帮助行动者获得外部资源。而宏观及部分中观层次（群体内部的结构形态）的社会资本则被他们称为"内部社会资本"，因为它形成于行动者（一个群体）内部的连带，其功能在于提升群体的集体行动水平。

利纳和范布伦（Leana and Van Buren，1999）也提出十分类似的观察，外部社会资本归属于某一行动者（个人或一个团体）而且服务于私人利益，因此被归为"私人财货"（private goods）。内部社会资本则正好相反，它被视为一种"公共财货"（public goods），因为它归属于某一群体，而且服务于该群体的公共利益。下面，我将以这两个分类方法探讨组织的社会资本。

二 组织内部社会资本——私有财与公有财社会资本

组织社会资本（organizational social capital，简称 OSC）为利纳和范布伦（Leana and Van Buren，1999：538）所提出，并被定义为"一个因组织内部社会连带而创造的资源，通过其成员对集体目标的努力以及相互信任，因此而带来成功的群体行动，进而创造价值"。不过此一定义却限于组织内的宏观社会资本，不足以包括组织的外部社会资本，所以我依照科尔曼的定义，将组织社会资本定义为"组织拥有的结构的某些特质，可以带来特定的行动或资源，最终为组织作为一个群体带来整体的利益"。而这些结构的特质如前所述包括了规范、义务与期待、维持这种期待的可信赖环境、网络连带、网络结构以及信任。

阿德勒和夸恩（Adler and Kwon，2002）提出外部组织社会资本与内部组织社会资本的二分法，外部社会资本（external social capital）是组织从外部的社会连带中带来外部的资源，内部社会资本（internal social capital）则存在于一个组织、团体或团队的内部之中，可以促成组织成员的合作而增加组织的群体福祉。有关组织社会资本的理论探讨目前尚在发展阶段，还未产生较一致的观点，但如上所述，仍可从各家学者所下的不同定义与核心概念中归纳出三项重点——分别是信任、连带与结构[*]。下面我先讨论组织内部社会资本，下一节再讨论外部社会资本。而组织内部，依照利纳和范布伦（Leana and Van Buren，1999）的区分，又可以分为私有财社会资本与公有财社会资本。

（一）私有财社会资本

私有财社会资本顾名思义就是组织内个人因社会结构因素而能取得的资源，在此我将讨论哪些社会连带以及网络结构位置会为个人带来资源，所以它不是组织社会资本，而是组织内个人的社会资本。

1. 私有财关系面社会资本——信任

信任一直是社会资本的核心概念，一个被人信赖的人自然有较多的

---

[*] 规范、义务与期待、维持这种期待的可信赖环境是宏观层次的因素，所以只适用于公有财社会资本，不适用于所有社会资本的衡量。而且，规范与可信赖环境可以带来一般信任，是信任的前因，是否需要单独衡量？如何衡量？值得商榷。这些将在下文中再加以讨论。

合作机会，人们也较乐意提供资源并期待可以得到回报。信任如何定义？就组织行为学者的观点而言，"信任乃是指对某一个体或群体的行为或意图有信心，预期对方会有合乎伦理、讲求公平以及和善的行为表现，除此之外，还会眷顾他人的权利。在此情况下，自己愿意承受可能的伤害，将其福祉依靠在他人的行为上"（Carnevale and Wechsler，1992）；"信任乃是指在交易连带或其他互动连带的运作时，某一方（个人、群体或厂商）对其伙伴的一种期望，其符合伦理道德的一般准则行为，也就是说，对方会在伦理准则的基础上形成决策行为"（Hosmer，1995）；"信任乃是指某一群体在预期对方会表现合乎自己利益的基础上，不管有无能力监督或控制对方的行为，愿意承担受伤害的风险"（Mayer and Schoorman，1995）。

基于以上的定义，本研究则定义信任有两层意义：①信任是一种预期的意念，即交易伙伴对我们而言，是值得信赖的一种预期；②信任是自己所表现出的行为倾向或实际行为，来展现自己的利益是依靠在交易伙伴的未来行为表现上。信任与可信赖性是一体两面的，一方展现了可信赖行为，另一方才会付出信任。

学者现在更进一步确认可信赖性是一个多面向的概念（Butler，1991；Mishra，1996），米什拉（Mishra，1996）定义四个可信赖构面，而且定义信任的概念如同一个人自愿对另一个人露出弱点，这是基于相信后者是有能力的、开放的、一致的以及互惠的。我在研究中取了米什拉的四构面说，并加入一题成为五题量表如下："我觉得他对我是诚实坦白的"、"我觉得他具备胜任其工作所应有的知识及技能"、"我觉得他的行为是稳定可靠的"、"我觉得他不会占我的便宜，也会为我的利益着想"以及"整体而言，我觉得我信任他"。一个人被同僚及上司信赖的程度是组织内的私有财关系面社会资本（Luo，2005a）。

2. 私有财结构面社会资本——网络连带

至于结构面社会资本，我先来谈网络连带。在组织中，魁克哈特（Krackhardt，1992）将组织内网络分成情感网络、咨询网络以及情报网络，并使用整体网调查方法加以收集资料（详细操作方法请参考Wasserman and Faust，1994；罗家德，2005），其中情感网络与咨询网络在我的各次中国组织的研究中都显出其重要性（Luo，2005a；Luo，2006；罗家德、郑孟育、谢智棋，2006），分述如下。

（1）情感连带。他提出的"强连带优势"命题指出：在一个情感网络中的中心位置可以拥有非正式权力，也就是说一个人如拥有很多情感连带，他就可以影响他人去完成自己的个人目标（Krackhardt，1992），从而享有非正式权力，为其带来资源。我在一系列针对中国组织的研究中改写了魁克哈特的问卷以适应国内组织环境，其中，三题是因素分析中负荷量较高的题目，分别是"当您受到上司责难时，您会找谁吐苦水"、"您和哪些人聊天时会谈到个人私事"以及"请勾选您觉得最熟的同事，三位以上"（罗家德、朱庆忠，2004）。

（2）咨询连带。尽管咨询连带并不一定包含情感支持，但它们却可以带来完成日常工作所需的大部分资源，所以一个掌握咨询连带较多的人往往也能取得更多工作所需资源（Krackhardt，1992）。同样的，三题在我研究中信度甚好："在处理日常业务上，您常会和哪些人讨论相关问题"、"在工作上遭遇困难时，您会请教哪些同事"以及"上司对工作指示不明确时，您会请教哪些人"（罗家德、朱庆忠，2004）。

3. 私有财结构面社会资本——网络结构位置

拥有较多上述网络连带者可以取得较多的资源，但结构面社会资本还包括网络构型，个体在这些连带网络中占据的结构位置也具有带来资源的能力，而尤以下述两种位置最为重要。

（1）内向中心性位置。越是处于网络的中心位置，就越可能提供与群体中其他成员较好的联系。中心位置所传递的是非正式的社会影响（Brass and Burkhardt，1992），因此中心位置也被视作测量声望和权力的指标之一（Wasserman and Faust，1994）。这个位置正是测量一个人网络连带多寡的指标。

（2）中介中心性位置。咨询连带一般包含了信息的流动和知识的传播（Nahapiet and Ghoshal，1998），它可以同时为业务交谈的双方提供有用的信息。因此，在一个咨询网络中处于中介位置的个体可以及时地获取重要的信息和知识（Luo，Chi and Lin，2002）。这一看法与"弱连带优势"理论相呼应，后者认为"桥"的位置对于控制信息流动而言是至关紧要的（Granovetter，1973；Burt，1992）。

私有财社会资本明显是微观层次的研究，所以仅仅包括了网络连带、网络结构与两两信任，其他如规范与可信赖环境等宏观变量则付之阙如。这些连带与结构位置会为组织内的个人带来更多更好的工作资源，只是组织内私有财社会资本为个人所拥有，它被使用时未必会带来组织群体的利益，所以依照定义，它不是组织社会资本，仅是个人的社会资本。

（二）公有财社会资本

1. 对公有财关系面社会资本的衡量

（1）对一般信任的衡量。一般信任被定义为对他人会依道德规范而行为的期待（Barber，1983）。换言之，一般信任是一种对不熟识的人，甚至是陌生人的信任，是基于两人共处的环境中规范、道德及制度的信心而产生对对方行为的可预期性。在组织行为研究中，组织信任（organizational trust）指涉的正是一般信任，包括了对同僚的信任，对长官的信任以及对整个公司的信任，这些在测量时都是不指名的，可能只是十分模糊的对象。组织信任已发展出十分完整的衡量工具，如"信任存量量表"（Cummings and Bromiley，1996）。此一量表设计了62题的问卷以衡量组织内的信任存量。我译其问卷并在过去研究中将原先问卷精简为九题，但仍然包括三个构面，采用李克特七点尺度量表来衡量，题目分别为："我们部门的同仁有话直说"、"我们部门鼓励大家开放坦白"、"我们部门的同事可以自由地交换信息与意见"、"我们部门的主管是坦白直言的"、"当工作内容有所变动时，我会在事前得到通知"、"部门主管对于决策的说明，令我感到满意"、"我相信部门同事之间是坦诚相待的"、"关于自己日常工作上的决策，我们的意见会被采纳参考"以及"部门主管会认真地考虑我们的建议"。

（2）对信任网络的衡量。除了一般信任之外，如上所述，还有对象十分明确、可以指名的两两信任。大多数的华人心理学研究却指出华人不是一般取向而是特殊取向的（Fei，1948；Ho and Chiu，1994），华人更重视两两连带，所以信任较少是来自认同或制度，更多来自人与人的血缘连带及人情交换（Hwang，1987），所以信任的建立也是特殊取向的，故我称之为特殊信任（particularistic trust；Luo，2005a）。Cook（2004）提出信任网络的概念，认为一些经济体中，比如东欧与俄罗斯，合作行为并不来自一般信任，而是来自封闭的网络，网络内的人相互信任，却不会及于网络外的人。华人社会也十分类似于此，每个人都会以自己为核心建立有差序格局的个人信任网络（Fei，1948），内外有别，所以信任是有特殊对象的。此一特殊信任网络标示着每个人以自我为中心的人脉网络，是华人取得资源与寻找支持最主要的依据，亲疏远近不同，信任程度不同，可寻求的资源或支持也不同。特殊信任在华人社会中是最重要的信任（王绍光、刘欣，2002），也是华人建立一般信任的基础（Luo，2005a）。这类信任的衡量同样可以采用米什拉（Mishra，1996）的可信赖量表，只是在指标计算上不像私有财社会资本那样可以算出当事人信任连带的数量。在一个群体中，最重要的是整体信任连带的密度，密度高表示一群体内两两互信连带平均较多，反之则表示群体成员特殊信任不足。

除了上述的信任外，关系面社会资本还包括规范以及满足义务与期待的可信赖环境。可信赖环境十分雷同于一般信任，也可以从"组织信任存量量表"中找到衡量方式，但规范却涉及组织文化，衡量上较困难，后面我将会讨论其与一般信任的连带，并认为衡量一般信任即足以说明组织内规范被遵守的情况。

2. 公有财结构面社会资本——群体的网络结构形态

在个体层次上，结构指涉的是个人的结构位置，但在群体层面上，结构指涉的就是网络结构的形态。什么样的形态对一个组织而言是健康的，可以带来一加一大于二的效果？什么样又是有害的，无法发挥集体战力而变成一加一小于二的结果？这是最有挑战性的议题，也是最困难的研究。一般而言，我们很难说哪类结构形态就是宏观社会资本，因为不同产业、不同活动会有不同的结果，如在创新的活动中，非正式权力越集中，一般总认为会不利于创新（Baker，1992；Sparrowe et al.，2001；Reagans and Zuckerman，2001），但伊瓦拉（Ibarra，1993）却以为在非研究机构的管理流程改善上，适度的权力集中是利于创新的。另外，不同的研究议题，也会得到不同的结论，比如层级式的结构形态（hierarchical structure）不利于信息反馈与新知传播（Baker，1992），但却有利于军队或工厂这类组织的命令贯彻。

然而多年来，此类研究仍取得了十分出色的成果，以知识管理领域为例，研究者就发现，结构上越多元的组合越容易取得外部知识（Cummings，2004）。一反过去理论认为的，弱连带多的组织信息传播较快，有利于知识创造，相反的，最近的研究却显示，强连带多的结构更有利于知识创造（Levin and Cross，2004；Suarez，2005）。下面我就以此一知识传播议题讨论一些较常被研究的网络结构形态。

（1）网络密度。既往研究对于网络密度是否真的对群体知识创造绩效有具体的影响这个问题产生了不同的结论。斯帕罗、林登和克莱默（Sparrowe，Linden and Kraimer，2001）以及罗家德（Luo，2005b）的相关研究，都发现网络密度的影响其实是不显著的。但里根斯和朱克曼（Reagans and Zuckerman，2001）根据二手资料对 224 个群体的研究却发现群体密度对于知识群体的生产力的确有影响,并认为网络密度是衡量群体成员间彼此互动程度的具体指标。这种研究结论的分歧是很让人意外的,使得研究者必须去探索网络密度的定义。

从网络密度的定义来看,的确不难发现,群体的网络密度越大,知识创造的绩效应该就越好。但为何会发生群体密度影响不显著的现象?魁克哈特(Krackhardt, 1996)提出组织黏性的概念,认为有点黏又不太黏的组织,也就是网络密度不低但也不会太高,其创造力会最好。因为太密的结构里,新创知识期间,创新者欠缺独立的环境,一傅众咻,新概念很容易就被抹杀了。但密度太疏的环境里,新概念又会不容易传播出去,所以皆非所宜。

(2)群体中心性。群体中心性隐含的概念与网络密度恰恰相反,群体中心性反映了群体集权的程度,也就是互动集中在少数人之间的状况。维瑟尔曼与福斯特(Wasserman and Faust, 1994)认为群体中心性类似群体中每个成员间人际互动的变异程度,亦即群体中人际连带集中在少数人身上,还是平分在所有人身上?换言之,如果群体的中心性很高,这个群体的互动实际上是很集权的,几个关键人物就代表了整个群体的互动。

从群体中心性对与知识创造的关系角度来看,斯帕罗、林登和克莱默(Sparrowe, Liden and Kraimer, 2001)以及肖(Shaw, 1964)针对群体网络结构对绩效的影响研究中发现:群体中心性与群体绩效表现之间存在负相关。群体中心性高,代表着群体内的人主要跟少数几个核心人物互动,跟其他人员的平行互动反而少,这样的结构会造成资源传递与交换的不顺畅。研究组织创新的学者也发现,群体中心性越高,组织变得集权,互动减少,对于研发型的创新实际上会造成不利的影响(Ibarra, 1993)。

但过低的群体中心性就真的好吗?群体中心性低,也同时代表着这样的组织非常分权,从而使得命令紊乱,行动不协调,对于群体的知识绩效与分享自然也不会太好。伊瓦拉(Ibarra, 1993)也指出管理上的改善仍然需要一定的权力集中,这样才能有更好的效果。罗家德(Luo, 2005b)在研究企业内改善团队时做了一个假设,认为中心性不高不低、不过于集权也不过于分权的群体,事实上对于其流程改善的创新比较好,并得到证实。因为不过于集权与分权的群体,一可避免互动都在少数人身上,二可避免因为过于分权所造成的群体互动无效率的情形。虽然群体中心性对于群体绩效的影响尚有待进一步研究的检验,但在测量公有财社会资本时,群体中心性无疑是一个不可忽视的测量指标。

（3）小团体。群体中常常会有产生小圈子的状况，亦即成员们会跟自己熟悉或喜欢的人在一起工作生活，小群体的出现隐含着一个群体中产生内群体，也就产生人己亲疏的差别。若是小圈子间彼此有联系还好，但若没有联系，小圈子的出现，实际上对于群体会有不小的影响。博特（Burt，1992）的"结构洞"概念其实就是小圈子的翻版，他将"结构洞"定义为两个接触者间的非重复性连带，这个洞就像一个缓冲器、绝缘体，这是一个玩家可以玩弄以获利的空间，一个网络间的"好位置"。结构洞理论对于群体内部知识创造有什么影响呢？博特认为：一个群体中结构洞的出现，正代表信息与资源的交流出现了断层，说明两边信息不相往来，进而使得信息连结中断。

既然洞的存在对互不相连的小团体是传达信息或互相咨询的阻碍，那么在人际连带网络中就有另外一种角色的出现："桥"，一个可以刺激知识流通和共享的机制。桥可以传播信息，让信息通过桥在原本彼此隔绝的个人和团体之间流动。格兰诺维特即指出能够帮两个断裂的小团体建立桥的都是弱连带，汉森（Hansen，1999）的研究也发现，组织中的弱连带有助于项目团队从公司其他团队中找到有用的知识，虽不适合转换复杂的知识，但对于组织中知识的传递则有着良好的效果。

我在研究中也发现情感的小团体在中国组织中不可避免，但最怕的是所有咨询连带都被限在小团体中，造成不完全连结（not fully connected）的结构，这被证实对企业改善团队的创新能力是有害的（Luo，2005b）。衡量不完全连结的小团体最好的指标就是组件（Wasserman and Faust，1994）。

整体而言，群体中若有小团体出现，而此时又没有弱连带的桥梁，群体的知识分享很容易产生断层，这样对于群体的知识创造会有负面的影响。因此，对组件的测量，也是考察公有财社会资本时应纳入的指标。

上述指标在大多数议题中都会是值得思考的结构变量，但其他还有一些指标在不同议题中会展现其重要性。比如回路数可以衡量一个群体的层级化的程度，是研究信息反馈与谣言问题的重要指标，又比如 E-I index（一个小团体内的密度除以整个群体的密度）标示着权力集中于小团体的程度（罗家德，2005），是研究派系斗争的重要指标。

三　组织外部社会资本

正因为研究者对社会资本的概念有着不同的理解，因此在经验研究中，他们测量社会资本的方法也是多种多样的，一般来说两类外部社会资本为学者所注意，一是一个群体与另一个群体间的连带，一是一个群体中的个人（主要是领导人）的自我中心社会网，两者都可以为组织从外部带来资源，而使组织整体受益。

（一）组织间的社会资本

前者我以蔡和戈沙尔（Tsai and Ghoshal, 1998）的论文为例，他们在测量两群体间的社会资本（他们测的是商业单位间，而非组织间的社会资本）时，用了三个指标：

（1）社会互动，也就是结构面社会资本，两题"哪一个商业单位让您花了较多的社交时间"与"您的单位与哪一单位维持着较好的社会连带"，分别问了每一单位的三位领导。然后分别以这两题算出该单位在受访的 15 个单位中的结构位置，以中介中心性为此一单位之结构面社会资本。

（2）信任与可信赖，也就是关系面社会资本，两题"哪一个单位您相信值得信赖，不会趁机占您的单位便宜"以及"一般而论，哪些单位的员工总是能信守对你们的承诺"。同样的三位领导被要求填答，然后内向程度中心性被计算，以求得关系面社会资本。

（3）分享愿景，也就是认知面社会资本，两题自评的李克特七点量尺"我们单位在工作中与其他单位分享了十分类似的野心与愿景"以及"我们单位的人员在追求整个组织的群体目标以及共同使命时充满热情"。这些认知性题目加总平均得到最终指标。

这样的探讨自然只能视为组织间社会资本的一个简单的衡量方式，另外，卡明斯和布罗米利（Cummings and Bromiley, 1996）的"信任存量量表"也针对组织间的信任设计了情感上、认知上以及意图行为上三个层面分别在"保持承诺"、"诚实协商"以及"不占便宜"等三类信任中，三乘三，九个构面的八十一题，可以视为关系面社会资本一个复杂的衡量方式。只是这类问卷都要双方公司的高层主管填写，资料取得相当不易。基于资料的难以取得，大多数这类的研究都以十分简单的方式衡量，比如与《财富》杂志排行榜 1000 强公司间有多少战略结盟连带（Florin et al., 2003），或者与多少公司有董事会连结等。

（二）组织内高管的个人对外连带

至于组织内的个人因为人际连带而取得外部资源，无疑的，林南是这类研究的代表人物。为了做个人层次社会资本的调查，林南等人（Lin and Dumin，1986；Lin，2001）发展了一套职位生成法问卷，想要知道受访者的社会资源是从哪里来。这是一套衡量微观社会资本的方法，来自自我中心社会网调查法（详细操作方法请参考 Marsden and Campbell，1984；罗家德，2005），顾名思义，就是个人的连带如何得到资源，这又先取决于资源从哪里来，其次还要评估这样的连带是否很强，很稳定，能够真正得到这个资源。上述的组织内整体网的调查方法强于结构分析，但是需要封闭的团体做调查对象，所以只适用于组织内的调查，这套方法则更适用于组织外连带的调查。

基本上，它就是从个人网络的规模和网络中镶嵌的资源数量这两个方面来着手进行的。首先是描述网络结构的指标，如网络规模（网络成员的多少）、网络的成分（由哪些类型的成员构成）以及网络的密度（网络成员之间联系的紧密程度）等。研究者提出了一些假设，如网络规模较大，网络中弱连带所占比重较大以及网络密度较高的社会网络所提供的社会资本可能更为丰富（Montgomery，1991，1992；Lin，1999；边燕杰、李煜，2001；边燕杰、张文宏，2001；赵延东，2002，2003），但这些假设还有待进一步研究的证实。其次是反映网络中镶嵌资源的指标，在这一问题上，职位生成法具有特殊的优势，它可以有效地测度出社会网络中所镶嵌资源数量的多少。

这种研究方法的基本假设是：社会资源不是均匀分布于社会之中，而是按照社会地位高低呈金字塔形分布的，每一个网络成员所拥有的社会资源数量主要取决于其所处的社会地位。而在现代社会中，个人的社会地位可以通过其所从事的职业和所在单位得到反映。因此，通过对研究对象的网络成员中出现的职业类型和单位类型的调查，就可以对其拥有社会资源量的情况做出较准确的测量。具体做法是在调查问卷中列出一个或几个量表，量表中包含有若干特定资源的职业类型或工作单位类型等。在调查中，首先要求被调查者回答其社会网络成员中是否有人符合表中所描述的特征，然后对所有被选择的单位类型及职业类型进行加总，并计算相应的职业类型和单位类型得分，然后用这些指标来反映个人社会网络中所镶嵌的资源情况。不过它的缺陷主要是只能测量网络连带，无法进一步了解被调查者的网络结构的构型，例如个人中心网络内的成员之间连带结构只能通过当事者主观判断，而无法通过较客观的方法测量出来。这样，如果我们认为社会网络的结构本身（诸如网络的规模、群体中心性，个体的网络位置等）就是社会资本的一个重要组成部分并要对它也加以测量时（参见 Montgomery，1991，1992），使用"职位生成法"得到的资料就会有所不足。

四　关系面与结构面社会资本间的因果关联

上述对社会资本概念的追本溯源与衡量让我们看到，关系面社会资本与结构面社会资本建基在十分不同的学术传统上，前者的信任、规范和对规范的尊重以及义务和对义务的执守，都是心理上的态度变量，而结构面的网络连带则是直接衡量交换的行为，如给建议、一起吃晚饭与讲私事等。我认为前者的代表人物是格兰诺维特，其镶嵌理论（Granovetter，1985）指出，信任是网络连带到经济行动的中介变量，自此开启了社会学界、管理学界对信任的一系列研究。后者我认为代表人物是林南，其结构资源观点（structurally embedded resources；Lin，2001），着眼的焦点正是资源的交换行为及其形成的交换网络。

这两个取向无好坏对错之分，而且都成为现今社会资本定义的重要组成部分，只是一个是心理层面的衡量，一个是对交换关系的衡量。前者的好处是，信任更直接地解释了经济行动（Granovetter，1985），因此解释力强大。后者的优点则在于问卷中问的是交换行为，对填答者而言清楚易懂，在询问私人连带如此敏感的问题上，减少了模棱两可的空间，对整体网问卷的填答尤其合适。然而，这两者之间却很难形成一个单一的指标，比如一般信任用的是李克特七点量尺，而情感网络密度却是一个结构变量，如何在操作上共同指涉一个概念？确实有其困难。换言之，社会资本已经复杂到不再是一个可操作的概念，必须细分才能加以衡量，关系面与结构面的区分，私有财与公有财的分类，都提供了我们操作化社会资本的基础。

更进一步地分析，信任与其他的社会资本是互为因果的，格兰诺维特的镶嵌理论最足以说明这种因果关系，此一理论解释了宏观社会结构如何转化为微观经济行动的过程，并指出社会网结构以及结构中的连带会带来人际信任，而人际信任构成了激活交易的基本要件，并在交易中可以降低交易成本，从而影响了交易的治理结构，因而改变了过分依赖制度与合约的交易行为，使个体经济行动受到影响。信任在这里是果，而网络连带及社会网结构则是因。

在宏观层次上，科尔曼（Coleman，1990）所谈的规范与惩罚在理论上是一般信任的前因。依照 Barber 的定义，一般信任是"对自然秩序与道德秩序的期待与坚持"（Barber，1983：9）。这定义本身就说明了对社会规范的普遍遵守，是社会成员之间（不论认识不认识）相互信任的基础。而带有惩罚能力的规范则可以带来威廉姆森（Williamson，1996）所说的"算计性信任"。虽然算计性信任不同于真实信任（Granovetter，2002），因为交换双方的行为受限于可能的惩罚而没有任何不确定性，因此任何一方都不必承担风险，而真实信任的前提是有风险又忽视此一风险的心理状态。但是算计性信任可以带来可信赖行为，所以当我们分析可信赖性时，如衡量上面私有财社会资本中的信任与公有财社会资本中的信任网络，它依旧是影响可信赖性的因素。

尽管这里采用了较狭义的定义，而未将认知面社会资本纳入，但这一类变量的探讨，其实都指向了一般信任。愿景分享（shared vision）是与其他同事分享相同的理念、共有的组织目标，这种对组织的认同也创造了相互认同的"我群"的感觉，能带来"认同基础上的信任"（identification-based trust；Sheppard and Tuchinsky，1992）。共同语言（shared languages）、共有叙事（shared narratives）则来自组织成员的共同生活经验，这造成大家的相似性，因相似而较能亲近，因相似而互相理解，这构成因个性相似而产生的信任（characteristic-based trust；Zucker，1986）。这些都带来了对组织成员的一般信任。

在微观层面上，维尔曼（Wellman，1992；Wellman and Frank，2001）认为个人在情感网络的中心位置会带给人们以正面的印象，因此所获得的信任比较多，相对的，他也会回报以较大的信任。魁克哈特等人（Krackhardt and Hanson，1993）发现组织中受欢迎的人物会在朋友网络中拥有中心位置，一方面情感连带本身即包含了善意，善意使得朋友不会欺诈及借机取利。在华人世界中，朋友有义更是五伦之一，展现可信赖行为是朋友之义中强烈要求的社会规范，朋友多的人自然可信赖的人也多，特殊信任较高。另一方面，魁克哈特（Krackhardt，1992）指出，情感网络中心者可以藉由影响其他人的方法而拥有较高的非正式权力，这种权力也对朋友产生监视的作用，尤其在社群之中一个受大家欢迎的人受到欺诈更易引起群体制裁，所以他周遭的人行为受到监督而不会逾矩，其个人信任连带因而较多。个人情感连带增加会扩大个人对外部的信任连带已获得实证资料的支持（Luo，2005a）。

与此同时，交换社会资源也可以在交换双方之间产生信任。正如布劳指出的，在社会交换中，个人不能预期得到实时的回报，因此他必须寄希望于对方的善意并预期能在未来得到回报（Blau，1964）。在一系列成功的社会交换过程中，交换双方最终会建立起格兰诺维特（Granovetter，2002）所谓的"真实信任"。博特（Burt，1992）的结构洞论述也提到在中介位置所能获得的资源交换机会较多，在社群中，知识的交换不同于经济交换，不会立刻产生对等的回报，而成为一笔"人情"，今天的帮忙留待以后获得回报，这是一种社会交换。依照布劳（Blau，1964）的社会交换理论来看，在社会交换之中，因为回报的不实时，所以双方必须对对方有善意的期待，期待在无制约的情况下对方还记得"人情"，如果此一期待落实，则信任感会增加，多次的社会交换都成功之后，信任连带自然建立。因此结合博特和布劳的概念，处于网络的中介位置而经常进行交换的人会拥有较多的两两信任连带。

由上所述，我们可以看到信任与其他连带、结构、规范有因果关系，而且被格兰诺维特视为通往经济行动的中介变量。当然，信任也可能在一段时间后改变连带，比如从交换性的连带发展出情感性的连带（Lewicki and Bunker，1996）。甚至改变结构，改变规范，一群人相互不信任，久而久之也会对更宏观的规范与制度产生影响，比如制度控制的力量加强了，法网愈密，法入家门（费孝通，1998），这方面还值得我们更加深入研究。总之，信任的心理变量与其他连带、结构变量互为因果，已有许多理论肯定之，它们之间很难形成一个单一的、可操作的变量，殆无疑义。社会资本内的诸多构面间形成怎样的因果结构，是一个具有挑战性的新议题。

五　讨论与未来研究

作为一个新兴发展又极具解释力的概念，社会资本的前因与后果的研究已获致十分可喜的成绩，然而社会资本本身的定义与衡量仍存在着巨大的分歧。从上述讨论可以看出，社会资本绝非单一的、可操作的概念，它必须进一步地分类才能加以衡量，比如私有财关系面社会资本、私有财结构面社会资本、公有财关系面社会资本或公有财结构面社会资本，它们分析的层次是不同的。私有财讨论的是个体（一个人或一家公司）对外的连带与结构位置以取得对个人有益的资源，公有财则分析的是整体内部的信任与结构以促成更多的合作行为而使所有成员受益。社会资本指涉了不同层次、不同类型的变量，不加以细分，绝无可能共同整合成一个变量，所以，如何进一步细分"带连结号的社会资本"（hyphenated social capital；也就是经过细分的社会资本，比照威廉姆森所说的 hyphenated trust；1996），细分到真正可以衡量的概念，是横亘在我们面前的第一个挑战。

其次，社会资本的各个构面间不但不可能整合成单一变量，而且往往互为因果。不但结构面会影响关系面社会资本，关系面也可能在一段时间后改变结构面，何者是因，何者是果？相互为因果中，我们也需要时间序列资料以厘清近因与远因。尤有甚者，关系面社会资本中，信任又是其他变量——如规范与义务得偿的可信赖环境——的后果，但长期的集体互信又可能影响新规范的形成，关系构面之内也会有互为因果的议题，如何进一步区分并厘清其因果关系，是我们更深入研究时值得注意的问题。

最后，如何将社会资本理论本土化是中国管理研究最有趣又有挑战性的议题。如我们所知，中国是一个"人情社会"，"关系"充斥在我们的管理行为之中（Tsui and Farh，1997；Farh，Tsui，Xin and Cheng，1998），但我们的关系又与现今社会资本中谈的网络连带或社会连带有何不同？更进一步地，社会连带的强、弱分类还适用于中国吗？在衡量资源交换关系时，这分别对应了情感交换与工具交换如咨询、信息等，而在衡量中国组织内的交换行为时，是否足够，是否需要修正？过去相当多的研究已指出了本土化的必要性，费孝通（Fei，1998）就指出中国是"差序格局社会"而非"团体格局社会"，这已经说明了在中国，关系、结构要比群体、认同重要。近来的中国心理学研究更指出这个差序格局至少可以分成家人、熟人与弱连带，而且不同"差序"会有不同的交换法则（Hwang，1987；黄光国，1988；Luo，2005a；Fu，Tsui，and Dess，2006），所以新的关系分类以及其中的交换内容是需要中国管理研究进一步分析的。另外，中国的制度环境也有所不同，比如家族连带就可能比董事会连结在中国更有影响力（Hamilton，1989；Luo，1997），另外政商连带在企业的外部社会资本中更扮演了不同寻常的重要角色（边燕杰、丘海雄，2000）。如何发展一个适合中国本土的社会资本理论与衡量方法，既是解释中国管理特色的关键，也会是中国管理学者最具挑战性的一项使命。

参考书目

王绍光、刘欣，2002，《信任的基础：一种理性的解释》，《社会学研究》第 3 期，第 23～30页。

罗家德，2005，《社会网分析讲义》，北京：社会科学文献出版社。

罗家德，2008，《社会网络与社会资本》，陈晓萍、徐淑英、樊景立主编《组织与管理研究的实证方法》，北京：北京大学出版社，第 358～378 页。

罗家德、郑孟育、谢智棋，2006，《实践性社群内社会资本对个人创新之影响》，中国社会学会太原年会。

罗家德、朱庆忠，2004，《人际网络结构因素对工作满足之影响》，《中山管理评论》第 4 期，第 795～823 页。

费孝通，1998，《乡土中国 生育制度》，北京大学出版社。

赵延东，2002，《再就业中的社会资本：效用与局限》，《社会学研究》第 4 期，第 43～54 页。

赵延东，2003，《求职者的社会网络与就业保留工资：以下岗职工再就业过程为例》，《社会学研究》第 4 期，第 51～60 页。

边燕杰、丘海雄，2000，《企业的社会资本及其功效》，《中国社会科学》第 2 期，第 87～99 页。

边燕杰、李煜，2001，《中国城市家庭的社会网络资本》，《清华社会学评论》第 2 期，第 1～18 页。

边燕杰、张文宏，2001，《经济体制、社会网络与职业流动》，《中国社会科学》第 2 期，第 77～89 页。

黄光国，1988，《中国人的权力游戏》，台北：巨流图书公司。

Adler, Paul and Kwon, Seok-Woo. 2002. "Social Capital: Prospects for a new concept." *The Academy of Management Review* 27: 17 - 40.

Barber, B. 1983. *The Logic and Limits of Trust.* Edited by N. Brunswick. NJ: Rutgers University Press.

Baker, Wayne E. 1992. "The network organization in theory and practice." Pp. 397 - 430 in *Networks and Organizations*, edited by N. N. A. R. G. Eccles. Cambridge: Harvard Business School Press.

Blau, Peter. 1964. *Exchange and Power in Social Life.* New York: Wiley.

Bourdieu, Pierre. 1977. *Outline of A Theory of Practice.* Cambridge, England: Cambridge University Press.

——. 1984. *Distinction: A Social Critique of the Judgment of Taste.* Cambridge: Harvard University Press.

——. 1986. *The Forms of Social Capital: Handbook of Theory and Research for The Sociology of Education.* Westport, CT: Greenwood Press.

Brass, Daniel and Burkhardt, Marlene. 1992. "Centrality and Power in Organizations." Pp. 191 – 215 in *Networks and Organizations*, edited by N. A. E. Nohria, Robert G. Boston: Harvard Business School Press.

Butler, John. 1991. "Toward Understanding and Measuring Conditions of Trust: Evolution of a Conditions of Trust Inventory." *Journal of Management* 17: 643 – 664.

Brown, Thomas Ford. 1997. "Theoretical Perspectives on Social Capital." Working paper located in http: //hal. lamar. edu/ ~ BROENTF/SOCCAP. HTML.

Burt, Ronald. 1992. *Structural Holes: The Social Structure of Competition*. Cambridge: Harvard University Press.

Carnevale, D. G., and B. Wechsler. 1992. "Trust in the Public Sector-individual and Organizational Determinants." *Administration and Society* 23: 471 – 494.

Coleman, J. 1988. "Social Capital in the Creation of Human Capital." *American Journal of Sociology*: 95 – 120.

——. 1990. *Foundations of Social Theory*. Cambridge: Harvard University Press.

Cook, Karen. 2004. "Networks, Norms and Trust: The Social Psychology of Social Capital." In *International Conference on Social Capital: Communities, Classes, Organizations and Social Networks*. TungHai University.

Cummings, J. N. 2004. "Work Groups, Structural Diversity, and Knowledge Sharing in A Global Organization." *Management Science* 50: 352 – 364.

Cummings, L. L. and Philip Bromiley. 1996. "The Organizational Trust Inventory: Development and Validation." Pp. 302 – 330 in *Trust in Organizations*, edited by R. M. A. T. Kramer. Tom London: Sage Publication Inc.

Farh, J. L., A. S. Tsui, and B. S. Cheng. 1998. "The Influence of Relational Demography and Guanxi: The Chinese Case." *Organization Science* 9: 471 – 488.

Florin, Juan, Michael Lubatkin, and William Schulze. 2003. "A Social Capital Model of High-growth Ventures." *Academy of Management Review* 46: 374 – 384.

Fu, P. P., A. S. Tsui, and G. G. Dess. 2006. "The Dynamics of Guanxi in Chinese High-tech Firms: Implications for Knowledge Management and Decision-making." *Management International Review* 46: 277 – 305

Fei, Hsiao-Tung. 1948. *Peasant Life in China*. London: Routledge & Kegan.

Fukuyama, Francis. 1995. *Trust: The Social Virtues and The Creation of Prosperity*. N. Y.: Free Press.

Granovetter, Mark S. 1973. "The Strength of Weak Ties." *American Journal of Sociology* 78: 1360 – 1380.

——. 1985. "Economic Action and Social Structure: The Problem of Embeddedness." *American Journal of Sociology* 91: 481 – 510.

——. 1992. "The Sociological and Economic Approach to Studying Labor Market." In *Networks and Organizations*, edited by N. N. A. R. G. Eccles. Boston: Harvard Business School Press.

——. 2002. "A Theoretical Agenda for Economic Sociology." In *The New Economic Sociology*:

Development in an Emerging Field, edited by R. C. Mauro, F. Guillen, Paula England, and Marshall Meyer. N. Y. : Russell Sage Foundation.

Hamilton, Gary G. 1989. "Patterns of Asian Capitalism: The Cases of Taiwan and South Korea". Paper presented in Program in *East Asian Culture and Development Research*.

Hansen, Morten T. 1999. "The Search-transfer Problem: the Role of Weak Ties in Sharing Knowledge across Organization Subunits." *Administrative Science Quarterly* 44: 82 – 111.

Ho, D. Y. F. and C. Y. Chiu. 1994. "Components of Individualism, Collectivism, and Social Organization: An Application in the Study of Chinese Culture." Pp. 137 – 156 in *Individualism and Collectivism: Theory, Method, and Applications*, edited by H. C. T. U. Kim, C. Kagitibasi, S. C. Choi, and G. Yoon. London: Sage.

Hosmer, L. T. 1995. "Trust: The Connecting Link between Organizational Theory and Philosophical Ethics." *Academy of Management Review* 20: 379 – 403.

Hwang, K. K. 1987. "Face and Favor: The Chinese Power Game." *American Journal of Sociology* 92: 944 – 974.

Ibarra, Herminia 1993. "Network Centrality, Power, and Innovation Involvement: Determinants of Technical and Administrative Roles." *Academy of Management Journal* 36: 471 – 501.

Krackhardt, David. 1992. "The Strength of Strong Ties: The Importance of Philos in Organizations." Pp. 216 – 239 in *Networks and Organization: Structure, Form, and Action*, edited by N. A. E. Nohria. Boston: Harvard Business School Press.

——. 1996. "Organizational Viscosity and the Diffusion of Controversial Innovations." *Journal of Mathematical Sociology* 22: 177 – 199.

Krackhardt, David and Jeffrey Hanson. 1993. "Informal Networks: The Company behind the Chart." *Harvard Business Review* July-Aug: 104 – 111.

Leana, Carrie, and Van Buren III, Harry J. 1999. "Organizational Social Capital and Employment Practices." *The Academy of Management Review* 24: 538 – 555.

Levin, D. Z. and R. Cross. 2004. "The Strength of Weak Ties You Can Trust: The Mediating Role of Trust In Effective Knowledge Transfer." *Management Science* 50: 1477 – 1490.

Lewicki, Roy J. and Barbara B. Bunker. 1996. "Developing and Maintaining Trust in Work Relationships." In *Trust in Organization*, edited by R. M. K. A. T. Tyler. London: Sage Publication Inc.

Lin, Nan. 1998. *Social Resources and Social Action*. N. Y. : Cambridge University Press.

——. 1999. "Social Networks and Status Attainment." *Annual Review of Sociology* 25: 467 – 487.

——. 2001. *Social Capital: A Theory of Social Structure and Action*. N. Y. : Cambridge University Press.

Lin, Nan and Mary Dumin. 1986. "Access to Occupations through Social Ties." *Social Networks* 8: 365 – 386.

Loury, G. 1977. *A Dynamic Theory of Racial Income Differences*, Edited by P. A. Wallace,

Lemund, A. : Lexington Books.

Luo, Jar-Der. 1997, "The Significance of Network in the Initiation of Small Businesses in Taiwan." *Sociological Forum* 12 (2): 297–319.

——. 2005a. "Particularistic Trust and General Trust—A Network Analysis in Chinese Organizations." *Management and Organizational Review* 3: 437–458.

——. 2005b. "Toward a Theory of Trust in Chinese Organizations." In *Sunbelt XXV*, *Knowledge Networks within and between Organizations.* Los Angeles.

——. 2006. "Organizational Social Capital and Group Knowledge Creation—A Study in Chinese High-tech Organizations." In *International Association for Chinese Management Research 2006 Conference.* Nanjing.

Luo, Jar-Der, Shu-Cheng Chi, and David Lin. 2002. "Who is Trustworthy—A Comparison of Social Relations across the Taiwan Strait." In *the Conference of North American Chinese Sociologists Association.* Chicago.

Marsden, Peter and Karen Campbell. 1984. "Measuring Tie Strength." *Social Forces* 63: 483–501.

Mayer, R. C. , J. H. Davis, and F. D. Schoorman. 1995. "An Integrative Model of Organizational Trust." *Academy of Management Review* 20: 709–734.

Mishra, Aneil K. 1996. "Organizational Responses to Crisis: The Centrality of Trust." In *Trust in Organizations*, edited by Roderick M. Kramer and Tom R. Tyler, Thousand Oaks, CA: SAGE Publications, pp. 261–287.

Montgomery, James. 1991. "Social Networks and Labor-market Outcomes: Toward an Economic Analysis." *American Economic Review* 81: 1408–1418.

——. 1992. "Job Search and Network Composition: Implications of the Strength-of-weak-ties Hypothesis." *American Sociological Review* 5: 586–596.

Nahapiet, J. and S. Ghoshal. 1998. "Social Capital, Intellectual Capital and the Organizational Advantage." *The Academy of Management Review* 23: 242–266.

Paxton, Pamela. 1999. "Is Social Capital Declining in the United States? A Multiple Indicator Assessment." *American Journal of Sociology* 105: 88–127.

Portes, Alejandro. 1998. "Social Capital: Its Origins and Applications in Modern Sociology." *Annual Review of Sociology* 24: 1–24.

Putnam, Robert D. 1993. *Making Democracy Work: Civic Traditions in Modern Italy.* Princeton: Princeton University Press.

——. 1995. "Bowling Alone: America's Declining Social Capital." *Journal of Democracy* 6: 65–78.

Reagans, R. and E. W. Zuckerman. 2001. "Networks, Diversity, and Productivity: The Social Capital of Corporate R & D Teams." *Organization Science* 12: 502–517.

Senge, P. 1990. *The Fifth Discipline-The Art and Practice of the Learning Organization.* Bantam Doubleday Dell Publishing Group.

Serageldin, Ismail and Christiaan Grootaert. 2000. *Defining Social Capital: An Integrating View.* Washington, D. C. : World Bank.

Shaw, M. E. 1964. "Communication Networks." Pp. 111 – 147 in *Advances in Experimental Social Psychology*, edited by L. Berkowitz. N. Y. : Academic Press.

Sheppard, Blair H. and Marla Tuchinsky. 1992. "Micro-OB and the Network Organization." Pp. 140 – 165 in *Trust in Organizations*, edited by R. M. K. T. R. Tyler. Thousand Oaks, CA: SAGE Publications, Inc.

Sparrowe, Raymond, Robert Liden, and Maria Kraimer. 2001. "Social Networks and the Performance of Individuals and Groups." *Academy of Management Journal* 44: 193 – 201.

Suarez, F. F. 2005. "Network Effects Revisited: The Role of Strong Ties in Technology Selection." *Academy of Management Journal* 48: 710 – 720.

Tsai, Wenpin and Ghoshal, Sumantra. 1998. "Social Capital and Value Creation: The Role of Intrafirm Networks." *The Academy of Management Journal* 41: 464 – 478.

Tsui, Anne S. and Jiing-Lih Farh. 1997. "Where Guanxi Matters—Relational Demography and Guanxi and Technology." *Work and Occupations* 24: 57 – 79.

Uphoff, Norman T. 1996. *Learning from Gal Oya: Possibilities for Participatory Development and Post-newtonian Social Science*. London: Intermediate Technology Publications.

Wasserman, Stanley and Katherine Faust. 1994. *Social Network Analysis: Methods and Applications*. Cambridge: Cambridge University Press.

Wellman, Barry. 1992. "Which Types of Ties and Networks Give What Kinds of Social Support?" *Advances in Group Process* 9: 207 – 235.

Wellman, Barry and Kenneth A. Frank. 2001. "Network Capital in a Multilevel World: Getting Support from Personal Communities." Pp. 233 – 273 in *Social Capital: Theory and Research*, edited by N. Lin, Karen Cook, and Ronald Burt. N. Y. : Aldine De Gruyter.

Whiteley, Paul F. 1999. "The Origins of Social Capital." Pp. 25 – 45 in *Social Capital and European Democracy*, edited by M. m. Jan W. Van Deth, Kenneth Newton, and Paul Whiteley. N. Y. : Routledge.

Williamson, Oliver. 1996. *The Mechanisms of Governance*. New York: Oxford University Press.

Zucker, L. G. 1986. "Production of Trust: Institutional Sources of Economic Structure, 1840 – 1920." *Research in Organizational Behavior* 8: 53 – 111.

第十章　角色分析

一　结构同型性

什么叫角色？以医院为例，有一群人是护士，有一群人是技师，有一群人是医生，当然还有一群人是医院领导，如果我们把他们的业务关系画出来，谁向谁做报告？关系是什么？我们发觉技师会报告给护士和医生，护士就要报告给医生，医生就要报告给领导，而护士除非是护士长，否则大概不会直接报告给领导，医生与护士长则会相互报告。这会形成以下的一个业务关系图。

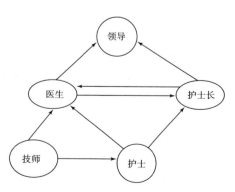

图 30　医院业务关系图

在医院之中拿组织图来看，可以看到谁会向谁报告，权责分明，会有如上面所绘的清楚明白的业务关系图。但如果我们做整个医院的社会网，整张图会是一个上百个节点与上千条线的大网络，其中业务报告的线十分复杂，完全看不出图30这么清楚明白的关系。问题出在图30以角色为节点，而我们收集到的整体社会网是以个人为节点，所以如何把这么多个人归纳成几个角色，这在图形理论中我们称之为结构职位（structural position），就是职位分析（positional analysis）要做的工作。

角色分析的目的在于分析出有若干个结构职位的成员，并找到他们之间相互的关系，比如A职位向B职位报告，B职位又向C职位报告……然后我们再去定义这些职位。B职位是专门治病的，我们叫他医生；A职位专门做医生助理的，我们叫他护士；C职位专门做管理工作的，我们叫他领导，每一个角色给一个定义，角色分析旨在分析出一群人跟另外一群人的关系。

既然角色分析是在分析一群人与一群人的关系，那么，我们要问什么叫做"一群人"。在小团体分析中关系紧密的被视为"一群人"，但在角色分析中，"一群人"指涉的却是一群结构同型的人。什么是结构同型性呢？以下是定义。

> 对于所有的行动者 k（k=1，2，…，g，且 k≠i，j）以及关系 r（r=1，2，…，R）来说，当且仅当行动者 i 与 k 有关联时，行动者 j 才与 k 有关联；当且仅当行动者 j 与 k 有关联时，行动者 i 才与 k 有关联，则行动者 i 和 j 在结构上是同型的。

定义的意思就是说假设有 r 种关系，i 和 j 这两个人是结构同型性的话，就是任意一个 k，在任何一类关系 r 上，i 指向 k，那么 j 也会指向 k；如果 k 指向 i，那么 k 也指向 j。

以图31为例。图中1、2结构同型，3、4也是结构同型。因为1指向了3和4，2也指向了3和4，所以1、2是结构同型。3、4是1和2都指向它们，它们又都指向5，所以3、4也是结构同型。具有结构同型性的人就扮演了相同的角色。

博特（Burt，1992）在他的结构洞理论中探讨商业机会的逻辑，如第一章中所陈述的，这个理论认为弱连带广布的人，尤其是作为"桥"的人，最容易发现甲地之有与乙地之无，并居间操控"搬有运无"，商业机

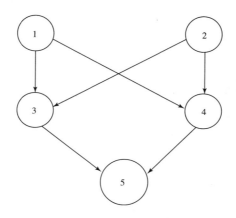

图 31　结构同型

会就是如此获得的。所以建立关系要尽量广布，并跨越结构鸿沟，关系的重复（redundant）是一种浪费。他认为有两种浪费，一种叫做密度的浪费（density redundancy），如果行动者总是在几个人组成的小圈子之内活动，建立的关系之间也互相认识，行动者的信息范围圈就变得非常小，这可以由小团体分析看出新建的关系是否总陷在小团体之中。还有一种是结构同型性的浪费（structural equivalent redundancy），就是行动者已经认识了上图中的 3，发现 3 背后有 1 和 2 两个人是朋友，后来又认识了 4，又发现 4 背后也是 1 和 2 两个朋友——3 和 4 基本上认识的是一模一样的一些人，所以他们所知道的信息并没有不同。重复认识这两人，即使他们不属于同一个小团体，也不互相认识，但信息却完全相同，所以这是一种浪费。

　　如果按照这个定义下去找，任何社会网中几乎都找不到会完完全全结构同型的节点。所以我们以两种方式计算结构同型，一种是阿基米德距离（Euclidean distance），一种是以相关系数（correlation coefficient）为基础的 Concor 法。

　　如果节点 i 与 j 是结构同型性的，根据定义，$x_{ik} - x_{jk}$ 及 $x_{ki} - x_{kj}$ 应该都是 0，亦即 i 指向 k，j 指向 k，那么它们俩就都是 1，相减会是 0；如果 i 没指向 k，j 也没指向 k，那么它们俩就都是 0，相减还是 0，反之一个是 1，一个是 0，相减会得到 1 或 -1。倒过来，如果 k 指向 i，而同时 k 也指向 j，那也是 1 减 1 就是 0。如果说 k 不会指向 i，那 k 也不会指向 j，那就是 0 减 0 也是 0，否则就是 1 或 -1。节点 i 与 j 间对所有其他节点 k 的关系差额的加总就是阿基米德距离，其公式如下：

$$d_{ij} = \sqrt{\sum_{k=1}^{g} \left[(x_{ik} - x_{jk})^2 + (x_{ki} - x_{kj})^2 \right]} \quad for\ i \neq k, j \neq k$$

换句话说，越是结构同型，i 和 j 对所有其他节点 k 的关系相减二次方再加总就会愈接近于 0，而此一距离最大的数值会是 $\sqrt{2\ (g-2)}$，所以 d_{ij} 介于 0 与 $\sqrt{2\ (g-2)}$ 之间。

相应的，r 种关系下的 d_{ij} 公式是：

$$d_{ij} = \sqrt{\sum_{r=1}^{R} \sum_{k=1}^{g} \left[(x_{ikr} - x_{jkr})^2 + (x_{kir} - x_{kjr})^2 \right]} \quad for\ i \neq k, j \neq k$$

此一距离的最大值是 $\sqrt{2R\ (g-2)}$。

这个算法算出的结果可以得到一个阿基米德距离矩阵，代号 D，D = $\{d_{ij}\}$。下面我们仍以 PSC07 的社会网为范例，用 UCINET 算 i 到 j 的阿基米德距离有多长。在"Network"中选"Role & Positions"，然后选"Structural"再选"Profile"。

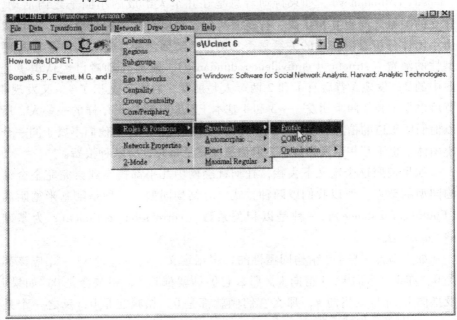

然后在对话窗口中输入 PSC07 的文件名，并在运算法中选"Euclidean Distance"，最后在绘图对话框中选"Dendrogram"，将来得到的柱状图可用来作结构职位分类之用。

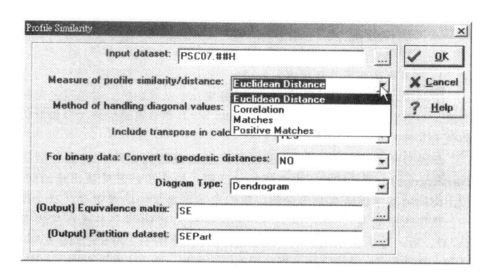

UCINET 会算出 15 个节点之间的阿基米德距离，也就是 PSC07 的阿基米德距离矩阵，如下图。我们可以算出 1 到 2 之间的阿基米德距离就是 2.236，1 到 3 之间是 2.236，1 到 4 之间是 2.828……这个表可以说明哪两个节点在结构同型性中是最接近的，数值越小就表明它们的结构越同型，这两个人就越扮演类似的角色。

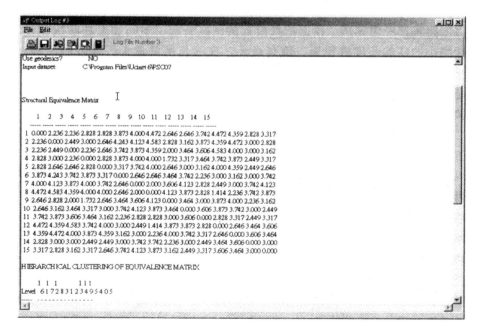

二 职位分析

1. 阿基米德距离与柱状图

下一步，我们介绍如何把这些节点分成几个结构职位，这里讨论两种方法，一是上面所介绍的阿基米德距离法，一是做节点间的相关分析并以相关为基础的 Concor 法。

职位分析首先要把上面算出来的阿基米德距离矩阵转换成柱状图（dendrogram），再从柱状图去判断如何分群。柱状图是怎样画出来的呢？以上面的阿基米德距离矩阵为例，我们先找距离最小的是哪些。在这个图中，最小的距离是 1.414，8 与 12 是最结构同型的两个节点，其次是 1.732，为 4 与 9 之间的距离，再其次是 2.0，存在于 7 与 8 之间，9 与 3 之间，再来次小的是 2.236，存在于 1 与 2 之间，所以 1 和 2 分在了一起；2.236 也存在于 1 和 3 之间，8 与 13 之间，9 与 14 之间，4 与 3 之间，以及 6 与 11 之间，这几组也都两两放在一起，其中 1、2、3 成为一组。再来找下一个距离最小的，2 与 3 距离是 2.449；另外一些 2.449 的，14 跟 4 之间，14 与 5，14 与 11，还有 15 与 10 以及 7 与 12。所以 8、13、7 与 12 成为最近的几个，15 与 10 也成为一组，而围绕在 3 周边，4、1、9、2 成为最近的几个。再下来，2 跟 7 是 2.646……依此类推，直到所有的节点间距离都考虑完毕，我们把最接近的画在一起，中间加上柱状线相连，距离小的柱的长度就很短，距离愈大，柱的长度就愈大，最近的两两连完，再把较近的第三、第四节点连上，然后不同的组间也把较近的画在一起，连上，依此类推，直到所有的节点画入图中，下面就是 UCINET 直接画出来的柱状图（见图 32）。

从上面的柱状图以及两两节点间的距离加以判断，我把这 15 人分成五个结构职位，其中 1、2、4、9 与 3 是一个职位，5、14 可以分成一组，7、8、12、13 成为一组，另外还有两个较偏远的职位，6 与 11 结构同型性不算高。同样的，10 与 15 距离也不近，但它们与别的节点更远，共同特色都是社会网中的边缘人，分成另外两类结构职位。这是用柱状图的分法。用柱状图的最大好处是有比较高的任意性，可以自我判断出几个职位。下面要介绍的 Concor 法，好处是用 UCINET 算都得到一模一样的分类，不用自我判断，但只能分成两个、四个、八个、十六个职位，分完后没有任何的任意性；柱状图则可以按照自己的判断调整，分成三个职位也可以，分成六个职位也可以，可以进行不同数量结构职位的划分。

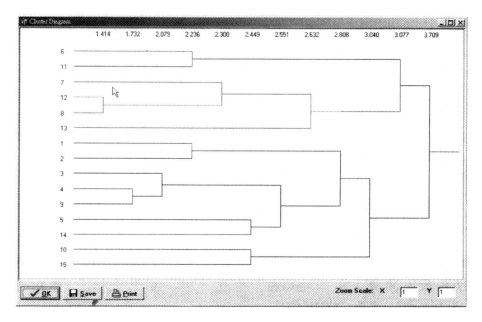

图 32 柱状图

2. Concor 法

Concor 法是以相关为基础发展出来的方法，两个节点之间的相关系数，其公式如下：

$$r_{ij} = \frac{\sum (x_{ki} - \bar{x}_{\cdot i})(x_{kj} - \bar{x}_{\cdot j}) + \sum (x_{ik} - \bar{x}_{i\cdot})(x_{jk} - \bar{x}_{j\cdot})}{\sqrt{\sum (x_{ki} - \bar{x}_{\cdot i})^2 + \sum (x_{ik} - \bar{x}_{i\cdot})^2} \cdot \sqrt{\sum (x_{kj} - \bar{x}_{\cdot j})^2 + \sum (x_{jk} - \bar{x}_{j\cdot})^2}}$$

$for \quad i \neq k, j \neq k$

其中 $\bar{x}_{\cdot j}$，就是所有指向 i 的平均数，$x_{ki} - \bar{x}_{\cdot i}$ 就表示节点 k 指向 i 的关系（值为 0 或 1），减去指向 i 的关系的平均数。譬如一个社会网中有 9 个节点，有 3 个人指向 i，平均数就是 3/8，如果 k 有指向 i，$x_{ki} - \bar{x}_{\cdot i}$ 就是（1 - 3/8）；如果 k 没指向 i，就是（0 - 3/8）。$\bar{x}_{\cdot j}$ 就是多少人指向 j，比如说这 8 个人中间有 4 个人指向 j，$\bar{x}_{\cdot j}$ 就是 4/8，k 有指向 j，$x_{ki} - \bar{x}_{\cdot j}$ 就是（1 - 1/2）；k 没有指向它就是（0 - 1/2）。它们两个相乘，如果是两正或两负，乘积就是正的，如果是一正一负，那就是负的，也就是如果 k 有指向 i，但是 k 没有指向 j，那么这个乘项得到的就是负值；如果 k 同时指向了 i 和 j，或者 k 同时没有指向 i 和 j，两个相乘结果是正值。分子的第二项也是相同的方法，只是 i 的内向关系改为外向关系，$\bar{x}_{i\cdot}$ 就是所有 i 外向关系的平均数，$x_{ik} - \bar{x}_{i\cdot}$ 就表示节点 i 指向 k 的关系（值为 0 或 1），减去 i 外向关系的平均数。同样的，如果 k 同时被 i 和 j 指向，或者 k 同时没被 i 和 j 指向，两个相乘结果是正值，否则是负值。

分母则是 i 的内向关系变异数（不过未除以资料个数）开根号乘以 j 的外向关系变异数开根号。这是两变量间皮尔森相关系数（Pearson correlation）的标准计算方法。如果有 R 种关系则公式成为：

$$r_{ij} = \frac{\sum_{r=1}^{2R} \sum_{k=1}^{g} (x_{ikr} - \bar{x}_{i\cdot})(x_{jkr} - \bar{x}_{j\cdot})}{\sqrt{\sum_{r=1}^{2R} \sum_{k=1}^{g} (x_{ikr} - \bar{x}_{i\cdot})^2} \cdot \sqrt{\sum_{r=1}^{2R} \sum_{k=1}^{g} (x_{jkr} - \bar{x}_{j\cdot})^2}} \quad for \; i \neq k, j \neq k$$

与阿基米德距离一样，相关系数也可以视为两个节点结构同型性的一项指标。下面我们仍以 PSC07 的社会网为范例，用 UCINET 算 i 和 j 的相关系数有多高。在"Network"中选"Role & Positions"，然后选"Structural"，再选"CONCOR"。

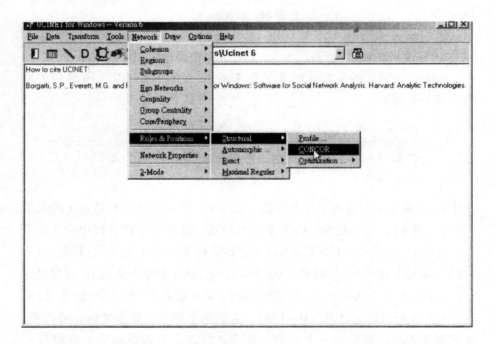

然后在对话窗口中输入 PSC07 的文件名，并回答最多切割两次（下面将做解释，两次就是切出四个类别）。

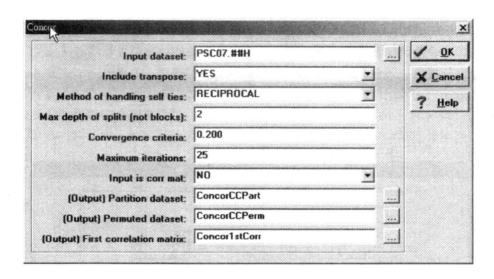

UCINET 会算出以下的相关系数矩阵。

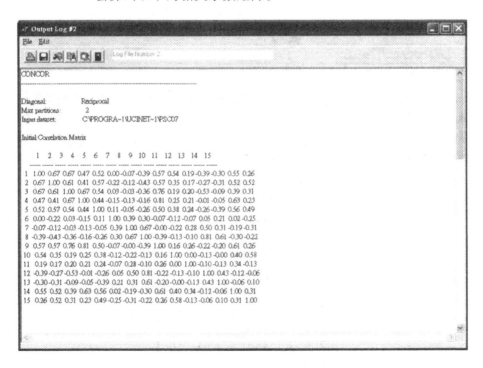

如果把此一相关矩阵转换成柱状图，可以得到如下的图（Concor 程序中只提供树状图，所以要画柱状图需要回到 Profile 程序中），和用距离算

出来的大同小异，唯一不同的是 6 和 11 不再归为一类，6 归入 7、8、12、13 这一组，11 则单独成为一组。

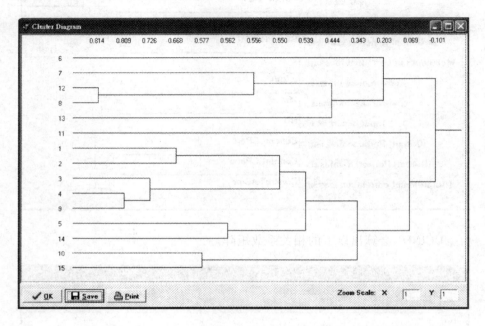

Concor 的计算法就是以上面获得的相关矩阵为基础，相同的相关算法再算一次行和列之间的相关，得到第二个相关矩阵，然后如此反复计算，不断算下一个相关系数就会收敛，一直算到所有的相关系数不是 1 就是 −1。假设一个五个节点的社会网，Concor 计算的结果会如下表，我们把 −1 的全部移到这边，得到 1、3、4 是一群，2 和 5 是一群。

$$
\begin{array}{c|ccccc}
 & 1 & 3 & 4 & 2 & 5 \\
\hline
1 & -1 & -1 & -1 & 1 & 1 \\
3 & -1 & -1 & -1 & 1 & 1 \\
4 & -1 & -1 & -1 & 1 & 1 \\
2 & 1 & 1 & 1 & -1 & -1 \\
5 & 1 & 1 & 1 & -1 & -1 \\
\end{array}
$$

　　Concor 一次分群可以把一个社会网分成两群。两次就是四群，所以用 Concor 分群总是两群或四群或八群或十六群，除非某一群中无法分了，此一群不再一分为二，而保持为一群。如上面的对话窗口所示，我要求切割两次，所以会分出四群，Concor 只提供树状图，得到的结果如下，分成的四个结构职位分别是 {1，2，10，5，15}、{4，9，14，3，11}、{6，7} 以及 {12，13，8}，分出来的结果与用柱状图自行判断的结果十分不同。

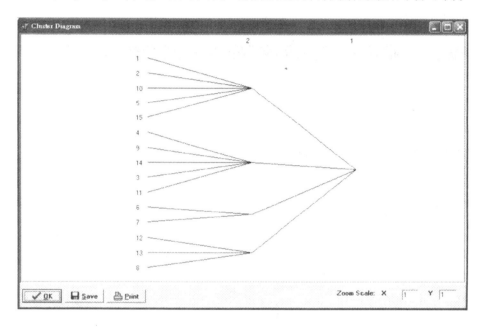

三　区块模型

　　一群人与一群人的关系矩阵，我们称之为区块模型（block model）。柱状图和 Concor 都是分群的方式，每一个群体分出来我们称为一个职位。区块模型就是职位所组成的矩阵，其定义如下：

　　　　一个区块模型就是将图形 N 中的行动者分成 β 个职位，β_1，β_2，⋯ β_β，而且存在映射函数 Φ，如果 i 在职位 β_K 中，则 $\Phi(i) = \beta_K$。

　　区块模型是一个矩阵，这个矩阵不是行动者的，而是职位的矩阵。以上面 Concor 计算出来的结果为例，第一个职位是 $\{1，2，10，5，15\}$，第二个职位是 $\{4，9，14，3，11\}$，第三个职位是 $\{6，7\}$，第四个职位是 $\{12，13，8\}$。区块模型即变成了一个 4 × 4 的矩阵。

　　行动者属于哪个职位就需要映射（mapping）到它相对应的职位上。所以 2 这个行动者就会被映射到第一个职位，行动者 4 就会被映射到第二个职位……PSC07 社会网经过映射后会得到下面的区块矩阵（blocked matrix）。

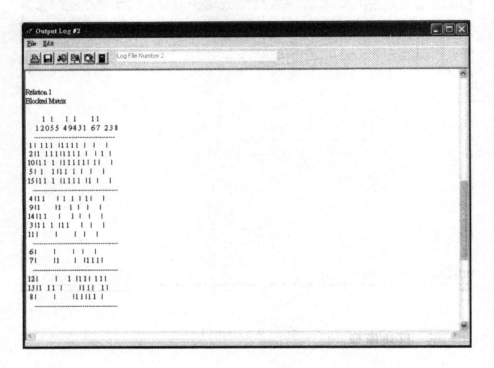

　　职位与职位之间的关系如何算出呢，这有赖于密度表，我们先给一个定义。

　　　密度表是一个矩阵，其中行与列是职位而非个人，行列值则是行中职位内的行动者到列中职位内的行动者的关系密度。

　　密度表中要列出两种不同的密度，一是职位内部的密度，一是职位之间的密度，k 职位之内的密度公式是：

$$\frac{\sum_{i=1}^{g} \sum_{j=1}^{g-1} x_{ij} + \sum_{i=1}^{g} \sum_{j=1}^{g-1} x_{ji}}{g(g-1)} \qquad for\ all\ i \neq j\ and\ i,j \in \beta_k$$

其中 g 是 β_k 中的节点数。β_k 职位与 β_l 职位之间的密度公式则是：

$$\frac{\sum_{i=1}^{g_k} \sum_{j=1}^{g_l} x_{ij} + \sum_{i=1}^{g_k} \sum_{j=1}^{g_l} x_{ji}}{g_k g_l} \qquad for\ all\ i \in \beta_k\ and\ j \in \beta_l$$

其中，g_k 与 g_l 分别是 β_k 职位与 β_l 职位的节点数。以上述的区块矩阵我们可以换算出下面的密度表：

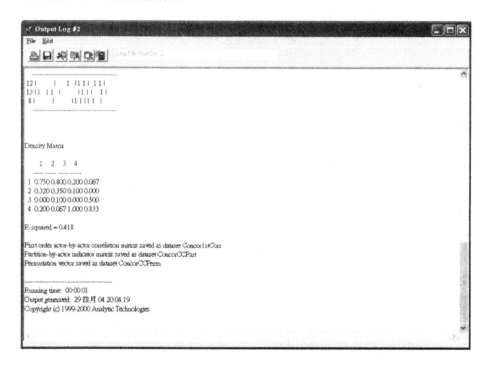

只是密度表内的数字都是介于 0 与 1 之间的数字，很少是 0 也很少是 1，职位与职位之间算是有关系，还是没关系呢？判断的标准有几个原则。第一个原则是完美符合原则（perfect fit）。区块模型中有 k、l 两个职位与 r 种关系，完美符合原则公式：

$$b_{klr} = \begin{cases} 0\ if\ x_{ijr} = 0, for\ all\ i \in \beta_k, j \in \beta_l \\ 1\ if\ x_{ijr} = 1, for\ all\ i \in \beta_k, j \in \beta_l。 \end{cases}$$

就是第 k 个职位和第 l 个职位在第 r 种关系中得到的数值。如果所有在 k 职位中间的 i 和在 l 职位中间的 j，它们之间关系都是 0，职位间的关系就是 0；所有共同的关系都是 1，职位之间的关系就是 1。由于要求完美符合，所以此一原则从来无法使用，因为不同职位内的行动者之间不会全部是 0 或者全部是 1，所以大多数的关系都不能被决定。比如说 3 个人分在了护士群，5 个人分在了医生群，结果呢，只有这 3 个人全部都报告给那 5 个人，于是才能得到 1；或者这 3 个人全部都不报告给那 5 个人，于是才能得到 0。如果 3 个护士之中有两个护士对 3 个医生报告，另外 1 个护士不做报告，职位间关系就无法决定。

第二个原则就是零区块原则（zero block）：

$$b_{klr} = \begin{cases} 0 \; if \; x_{ijr} = 0, for \; all \; i \in \beta_k, j \in \beta_l \\ 1 \; otherwise \end{cases}$$

这原则很容易就得到 1。3 个护士中间只要有 1 个人对这 5 个医生中间的一个人报告，它就会变成 1，其他的都是 0。除非这两组中间是完完全全没有关系存在才是 0。

还有一个叫做一区块原则（one block），刚好倒过来：

$$b_{klr} = \begin{cases} 1 \; if \; x_{ijr} = 1, for \; all \; i \in \beta_k, j \in \beta_l \\ 0 \; otherwise \end{cases}$$

这是一个非常严格的定义，就是要求所有的人必须要报告给另外一个职位的所有的人，否则就是 0。就是这 3 个护士每一个人都要报告给 5 个医生中的每一个人，才是 1，否则就是 0。这是一个非常严格的定义，是在非常特殊的状态下使用。要看你的研究目的，譬如说角色间的情感强连带，尤其是研究因为这个情感强连带造成一个紧密的政治同盟，所以两群人要求非常高度的情感连带，这种情况下可以使用非常严格的定义。

大多数我们最经常使用的一个定义叫做 α 符合原则（α density criterion）。它的公式是：

$$b_{klr} = \begin{cases} 0 \; if \; \Delta_{ijr} < \alpha \\ 1 \; if \; \Delta_{ijr} \geq \alpha \end{cases}$$

给一个 α 值，密度表中职位密度高于 α 值以上的我们就称它为 1，低于 α 值以下的就是 0。当然这多多少少也有一定的任意性，最常见的标准就是 α＝0.5，密度高于 0.5 的就给 1，低于 0.5 的就给 0。以上面的密度表，套用 α 符合原则，设定 α = 0.5，最终可以得到以下的矩阵，我们称之为印象矩阵（image matrix）。

	职位 1	职位 2	职位 3	职位 4
职位 1	1	1	0	0
职位 2	0	0	0	0
职位 3	0	0	0	1
职位 4	0	0	1	1

此一印象矩阵可以绘成精简图形（reduced graph），图形如下，其中职位一内部自我互传情报，同时提供情报给职位二，职位四的人也互传情报，同时提供情报给职位三，而职位三也会反馈情报给职位四。

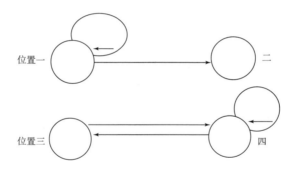

图 33　印象矩阵精简图形

　　总结建立区块模型的流程，第一步是计算一个社会网内的结构同型性，可以用阿基米德距离或相关系数当作结构同型的指标。第二步是用柱状图自行判断把所有的节点分成几种结构职位，并为每一个职位命名，代表该职位所占据的角色，也可以用 Concor 法由 UCINET 自动做出职位分类。最后一个步骤是把所有节点映射到相应的职位中去，形成区块矩阵，然后分别计算职位内以及职位间的关系密度，成为密度表，最后选择一项判定标准，将密度表中的密度判定成 0，无关系，还是 1，有关系，形成印象矩阵与精简图形。这时一个社会网中所有人的角色便被分类，且定义清楚，并让我们找到角色与角色之间的关系。

　　静态社会网分析的介绍到此为止，本书只是把最主要的分析方法做了介绍，还有许多议题无法一一齐备，比如符号图形（signed graph）、数值图形的分析，又比如对角关系以及三角关系的分析都已有长足发展，本书不及一一探讨，另外在中心性、小团体以及角色分析中还有一些用得较少的特殊运算方式，本书为顾及初学者以此书为入门读物，也不详加介绍。想要更完备地了解社会网分析的代数运算方式者可以参考《社会网分析：方法与应用》（*Social Network Analysis*：*Methods and Applications*；Wasserman, Stanley and Katherine Faust, 1994）。

　　当然，有志于从事社会网研究的学者最好能有线性代数的数学背景，另外，还有一本与本书深度较接近，却提供了其他不同视角与内容的书，值得参考（*Social Network Analysis*：*a Handbook*；Scott, John, 1991）。

参考文献

Burt, Ronald. 1992. *Structural Holes*：*the Social Structure of Competition*. Cambridge, Harvard University Press.

Scott, John. 1991. *Social Network Analysis*：*a Handbook*. London, Sage Publications Ltd.

Wasserman, Stanley and Katherine Faust. 1994. *Social Network Analysis*：*Methods and Applications*. Cambridge, Cambridge University Press.

第十一章　网络动态学

一　网络动态学的最新进展——小世界仿真模型

河流分布的流域与河系的"长相"是怎样的？传染病传染的速度有多快，范围有多大？因特网是否塞车，是否容易遭到黑客攻击？为什么富人愈富，穷人愈穷？为什么有的城市发生暴动，而人口结构十分相像的另一个城市却不会发生暴动？有的蛋白质分子若细胞的新陈代谢被破坏就会失败，有的则毫无影响，这是些什么样的分子？同样的一个生态系统中，哪些物种是关键性的，一旦移除整个生态系统就会瓦解；而哪些物种只是边缘性的？商业世界中，哪些产品能引爆流行趋势，哪些又只是昙花一现即趋于寂寞？如何做口碑营销可以成功，如何做又会失败？

这一连串的问题涉及地理学、传染病学、资讯工程学、社会学、社会心理学乃至于生化学、生态学和管理学，它们之间有什么相关，为什么我把它们放在一起讨论？答案是它们都是一个网络系统，而且都有相同的网络结构，在学术上的术语是"小世界网络"（small world network），而且这些各形各类的研究已经形成一个新的学科，叫做网络学，华兹与史楚盖兹则称之为"网络动态学"（Dynamics on Network；Watts and Strogatz, 1998）。

什么是网络动态学？前面几章中我们学过了整体网络的概念以及计算网络结构的方法，在第四章的研究范例里，我们看到一个人的某种关系如何影响其他关系的形成，以及一个人的社会网结构位置如何影响他建立关系；第五章的范例则显示了一个人的关系如何影响他的行为，个人的效用函数是如何在结构中被决定的；而第七章的研究范例则展现了一个群体的结构形态如何影响群体的集体行为。但是这些静态社会网的研究却不曾回答：网络结构是如何形成的？个人行为如何变成集体行为，集体行为又如何改变社会网的结构？集体行为会改变网络结构，网络结构又会决定集体行为的结果，这是一个动态互动的过程，绝非静态网络分析所能研究。所以网络动态学就进入了我们的研究日程，并于 21 世纪初期在不同领域开花结果，成为一时显学。

现在就让我们再回到"小世界网络"的问题。在第一章第三节我们介绍格兰诺维特的弱连带与求职行为时，曾提到 20 世纪 60 年代曾有的一系列小世界的心理学实验，一位极有创新精神的心理学者米尔格拉姆做了一系列的实验来测试人际关系在信息扩散上的效果（Milgram，1967；Korte and Milgram，1970）。他要求一群实验者把一封信传给一位完全不认识的人，实验者可以找任何一位他认为会认识这个终点的朋友把信转出去，如此这般，他们把一封信透过自己的社会网传出去，收到的人会被要求以自己的关系再传出去，依次传递，直到给这个指定的不认识的人。结果十分令人吃惊，当然有一些传递是失败的，中途而废，但成功的传递者往往不超过转手六次就传到终点，这就得到了著名的"六度连结的小世界"理论——世界是很小的，拉六次关系就可以"间接认识"全美国的每一个人，所以中国人说的"八竿子打不着"的关系就真的是十分疏远了。

有一次指定者是一个黑人，结果传递过程中，从白人团体手上传入黑人团体的"桥"，往往被传递双方圈为"认识的人"（acquaintance），而不是"朋友"（friend）。另外有一个实验让学生指名他们的朋友，并对交情的亲疏远近给予评等，然后按指名去绘出学生的社会网，结果强连带（评等第一、第二名者）往往形成小圈圈，弱连带（评等倒数第一、第二名者）却会连出一张大网络。

格兰诺维特诠释这些实验结果（Granovetter，1973），认为强连带需要较多的时间加以维系（强连带之所以强，就是因为互动较多），对社交时间产生排挤效果，使一个人的社会网较小，会产生信息通路上的重叠浪费，所以一群好朋友间，信息常常会转来转去好久，转不出那个小圈圈。同时也说明了"桥"往往是弱连带。若一个人拥有很多弱连带，尤其是拥有"桥"，那么他在信息获取上会有极大的优势，在信息传递上也常常居于关键地位。弱连带与桥正好说明了"小世界网络"的结构特征。

米尔格拉姆的创见与格兰诺维特的洞见并没有获得进一步的发展，直到 25 年后，因为计算机威力大增，可以仿真复杂模型（complex model），也因为一群物理学家闯入社会学的领域，这一研究从而获得长足进步。华兹与史楚盖兹这两位物理学家（华兹如今已被哥伦比亚大学社会学系网罗，让人不得不佩服美国社会学系的心胸宽阔与视野多元）原本研究晚上青蛙叫到最后为什么会变成和声，萤火虫最后会一起发光，在苦思不得其解之后，华兹忽然一改方向想起米尔格拉姆的实验，结果他们的研究发现青蛙叫声的互动网络与人际互动网络十分相像，都是米尔格拉姆所谓的"六度连结的小世界"，他们把成果发表在最有地位的科学期刊《自然》（Watts and Strogatz，1998）以及《美国社会学杂志》上（Watts，1999），终于引爆了动态网络仿真研究的浪潮。

何谓小世界网络的结构？我们要先介绍两个类型的网络，一个是有序网络，一个是随机网络。前者是依照特殊目的建立起来的网络，比如依照功能而把不同节点连在一起，或依照地理相近而连结在一起。图 34 就是一个近邻相连的网络，每一个人只和自己最接近的四个人相连。这种网络正是我们生活中大多数社会网的特质，大多数人都是和自己社会经济背景相近或地理社区相近的人连结，或为了执行特别功能而与别人组织在一起。这种网络在大范围内，如一个都会、一个国家或全世界就会有一个特性，即密度很低（华兹与史楚盖兹用的术语是群聚度，degree of clustering），分隔度（平均每任意两个节点要几步才能达到）则很高。以图 34 为例，这是一个有序网络，每个节点都只能达到相邻的两步远，如果是 50 人的社会网，一个人最远要 12 步——也就是这个人的自我中心距离——才能达到对角的节点。

随机网络则是图形理论数学家最喜欢在计算机中仿真的图形，它假设任两个节点的相连都是随机的，没有任何功能结合的目的，也没有地理相近性或社会经济背景相似性的个人选择，完全无序地在一群节点间拉上线。图形理论学者常以此图形为基础看投入（input）在这种网络中会得到什么样的产出（throughput），再在无序的网络中加入一定的秩序，再看看产出会有什么不同。很多网络的仿真实验都是以这样的方法做的。在现实的社会网中很难找到相似的网络，比较类似的关系是婚友社或俱乐部，它让一群完全陌生的人相互认识，大家任意找朋友（其实这种情境下还是有可能物以类聚，人以群分，相同社会经济背景的人聚在一块）。可以想

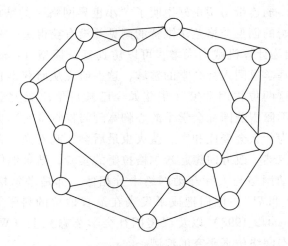

图 34　每人可达两步之遥的有序网络

象，这样的图形会乱为一团糟。

　　华兹与史楚盖兹在仿真实验中以有序网络为基础，任意在一些节点间随机加上几条线，就发觉网络的密度仍然很低，但是分隔度却一下子降了好几倍，节点与节点间的平均距离变得短了许多，就好比在上面有序网络中，我们在一些远方的点间拉上几条线，成为图 35 的所示图形，这就成了小世界网络的原型。如果以全美国的人为节点画成图形，每两个人之间的平均分隔度也不过是六。

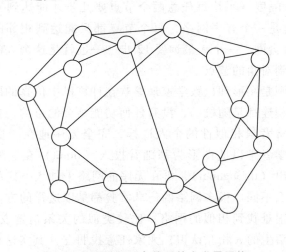

图 35　加上随机两条线后的小世界网络

　　最让人感到好奇的是，从自然到人文的世界中，小到细胞的化学作用中蛋白质分子的化学反应链网络、生物的神经网络、生态系统中的食物链网络以至于长江的河流网络，竟然都和社会网一般有着小世界网络的结构，而且因为相同的结构而产生了不可思议的相似结果。如果我们以空照图去看每一条河的形状，都可以看到完全不同的树枝分叉状的图形，由东往西，由南往北，方向不同，宽窄不同，分支数量不同，流域大小不同。但每一条河流却有一个共同点，就是分支河流中流域面积每降一倍，差不多流域面积的分支数量会成长 2.7 倍，比如一条河主干的流域面积是 100 万平方公里，其分支河流中流域面积 50 万平方公里的支流就有 2.7 条，25 万平方公里的支流或支流的支流就有 7.29 条……依此类推，从密西西比河到尼罗河到长江，皆是如此，我们称这样的规律是幂次律。相同的幂次律也呈现在社会的财富分配上，不管富裕如瑞士还是贫穷如埃塞俄比亚，财富减少一倍，则人数会多数倍，所以基层最穷的人总是最多。比如在日本这个倍数是四，也就是假设有 100 万美金财富的人有 100 万人，则有 50 万的就有 400 万人，25 万是 1600 万人……而日本还是世界基尼指数（Gini Index，就是最富有的 1/4 人口的财富除以最穷的 1/4 人口的财富）最低的发达国家，其他国家的贫富不均就更严重了。而因特网也适用幂次律，连结最多的网站如雅虎及 Google 总是少数，但连结数少一倍的网站数却数倍于一线网站，再少一倍连结的又是相同倍数于二线网站，依此类推。而这些网络——包括河流系统网、社会网以及因特网都有相同的网络结构，就是小世界网络。

　　这些跨领域的发现暗示了一项假设，即结构决定了这一切，人的行为模式、理性的抉择、政府的政策都变成了次要的影响因素。换言之，富者愈富、贫者愈贫的根本原因是人际交往的结构因素，要想使贫富平均，最好的方法是使人交往的方式不同，再多的政府政策如财税政策与福利政策其实只能延缓分配不均的趋势，却很难对症下药逆转此一趋势。社会网的结构因素的重要性可想而知，而过去社会科学中却往往预设了孤立的个人（Granovetter，1985）。少了结构因素这一块，社会科学的解释能力将大打折扣。只是至今我们对结构仍然了解甚少，结构如何影响个人行为与集体行为在静态社会网分析中已初见成果，但结构如何形成，结构与行为的互动过程、互相改变过程，我们却知之甚少。

　　固然有时个人行为变量在结构面前只居次要地位，但个体行为却可能透过结构而改变集体行为的结果，也就是说，行为，尤其是社会的一些共同的行为模式，是改变社会网结构的主因。谢林曾经做了一个有趣的仿真实验，他在围棋盘上随机撒上黑子白子，假设每个人（黑子是黑人，白子是白人）都有一种倾向，即自己身旁的人中相同肤色的人少于 30% 时，就会倾向搬离，找到相似的人的社区中去定居（这个假设十分合理，因为我们大多数的人都不喜欢住在异族的社区之中，尤其是语言不同或肤色不同的异族中）。一阵搬家之后，谢林惊异地发现：黑子白子不会平均地分布在盘面（这时每个人身边各有 50% 左右的黑人与白人，他不会感到疏离而倾向搬家），而是变成两大阵营，分在两边。这个实验说明了人们自然的倾向，不涉及种族政策或歧视问题，社会自然而然就在分化隔离，甚至相互对立，人性自然的选择造成了种族隔离的结构。

相同的，人们会倾向于与有权有势的人拉上关系，于是不惜贡献资源以建立并维持这些连带，结果有资源的人自然变成大家争相连结的对象，他们因此就聚集了更多的资源，而边缘的人则相对被剥削，造成富者愈富，穷者愈穷的现象。因特网中也是所有网站都要连上雅虎这样的入口网站，所以热门网站的热链接（hyperlink）就特别多。在因特网中有一个术语，称这种热链接的中心为集结点（hub）。这种有集结点的网络又被网络学者称为贵族式小世界网络。其结构就是连结各社群的桥大量集中向一个节点，所以这个称作集结点的节点就成了桥中之桥。很不幸，社会网也是这种贵族式小世界网络，不管是人际资源交换网络还是性关系网络都是这种结构，所以资源会向集结点集中。结构的形态就决定了富者愈富的社会本质，而造成这种结构的原因却是人人都想致富，而倾向于连结富人（或有权的人），使富人成了社会网的集结点。所以要想改善这种贫富不均，要不然靠宗教、社会教化或教育的力量改变人的这种行为倾向，要不然靠政策有效使集结点的资源减少，或创造更多元的集结点，使之成为资源较平均的多中心网络，避免集结点过分集中在少数几点上。

结构的重要性逐渐得到科学界的重视，所以如何从结构的角度去思考公司的策略、国家的政策以及网络工程的布建等议题，变得十分迫切。比如计算机工程专家就在思考如何建构较安全的因特网结构，他们发现如果是随机网络结构，当整个因特网受到病毒的随机攻击时，很容易就断裂成许多不再连结的组件，而整个网络会因此瘫痪；如果是贵族式小世界网络的结构，则耐得住随机攻击，一直保持良好运作，只是遭到有目的的对集结点进行攻击时，集结点一旦被破坏，整个网络很快就瘫痪，所以分散的集结点以及集结点有备份服务器对网络安全十分重要。

　　同样的结构研究也被用在传染病的传播以及流行品的营销策略上，比如传染病学者就发现，艾滋病在肆虐全球之前早已存在于非洲大地的一些社群之中，只是这些社群都是有序网络，所以艾滋病传播不开，甚至病毒的衰败速度高于传播速度，在一些地方爆发后又会归于沉寂。直到一条"桥"将之带到西方世界，而欧美社会的性社会网又是贵族式小世界结构，当病毒传给性社会网中的集结点时，终于引爆狂潮而成为 20 世纪末的"黑死病"。

　　流行品的营销研究也指出，流行品的销售业绩会呈"S"曲线，在过了一个"引爆点"（critical point，人际传播理论中称之为关键多数：critical mass）后，业绩就会直线上扬，而引爆趋势的一定是几个社会网中的集结点，人际传播理论称之为意见领袖（opinion leader）。一旦意见领袖采用了某一产品，而且在他的人际社会网中传布口碑，口碑营销的效果就是引爆趋势的关键。谁是社会网中的集结点？某类产品的意见领袖又是谁？这些正是口碑营销学者关心的结构性议题。

　　在方法上，我们前面所叙述的实证研究方法都是用理论分析不同变量的因果机制，建立因果模型，再收集变量的资料，以统计方法检证因果是否存在。而网络动态学在模型建立上以及实证过程上则有所不同，在理论模型的建立上，它不再需要做因果分析，而只要把人的行为模式以及人与人的互动流程描述出来即可（更接近于我们在定性研究中说故事的方法，所以这种模型也被称作描述性模型）。在实证过程上，它也不需要衡量所有的自变量与因变量，再以统计方法找出它们之间的回归系数，而是用计算机仿真的方式把理论描述的互动流程仿真出来，产出（generate）一组仿真数据，再以真实的因变量资料加以比对，看看在统计上拟合度（goodness of fit）好不好，拟合度高，就表示理论模型的描述接近真实的社会过程，如果拟合度不高，则表示理论有缺陷，需要更改。

　　下面我就以本人和张复合写的一篇发表在《数理社会学杂志》（*Journal of Mathematical Sociology*）的文章为基础加以改写，以展示网络动态学如何建构理论以及计算机仿真模型如何做实证的方法。

二　研究范例——系统崩解：集体现象的分配模型

　　系统崩解的现象通常发生在具有网络结构的系统中。一个系统的资源能以两种不同的模式被利用：有效率或无效率。当无效率模式的行动对其他使用者不构成危害时，意即若他们不使用则资源将被闲置，则他们便完全没有浪费系统资源。但是对系统资源的无效率使用达到临界水平时（critical level），系统效能将因为无效率因子的乘数效果而遭减。此种集体无效率导致每个人的状况平均来说都更加恶化。这些系统崩解现象背后的共同论题，为市场或科层之间的抉择问题提供了新的阐释。换言之，当所有公司都在交易系统中竞逐他们自身的利益时，有时会导致集体性的无效率，他们将转向其他的方式来执行交易。

1. 引言

什么是系统崩解现象？以电话系统为例，直接连结一通电话是资源利用的最有效率的方式。然而，对一个电话使用者而言，直接连结可能不是唯一的方式，尤其是直接路径线路繁忙时。通常，电话系统容许一通电话经由当时可得的间接路径来接通。举例来说，如果从上海到北京的直接路径处于忙线中，一通从上海打到北京的电话，可以选择从上海经由南京到北京的路径。就算此一间接接通的电话使用了双倍的系统资源，这个接线策略仍是对顾客服务最好的策略，因为这可使电话立即接通，而无需等待直接路径空出来。然而，当系统变得较为忙碌时，这一通间接路径的电话将"排挤"掉其他在此直接路径中的电话。例如，一通从南京打到北京的电话可能就得经由济南来接通，并且也使用了两条线的系统资源。当系统变得更为忙碌时，更多通电话将被迫经由间接路径接通，最后所谓的"系统崩解"就发生了，系统集体效率下降，也就是说一个比如能接通200万通电话的网络，现在只能容纳120万通电话，于是所有顾客都要等待，整体顾客服务反而变差了。网络资源的浪费一开始可能不会很显著，但是当系统崩解发生时，整体网络的效能将会遭减。这种集体的无效率导致每一通电话的服务状况平均来说都更为糟糕。

我们居住在资源共享的世界，然而并非每个人都能以相同的成本取得资源。地理距离就是一个因子，反映了一种资源（例如稻米）对哪些人而言有效率，对哪些人昂贵。我们可以将世界看成一个网络，而其构成的节点代表了生产物品的地方（起点）或物品被送往的地方（终点）。这个网络的连结，则代表着一地要从另一地获取资源的可能性（起点到终点）。上述的成本不对称现象（资源较有效率的方法对上资源较无效率的方法）因而可以如此表现之：直接路径（或一步路径，one-link path，一个只有一条线所构成的路径）代表取得资源最有效率的方式，间接路径（或两步路径，two-link path）则是较无效率的。

网络环境的一个特殊状况是一个直接路径可能与许多间接路径重叠。例如，在图 36 中，AB 之间的直接路径与 A 经 B 到 C 的间接路径重叠，也与 A 经 B 到 D 的路径重叠。

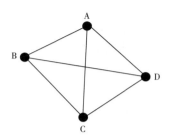

图 36 一个交通网范例

因此，在一个呈现网络结构的系统中，沟通渠道的资源也是由网络中所有可能的使用者分享。由此衍生出来的情况就更复杂了。举例来说，物品要从 A 地运到 C 地，最有效率的方式将是经由 A 与 C 之间的直接路径。然而，如果此路径已被完全占用，而 A–B 及 B–C 之间的路径却没有被占用，则此物品就应该透过经由 B 的间接路径来运送。

然而，只有在使用者对于系统的流量状况完全没有概念时，这种策略才是最佳化的。如果所有使用者都运用这个策略，却忽视其他人在做什么，则系统资源将不会有效率地被使用。

试想，一个系统如果突然涌入极大流量，堵塞了所有直接路径时，将会发生什么状况。所有无法用到自己直接路径的个别使用者，将竞相使用间接路径。我们假设在这种情况下，一个使用者若要将物品从 A 运到 C，而且很幸运地马上就找到一条 A–B–C 的间接路径，将其物品透过这个路径送出，但这个侵略性的使用者，将立刻挡住了任何可能会将物品从 A 运到 B，以及从 B 运到 C 的使用者。

对资源的无效率使用还没就此打住。这些无法通过自己直接路径的使用者，将进一步尝试确保其他间接路径的通行。每一个成功的尝试，都将进一步增加系统资源的浪费，因为每服务一个顾客，都耗费了不止一个单位，甚或两个单位的资源。这个连锁反应不断持续下去，导致系统资源的惊人浪费。

事实上，这种无效率使用系统资源的状况，在一篇名为《阶层与非阶层式找路工程网络的效能超载》的论文中也被提出过（Ankinpelu，

1984）。这篇论文指出，一个具备非阶层式找路的电话系统，一通电话可以透过直接抑或间接路径来接通。当一通电话来时，如果其直接路径被堵塞，这个网络可以使这通电话另由间接路径来接通。在此一仿真研究中，这个网络的总负载量被设定在接近满档的状态，所以只要稍微再加一些电话，网络就超载了。当达到这个状况时，仿真实验中就出现了系统崩解的现象。系统资源的浪费在一开始时并不显著，但是当达到临界规模时，电话网络的集体效能就遽减了。

这类的拥塞不只发生于电话的流通上，也发生在公路的交通状况中。当汽车想变换车道时，他们的行为也类似于透过间接路径接通电话：他们实际上同时占了两段路的资源，一是他们要驶离的路，一是要驶入的车道空间。在公路的交通状况中，系统效率的衰减较可能发生在两台车争抢同一个车道空间时。这种状况也很容易触发连锁反应：当一台车变换车道，引发其邻近车辆也这么做，而这邻近的车辆又再影响到其邻近车辆，依此类推，就是如此的变换车道行为降低了交通流动。一台车即使不变换车道，也必须与其邻车保持安全距离，以使车速可以保持在一定的水准之上。当安全距离被其他车辆侵占时，车子的速度只好降低以防意外发生。当一辆车慢下来，亦会使其后的车辆跟着慢下来。因此，如果车辆都沿着车道行驶，任何车辆减速都会降低其后车辆的速度。

这两个简单的例子说明了同一个主题。系统资源有两种不同的运用模式：有效率地运用或无效率地运用。在电话系统中，一通透过直接路径接通的电话是有效率地运用系统资源。当一通电话经由间接路径接通时，就占去了此路径作为其他两通电话直接路径的可能性，无效率地使用了系统资源。在公路系统中，当车辆变换车道并占据新的空间时，将使其他车辆无法维持正常速度，便是对系统资源的无效率使用。

讲到这里，我们并不是要说间接接通电话或车辆变换车道一定是该禁止的行为，尤其是这种行为往往使个人获得较高的效用（电话顾客可以获得立即服务，换车道者可以加速超车）。当这些行为不影响到别人时，意即他们若不使用则系统资源将被闲置时，则他们就不是在浪费系统资源。因此，系统使用者若要以最佳方式行动，就必须在有效率及无效率两种模式间动态地变换。如何在不抑制整体效能的状况下变换模式，正是这些系统显得难以管制的原因。

隐含在这些因素背后的理论，在社会现象中也很显著且引人深思。它们描绘了所有个体以无效率模式争取资源以竞逐最大利益时，尽管同样的行为在不同的情况下也许能带来好处，但却可能导致系统崩解的状况。如果我们将电话系统看做交易系统的一个特殊例子，那么针对前者所下的结论也能推论到后者。在动态找路（dynamic routing）引发的问题中，避免系统崩解的有效方式是改变系统资源的分配方式。下面我们会指出，这正是许多交易系统因应厂商对生产资源之激烈竞争，而不惜采取无效率的路径（比如堆积关键零组件的存货）时，仍能获得集体效率的方式。

2. 系统崩解的数学模型

已有人建构一些良好的分析工作，用以仿真并分析具备前述找路效能的电话系统（Markbukh，1981，1983；Mitra and Gibbens，1992；Mitra，Gibbens and Huang，1993）。这些分析涉及复杂的数理模型，且焦点多集中于高度技术性的主题。在这里，我们欲从较宽广的视野来思考这个问题。我们因此推导了一个模型，并相信此模型对于现象之社会面提出了较佳的洞察，同时也呈现出对系统资源的过度竞争，可能造成整个系统崩解的事实。

既然一个现象的社会面是我们关切的焦点，我们将以销售商与其供应者作为模型的基本要素。因此，我们假设一个交易系统中有 J 个销售商和 J 个上游制造商。每个销售商 F_j 都与一个制造商 S_j 有合作关系（F_j 与 S_j 可能属于同一层级系统，也可能 S_j 是 F_j 外包网络中的一个外包商），而 $j = 1，2，\cdots，J$。在我们的模型中，我们并不严格假设 F_j 只有 S_j 一个制造商。我们只假设 S_j 处理来自 F_j 的订单比来自 F_k 的有效率（$k \neq j$）。

因为这个原因，我们说 S_j 的资源可以分成两条个别的路线：市场交易系统（shared line），对所有销售商服务；以及科层交易网络（consolidated line），只对 F_j 提供服务。虽然市场交易系统代表每个制造商都可供应给所有销售商，但我们假设在整个系统中只有一个公开的市场，虽然其资源来自各个不同的制造商。采用定量的方式，我们的第一个假设可以用下面的叙述来表示。

（1）制造商 S_j 须用掉一单位资源来处理销售商 F_j 的订单，而需用掉 E 单位的资源处理 F_k 的订单。$k \neq j$，$E > 1$。

其中 S_j 制造商与 F_j 之间订单的某种形态的外包关系，在这里被视为科层交易，因为长期的伙伴关系而有的学习曲线，使得其交易所需成本较低，低于 S_j 制造商与任一非伙伴关系的 F_k 做市场交易时所需用掉的 E 单位资源。请注意我们并未假设市场交易系统与科层交易网络在实体上或功能上是分隔的。它们的不同之处在于完成订单的效率。因此，在电话系统中，透过直接连结（科层交易网络）接通的电话使用了一单位资源，比起透过间接路径（市场交易系统）接通、使用了双倍资源的电话，来得更有效率。同样的，达成熟客（或伙伴关系制造商）的需求比达成一般顾客的需求更有效率，因为我们对于伙伴处理商务或交易的方式比较熟悉。

我们的其他假设如下。

（2）每个销售商 F_j 都先下订单给 S_j。但是，如果 S_j 未能完成这个订单，F_j 会寻求自由交易网络（或市场交易系统，因为这样的系统具有网络结构，而且在结构中行动者可以自由找路）来完成这笔订单。这些订单下给原本供应其他销售商的科层交易网络，因而其他销售商的需求又会被迫流向自由交易网络，变成对市场交易系统的需求。

（3）自由交易网络提供较佳的利润，引致制造商将此处的需求视为优先。因此，制造商会先将他们的资源投入市场交易系统，然后仅用他们的剩余产能去达成科层交易网络的需求。

（4）每个制造商平均分担市场交易系统的需求。

（5）每个制造商在每一段时间内都以速率 P 处理订单。

（6）来自每一个销售商的订单形成一个同质且连续的流动，在每一段时间内的速率都是 O。

既然描述了这个模型的一般预设，我们现在将以下的状况公式化。每个销售商所下的订单，速率一般都低于制造商处理速度。所以我们若设定 $\delta = P - O$，则 $\delta > 0$。然而在一开始的时间单位 t_0，每个制造商 S_j 从销售商 F_j 接受了 $P + \varepsilon$ 的订单，而这多出的数量 ε，S_j 无法在时间 t_0 内处理完，这会分摊到所有其他制造商。

使 $U_j(n)$ 代表 S_j 未在 t_n 内处理完的订单数量，而 $n = 0, 1, 2, \cdots$，$j = 1, 2, \cdots, J$，则

$$U_j(0) = \varepsilon,$$

在下一个时间单位 t_1，S_j 接受来自每个其他 $J-1$ 销售商之 $1/(J-1)$ 部分的未处理的订单。它因此总共接受了 $U_j(0)$ 的未处理工作。这些工作变成市场交易系统的需求，并需要 $U_j(0)E$ 单位的资源来处理。而且，既然 S_j 先将其资源用来满足这种需求，它就只剩 $P - U_j(0)E$ 单位的资源来因应科层交易网络的需求。每个科层交易网络的需求需用去一单位资源，所以 S_j 在时间 t_1 的未完成工作变成：

$$U_j(1) = O - [P - U_j(0)E] = U_j(0)E - \delta = \varepsilon E - \delta$$

随着时间经过，数量 U_j 变化如下：

$$U_j(2) = U_j(1)E - \delta = (\varepsilon E - \delta)E - \delta = \varepsilon E^2 - \delta(E + 1)$$

$$U_j(3) = (\varepsilon E^2 - \delta E - \delta)E - \delta = \varepsilon E^3 - \delta(E^2 + E + 1)$$

$$\vdots \qquad\qquad\qquad (1)$$

$$U_j(n) = \varepsilon E^n - \delta(E^{n-1} + E^{n-2} + \cdots + 1)$$

更进一步，（1）可以转换成：

$$U_j(n) = \varepsilon E^n - \delta \frac{E^n - 1}{E - 1}$$

然后再进一步变成：

$$U_j(n) = \frac{[\varepsilon(E - 1) - \delta]E^n + \delta}{E - 1} \qquad (2)$$

注意（1）与（2）只在符合以下所有状况时有效：（i）等式右方为正。如果数值为负，则 $U_j(m)$ 在任何 $m \geq n$ 时变为 0。（ii）$U_j(n-1)E < P$。

我们现在可以说，如果在时间 t_n 时，$U_j(n)E \geq P$ 则会发生系统崩解。为何我们限定成这个状况？因为当这个状况发生，系统会用尽所有资源（在 t_n 这个时点）以达成市场交易系统的需求，而没留下任何资源以因应科层交易网络的需求。

注意，为了描述以上情况，我们假设处理订单的速度 P 总是高于下单的速度 O，除非在一开始的阶段 t_0 有数量为 ε 的超额订单。现在让我们进一步假设这一超额数量很小，使接下来的不平衡式保持：$\varepsilon E < P$。

我们现在检视接下来两个另外的可能性。

案例 1：

$$\varepsilon(E - 1) \leq \delta$$

很明显地：

$$U_j(0)E = \varepsilon E < P$$

进一步的，$U_j(1)E$ 若不是 0，就是：

$$U_j(1)E = [U_j(0)E - \delta] = (\varepsilon E - \delta)E \leq \varepsilon E < P$$

同样的，$U_j(2)E$ 若不是 0，就是：

$$U_j(2)E = [U_j(1)E - \delta]E = (\varepsilon E - \delta)E \leqslant \varepsilon E < P$$

如果我们像这样继续下去，我们可以证明无论 n 为何，$U_j(n)E <$ P。我们因此推断，在这个案例中系统崩解不会发生。

案例 2：

$$\varepsilon(E - 1) > \delta_o$$

等式（2）的右方总是正数，而且 $U_j(n)$ 的值以 n 的指数函数速度成长。因此，$U_j(n)E$ 将很快超越 P，系统崩解随之发生。因此，"$\varepsilon(E-1) > \delta$" 就指涉了系统崩解的状况。

我们面前因而有两种不同的状况（分岔点）。当 $\varepsilon > \delta/(E-1)$，系统崩解就发生了。意即当一开始超额的订单 ε 超过剩余产能水准 δ 到达如此程度，系统资源将渐渐被超量的工作侵蚀（例如，未处理的工作回流到系统中）。再者，我们看等式（2），超量的工作将呈指数成长。因此，对更多处理工作的需求，短期内将完全用尽系统资源。另一方面，当 $\varepsilon \leqslant \delta/(E-1)$，这就不会发生。另外，未处理工作的数量若非保持稳定〔当 $\varepsilon = \delta/(E-1)$〕，就是以指数速度骤降至 0〔当 $\varepsilon < \delta/(E-1)$〕。

为了以较图形化的方法导出相同的结论，我们将未处理工作的积累以类似下列的反复程序表示。

$$U_j(n) = O - [P - U_j(n-1)E] = U_j(n-1)E - \delta = F(U_j(n-1))$$

其中 $F(x) = xE - \delta$。

就像图 37 所呈现的，此一反复程序的"均衡点"恰是 $y = F(x)$ 与 $y = x$ 两条线的交叉点，而且可解以下等式：

$$x = F(x)$$

这个解就是 $\delta/(E-1)$。另外，这个等式因为以下理由而不稳定。如果未处理工作的数量增加到数量 ε_1，超过 $\delta/(E-1)$，就如图 37 中所示，则未处理工作的数量将螺旋而上直至达到 P 值。另一方面，如果未处理工作的数量降到数量 ε_0，低于 $\delta/(E-1)$，则将螺旋而下直至于 0。因此，只要轻微偏离均衡点，都将导致未处理工作的总量增加或减少，证明了这个等式是不稳定的。另外，就像公式（2）暗示的，这个偏离呈现出指数函数的速度。当然此一等式的不稳定性，与 $y = F(x)$ 线的斜率 E 大于斜率为 1 的对角线有关。如果 E 小于 1，则 $\delta/(E-1)$ 就会变成稳定的均衡式。

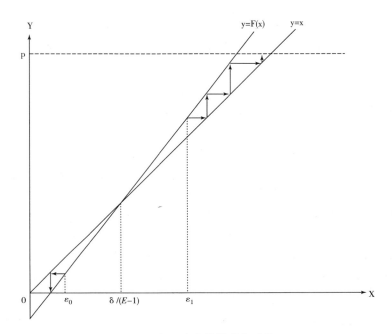

图 37　向两端发散的递归过程

现在让我们看看在相同状况下，也就是一开始时未处理工作数量为 ε，制造商如果采用不同的策略，会发生什么事。我们假设，所有制造商都被限制只能接受他们合作销售商的订单，如此一来无效率因子就失去作用，且无论开始时的未达成工作有多少，最后总能被完全吸收。

为了证明以上主张，我们特别说明，纵然一开始就有订单数量 ε，但在每个接下来的时间单位里都有剩余产能 δ。既然未处理工作的数量维持不变（没有出现乘数效果），所以这些订单在时间 t_n 时将可被吸收，因为 $n\delta > \varepsilon$。所以，从以上主张可以明显知道，只要一开始的未处理工作数量超过临界点 $\delta / (E-1)$，制造商所能采取的较佳策略是从积极模式（从别的销售商取得订单）换成保守模式（只做合作销售商的订单）。

让我们思考另一个情况。我们假设销售商下订单的速率与制造商处理的速度相同，也就是 $P=O$，然而在一开始的时间单位 t_0，有多出的订单数量 ε。从公式（1），可以得出：

$$U_j(n) = \varepsilon\, E^n$$

因为在此一新假设下 $\delta = P - O = 0$，所以所有的 $n > 0$。

因此，数量 U_j 在每个时间单位中都被加乘了。另一方面，如果我们假设所有的制造商只接受合作销售商的订单，则将产生完全不一样的结果：在所有时间区段中，未处理工作的数量都维持不变（此不变的值为 ε）！在这里，又出现了未处理工作是否流向自由交易网络（市场交易系统）的分岔点。

无论是否简化，我们模型的效果在于，揭露市场系统的乘数效果是导致不好结果出现的原因。这个模型的关键要素，是与固定伙伴（或可信任的顾客）及与一般顾客做生意的成本不对称性。而且，此一不对称性可能会在制造商负担过重时产生乘数效果。

从这个结果看来，在拥塞时段的最佳策略，是在交易系统中限制个别公司对于商业伙伴的选择。从自由交易网络转向固定合作关系，是系统资源变得极度紧绷时的最佳策略。因此，就如这篇文章的分析所暗示的，在许多产业中，集体效率的降低构成了公司采取固定合作行为的动机，无论是以科层还是外包网络的形式来达成。另外注意相似的策略，称之为"主线路预留策略"（trunk reservation strategy），用于管理电话系统以修正动态找路造成的不良效果（Krupp，1982）。这种策略能排除从超载之直接路径"溢出"的电话。因此，例如当上海与北京间的直接路径近乎满载时，则系统只接受上海与北京间的电话。

虽然就数理上来看没有问题，但系统崩解在拥塞时段发生的几率仍出乎许多人的意料。一般可能认为突然激增的需求将刺激供应的相对成长，因而能降低未完成的订单数。我们的模型却有着相反的主张。这个模型预测出相反结果的理由来自一个特殊的假设：系统效能有紧绷的时候。这种紧绷造成了一种藩篱，使得超额的需求变成越来越强的反复弹升，因而产生了预期之外的结果。在电话系统中这个假设相当准确，因为其效能无法因应瞬间激增的通话需求而随时扩增。但一些人可能会怀疑：这样的假设应用于商业领域时还有效吗？在我们回答这个问题之前，先注意我们的结论并非取决于一个固定的资源总量（在我们的例子中，设为数量 P）。事实上，结果只取决于一个固定的 δ 量，例如，需求与供给之间的差距。实际上，我们现在将说明即便是这个固定的假设，也未必然导致系统崩解的结果。

让我们思考下面的状况，也许更能反映在许多产业中，早期阶段发生了什么事。

（1）在 t_0 产生了超额需求 ε。

（2）供给 P 与需求 O 都随着时间增加。

（3）P 增加的速度落后于 O。意即，如果在第 n 个时间单位时 $\delta_n = P - O$，则 δ_n 随着 n 减少。我们说这个假设反映了供给面的资源紧绷。

（4）系统崩解状况发生：$\varepsilon(E-1) > \delta_1$。注意这与案例 2 的状况类似，只是现在以 δ_1 取代 δ。

从以上假设，可推导在 t_n 结束时未完成的订单数如下：

$$U_j(n) = \varepsilon E^n - (\delta_1 E^{n-1} + \delta_2 E^{n-2} + \cdots + \delta_{n-1})$$

另外，数量 $U_j(n)$ 随着 n 单调递增（monotonically increase），因为：

$$U_j(1) = \varepsilon E - \delta_1 > \varepsilon = U_j(0)$$
$$U_j(2) = U_j(1)E - \delta_1 > \varepsilon E - \delta_1 = U_j(1)$$
$$U_j(3) = U_j(2)E - \delta_2 > U_j(1)E - \delta_1 = U_j(2)$$

更进一步：

$$U_j(n) \geq \varepsilon E^n - \delta_1(E^{n-1} + E^{n-2} + \cdots + 1) = \frac{[\varepsilon(E-1) - \delta_1]E^n + \delta_1}{E-1}$$

因为 $\varepsilon(E-1) > \delta_1$，未完成订单的数量至少会以指数速度增加。要注意的是，在导出以上结果时，我们只加入 δ_n 递减的事实，而完全未依据需求及供给的增加。但两种状况都是在许多产业的早期阶段最可能发生的。意即，在需求突然激增之后，供给与需求都会成长，但前者的增加速度比后者慢。

我们将在下节中探讨如果一些严格的模型预设放宽了，代之以较符合实际情况的预设时，结果会如何。当然一点预设的放宽，就会使数学变得复杂不堪，因此我们要使用计算机仿真的方法以求解。

三 仿真模型范例——组织内派系形成的网络动态分析[①]

（一）导言

我们运用基于行动者的模拟模型考察公司中的雇员形成派系的过程。

---

① 参见张佳音、罗家德（2007）。

基于互惠原则与资源交换理论，模型展示了互助行为使人与人之间产生连带，逐渐形成在内部相互支持的群体，这种群体进一步排除他人的参与，并最终在组织中形成了派系。在考察影响派系形成的因素时，我们选取了与工作环境相关的两个变量以及表达组织气氛的一个变量。曲线图展示了实验结果：接近或超过个人极限资源量的工作量和越不平均的工作量分配状况提高了派系形成的速度和数量，并可导致派系的不断分裂；而太小的工作量与过于均等的工作分配可使个体交往倾向减弱而处于相对孤立状态。

我们以资源有限和"报"的概念提出一个模型，用以解释中国组织内为什么会形成派系；并以计算机仿真的方法将此一理论描述的派系形成过程建构成正式模型（formal model）。

布劳的社会交换的概念十分类似于中国人的"报"，此一概念是在熟人连带中进行人情交换时最重要的规范（Hwang，1987）。在工具性交换的弱连带中，中国人的社会交换仍然可以明言回报，讨价还价。但是在熟人连带中，这种行为就不被认可，因为熟人间的交换是掩饰在情感关系下进行的（黄光国，1988；Luo，2005），所有得到的好处，都是欠了人情，施惠的一方不好明言，受惠的一方也不能忘记，必须记入"人情账"，以待他日偿还。所以当施惠的一方需要帮忙时，会优先想到向受惠一方要求帮忙，受惠的一方也会"回报"，以展现其感恩图报的诚意，而且回报可能更多，使对方又欠了人情，务必使双方的人情账不能结清，这样双方的交换关系才会持续很久。熟人连带在这种往复多次施惠、受惠与回报的过程中建立起来，所以双方追求的都是长期的关系，而且"人情账"不能结清，也因此受惠的一方在需要更多帮忙时，除了想到自己曾施惠的对象外，也会想到曾施惠于己的人。欠更多的人情没有关系，只要在长时间中有欠有还，保持"报"的规范，则熟人关系反而能得到增强。

这个理论应用在中国组织内，工作求助是一种组织内非常重要的资源，但却不必然要有情感关系才能传递这种资源，组织内乐于受人求助的员工往往可以得到他人的善意回报，因此求助关系甚至超越情感关系成为员工间产生信任最主要的关系。除此之外，学习曲线理论称长时间且频繁的社会交换能够提高交际的效率，因此过往的合作经验使得此后的交往更加顺利。因此为了降低"交易成本"，个人更倾向于与具有长期关系的人合作（Williamson，1996；Granovetter，1992）。

我们的理论陈述如下，当资源有限时，有人这时资源多，另一人资源少，所以前者可以施惠于后者；因为分配的不稳定，这人另一时间又会变成资源不足者，而必须向外求取帮助。根据"报"的理论（罗家德，2006），参与交换的各方心中都有一笔"人情账"，双边的互助行为使得个人间关系越趋紧密，"熟人"间因为回报的义务，而使得一个人在提供别人帮助时优先考虑那些曾经对它施惠的人。在需要帮助时，也会优先找那些曾经欠他恩惠的人，其次，基于多次交往建立起来的信任，他也会找施惠者再提供帮助，因为施惠者相信他将累积恩惠在"人情账"中，他日偿还。在这样的"报"的关系中，人们倾向找旧有的关系施惠、受惠，于是，这些关系不断加强，而减少与其他关系的互动，终至一个人只剩少数互助关系。一群人都只有少数互助关系，且相互重叠，渐渐形成一个内部有互助关系，却很少向外人求助或施惠的团体，派系就形成了。

　　下面就以计算机仿真模型仿真这个理论描述的派系形成过程。假设某组织内有 20 名员工，均进行类似的工作，可以互相给予工作支持，根据上述资源有限假设与"报"的理论，可对其行为做如下基本预设。

　　（1）当工作量超过个人资源量时，个人向其他人寻求帮助。初始时随机向他人询问；当具备了交往的经验与记忆后，他根据经验与记忆向合适的人寻求帮助。被询问人有余力时，同样会根据经验与记忆选择优先帮助的对象。

　　（2）假设 N 次的相互帮助在两个人之间建立"熟人"连带——也就是双向求助连带；同样，向同一个人的求助连续被拒绝 N 次则永远不向这个人求助，也拒绝其求助。

　　（3）求助时选择的优先级如下：首先，欠我人情的；其次，我欠人情的；最后为其他人。提供帮助时的优先级如下：首先，我欠人情的；其次，欠我人情的；最后为其他人。

　　我们选择与工作环境相关的两个变量：一为平均的工作量与资源量的差值，这个差值越大，就表示组织资源相对于工作量而言越显不足。二为工作量分配的方差，方差值越大表示组织外在环境越不稳定，工作量忽多忽少。另外与"报"相关的一个变量 N——我们称为记忆阈值，也就是在一定组织气氛与文化下一个人记恩与记恨的程度，N 越大表示人们越不容易记恩与记恨。通过这些外生变量可以考察派系形成的数量与时间趋势。

（二）方法

　　基于行动者的模型（agent-based model）提供了一个很好的考察复杂

自我适应系统（complex adaptive system）的理论入门模型。这是一种自下而上的模型，从获取系统中核心行动者的基本行为模式，并将其抽象成简单算法开始，生成行动者互动的整体模型。基于行动者的模型特别适用于分析由结构相异又可以自我适应的行动者构成的动态系统。这类系统用传统的建模方法通常难以考察（Macy and Willer, 2002）。同时该类模型致力于提供一种理论上的平衡：集体的构型（configuration）大于个体属性的集合；但集体构型又产生个体的关系以及关系的动态变化（Macy and Willer, 2002）。

这一模型用面向对象的程序语言 Java 完成。组织中的每一雇员均为模型中的一个独立行动者，当程序运行以后，每个行动者根据前文所述的行为预设进行互动，在任何时间点均可获得它们的互动信息与集体的网络形态。

1. 假设、参数与变量

在这种理论模型中，我们探讨前述三个变量如何影响组织中派系的形成。这里首先说明一些环境参数及其背后的模型假设。

（1）为了控制资源的作用，首先假设每个雇员的资源相同。这里不考虑雇员们能干什么类型的工作。用其他的话说，对于资源没有什么特别的说明，而且任何人在模型里都能从事任何工作。

（2）第二个假设是每个雇员具有相同的资源量。控制了资源以及其他的个体特征，我们认为所有雇员的资源量是相等的，并且被看成是一个整数。在模型中，每个雇员的资源量是每天完成十项工作，因此将资源量设为整数 10。

（3）第三种假设是中等大小的小组。组织中的雇员数量在以下所有的模拟实验中被设定为 20。

对于模型中的几个外生变量，通过控制它们的值来理解它们在派系形成中的影响。

（1）工作日的数量。模型中的"一天"实际上是行动者互动的一个独立时间单位。在"一天"的开始把工作量分给每一个雇员，并且不管雇员能否胜任，这项工作不会留到下一天。因此，如果一个人被分给了一份超过了他的资源量的工作量，他将寻求帮助或者在下班以后的时间里完成它。因而，当新的一天到来时，雇员的工作量和资源量又重新开始。因而，一天仅仅只是一个能被理解为在社会中相互求助的完整过程的抽象时间段。

（2）记忆的阈值。N 次互助行为之后，我们认为两人之间建立了双向的求助连带。同时，如果一个人寻求帮助的要求被另外一个人拒绝了 N 次，那么他就会把那个人列入他的"拒绝往来户"中，而且今后将会拒绝后者提出的任何要求。换句话说，如果一边的要求被另外一边拒绝了 N + 1 次，一个可能的双向求助连带就会被打断。在实验中，N 取值 3，5，7 或者 9。

（3）工作量。每一天利用 Gamma 分布来为每一个个体设置工作量：$\Gamma(\alpha, \lambda)$ 分布的均值是 α/λ，方差是 α/λ^2。因此在模型里选择 α 和 λ 的值来产生合适的工作量的均值和方差。因为将资源量定为一个常数 10，所以工作量的变化代表着资源的有限性。在下面的实验里，取 α/λ 值在 7 ~ 12 之间，它们代表工作量在一个特定运行的模拟实验中的均值。

我们考察的因变量是组织中的派系的数量，使用具有超过三个节点的递归连带（recursive ties）的组件来定义派系。如社会网络分析里的普通定义一样，如果员工 A 认为 B 是其优先求助的伙伴，同时，B 也认为 A 是他的伙伴，这样的话他们就是递归连接。派系就是整体图中的一个递归连接的子图。

2. 模型结构（规则与步骤）

模型由三部分组成，为前文最初的行为预设提供了详细的规则。

实验模拟的内容是雇员的日常工作生活。在模型中，每个雇员对应一个行动者（agent）。他们首先被分配一定工作量，然后他们会重复两件事情：如果需要，他们会求助，或者对他人的求助做出响应。据此，我们进行模型结构设计（参见图 38）。

（1）分配工作量。在该模型中，每一个行动者有三种属性：资源量、工作量以及可使用的价值。资源量值保持为 10，而工作量每日根据伽马函数随机为每一个人生成。可用值（available-value）是由资源量值减去工作量得到。如果一个行动者的可用值是负的，那么就将其纳入需要帮助者的名单；反之，则将其列入提供帮助的名单。

（2）要求与响应。在分配任务之后，被设定为需要帮助的行动者开始寻求别人的帮助。它们不会向所有人在同一时间发出求助的信息——这在现实中也是不可能的——它们依次向他人寻求帮助。系统会让所有需要帮助的人向他们的首选者发出求助信号。然后，那些能够提供帮助的人就会处理收到的求助信号，并做出响应。如果自身是需要帮助者收到求助信号，就会拒绝它。经过响应过程，需要帮助却没有得到帮助，或者没有得到足够帮助的人会再一次提出求助。系统会不断重复，直到需要帮助者或提供帮助者一方的人数为零。

上述过程仍有许多细节需要澄清：首先，向谁发出求助。规则如下：第一，根据谁欠他（人情）的情况——从多到少来决定；第二，根据他欠谁（人情）的情况——从多到少来决定；最后是那些与他有过平等交换的人或是未交往过的人，随机抽取。每个行动者都会有一个表格用来记录他的朋友。表格中的记录由两部分组成：谁是他的朋友以及与其相关的一个数值——朋友帮他的次数减去朋友欠他的次数。对于每一次实验，初始化表格为每个行动者对于其他所有人一视同仁，即相关值为0。在每次实验最初阶段，求助者随机选定对象。如果该对象提供了帮助，那么他就给其相关值加1。因此，当一个行动者做出求助时，他首先选择那些相关值为负的，从最小值到最大值；然后选择那些相关值为正的了，从最大值到最小值；最后随机从那些相关值为零的人中选择。

第二，向谁提供帮助。虽然一个行动者在一轮里只被允许发出一个要求，但那些能提供帮助的人同一时间会收到很多求助。一个行动者按照以下优先级提供帮助：首先，是相关值为正的人们（他亏欠的人）从最大到最小排序；其次，是相关值为负的人们（亏欠他的人），根据优先权的顺序要求，检查他的有效可用值是否不低于要求的数量，如果不是的话，他发送回馈信息以按要求提供相应数量，从要求者在他的表格里的数值中减1，同时减少自己的可用值。如果可用值仍然不为0，他选择下一个要求者重复以上步骤。如果他的可用值低于所要求的数量，则他只提供与他的可用值相等的数量，然后拒绝剩余的要求者。

求助者会记住所有他提出过求助的人。如果他得到响应，他就会给帮助者的相关值加1，如果没有响应，他就会检查其相关值是否为负。如果为负，则再减1。

要求与响应的过程中有一个很重要的规则：一旦行动者降低了某人的相关值，那么他就会检查其相关值是否低于N。如果是，他就会将其剔除出朋友列表，并不再对其任何要求做出响应。

系统还存在多张表格以记录所有发生过的互动信息。

（3）模拟实验及结果计算。对于每一个实验，根据记录的互动信息与每个行动者的朋友列表，可以生成所有行动者间的关系矩阵。在这个矩阵中，元素被定义为：

$$a_{ij} = \begin{cases} 1 & \text{行动者 } i \text{ 和 } j \text{ 之间有双向连带} \\ 0 & i \text{ 和 } j \text{ 之间没有双向连带} \end{cases}$$

我们通过编写 java 语言程序由该关系矩阵计算派系数目。然后，运行同一个实验 100 次，得到 100 个结果，求取它们的平均值，是为一组外生变量作用下的派系数量的结果。

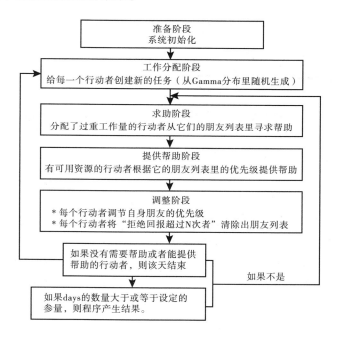

图 38　仿真流程图

（三）实验结果与分析

1. 工作分配方差对结果的影响作用（参见图 39）

图 39 显示的是当工作量均值为 8，记忆阈值设为 3，分配方差分别为 1，2，3，5，10，15 时，在 0 ~ 450 天内的派系形成过程。在第 0 天时，由于行动者间相互不熟识，因此派系数目为 0。随着时间的推移，派系数目上升。由图 39 可以看出，当方差较小，例如为 1 或 2 时，派系数目增加很缓慢，行动者间"熟识"的过程很长，经过较长时间内行动者处于陌生与孤立状态。当方差居中，例如取 3，5，10，这时在短时间内行动者的双向互动大大增加，派系数目很快上升到一个峰值，接下来由于跨团

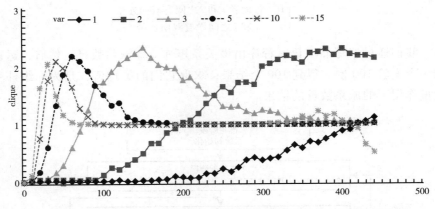

图 39 工作量均值为 8 工作分配方差改变时 450 天内派系形成趋势

体间的互动，使得派系之间又联合在一起，因此最后形成全部人的团结（或可能是多数人的团结与极个别人的孤立），实际不再存在派系。如方差为 5 和 10 时，分别在 100 与 150 天后进入仅存在一个团体的稳定期。当方差取 15 时，可以看到在稳定期之后出现了第二个峰值，而随后派系数目又快速下降。第二个峰值的出现主要是"记恨"产生的效果，当工作分配的差异性太大，每一天中求助不能满足的次数增加，相互记恨的可能性会增加。因此团结的行动者又开始出现分裂。在分裂的派系里的持续互动，由于可用的资源进一步减少，因此派系持续不断地分裂，直至一盘散沙（派系数为 0）。

基本上每一个方差值都表现出上述的发展模式，唯一不同的是方差值越大，越早出现派系，也越早团结成一体，更越早因记恨而使互助关系瓦解，成为一盘散沙。方差代表了工作分配环境的不稳定性，这结果表示，工作分配稳定性与时间成反比，越不稳定的环境会越快走完上述的发展历程。原因是，不稳定的环境中，人们求助的需求较大，一个人一时段内"闲"下来而能施惠的机会也较多，所以互动频繁，因记恩而结盟，因记恨而背盟的情况较多，发展历程走得较快。

2. 工作量均值对结果的影响作用（参见图 40）

图 40 显示的是当工作分配的方差设为 15，记忆阈值设为 3，工作量均值分别为 8.8，9.6，10.4 与 11.2 时 0～100 天内的派系形成过程。可以看出，当平均工作量小于资源量 10 时，即取 8.8 与 9.6 时，图 40 与图 39 中方差为 5 与 10 的情况类似，即行动者先通过互动熟识，再团结成最

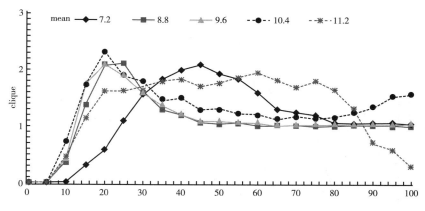

图 40 工作分配方差为 15 工作量均值改变时 100 天之内的派系形成趋势

大的团体。当取较小的均值 7.2 时，这个趋势明显趋缓。而当均值为 10.4
时，在第一个峰值后，派系的数目一直大于 1，即没有出现所有人团结的
情况，随后出现第二个峰值。当均值更大，例如取 11.2 时，图形趋势完
全改变，派系数目在较长一段时间内保持较高的值，而随后直接进入分裂
与孤立阶段。

　　工作量均值大，表示提供给员工的资源相对不足，代表了资源缺少的
程度，均值很大则资源不足以应付工作，相反的，均值小代表资源相对于
工作量十分充足。从仿真中可以看到，在资源充足时，一开始会形成派
系，但很快地就因为大家都有多余资源支持别人，而团结成一体。当均值
接近 10，为 9.6 时，派系存在的时间相对变长，在 10.4 派系一直存在。
然而资源变得太不足时，派系固然也会有一段存在的时间，却最终会迅速
解体，变成散沙一片。

　　3. 记忆阈值对结果的影响作用（参见图 41）

　　图 41 显示的是当工作量均值为 9.8，分配方差为 15，N 值分别取 3，
5，7，9 时的 0～100 天内的派系形成过程。当记忆阈值 N 值是 3 时，很
快形成派系，但随即派系数下降，在有派系与团结一片之间来回振荡。当
记忆阈值 N 值增大，由于建立连带的门槛提升，因此从图中看出图形不断
向右位移。N 值越大，行动者对于交往者拒绝的忍耐度提高，而团体接受
新成员的门槛也提高，因此 N 值比较大时，派系数目几乎在峰值上维持较
长一段时期，从而形成一个组织中稳定存在派系的局面。记忆阈值表示一
个团体报恩与报仇的倾向，记忆阈值低则表示团体成员很快会结盟，但也

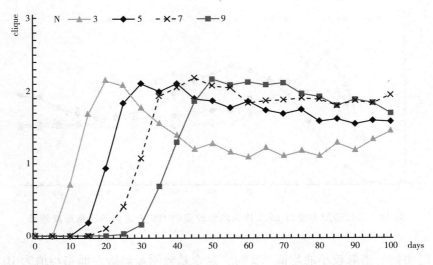

图 41　工作量均值为 9.8 分配方差为 15，100 天之内的派系形成趋势

很不宽容别人的"忘恩负义"；相反的，记忆阈值高则表示该团体成员结盟比较谨慎但也比较宽容。

（四）讨论

1. 结论

从模拟模型的结果可以看出，组织内倾向于与"熟人"交换的行为方式在一定条件下会造成"排他性"，从而使得组织内出现派系；而派系的出现、数目、时间趋势与工作环境因素及组织中"报"的气氛均有关，并且可以看出该互动系统具备一定的复杂性（Macy and Willer, 2002）。当设置的外生变量值在一定范围内变化时，系统的改变呈线性状态；但当外生变量值超过一定的阈，系统则发生根本性转变。

这一节的仿真模型在理论上描述了一个资源不足的环境中，人们因为相互间施惠、受惠与回报而形成关系，最终会因一些外在因素而使得派系产生，仿真结果提供了一些理论推导出来的命题如下。

（1）工作分配的稳定性与时间成反比，在工作分配不稳定的环境中，派系生成的速度明显加快。

（2）在其他同等条件下，当工作量接近或略超过平均资源量时，派系存在的时间很长，系统更可能处于不稳定状态。工作量低，人们会很快团结成一片，工作量太高，则很快变成散沙一盘，派系存在的时间都相对较少。

（3）由记忆阈值的影响作用可以看出，在谨慎宽容倾向比较高的组织气氛里，成员之间虽然形成派系较慢，但派系也较不易瓦解，所以派系存在的时间反而较长。

因此我们推论一个组织在资源有限却又不会太稀缺时，以及组织气氛表现为谨慎结盟却又不易闹翻时，在组织生命周期里，派系存在的时间较长。

2. 理论模型限制

这个理论模型指出了中国人形成派系的原因是资源有限条件下进行资源交换时，施惠、受惠与报恩报仇的结果。然而这与我们对中国人的派系的了解仍有一些距离。首先，中国人的派系其实都是起源于扈从体系，一个有权力分配资源的人在资源有限时，会成为很多人依附的对象，所以一群人形成派系往往不只是为了求助与受惠，更是为了取得资源分配者有利的分配，也就是为了取得更多的资源。本模型中资源分配过程采取随机分配，并无资源分配者的扈从体系，此一解释模型的后续发展应纳入一个与扈从体系相关的资源分配过程。

其二，派系总留给我们一个印象就是"只问立场，不问是非"。派系集结既然是为了依附资源分配者以争取到更多的资源分配，所以派系成员会极力争取派系利益以扩大可分配的资源，不惜牺牲非派系成员的利益，甚至破坏法制与规范，变成不问是非地维护派系利益。这种行为自然会引发别人也集结成派系，依附在其他资源分配者身边以资对抗。这种排挤非派系成员的资源以及不同派系间可能有的资源争夺，在这里的模型中也未展现。

其三，如果一旦有了派系之间的对抗或对非派系人员的排挤，则报仇的行为会被激化，因此报恩与报仇行为不再适合仅以记忆阈值来表现某一组织"报"的文化，而可能报恩记忆阈值与报仇记忆阈值会有所不同，而且对派系成员与派系外人员的记忆阈值也会不同。这样的模型会更接近现实，但也会使模型更复杂，这有待未来加以改进，将上述的现象都纳入考虑之中，使之更接近现实。

然而本节仍然提供了一个基础的模型，表现了资源有限下"报"的行为造成派系的过程，可以作为未来类似模型的一个发展基础。计算机仿真模型是使理论正式化（formalization）的有效工具，但是一如理论的建构需一步一步发展完善，模型建构也需要一步一步复杂化使之更贴近现实，这有赖于未来的研究加以改善，也需要实证工作者将这样的理论转化为假设，并在组织中收集资料，以实证资料证实这个理论的正确性。

参考文献

张佳音、罗家德，2007，《组织内派系形成的网络动态分析》，《社会》第 4 期，第 152 ~ 163 页。

罗家德，2006，《华人的人脉——个人中心信任网络》，《关系管理研究》Vol. 3，第 1 ~ 24 页。

黄光国，1988，《中国人的权力游戏》，台北：巨流图书公司。

Akinpelu, J. M. 1984. "The Overload Performance of Engineered Networks with Nonhierarchical and Hierarchical Routing." *AT & T Bell Laboratories Technical Journal* 63 (7): 1261 – 81.

Blau, P. 1964. *Exchange and Power in Social Life*. New York: Wiley.

Granovetter, M. 1992. "The Sociological and Economic Approach to Studying Labor Market." In N. Nohria & R. G. Eccles (Eds.), *Networks and Organizations*. Boston: Harvard Business School Press.

Hwang, K. K. 1987. "Face and Favor: The Chinese Power Game." *American Journal of Sociology* 92: 944 – 974.

Korte, Charles and Stanley Milgram. 1970. "Acquaintance Networks between Racial Groups." *Journal of Personality and Social Psychology* 15: 101 – 108.

Luo, J. D. 2005. "Particularistic Trust and General Trust—A Network Analysis in Chinese Organizations. -Toward a Theory of Trust in Chinese Organizations." *Management and Organizational Review* 3: 437 – 458.

Macy, M. W. , and R. Willer. 2002. "From Factors to Actors: Computional Sociology and Agent-based Modeling. " *Annual Review of Sociology* 3: 58 – 437.

Marbukh, V. 1983. "Study of a Fully Connected Channel Communication Network with Many Nodes and Circumventing Routes." *Automatika i Telemakhanika* 12: 86 – 94.

Marbukh, V. 1981. "An Asymptotic Study of a Large Fully Connected Communication Network with Reroutes." *Problemy Peredachi Informatsii* 3: 89 – 95.

Milgram, Stanley. 1967. "The Smal-World Problem." *Psychology Today* 1: 62 – 67.

Mitra, D. and R. J. Gibbens. 1992. "State-Dependent Routing on Symmetric Loss Networks with Trunk Reservations-II: Asymptotics, Optimal Design." *Annals on Operations Research* 35: 3 – 30.

Mitra, D. , R. J. Gibbens, and B. D. Huang. 1993. "State-Dependent Routing on Symmetric Loss Networks with Trunk Reservations-I." *IEEE Transactions on Communications* 41 (2): 400 – 411.

Williamson, O. 1996. *The Mechanisms of Governance*. New York: Oxford University Press.

附录　专有名词中英文对照

Social Capital　社会资本

Human Capital　人力资本

Financial Capital　金融资本

Cultural Capital　文化资本

Organizational Social Capital　组织
社会资本

Micro-level Social Capital　微观层
次社会资本

Meso-level Social Capital　中观层
次社会资本

Macro-level Social Capital　宏观层
次社会资本

Private-good Social Capital　私有
财社会资本

Public-good Social Capital　公有财
社会资本

Social Ties　社会连带

Network Ties　网络连带

Network Configuration　网络构型

Network Structure　网络结构

Dyadic Trust　两两信任

Trustworthiness　可信赖性

Friendship Ties　情感连带

Advise Ties　咨询连带

Indegree Centrality　内向中心性

Outdegree Centrality　外向中心性

Degree Centrality　程度中心性

Betweenness Centrality　中介中心
性

Assurance　保证

Commitment Relationship　保证关
系

Social Association　社会连结

Particularistic Trust　特殊信任

General Trust, or Generalized Trust
一般信任

Group Centrality　团体中心性

Small Group　小团体

Clique　小圈子

Trust Network　信任网络

Ego-centered Network　个人中心网

Whole Network　整体网

Position Generator　职位生成法

Embeddedness　镶嵌

Line　线段

Node　节点

Job Satisfaction　工作满意度

Organizational Commitment　组织承诺

Actor　行动者

Hindrance Network　阻碍网络

Convenient Sampling　立意抽样，便利抽样

Reachability　可达性

Social Support　社会支持

Emotional Support　情感支持

Strong Ties　强连带

Intermediate Ties　中连带

Weak Ties　弱连带

Intimacy　亲密程度

The Reciprocal Services　互惠行动

Subgraph　子图形

Dyads　对角关系

Triad　三角关系

Walk　途径

Trail　步径

Path　路径

Geodesic　捷径

Distance　距离

Eccentricity　自我中心距离

Diameter　直径

Circle　回路

Connected Graph　相连图形

Component　组件

Cutpoint　切开点

Bridge　桥

Semiwalk　半途径

Node Degree　节点程度

Weakly Connected　弱相连

Strongly Connected　强相连

Recursively Connected　递归相连

Structural Cohesion　结构内聚性

Structural Equivalence　结构同型性

Contagion Model　濡染模型

Closeness Centrality　亲近中心性

Coordinator　协调者

Broker　中介者

Gate Keeper　守门人

Representative　发言人

Liaison　联络官

Advice Tie　咨询连带

Structural Hole　结构洞

Favor　人情

Mean of Degree　平均节点程度

Standard Deviation of Degree　节点程度变异数

Gang　派系

Ganging-up　派系化

Insider　局内人

Outsider　局外人

Fragmented Structure　破碎结构

External Social Capital　外部社会资本

Internal Social Capital　内部社会资本

Network Density　网络密度

Group Centralization　群体中心性

Image Matrix　图像矩阵

Reduced Graph　精简图形

Signed Graph　符号图形

Critical Point　引爆点

Opinion Leader　意见领袖

One-link Path　直接路径、一步路径

Two-link Path　间接路径、两步路径

图书在版编目（CIP）数据

社会网分析讲义/罗家德著. —2 版. —北京：社会科学文献
出版社，2010.1（2018.7 重印）
（清华社会学讲义）
ISBN 978 - 7 - 5097 - 1218 - 4

Ⅰ.①社…　Ⅱ.①罗…　Ⅲ.①社会关系 – 研究　Ⅳ.①C912.3

中国版本图书馆 CIP 数据核字（2009）第 216489 号

·清华社会学讲义·

社会网分析讲义（第二版）

策　　划/清华大学社会学系
著　　者/罗家德

出 版 人/谢寿光
项目统筹/童根兴
责任编辑/童根兴

出　　版/社会科学文献出版社·社会学出版中心（010）59367159
　　　　　地址：北京市北三环中路甲 29 号院华龙大厦　邮编：100029
　　　　　网址：www.ssap.com.cn
发　　行/市场营销中心（010）59367081　59367018
印　　装/三河市尚艺印装有限公司

规　　格/开本：787mm × 1092mm　1/16
　　　　　印张：21.25　字数：367 千字
版　　次/2010 年 1 月第 2 版　2018 年 7 月第 5 次印刷
书　　号/ISBN 978 - 7 - 5097 - 1218 - 4
定　　价/45.00 元

本书如有印装质量问题，请与读者服务中心（010 – 59367028）联系

△ 版权所有 翻印必究